湖北省学术著作出版专项资金
Hubei Special Funds for Academic Publications

新 媒 体 与 数 字 出 版 研 究 丛 书

Tracing the Overseas Footprints:
A Journey through Digital Publishing & Research

数字出版研究海外追踪

方卿　徐丽芳　著

WUHAN UNIVERSITY PRESS
武汉大学出版社

图书在版编目(CIP)数据

数字出版研究海外追踪/方卿,徐丽芳著.—武汉:武汉大学出版社,2024.6

新媒体与数字出版研究丛书

湖北省学术著作出版专项资金资助项目

ISBN 978-7-307-23930-2

Ⅰ.数…　Ⅱ.①方…　②徐…　Ⅲ.电子出版物—出版工作—研究　Ⅳ.G237.6

中国国家版本馆 CIP 数据核字(2023)第 153526 号

责任编辑:韩秋婷　　　责任校对:汪欣怡　　　版式设计:韩闻锦

出版发行:**武汉大学出版社**　　(430072　武昌　珞珈山)

(电子邮箱:cbs22@ whu.edu.cn 网址:www.wdp.com.cn)

印刷:武汉中远印务有限公司

开本:720×1000　　1/16　　印张:26.25　　字数:376 千字　　插页:3

版次:2024 年 6 月第 1 版　　2024 年 6 月第 1 次印刷

ISBN 978-7-307-23930-2　　　定价:120.00 元

方卿，武汉大学出版研究院院长、教授、博士生导师。兼任多个国家级和省级学会副理事长。入选"长江学者"特聘教授、文化名家暨"四个一批"人才、"万人计划"哲学社会科学领军人才、全国新闻出版行业领军人才、湖北文化名家等高层次人才计划，获国务院政府特殊津贴。长期从事科学交流、出版营销管理、科技与数字出版等方向的教学与研究工作。主持各级各类科研项目30多项，出版著作20多部，发表论文200多篇，获中国出版政府奖、中华优秀出版物奖、国家级优秀教学成果一等奖、湖北省教学成果特等奖、湖北出版政府奖、宝钢优秀教师奖等奖励。

徐丽芳，教授，博士生导师，武汉大学数字出版研究所所长。国家"万人计划"哲学社会科学领军人才、中宣部"文化名家"暨"四个一批"人才、全国新闻出版行业领军人才、武汉大学"70后"学者学术团队带头人。国家社科基金重大项目首席专家、全国新闻出版信息标准化技术委员会（TC553）委员、国家新闻出版署出版业科技与标准重点实验室"可信数字版权生态与标准重点实验室"学术委员会副主任。承担国家级、省部级和横向科研项目40余项，出版专著和教材10余部，发表论文180余篇。

作者简介

前　言

　　本书的撰写可以追溯到 2008 年。彼时笔者和徐丽芳老师受命追踪并报告海外出版学研究的最新进展，相关成果被收录到反映武汉大学人文社会科学学者跟踪各自领域海外前沿研究成果的丛书《海外人文社会科学发展年度报告 2008》中。

　　此后 16 年间，作为继印刷出版之后人类出版史上全新的出版阶段，数字出版尽管仍然处在发展初期，但是已经发生了翻天覆地的变化，并且已毫无悬念地成为出版学和相关学科的热门研究领域，新课题、新成果层见叠出。其中电子书曾是海内外出版业界和学界共同关注的焦点，如今虽然偶有相关研究，但已不复当初的研究热度。作为颠覆性的学术出版新模式，开放获取（Open Access，OA）曾经遭到传统学术出版商的抵制，但是随着 S 计划（Plan S）提出转换协议（Transformative Agreements，TAs）等过渡性举措，爱思唯尔（Elsevier）等跨国学术出版巨头对 OA 表现出了强烈的兴趣。与此同时，学术界开始考量基于文章处理费（Article Processing Charges，APCs）的 OA 期刊出版模式的不可持续性，OA 也被纳入了更新的开放科学（Open Science，OS）理念和范式之中。数字出版使得阅读方式发生了革命性变化，人们可以随时随地进行阅读；这无疑极大地推动了阅读的普及，但也导致浅阅读盛行。数字技术在出版领域的应用一直是众人关注的焦点，然而每隔几年研究聚焦的具体技术则日新月异，从流媒体、移动互联网、4G、5G、大数据、云计算、区块链、AR/VR 到 AI 不一而足。此外，数字出版的质量控制机制、版权问题等则是这一领域被长久关注的课题。未来，我们将继续关注海外数字出版研究发展趋势，报道更多有价值的研究成果，以期为读者们提供一些启示和帮助。

　　最后，感谢17年间所有参与本书撰写的作者们，他/她们中的大部分曾经是或现在仍是武汉大学出版科学系的硕博士研究生；其中的许多人已经或正在成长为我国出版或出版学领域颇有影响的青年学者。感谢所有提供资料、提出建议和进行审阅的人，特别是武汉大学出版社编辑詹蜜女士，感谢她一如既往的支持和付出。还要感谢我们的读者，是你们的支持和鼓励，让我们有了继续研究和写作的动力。没有大家的辛勤工作，这本书是无法完成的。

方　卿

2024 年 5 月于珞珈山

目　　录

第一章　2007 年度数字出版研究综述

　　毋庸置疑，出版一直在人类文明史上扮演着极其重要的角色。20 世纪 70 年代，美国伊利诺伊大学图书情报学教授 F. W. Lancaster 看到电子情报系统在谍报部门取得的巨大成功之后，提出了影响深远的"无纸社会"论点。90 年代中期以后，随着互联网从单纯的学术交流网络演进为颇受欢迎的商业和大众传播网络，许多研究者意识到出版业面临所谓"范式的转变"（paradigm shift）。① 时至今日，一般大众也已经感受到出版业的变化及其影响。

　　很难有非常完整的数据来说明出版业在数字化道路上已经取得的成就。我们只有一些零星的材料和数字显露出这幅不断变幻的数字出版图景的一鳞半爪，如：截至 2006 年年底，中国电子图书收入达 1.5 亿元人民币，② 其中北大方正电子图书出版总量达 14.8 万种，收入 5000 多万元；从美国电子书批发额来看，2008 年一季度是 2002 年同期的 6.5 倍，达到 1000 万美元；③ 与上年相比，

---

　　① 参见：EISENHART D M. Publishing in the information age：a new management framework for the digital era[M]. Westport：Quorum Books，1994：15；欧盟 DG Ⅷ/E 的项目报告. European Commission. The content challange：electronic publishing and the new content industries[R]. European Commission，DG ⅩⅢ/E，1997.

　　② 我国数字出版产业发展规模[EB/OL]. [2007-05-29]. http：//game. people. com. cn/GB/48604/48621/5749019. html.

　　③ 仅为美国 12~15 家大众出版商的数据；零售额大约为批发额的 2 倍. 参见：International digital publishing forum. Industry Statistics[EB/OL]. [2024-04-30]. http：//www. idpf. org/doc_library/industrystats. htm. 韩国和日本的数字也转引自此网页。

2006 年韩国电子书销售额从 5900 万美元上升至 1.44 亿美元；2006 年日本通过手机平台销售的电子书金额达 8200 万美元；澳大利亚出版业中网络业务方面的收入从 2001 年到 2005 年上升了 30%，① 等等。

数字技术对出版业的影响是全方位的，涵盖出版观念、产业逻辑、业务模式、组织结构和产成品的各个方面与环节。而作为产业终端的读者似乎在很短时间内就适应了这种变化。我国于 2007 年 8 月至 2008 年初进行的第五次国民阅读调查显示网络阅读首次超过图书阅读。但是并不能就此认为数字出版拥有"步调一致向前进"的盛世景象。应该看到，出版业在数字化进程中充满了游移性、不平衡性和不确定性。首先，不同国家的数字出版发展是不平衡的。例如，调查表明 74% 的新加坡出版商从事电子出版，而在印度只有 35% 的出版商从事电子出版（Ramiah，2006）。针对马来西亚主要学术出版机构和科学家进行的调查研究显示，该国学术期刊很少同时出版电子版本，而且大多数作者和读者对网络学术期刊的态度也不积极（Zakaria，2006）。在拉丁美洲，自 1997 年巴西科学电子图书馆（SciELO，Scientific Electronic Library Online）建成以来，开放获取出版获得了长足发展，但是在开放获取出版的质量控制、显示度、可发现度和可持续发展等方面仍然面临严重问题，等等。其次，出版业内部的数字化进程也有很大差异。包括学术出版在内的专业出版是最早数字化的，迄今为止其数字化发展也最为成功；在教育出版领域的数字化方面尽管有美国麦格劳·希尔公司、英国培生集团这样的先行者，但是从整体来看，由于教科书和教辅出版都是庞大的系统工程，涉及方方面面的组织、机构和人员，所以难免尾大不掉，很难迅速实现完全的数字化出版；大众出版从技术上来说最容易实现数字出版，但是其前进步伐最小，因为这一领域版权保护与读者规模之间仍有解不开的死结。此外，出版与科研和科学交流活动、出版与教育系统和教学活动的相互结合与渗透方式都处在不断演进的过程中，这使得教育出版和学术出版的边界日

---

① IBIS World Industry Report. Book and other publishing in Australia [R]. Sydney, IBIS World Pty, 2006.

趋模糊;更遑论作为内容产业分支的书报出版业、音乐与唱片业以及电视业之间的侵袭、交叉、融合……而这种不确定的景象还会延续至今后很长一个时期。

毫无疑问,这种变动中的重要对象必然引起广泛的研究兴趣。人们对出版研究和实践领域的密切关注是理所当然的。值得一提的是,作为一个学术传统并不悠久、理论积淀也不够丰厚的应用性研究领域,其研究成果有许多直接体现在产品之中,如国际电子书出版论坛(IDPF, International Digital Publishing Forum)的一系列电子书标准,世界出版行业针对图书出版发行和销售的供应链制定的元数据标准 ONIX(Online Information Exchange, 在线信息交换),电子报纸或者数字期刊的实验系统或平台等,而不一定以论文或者著作形式出现。除此之外,鉴于出版在人类精神生活和物质生产活动各个方面的广泛影响,数字出版课题也引起了其他学科领域的广泛关注。以美国图书馆界声誉卓著的会议论文集 *Charleston Conference Proceedings* 系列为例,其2003年的论文中有三分之一与"电子书""数字图书"有关;① 而图书馆文献与情报学全文数据库(Library Literature and Information Science Full Text)检索到的相关文献也呈逐年上升趋势,1995年以前的有91篇、1995—1999年的有113篇、2000—2007年的有600余篇。科学学和社会学一向是出版研究思想和成果的重要来源之一,从 J. D. Bernal、H. Menzel 到 D. S. Price 等都在文献尤其是科技文献的生产、传播与评价方面取得过重要研究成果,进入数字时代以后其对数字媒体的关注一如既往。由于数字出版具有技术属性,在计算机科学类期刊上可以读到大量有关数字出版技术、标准、平台和系统的文章。又由于数字出版具有经济属性,*American Economic Review*、*Economics Bulletin* 等经济学权威刊物也经常刊登研究数字出版的文章。此外,还有学者用文学研究中的巴赫金对话理论及其对话、复调和狂欢等概念来诠释开放获取出版(Vaagan, 2006)。数字出版的多学科研究格局是

---

① Rosann Bazirjian, Vicky Speck, eds. Charleston conference proceedings 2003[C]. Westport, CT: Libraries Unlimited, 2004.

十分值得关注的现象。

但是总的来看，各个学科领域的研究兴趣更多地集中于数字学术出版。就英语文献而言，综合性出版学研究季刊 *Publishing Research Quarterly* 从 2005 年到 2008 年 6 月的发文量在 100 篇左右，其中有 30 篇左右直接与数字出版相关，这其中又有 10 篇左右是有关数字学术出版的。其他两种重要的出版学研究刊物如 *Learned Publishing*、*Journal of Scholarly Publishing* 仅从刊名就可以发现其研究兴趣之所在。另外，如密歇根大学图书馆主办的网络刊物 *Journal of Electronic Publishing*，数字出版领域最重要的国际会议 ElPub(International Conference on Electronic Publishing) 及其论文集系列,① 其中关于数字学术出版的议题和论文都占绝大多数。同样地，由于反常的经济动机和市场特性，与其他类型的出版相比，经济学者似乎也更多地关注数字学术出版问题。而兴起于学术出版领域的开放获取运动则更加强化了各界研究兴趣向数字学术出版领域聚集。② 因此，尽管本章在以下叙述中并不总是点明是有关于数字学术出版的，而实际上关于质量控制、出版物存取、用户和评价等的研究更多的是针对数字学术出版问题展开的。

1.1 演进中的数字出版研究

具有 1000 多年历史的印刷出版在漫长的发展过程中逐渐呈现比较清晰的格局，书报出版，大众、专业和教育出版等各自的媒介形式、内容体裁、工作方法和商业模式都各有特点。但是数字出版有所不同，在当今时点上，从出版流程、出版技术与标准、出版物直至盈利模式都处在变化之中。

———————

① 此会自 1997 年以来已经连续举办 12 届，当初会议的发起与一批图书馆员关系密切。

② 关于开放获取出版的情况参见：方卿，徐丽芳. 开放存取运动及其研究进展[M]//海外人文社会科学发展年度报告(2007)，武汉：武汉大学出版社，2007.

1.1.1 数字环境下的融合与合作

大约 20 世纪末 21 世纪初，许多业内外人士开始从信息组织和传播的角度重新思考出版业。从这个视角，人们更容易理解 ICT（Information and Communications Technology，信息与通信技术）导致的 20 世纪下半叶以媒介产业为主的融合（convergence）。对于这一变化，一些站在技术发展最前沿的人早已敏感地预见到了。美国麻省理工学院媒介实验室的 Nicholas Negroponte 早在 1978 年就指出数字技术将导致各媒介产业出现融合。① 对于重新形成的产业集群，"北美产业分类标准 NAICS"称之为"信息业"，欧盟"Info2000 计划"称之为"内容产业"。② 经过多年发展，世纪之交对于产业融合的关注开始让位于更加微观层面的审视，即将产业层面的融合作为背景，研究各子产业内部各种要素的演变和重组。

（1）纵向融合与重组研究

长久以来，出版社在寻找、发现、评价和编辑最具原创性和最重要的作者及其著作方面积累了来之不易的宝贵经验；而图书馆则长于组织、存档、标记并长期保存文献资料。但是情况正在发生迅速而根本性的变化，严格的分工正在被打破（Pochoda，2008）。所谓纵向融合与重组，是指信息链中的出版、组织、传递和保存等环节出现某种程度的粘连，而原本分工明确的角色要素包括作者、出版社、图书馆等信息中介机构和读者等，其在链条中的功能分界日渐模糊，从而导致信息链中各要素的重新定位与重组。比如，当前作者开始部分承担传统上由出版商完成的编辑、排版乃至出版等工作；出版商进行编目、索引、存档等原本由图书馆一类机构承担的

---

① ［美］罗杰·菲德勒. 媒介形态变化：认识新媒介［M］. 明安香，译. 北京：华夏出版社，2000：22.

② 参见：欧盟 DG Ⅷ/E 项目报告. European Commission. The content challenge：electronic publishing and the new content industries［R］. European Commission DG ⅩⅢ/E，1997.

工作，直接为终端用户提供文献传递等服务；图书馆则部分履行出版商的职能，生产各种信息产品如电子期刊等。此外，数字信息发行商和集成商等新型中介纷纷涌现，原有的文摘索引服务商等则积极改进工作手段和内容。由此可见，在新的信息技术条件下，传统角色要素的功能边界日趋模糊，并正在驱使传统上严格有序分工的信息链各环节进行根本性重组。

以数字学术出版架构为例，大学出版社固然可以凭借其难以替代的专业经验与能力继续承担中坚角色，其他如图书馆、大学管理层、IT科系、信息学院乃至整个校园也都成了数字出版"大合唱"中不可缺少的一员。实践中，美国宾夕法尼亚州立大学、匹兹堡大学、弗吉尼亚大学、普渡大学、加利福尼亚大学、密歇根大学等的出版社和图书馆都开展了一至两个数字出版合作项目并取得了良好成效（Brown et al.，2007）。在波兰，图书馆系统正从创建数字图书馆和机构仓储，或者更确切地说是从馆藏数字化活动向利用（多）机构仓储出版原生型数字文件转换。而这个过程通常是与大学出版社合作完成的（Nahotko，2007）。在希腊，Banou（2007）强调出版商主要出版传统印刷型学术出版物；而学术图书馆由于在管理学位论文数据库和开发大学机构仓储等过程中能够更加容易地收集到学术资源、更加广泛地接触数字传播渠道，而且也掌握了更多数字技术，因此是目前开放获取出版的主力军。但是，鉴于两者在资源与技能上各有优劣势，希腊开放获取出版的进一步发展无疑需要本国出版商和学术图书馆之间的竞争和合作。而数字图书馆，如欧盟的"i2010：数字图书馆启动计划"（*i2010：Digital Libraries Initiative*）①等，常常涉及大量印刷文献的数字化、传播、保存和管理，就很难说其是数字出版项目、数字图书馆项目还是数字档案项目。

当然这种角色的转换和重新定位也会带来麻烦。当谷歌2005年推出图书扫描计划之后，美国出版商协会（Association of American Publishers，AAP）、美国作家协会和法国出版商协会等都曾提起侵

---

① European Commission. Digital libraries initiative[EB/OL].[2008-08-13]. http：//ec. europa. eu/information_society/activities/digital_libraries/index_en. htm.

权诉讼,但是许多读者、学者和部分图书馆却十分支持这一能够大大提高图书可存取度的举动(Sandler,2006)。

(2)横向融合研究

出版在全世界各个古老文明内部萌芽之初就与教育和学术活动结下了不解之缘,教科书、学术专著和期刊在很大程度上就象征着教学活动和学术交流。在数字环境下,这种结合更趋紧密并置于融合的境地。究其主要原因,无论是教材教辅、专著、期刊的出版,还是教学活动和学术交流都可以通过互联网来实现,这就造成了你中有我、我中有你的局面。而融合带来的出版物形式的变化、出版活动和利用方式的改变正是人们共同感兴趣的问题。

①与学术活动融合。

互联网催生了各种新奇的科学交流甚至科研合作形式。而数字出版为这些过程的最终成果提供了适当的表现形式。

在理工科研究领域,电子仓储是一种成长很快的数字出版媒介和科学交流工具。它可以是多学科的,也可以是单学科的主题仓储。后者如著名的高能物理领域的 arXiv.com,是长久以来存在于科学研究领域的预印本概念的数字化和网络化实现。除此之外,也出现了一些内容类型或者表现形式各异的新尝试。鉴于评论、综述等同样是科学交流中必要的组成部分,马普协会(Max Planck Society)资助了《活评论》(*Living Reviews*)①系列开放获取期刊出版及其出版平台的开发和运营。从 1996 年创办第一种期刊《相对论活评论》(*LRR*, *Living Reviews in Relativity*)以来,该系列期刊已经发展到 3 种。② 其利用新技术和新媒体形成的主要出版特色是由编辑委员会审慎地确定相关学科领域中十分重要的,而且在可见的未来将持续发展的议题,然后作者在随后的一两年内不断地更新评论(这也是系列期刊名称中"活"字的由来)。经过短短 10 年的发展,

①　网址为 www.livingreviews.org.

②　第 4 种即将出版。笔者注:系列期刊所涉及的学科领域从自然科学领域发展到社会科学领域。

2005 年 *LRR* 引用次数为 2600 次，单篇文章每月下载次数达到 2500 次。该开放获取系统的开发者和管理者希望有更多的网络活动者能够认同其编辑理念并采用其出版平台与技术（Dalchow，2006）。

就人文社会学科来看，尽管有些学者很少使用电子工具和方法，甚至讨厌数字资源（Brogan，2005），但是就像美国学术团体协会（ACLS，American Council of Learned Societies）网络基础建设委员会在一份报告中宣称的那样："人文社会科学的数字化是不可避免的（John，2006）。"数字技术同样改变了人文社会科学学者的工作方式。数字资源如"早期英文图书在线"（EEBO，Early English Books Online）、Newsbank-Readex 的"伊万斯早期美国印本"（EEAI，Evans Early American Imprints）、Gale 的"18 世纪馆藏在线"（ECCO，Eighteenth Century Collections Online）等使人文社会科学学者可于几分钟内获得原来可能要穷其一生去搜集的资料。而该领域的新系统和新平台仍然不断出现。如 Text Creation Partnership（TCP）起源于 ProQuest 信息与学习公司于 1998 年创建的 EEBO 数据库。目前，全球超过 150 个机构的图书馆员、学者和出版社参与了它的开发与使用（Martin，2007）。又如 Readex 于 2006 年春季针对其在线数据库美国史料档案[1]（Archive of Americana）开发的应用系统 CrossRoads[2]，其目的是让人文学者和高等教育机构中人文学科的学生们能够在档案资料电子文本的"天头地脚"随意写下见解、评论等注释性文字。针对主要用户类型，CrossRoad 设计了三种功能模块，其中学生可以做的有：①组织个人研究资料；②参加在线课堂讨论；③根据历史文献做笔记；④查找并阅读与文献相关的分析和评论。教员可以做的有：①创建阅读书目，并直接链接到原文献；②指导关于历史文献的在线讨论；③找到并评估学生的分析；④指出文献中的特别元素。高级研究人员可以做的有：①自行创建

---

① 美国史料档案是 Readex 开发的收录美国早期印本、报纸、政府文件和其他印刷品的在线数据库。

② 今后 Readex 的美国历史报纸（America's Historical Newspapers）数据库和美国国会文献集（US Congressional Serial Set，USCSS）将加入该系统。

和组织关于历史文献的资料收藏；②与学术社区分享注释和论文；③查找并分析其他学者的分析；④与其他学者交流和合作。CrossRoads 的用户或者用户组主要以项目为单位开展活动，其可以灵活地邀请其他用户成为项目成员，也可以取消其他用户的成员资格。用户可利用书签（bookmarks）、注释（annotations）和评论（comments）等工具就某个特定主题组织资料，或者为原始文本添加背景信息和上下文。对于所添加的内容，用户享有署名权，可供其他读者共享。这些内容将成为 CrossRoads 数据库的一部分，其出版者 Readex 享有传播权。其中系统的文献链接不仅包含指向整篇数字文档的 OpenURL，而且能够指向所参考文献的具体位置，如某章、某节、某页，其实现基础是以较小粒度独立存在的注释和参考文献，如专著在页的水平上、报纸在文章的水平上等。同时系统也借鉴了 Blackboard 和 Sakai 的一些课程管理工具以实现课堂讨论等功能。CrossRoads 也许未必是将来人文社科领域数字出版的代表模型，但是在它身上的确体现了该领域不同于理工科领域数字出版的特点（Nunn，2008）。

Ithaka 和 JSTOR 资助的研究表明，数字学术出版的健康发展必须具备以下要素：首先也是最重要的，必须有适当的技术平台和具有竞争力的商业模式，以便把原有的和新产生的内容送到网上；其次是充分的市场研究，以便了解市场需要什么样的新产品；最后是抵达这些新市场的营销能力和业务拓展能力（Brown et al.，2008）。从目前情况来看，只有平台开发呈现较为活跃的态势，而有关各方对其他要素的投入是严重不足的。换一个角度考虑，就会发现必要的产业重组和融合还不够深入。

②与教学活动融合。

前述 CrossRoads 也是数字技术背景下出版和教学活动融合的极佳范例。事实上，在当前的高等教育机构，科研、教学、出版和图书馆服务相结合的情况十分常见。一般来说，数字图书馆（DLs）和虚拟学习环境（VLEs）共同为高等教育和学术机构提供不可缺少的教学和研究支持。它们本身往往带有数字出版功能，而且其建设和维护常常有出版商参与（Faulhaber，1996；Maccoll，2001）。大学和研究机构利用图书馆管理系统或 DLs 既从本地数据库如机构仓储、论文数据库、技术报告数据库、OPACs 或图像数据库存取学术资源和教学内容，也从订阅的外部内容如出版商或者集成商提供的论文数据库、远程 DLs、名录和其他数据库获取资源。VLEs 则整合了各种环境组件，如在线讨论、课程材料、电子邮件交流、作业提交和评分等，以便学习者和教学人员参与在线学习等各种在线互动。但是，尽管 DLs 和 VLEs 都致力于支持教学和科研，此前的研究却表明两者的整合可能引起一系列技术问题（Whiting，2003；Flecker，2004），例如系统的操作系统不同、数据格式各异、认证程序不一以及网络界面不一样等。Chumbe（2007）提出了一种成本效益较高的方法来克服此类问题，即通过使用 SOA（Service-Oriented Architectures）和检索协议 SRU（Search/Retrieve via URL）的开源中间件提供基于服务的解决办法，以有效地整合 DL-VLE。

加拿大圭尔夫大学（University of Guelph）本科毕业班课程"蛋白质和核酸结构"要求学生在完成"蛋白质设计"课题研究的基础上，利用相关网络工具完成从论文写作、投稿、同行评议、修改到与作者通信的学术出版全过程，从微观层面印证了出版活动与研究和教学活动水乳交融的新局面（Dawson，2007）。

1.1.2 出版者研究

在数字出版演进过程中，既有传统出版机构角色的变化，也有一些新的出版者类型不断涌现。有研究者认为，今后10年图书馆、学会、大学出版社都可以成为出版者，而像 Sage、Blackwell、Springer 和 Taylor & Francis 等商业性出版社也将继续存在。因此不难理解出版者问题为什么会吸引众多研究者的关注。

传统上大学并不与出版直接相关，但是随着数字图书馆建设的深入和机构仓储的盛行，大学从事出版的必要性被反复提及：防止学术出版愈来愈偏离学术价值的追求；在最宽泛的意义上致力于出版将使大学能够更加充分地扩大其学科和专业的全球影响力，提高其科研机构的声望，在学术价值评判和认定中保持发言权（Ithaka，2007）。这导致了大学出版社一定程度上的复兴：某些已经停业的大学出版社重新开张，有些本没有设立出版社的大学成立了出版社。如美国莱斯大学(Rice University)出版社在停业约 10 年以后宣布将采用低成本、低利润的商业模式，凭借网络传播、按需出版等手段建立全美第一个完全数字化的大学出版社。这个新成立的出版社是莱斯大学邡德仁图书馆和大学 Connexions 平台合作的产物，而后者本身就是一个集学术内容以及从中学到大学教育资源的合作开发和自由共享于一身的网络出版平台(Henry，2007)。而 2003 年新成立的意大利佛罗伦萨大学出版社(Firenze University Press)，它的使命是通过新型的数字出版传播佛罗伦萨大学的智力成果。其战略是致力于提高编辑产品的显示度(visibility)，并通过高质量、专业水准、低生产成本和允许保留版权的做法来吸引作者。该出版社在意大利学术出版模式的革新方面扮演了重要角色。就具体的经营策略来看，它对已出版作品的电子版采用开放获取模式发布，而由印刷版销售收入来补贴开放获取出版以保障其持续运营。由于利用综合性的编辑过程管理系统，既产生了规模效益，资源利用效率也提高了。该项目为当前小型出版社和大学出版社开展数字出版业务提供了可持续发展的范例(Bollini et el.，2006)。

实际上，大学中介入出版的机构并不限于大学出版社。在很多高校，图书馆成了大学从事数字出版的中心和枢纽。如德国柏林洪堡大学的 Edoc 服务器①即由该校的图书馆和计算机与媒体服务部联合建立。该服务器原来只打算出版本校的电子学位论文和博士后出站报告，后来却成了大学的数字出版中心，以及各种类型的学术出版物的服务平台。它还包括教学管理系统、虚拟图书馆门户和媒体门户，是大学信息基础设施中不可缺少的组成部分。为该项目特别成立的电子出版工作小组致力于为潜在的作者和编辑提供各种服务，并处理与学术数字出版相关的各种问题，其工作涉及技术、图书馆管理和法律等各个方面。除了提高大学研究成果的显示度，增加大学科研成果的可获得性(尤其是较难获得和存取的学位论文、研究论文等)，Edoc 的主要目标是在大学内外建立一种新型的电子

---

① 网址为 http：//edoc.hu-berlin.de/.

出版文化(new culture for electronic publishing)，鼓励科学家们使用新型的出版模式并改变其原有的出版习惯(Müller et al.，2006)。还有，美国密歇根大学图书馆同样在数字出版方面取得了很好的成绩。自2001年以来，其下属机构学术出版办公室(SPO, Scholarly Publishing Office)同时以电子和印刷形式出版了大量学术文献，为大学乃至全世界的学者提供了新型服务，从而进一步拓展了图书馆传播文献的传统职责。2007年，SPO凭借大约7.5个全时当量(FTEs)的人力资源出版了约2000篇文章，还有许多专著、图集和其他一些数字项目(Hawkins，2008)。Bankier等人(2008)则以加州大学伯克利分校电子出版社Bepress的Digital Commons平台的用户情况为基础，探讨了图书馆作为出版商的热门话题。他们认为，图书馆应该而且也能够作为机构学术交流中心(hub)，帮助学者们创建OA期刊；但其主要职责并非其提供日常管理，而是应该成为新型数字学术出版的宣传推动者、技术支持者和问题解决者。

　　无论由哪个下属单位来承担数字出版职责，大学必须结合其独特的出版传统和学术资源优势来建立出版架构；在此基础上，有合作意愿的大学可以进一步通过可控制的网关建立校际出版网络；校际网络也可以定位于某一专门学科。这样大学出版系统既可以取得规模效应，也能够确保文化多样性，并以此同商业STM(Science, Technology and Medicine，科学、技术和医学领域)出版巨头和其他中小型出版机构竞争(Pochoda，2008；Brown et al.，2007)。当然，商业出版社和非营利出版机构之间也并非只有残酷的竞争，有时候合作能够为各方面带来更大效益。例如斯坦福大学成立的高线出版社(HighWire Press)本是非营利出版机构对商业出版的有力回击，但是现在Sage等商业出版机构都已经成为HighWire Press的客户。早期出版领域的革新的确更多的是由服务提供商如HighWire Press、ISI(Insititute for Scientific Information，美国科学信息研究所)的知识网(Web of Knowledge)等促成，而非由单个图书或者期刊出版商完成，就像Keller(2006)所说的那样："很明显地，图书出版商不愿意从事数字出版和网络传播，他们也很少从事纯网络出版实验，""这种不愿意是出于其维持目前销量和利润的考虑，同时也反映了其与现有技术的隔阂。"但是如今，已经有越来越多的传统出版商加入数字出版阵营。

此外，个人作为出版者也受到了研究者的广泛关注，其中又以博客行为最受瞩目。由于博客最早诞生在美国，因此此前的博客研究多是关于美国的（Huffaker，2005；SIFRY，2005），Pedersen 等（2006）则对英国博客圈的情况，尤其是性别在其中扮演的角色进行了调查研究。结果表明女性博主对监测访客数量感兴趣，男性博主则致力于控制与访客们的互动，同时也更多地使用访客管理工具。男性博主也倾向于制作从技术角度来看更加复杂的博客，他们是更喜爱使用复杂博客软件的博主。此外，男性博主通常更加喜欢使用图片，但他们用于博客的时间相对较少。与美国较早前的研究结论不同，英国男女性博客上都包含外向链接（outward links），并通过友情链接来向读者推荐其他博客。女性相比男性提供更多外向链接；男性则比女性更喜欢推荐其他男性的博客。这表明存在"性别隔离区"（gender ghetto）现象。这一现象还导致美国出现了"她的博客"（BlogHer）社区，致力于为女性和向女性传播博客文化；而这种趋势也开始在英国显现。① 次年，Pedersen（2007）通过对 60 个英国博客和 60 个美国博客的研究，发现不同国家的博客采用的创作方法、满足感的来源等都有所不同。尤其他提到了博客创作中此前很少被注意到的经济动机，即通过博客赚钱的动机——被调查到的此类博主似以女性为主，她们倾向于将博客看作外出全日制工作的某种替代。而此种动机对于博客圈演进的影响是颇为值得关注的。

1.1.3　出版物研究

在数字技术的大背景下，一些新的出版形式和出版物，如集中式内容门户、博客、wiki 等层出不穷；同时一些传统的出版物形式如书报刊等都发生了深刻的变化，以电子参考书为例，无论从呈现方式、功能以及使用来看都绝不是印刷文本和图片的简单数字化而已。这导致了学界对数字出版物持久而深入的研究兴趣。

---

① 网址为 http：//blogher. org.

　　就数字化图书而言，与中国情况类似，国外只有若干细分市场取得了成功。其中一种是历史文献，或者更广义地说，是已出版图书的电子版本。如前面提到的 EEBO（12.5 万卷）、ECCO（15 万卷）和 EEAI（3.6 万卷）等都在全球有几百家图书馆用户，销售情况远远超过经销商的预期。然而，新书数字化脚步一直非常迟缓。从需求方面来看，许多读者还没有阅读电子书的意识和习惯。Ithaka（2006）访问的 4100 名高校教职员当中，只有 16% 的人经常使用电子书，36% 的人答复很少使用。Ebrary（2007）对 583 位图书馆员的调查中，被访者普遍认为电子书的使用情况"不尽如人意"。而同年对经济学、文学和护理学专业本科生的调研得到了类似结论（Hernon，2007）。从供给方面来看，电子书的质量问题以及没有可行的商业模式等都阻碍了新书电子书市场的发展（Sandler，2007）。如 Ebrary 的受访者中有 80% 的图书馆员认为目前电子书的购买模式"非常令人困惑"。

　　不过，电子参考书市场可能是一个例外。网络版大不列颠百科全书和牛津辞典等固然早就取得了成功，另外从原生型网络百科全书到手持式数字旅行指南都不乏成功例子。捷克的 Hynek（2007）介绍了在线计算机术语词典 SPOT，一个提供 ICT 英语术语的捷克语译法的开放平台。其所谓的"开放"有两重含义：其一是指用户可以免费使用该网络词典；其二是用户可以自由地提议尚未列入（unlisted）的词条，讨论尚未确定（unsettled）的词条并就最终译法进行投票表决。Filippi 探讨了采用 P2P 开放式编辑流程的 wiki 出版范式：wiki 的创作，wiki 创作中的合作方式，作为 wiki 创作组成部分的公共修改（public revision），等等（Filippi，2007）。传统的印刷型"旅游指南"也有了电子替代品，如 VisioPass、[1] Verhalenfluisteraar、[2] TimeSpots、[3] Multi-

　　[1] VisioPass. 网址为 http：//www. pass. be.

　　[2] Verhalenfluisteraar. 网址为 http：//www. toerismelimburg. be/exec/1086 25/7408/.

　　[3] TimeSpots. 网址为 http：// www. timespots. nl.

cache Amersfoort①等。这些产品各有优缺点，如 Verhalenfluisteraar 是针对自行车和摩托车骑手的旅行指南，使用 Navigon 导航软件，易用性好，但是功能有限，提供的信息不够详细，而且用户无法与之互动；又如 TimeSpots 的信息模型十分出色，但是地图应用和定位功能却有所欠缺，等等。2006 年年底投入使用的 CityInMyPocket 是针对比利时梅赫伦市旅游者的手持式电子步行指南。该产品试图博采众长，它是利用 GPS 和 PDA 技术开发而成的，内置应用地图、搜索引擎和路线规划三个模块，从而给游客带来全新的阅读和使用体验（Depuydt et al.，2006）。

在数字期刊重要性日益增加的今天，数字专著问题也引起了众多关注。不过，多数研究者认为，经过同行评议的、数字形态的学术专著内容，由于其可存取性大大提高，将成为未来一种重要的出版形式。而大学出版社也将借此浴火重生，并在 21 世纪的学术交流体系中占据一席之地（Colin，2008；Kempf，2008；Guédon，2008；Derricourt，2008）。Albert 等（2008）对美国大学出版社 2001—2007 年的数据进行分析以后得出同样结论，即学术图书也应该采用开放获取模式出版。而 Joe Esposito（2003）所谓的"处理过的书"（processed book）、未来图书研究所（IFB，Institute for the Future of the Book）②所谓的"网络图书"（networked book）更被认为是下一代的学术图书形式。这些新型数字学术专著把数字文本嵌入拥有动态链接的复杂网络之中，允许迅速地存取文本内的超链接以及文本的源文献；允许读者公开对部分或者全部文本发表评论；可以很方便地采用多种方式对文本数据进行查询、检索和挖掘；而文本本身将成为用户社会网络和文本网络的节点（Esposito，2003；Fitzpatrick，2007；Pochoda，2008）。

---

①　Multi-cache Amersfoort. 网址为 http：//www. geocaching. com/seek/cache _details. aspx？wp＝GCMKRQ.

②　VERSHBOW B. The networked book：an increasingly contagious idea［EB/OL］．［2024-04-27］. http：//www. futureofthebook. org/blog/archives/the _ networked_book/.

　　此外，有声书携数字化浪潮突破了原来主要为有阅读障碍的盲人和视力不佳者服务的桎梏，以休闲和教育为目的的数字有声书得到了很大发展（Engelen，2008）。数字报纸同样是热门研究课题。Edwards 等（2002）讨论了利用纸张、CD/DVD-ROM、万维网、Webcasting、平板电脑、电子邮件、短信、WAP、RSS、PDA、Wi-Fi等各种工具、渠道和技术进行报纸跨媒体出版的实验或设想（Duran，2003；Veglis，2007）。Ihlström 等（2007）对使用经验在电子报纸用户偏好和需求形成中的作用进行了经验研究并得出结论，即实际使用经验往往比看宣传短片和接触模型更能激起用户阅读电子报纸的积极态度。电子墨水技术（eInk）的成熟则使报纸数字化有了更多选择，Van 等（2007）以比利时弗兰德地区大规模的研究项目为基础，分析了电子报纸的四种商业模式，即传统报纸模式、报亭模式、iTune 模式和网络模式，以及其商业前景，并指出选择开放架构还是封闭架构、采用何种技术和设备等决定都对建立可行的商业模式具有关键影响。而在其他媒体行业，一些成功地应用了锁定战略的集中式内容门户不断兴起，典型的如 iTunes、MySpace 等。一些研究文献探讨了这些门户如何取得领先地位，并利用情景模拟分析方法（scenario analysis）推演了使用专属标准的 IPUB、具有互操作性的内容门户（Interoperable Content Portals）和 iWiki 出版三种模式的发展远景（Bäck et al.，2007；Leendertse et al.，2007）。

1.2　质量控制与评价研究

　　和传统出版业一样，数字出版过程中的质量控制问题、出版工作和出版物评价等是十分重要的问题，但是具体的机制和标准则处在持续的发展过程之中。

1.2.1　质量控制研究

　　多年以来学术界赖以控制质量的是自上而下的同行评议系统。它是出版商驱动的，通常由编辑和出版商选择评议人、解释评议结果并管理作者的修改过程；随后图书馆通过馆藏建设对出版物质量进一步把关；作为最终用户的读者不参与质量评价和控制过程。该过程一般在内容最终出版以前完成。

早在 1665 年，第一种学术期刊《哲学学报》（*Philosophical Transactions*）就采用类似同行评议的做法来保证期刊论文的质量。此后，同行评议作为一种重要的质量控制机制，一直以来都是 STM 出版的重要组成部分。它通常的做法是由本领域至少两名专家就提交的论文提出意见，编辑据此决定是否录用出版；评议一般采用单盲或者双盲方式进行。随着印刷出版向数字出版迁移，出版物从载体形式到内容表现形式都有了很大变化，那么还有必要采用传统的同行评议方法吗？或者应该开发其他形式的质量控制机制吗（MacDonald，2002）？

关于这些问题有很多不同看法。"自然"网站曾经专门开辟关于同行评议的争鸣网页，收录相关文章 22 篇。[①] 有的研究者认为传统同行评议的必要性被夸大了，在数字环境中，超链接和引用行为本身在一段时间内就可以完成同行评议功能；而且数字时代学术资源可获得性比资源质量更加重要（Odlyzko，2002）。有些学者提出了替代性的质量控制机制，例如编辑控制、自由评议（Arms，2001）、论证（Van de Sompel，2006）等。Vragov 等（2007）则大胆地建议打破评议的免费、志愿传统，把评论意见视为商品，其价格则由作者和评论者通过讨价还价决定。尽管同行评议做法存在着人为的不公平乃至学术欺诈等弊病，但是大多数学者认为，在正式的学术交流环境中，学术期刊要获得成功并得到持续发展，必须要有同行评议这样的机制来保证质量。这一点无论对于印刷版期刊还是数字期刊来说都是适用的（Halliday，2001）。

不过数字学术期刊在具体实施同行评议时往往因学科、出版模式等的不同而有所不同（Kircz，2001）。由于生物医学领域的科学发现很可能直接作用于病人，该领域的数字期刊实施严格的传统意义上的同行评议以确保论文和刊物质量。反之，高能物理这样的领域，

---

① Nature's peer review debate［EB/OL］.［2006-09-11］. http：//www. nature. com/nature/peerreview/debate/index. html.

科研成果的及时交流更受推崇，因此，几乎不经任何形式审查的电子预印本文档更加普遍，典型的如 arXiv。① 在人文社会科学领域，纯粹的 STM 期刊同行评议做法并不适用，因此该领域的学者倾向于采用论争式的评议方法，例如跨学科的电子期刊 *Psycoloquy* 采用"编辑信箱"这样的做法来补充传统评议方式的不足（Tomlins，2001）。

此外，ICT 的发展使得数字学术期刊有可能采用创新的质量控制和保证机制。但是这些机制通常也以改良的同行评议方式作为核心，只是手段更加丰富，评议意见的来源更加广泛，因此成效也就更加显著。具体来说，具有以下特点：①允许采用互动的、开放式的评议和讨论；②允许更加高效地从更宽广的范围内选择评议人；③给予评议人更多的与评议工作相关的信息。慕尼黑理工大学的 Ulrich Pöschl（2004）就提出了一种以互动式同行评议和公共讨论为中心的两阶段出版模式，来同时达成在传统科技期刊出版和同行评议范畴内难以兼得的快速度和高质量两个指标。第一阶段是供讨论论文的快速出版阶段。其由编辑或者评议人在初筛后进行公布。与传统预印本不同的是，它是完全可以被引用的，而且也将永久存档。在供讨论论文的旁边还有评议人的评议和其他对此文感兴趣的同行的评论，这些意见可以是匿名的或者是具名的。第二阶段是评议结束和修订论文的出版。由于这种做法使得在印刷时代读者无法看到的各种相关评议以及作者与评论人之间的辩论都公之于众，因此大大增加了论文的价值，是一种作者、评议人和读者多赢的方式。研究者以创刊于 2001 年 9 月的互动科技期刊《大气化学和物理》（*ACP*，*Atmospheric Chemistry and Physics*）所取得的成绩为例（据 ISI 的报告，其 2002 年的影响因子为 0.7，到 2003 年即跃升为 2.3，快引指数则由 0.41 提高到 0.76），证明此种出版和质量保证机制的可行性。Kate Wittenberg（2007）则着重探讨了绕开传统质量仲裁者——出版商和图书馆，借鉴基于社区网络的 P2P 信任模型（trusted peer-to-peer models），由最终用户——读者来建立信息质量评价机制的可能性与实现途径。而这种在更广大范围内实施开放评

---

　①　网址为 http：//www. arxive. org/.

议的做法，其效果还有待验证（Solomon，2007）。

为了在电子环境中更加高效、低成本地实施同行评议，十多年来还出现了许多在线投稿和同行评议系统，如英国电子投稿和同行评议系统 ESPERE（UK-based Electronic Submission and Peer Quality Review Project），加拿大研究委员会研究出版社和澳大利亚科学与工业研究组织出版社合作开发的在线投稿与同行评议系统 OSPREY（Online Submission and Peer Review System），等等（Wood，2000；Best et al.，2007）。它们将出版和评议流程中的大部分工作，如选择评议人、向作者通报结果等都自动化了（Sosteric et al.，2001）。近些年来由于应用服务提供商（ASP，Application Service Provider）提供的各种基于万维网的服务，此类系统的应用更加普及。学术与专业出版商协会（ALPSP，Association of Learned and Professional Society Publishers）出版的专著《在线投稿和同行评议系统》（*Online Submission and Peer Review Systems*）客观地评估了当前各种在线同行评议系统的发展情况，描述了它们的特点，并为出版商提供了分析和选择此类系统的标准。同时，它还报告了作者和评议人、编辑和出版商在使用系统方面的经验、偏好和看法（Ware，2005）。

除了出版物内容层面的质量控制，在数据和元数据水平上的质量问题同样引起了广泛关注。Horstmann 等（2008）探讨了当前作为分布式仓储架构主流的机构仓储的数据有效性问题。其认为当前存在诸多重要的验证技巧，其主要功能在于验证是否符合 OAI-PMH 和简单元数据的基本要求，但是对于仓储数据质量的整体量化评价是缺失的。为此，研究者提出了测试仓储规格一致性的初步验证方法；通过它生成专门的、可计量的数据，反映某仓储与技术或者内容相关的行为与数据的质量。Meyer 等（2008）则探讨了参考引用文献链接的质量问题以及改进方法。和其他出版质量问题一样，此类问题在医学出版领域也得到了格外的重视（Siebers et al.，2000；Horstmann et al.，2004）。

1.2.2 评价研究

从学术出版物评价的发展过程看，最初多采用同行评议方法，由专家进行定性评选。这种方法比较简便和直接，但容易受主客观条件限制，如专家的学术水平和专业特长、人为非学术因素的干扰等。还有在传统出版条件之下，这种方法对于不同期刊之间的论文质量、同一学科领域所有论文质量的评价等都是无能为力的。于是量化统计便作为定性评价的补充得到应用。1963年美国科学情报所出版了《科学引文索引》(SCI, *Science Citation Index*)，后来其量化评价功能成为评价科研成果质量的重要工具，非计量评价反而处于相对落后的地位。计量的具体标准为：被引频次，影响因子，即年指标，权威数据库或文摘刊物等的收录数，平均引文率，参考文献量，普赖斯引文指数，信息密度，期刊载文量，是否为核心期刊，期刊获奖数，论文获奖数，国际论文比，基金论文比，等等。它们广泛地应用于作者研究、各学科及各类型期刊与单篇文献的研究，以此评估学者、期刊和学术论文的学术表现。

Koehler等(2000)将信息科学领域20世纪90年代创刊的三本电子期刊和一本印刷版期刊与已经创办50多年的《美国信息科学学会学报》(*Journal of the American Society for Information Science*)进行了对比评价研究。结果发现这些期刊的刊期、载文量、作者数量、基金论文比等指标都有很大不同，而且作者的地区分布情况也有很大差异。后者可以用期刊的成熟程度来加以解释，具体来说就是期刊越成熟，作者低于分布的离散程度就越大。至于期刊是纸介质还是数字版本，对信息学类期刊的表现并没有很大影响。另外还有研究人员对覆盖信息科学领域的26种期刊的书目计量学特点进行了研究，发现其中尚未出现成熟的核心期刊。1990年电子期刊中开始出现信息学论文；1995年平均每种期刊的载文量为26篇，十年后这个数字发展到了每年250篇。研究还确定了该领域最高产的作者，其中绝大部分分布在美国和英国。论文中有2/3来自学术研究机构。论文最常见的主题包括电子信息、电子出版、数字(虚拟)图书馆、信息检索和互联网使用等。有7家在线数据库收录相关的电子期刊；其中《信息科学文摘》(*Information Science Abstracts*)是唯一覆盖所有28种数字期刊的，它包含来自这些期刊的1100多篇论文文摘(Hawkins, 2001)。同样是分析图书情报领域的在线期刊，其他研究者采用了传统的引文计量与网络影响因子(WIF①，Web Impact Factor)指标相结合的方法，来分析在线媒体在交流图书情报学研究成果方面的有效性(Smith，2005)。

新形态数字学术资源的产生，对研究者的学术交流活动产生了深远的影响。在物理学科领域，自从电子印本文档库 arXiv 诞生以后，人们的引用行为有了变化(Ginsparg，2001)。据观察，最先在该文档库发布的论文，其被引用率总的来说要高于其他同类论文(Brody et al.，2004；Kurtz et al.，2005)。还有学者利用 NASA-Smithsonian 天体物理学数据系统的统计数据来分析天体物理学期刊中最先发布在电子印本文档库中的论文的平均引用率，并得出了相似的研究结论，即天文学与物理学领域的主要期刊一样，重要的论文都最先出现在 arXiv 之中(Henneken，2006)。在研究了在线期刊对医学教授的引用行为的影响以后，发现从 1993 年到 2002 年被引用的期刊数量持续增加，表明信息资源的数字化存取对于研究人员引用的文献数量有积极的影响。但是作者们更愿意引用数字出版物还是印刷出版物，尚没有明确的结论(De Groote，2005)。

还有学者通过分析《物理评论》(*Physical Review*)多年的使用数据，以及从《物理评论通信》(*Physical Review Letters*)到《物理评论》中较简短文章的引文信息，研究了回溯性电子资源项目的影响与作用。《物理评论》在线档案的使用情况表明，其平均下载数是每篇文章每年大约被下载 10 次，甚至其创刊号的文章都有人取阅。使用情况和引用率都能反映文献的衰减率(decay rate)，只是具体时值不同而已。物理学文献的引用半衰期(citation half-life)与此前的研究结果一致，但是其使用半衰期(usage half-life)与纸介质物理文献不同，而与在线医学文献的同类研究结果十分接近。对引文数据的研究还发现，网上可以获得的文献，其引用率可以提高 10%，但是研究者认为对网上资源的统计误差也被放大了，因此这个结论可能并不十分可靠，需要更长时期的数据来得出更为可信的结论

---

① WIF 是指网站的链接数和该网站总信息单位(例如"网页"数)的比率。

（Fosmire，2006）。

就评价手段而言，引文分析（citation analysis）是跟踪学术研究和衡量其影响的重要工具。ISI 所建的权威引用文献数据库 SCI、SSCI、A&HCI、JCR 等为经过同行评议的重要期刊文献所有，并因此享有盛誉。一直以来，一个国家、地区、科研机构和学者的期刊、论文被它们收录和引用的多少，常常被看成评价研究水平和质量高低的重要指标之一。近年来它将旗下几乎所有重要的引用文献数据库集合在科学网（Web of Science）旗下，更加成了引文跟踪研究的重要数据库。但是在学术交流领域出现了许多新动向，例如预印本和后印本服务器、通过互联网发布的技术报告、迅速发展的开放获取期刊，显然再用科学网进行传统的引文跟踪将会遗漏许多重要的资源。一些研究充分地检视和评估了书目计量学和引文分析在数字环境中所面临的机遇和挑战（Bremholm，2004）。新型评价工具和手段也逐渐出现了。有研究者引入了两种新的引文计量（citation counts）工具：Scopus 和 Google Scholar。并用这三种工具以配对样本 t 检验方法（paired t-test）对《美国信息科学学会学报》1985—2000 年发表的论文进行了研究。发现 1985 年在各网站中科学网发表的论文的引文量最多；2000 年论文的引文量则以 Google Scholar 为最多，科学网和 Scopus 引文量之间的差异则并不大（Bauer et al.，2005）。

鉴于 ISI 影响因子等评价指标源于印刷出版物的评价指标，其用于数字出版物时未必恰如其分，因此研究者提出了不同的评价思路和实现方法。其中，Barbera 等（2006）提出了所谓的论文、引文及其作者网络图形可视化工具，作为替代性的书目计量学评价指标。具体指标有三个：①

一是程度中心性（degree centrality）。

---

① 三个中心性指标系原作者引用：BOLLEN J，VAN DE SOMPEL H，SMITH J，et al. Towards alternative metrics of journal impact：a comparison of dowload and citation data［J］. Information Processing & Management，2005，41（6）：1419-1440.

$$C_d(v_i) = \frac{\sum_{\substack{i=1 \\ i \neq j}}^{N} (x_{ij} + x_{ji})}{N-1}$$

程度中心性指与焦点节点相连的其他节点的数量。其评价思路与影响因子最接近，尽管它是以论文而不是期刊为基础计量的。其中 indegree 指标指一篇论文被多少其他论文引用，可以反映该论文的影响；outdegree 指标指一篇论文引用了多少其他论文，若论文的该指标很高，则其本身可以被视为网络中心。

二是接近中心性(closeness centrality)。[1]

$$C_c(v_i) = \frac{N-1}{\sum_{j=1}^{N} d(i, j)}$$

接近中心性指某节点和所有其他节点的测量距离的总和，表明一个节点与所有其他节点的距离。可以认为一篇高接近中心性的论文，其结论间接地影响了其他论文，因此具有较大影响。

三是居间中间性(betweenness centrality)。[2]

$$C_b(v) = \frac{\left(\sum_{s \neq v \neq t} \frac{\sigma_{st}(v)}{\sigma_{st}}\right)}{(n-1)(n-2)}$$

居间中间性"衡量某一点在图形中各个其他点中的'居间'程度：程度相对较低的点可以担任重要的'中介'角色从而处在网络较中心的位置"[3]。一篇具有较高居间中间性的论文可以认为是两个不同学科或学科中不同分支间的桥梁，尽管引用它的文献可能较少。

---

① N 是网络中的节点数量。$d(i, j)$ 是节点 i 和 j 之间的图解理论距离(GTD, graph-theoretic distance)，即最短路径的距离。

② σst 是从 s 到 t 最短测量路径的数量，$\sigma st(v)$ 是从 s 到 t 并且经过节点 v 的最短测量路径的数量。

③ SCOTT J. Social network analysis：a handbook. 2nd ed[M]. London：Sage Publications，2000.

1.3　存取与用户研究

互联网开放、免费的传统对于从诞生不久就部分走上了商业轨道的出版业而言，必然带来深刻的冲击。在数字出版成为必然选择的时代，存取权利被视为一种人权以及更高文明程度的象征，在全世界范围内得到了热烈倡议与响应；至于用户及其行为，则是出版者面临的另一个挑战。

1.3.1　数字出版物存取研究

所谓可存取性（accessibility），就是"个人、群体、组织和机构共享社会传播资源的可能性"（Van Cuilenburg, 2003）。对于不同媒体行业以及媒介市场的供方和需方来说，可存取性的含义有所不同。就数字出版而言，内容的可获得性是十分重要的指标，因此对数字出版资源存取问题的研究主要集中在两个方面：一是发展中国家和弱势群体的数字资源存取问题；二是如何采用各种方式促进数字资源的存取。

就第一个主题而言，发展中国家和发达国家的信息鸿沟导致了许多旨在促进信息存取的倡议与行动计划的产生，如何让发展中国家以较低价格获取数字期刊一度成为在线出版领域的热点问题。但是各种资助活动和支持对象是否有交叉重合乃至冲突的现象呢？出版商对于低价甚至免费提供其内容的态度如何呢？2002年国际科学出版物供应网（INASP, International Network for the Availability of Scientific Publications）的调查发现，无论是商业出版社还是非营利出版商，它们都很乐意以这种方式促进发展中国家用户对文献信息的存取，而且其中的大部分参与了一到两个此类活动（Smart, 2003）。另外，一些研究人员探究了这些行动背后的动机，指出要向发展中国家的读者公正地、富有成效地提供科学信息存在困难。在对一些主要解决方案的优劣进行分析以后，研究者提出应该采用统一的3C方式——合作（co-ordination）、全面（comprehensiveness）和透明（clarity）来解决数字资源的存取问题（Silver, 2002）。其中非洲的存取问题似乎受到更多的关注，因为当地期刊的发展对于非洲研究机构的健康发展是十分关键的。有研究者总结了非洲在线期刊的学科范围和发展状况，讨论由国际科学出版物供应网（INASP）支持的、存取非洲出版的学术期刊的目录和文摘的免费服务的运行情况（Rosenberg，2002；Panzera et al.，2004）。

在发达国家，弱势群体如残疾人的数字文献存取权利受到了关注。美国法律要求图书馆向残疾人提供文献存取服务。《美国残疾人法案》（ADA，*The Americans with Disabilities Act*）和《康复法案》（*Rehabilitation Act*，1998）第508节要求将这种义务延伸到数字环境中。购买数字期刊的图书馆员越来越意识到必须考虑存取问题。但是他们中的很多人不知道如何确定一种产品是否易于存取，如若不然又该采取何种对策。对11种主要数字学术期刊的基本存取功能进行调查分析后发现，除了少数例外，大多数服务商在这方面意识不强（Coonin，2002）。目前比利时是少数几个为视觉障碍者出版日报的国家之一；这种日报既有布莱叶盲文印刷版（Braille），也有电子版。其中AudioKrant项目充分利用当前的文本转语音技术，致力于开发一种新的、通用的新闻出版物。尽管这些出版物的可存取性有了很大提高，但是它仍然需要一定的技能或者设备，如理解布莱叶盲文的技能、个人电脑、语音合成软件以及互联网链接等（Paepen，2008）。

另外，关于如何实现和促进存取功能的研究也不少。欧洲可存取信息网（EUAIN，European Accessible Information Network）建立的初衷就包括在建立欧洲主流内容处理环境时充分考虑可存取性问题，并为可存取内容处理提供必要的工具与技巧（Crombie，2007）。EUAIN和ORMEE等的研究成果将进一步为一些后续项目所用，如致力于为视觉障碍者提供可存取教育资料的ProAccess项目，其目标就是为出版商和电子学习价值链的中介机构（与残疾人有关的图书馆、学校、慈善团体和协会）提供切实的指导和工具，以便其从生产过程和版权角度能够更加有效地生产和利用可存取内容。一些研究者对学术图书馆网站的重复访问情况进行了调查，揭示了不断变化的数字期刊存取情况（Rich et al.，2001）。大学与研究图书馆学会科技部科学资料主题与书目存取委员会(ACRL/STS Subject & Bibliographic Access to Science Materials Committee)评估了当前科技领域同行评议电子期刊存取方式的优势与不足。这些方式包括:一是创建仅仅描述期刊电子版本的书目记录(与印刷版的书目记录分开);二是使用一条记录来反映两个版本,即在印刷版记录的基础上添加电子版的 URL 地址与存取点;三是使用基于万维网的 HTML 列表;四是通过集成商的网站存取;五是使用基于数据库(可动态生成)的 HTML 列表。被调查的图书馆对这些方式并不完全满意,其中第三种存取方式应用最广,但是满意度最低。有70%的受访机构表示其利用编目记录来帮助用户存取电子期刊,但是用户并不倾向于使用这种方式。另外,没有机构赞成单独使用第四种存取方式(Riel,2002)。

人们在存取方面的努力取得了成效,在数字学术资源方面情况更好一点。根据 ISI 和 Ulrich 数据库的统计,2006 年共出版了经过同行评议的期刊 23750 种,共计发表文章约 1350000 篇。其中在公开的 OA 期刊上发表的文章占 4.6%,另外至少有 3.5% 的文章在经过一段时间通常为一年的禁止开放期(embargo period)之后可以公开存取,也就是说 Gold OA 的论文占 8.1%。此外,通过随机论文抽样,估算存放在电子印本仓储和个人主页上可开放获取的论文占到 11.3%(Green OA)。两者相加,当年 19.4% 的论文可以免费存取(Björk et al.,2008)。

1.3.2 用户研究

人们如何利用数字学术出版物?他们的使用行为、习惯与偏好可以说是千差万别的,而了解和掌握这方面的情况对于图书馆、出版商等改进产品设计和提高服务质量都是有益的。因此,相关研究成为近年来学术界、图书馆界和出版界共同关注的热点课题。

(1)不同类型用户的行为与偏好研究

对于数字学术期刊的使用模式和使用偏好会因学科而有差异。STM 领域的专家、学者和研究人员是数字学术期刊较早的采用者,而且至今仍然是该类型文献的忠诚用户（Rowley，2001；Kidd，2002；Dillon et al.，2002）。到 2002 年的时候，马里兰大学的教职员的数字期刊使用率已经超过了印刷版期刊。具体到不同的学科，物理学家和天文学家较多地利用数字资源，这大约也与电子印本文档 arXiv. org、天体物理学数据系统（ADS，Astrophysics Data System）以及美国天文学学会精心设计的适合学科特点的专业电子期刊良好的发展状况不无关系（Tenopir，2005）。相比之下，人文社会科学领域对于数字学术期刊的接受时间较晚，使用频率较低，相应的可用资源也比较少。这其中又以商学和经济学领域的研究者（Sandler，2003）、图书情报学领域的研究者利用数字资源的情况为佳，其他如历史、教育学、艺术领域的使用则相对滞后。对于这一点，有学者提出应该在充分考虑具体专业的不同文化属性和特点的基础上，以 Whitley 的学术领域的社会组织理论作为解释模型，来分析和评价电子期刊的应用状况。

另外，不同的动机和任务也会导致不同的信息搜寻和使用行为。尼尔森公司通过对西英格兰大学师生员工的调查发现，承担研究任务的人最有可能使用数字学术资源，对老师、学生以及行政人员的调查证明了这一点（Nelson，2001）。进一步的研究还发现，正在从事重要研究的高校教师和博士生对数字资源的利用超过利用总量的一半（King et al.，2002）。

还有年龄差异也可能导致文献使用方式与偏好的不同。老年人似乎更偏爱印刷文献（Antoir，2001），本科生、医学院学生则更加喜欢电子期刊（Sathe et al.，2002）。对密歇根大学社会学教授的调查发现，资深教授比青年教师更偏爱纸介质文献（Palmer et al.，2003）。还有研究表明，年龄在 21 岁到 34 岁之间的用户，其电子期刊的使用频率最高（Monopoli et al.，2002）。但是在有些学科领域，如临床医学和天文学领域，因为年龄导致的行为差异并不明显。使用频率与使用效率之间也并非完全的正相关关系。实验表明，在从任务出发来搜寻和利用相关论文方面，学生的表现明显劣于教师的表现（Cockrell et al.，2002）。

不过随着时间的推移，数字学术出版技术日趋成熟，人们也更加习惯于使用这种新型出版物。2003 年 5 月的一次调查显示，80%的受访者无论职务、职称高低还是年龄大小，经常使用而且偏爱使用电子文档（Bar-Ilan & Fink，2005）。

（2）信息搜寻行为与偏好研究

现在研究人员可以利用各种不同的信息源寻找论文，如电子期刊、印刷版期刊、专业组织的网站、个人网页、电子印本服务器等（Cochenour et al.，2003）。迄今为止，几乎在所有的学科领域，印刷文献仍然占有一席之地（Dilevko et al.，2002）。另外，尽管新文章很有用，过期期刊中的论文也有其独特的价值。在学术界，还有核心期刊与一般期刊之别。对于核心期刊，马里兰大学 70%的教师希望其既有电子版也有印刷版，但是对于一般期刊，他们认为只要有电子版就足够了（Dillon et al.，2002）。

尽管浏览和搜索都是重要的信息搜寻策略，但是对于电子期刊尤其是全文电子期刊的用户来说，浏览行为减少，按主题搜索行为增多（Sathe et al.，2002）。当然就核心期刊而言，用户也经常会浏览目录。在大型的、多种期刊混合的全文数据库中，用户倾向于采用搜索策略；而在由单个出版商提供的期刊系统中，用户更多地采用浏览的方式寻找信息。卓克索大学（Drexel University）的研究表明，可能是因为教师比博士生更多地订阅期刊，表现在数字世界里就是前者偏爱浏览而后者更喜欢搜索。对于博士研究生来说，如果与研究工作密切相关，他们会围绕研究目标进行检索；如果涉及其他主题，他们更愿意采用浏览的方式发现信息。就浏览和下载的论文格式而言，用户似乎喜欢浏览 PDF 文件，HTML 文件则多用于搜索（King et al.，2002）。

与同类型的印刷文献相比，在线索引、文摘的使用率有所增加，如果它们与全文链接，使用率更会增加。对伊利诺伊大学的调查表明，半数以上的医学教授和学生至少每周搜索一次 MEDLINE（美国国立医学图书馆生产的国际性综合生物医学信息书目数据库），并据此来确定要阅读的期刊；至于对其他文摘索引服务和全文数据库的认识和使用则较少（De Groote et al.，2003）。但是对于大多数本科学生来说，他们通常使用互联网来完成老师布置的作业。97%的心理学专业新生说他们每周至少上一次互联网，多于3/4的学生说他们利用互联网开始其最初的研究工作（Graham，2003）。对多伦多大学的研究表明，在所有受访学生中，尽管47%的学生花90%的时间来获取网络资源，但是印刷版期刊尤其是纸介质图书对于他们的研究活动仍然是很重要的；这一点在人文学科的学生身上表现尤其明显。还有调查表明，老师或者图书馆员推荐某个特别的数据库或者网站，将影响学生的选择（Waldman，2003）。另外，习惯于使用互联网的学生，在适应不同信息源各不相同的界面和搜索系统方面，似乎存在一定困难；而且他们也不愿意花时间看解释和帮助页面，如果搜索受挫就比较容易放弃（Cockrell et al.，2002）。

（3）数字出版物优劣势与用户偏好研究

许多用户认为数字学术出版物的主要优势在于其内容可以随时从电脑中取阅，非常方便（Nicolaides，2001；Hiller，2002）。此外，有经验的用户也非常喜欢它便于快速阅读和搜索、可以迅速存取和传播、时效性强的特性，而且读者还可以有选择地下载和打印所需要的部分内容（Sathe et al.，2002）。后者对用户而言尤其具有吸引力（Palmer et al.，2003）。

数字学术刊物的另外一个优势是可以根据用户的需求对内容和服务进行定制。但是这种与技术进步和功能拓展高度相关的尝试还处在发展的初级阶段，一些研究人员通过对卓克索大学14名博士研究生的跟踪调查，分析了影响个人化定制的关键因素，以了解用户需要何种有用的定制功能，以及在何种程度上用户能够接受基于个人资料或者用户行为的个人定制服务等问题。研究发现定制实际上与用户提高效率的期望值有关，因此可以重点强调提供类似于最新消息邮件提示（e-mail alert）这样的功能；此外，基于用户个人资料的定制产品和服务有助于缓解信息过载问题（Hyldegaard & Seiden，2004）。

随着数字学术资源的增多，相应的应用也越来越广泛，人们更多地看到其有利的一面。但是也有不少用户提出了数字学术出版物的不足。多个研究表明，用户希望看到更多的数字资源，包括更多的期刊品种、更多专门的或者非主流的学术资源，以及现有期刊品种的全部过刊文章等（Nicolaides，2001；Quigley et al.，2002）。印刷出版物是一种成熟的出版物形式，如前文针对密歇根大学社会学教授的调查中，75%的受访者更加愿意阅读纸介质图书（Palmer et al.，2003）。还有许多用户声称不习惯从屏幕读取内容，而且抱怨数字学术出版物的图像质量不佳（Nelson，2001；Sathe et al.，2002）。有些用户不将电子文档打印出来就没法阅读，对于篇幅较长的东西尤其如此（King et al.，2002；Cherry & Duff，2002）。就电子文档的格式而言，尽管 HTML 格式更适于跳读，但是更多人还是愿意接受 PDF 格式。

上述 22%的密歇根大学受访者认为必须去除数字学术出版物存取程序障碍和技术障碍。在调查数字资源本身如何妨碍人们正常的研究和学习生活时，有 16.4%的人认为上网太耗时间，13.5%的人认为它容易让人从工作中分心，还有 11.1%的人认为缺乏必要的信息技术知识，不利于高效地利用数字学术资源（Rogers，2001）。在对马里兰大学教师的调查中，30%的人从来没有用过数字期刊，原因是不知道如何取阅，或者已经订阅了印刷版本，因此没有必要再去用数字版本了（Dillon et al.，2002）。在对新加坡南洋理工大学计算机工程本科学生的调查中，有 1/3 的受访者从来没有使用过计算机工程方面的数据库，其中又有一半的人从来没有听说过这种资源的存在。西英格兰大学的受访教职员认为，一般来说电子期刊的质量是好的，在某些情况下还具有某些附加价值；而且他们表示随着研究领域内数字学术出版物的增多，其会更多地对这些出版物加以利用并向学生推荐（Nelson，2001）。在一所小型综合性私立大学的保健科学专业研究生的焦点小组座谈会（focus group）上，学生们表示偏爱电子期刊甚于纸介质期刊，但是数字资源的取阅仍然是一个问题（Serotkin et al.，2005）。

事实上，数字学术信息太多也会造成新问题。有许多用户提到海量信息和资源会给检索带来困难（Epic，2001）。在 Decomate 的研究中，有许多教师和学生反映难以区分全文数据库中的"文章"和"期刊"之间的差别，而哥伦比亚大学研究者发现学生清楚地理解电子数据库与万维网网站之间的差异。

1.4 经济问题研究

数字出版要持续发展，必须很好地解决经济方面的有关问题。随着互联网的普及，其免费传统对既有的出版理念形成了冲击。新系统要长久运转必须至少做到收支平衡，于是在新的技术发展和产业竞争背景下，数字出版的经济问题成为学术界、出版界、图书馆界共同关注的热点问题。除了 Bailey 的综合性书目以外，加州大学伯克利分校的"信息经济"网站在"电子出版"专题下列出了与电子出版经济问题有关的包括网站、期刊、电子图书馆在内的各种资源。① 另外，学术和专业学会出版商协会(ALPSP，The Association of Learned and Professional Society Publishers)开列了一张关于出版经济问题的书目单，收录 1986 年尤其是 20 世纪 90 年代中期以来的各种研究文献约 100 种。② 概而言之，近年来关于这一主题的研究兴趣主要集中在以下方面，即在纸质期刊与数字期刊并存的环境下，对学术出版物的成本收益、价格、商业模式等经济问题加以集中分析和讨论。

1.4.1 转型期经济问题

当前出版业所面临的问题，一言以蔽之，是"转型期问题"。正因为处于转型期，所以从出版物形态来说，既不是完全的印刷出

---

① VARIAN H R. The information economy: the economics of the internet, information goods, intellectual property and related issues. Berkeley: School of Information Management and Systems, University of California, Berkeley, 1994-2001 [EB/OL]. [2006-03-04]. http://www.sims.berkeley.edu/resources/infoecon/index.html.

② ALPSP. Publishing economics bibliography [EB/OL]. [2006-06-21]. http://www.alpsp.org/htp_econ.htm.

版物，也不是完全的数字出版物；而以新型的数字出版物来说，它也并非传统出版物的简单数字化。因此，原有的分析市场、选择经营模式、匡算成本效益的一整套经济决策方法和工具都不太适用了。于是，研究人员针对转型期出版业所面临的经济问题进行了较为深入的研究。

早在2000年，与许多预言式著作不同，学术论文集《互联网出版及其他：数字化信息及其知识产权的经济学问题》就运用经济学理论从方方面面探讨了传统经济模式是否适应信息产品数字化现实的问题（Kahin et al.，2000）。其中Fishburn等着重谈到了学术期刊市场"既充满了变数，而且有许多用标准的经济模型无法解释的反常的经济动机"，从而加深了人们对数字学术期刊独特性的理解。Halliday等（2000）针对数字化期刊的特性，在前人研究的基础上提出了三种经济模式，并运用经济学理论分析了各类参与者的成本收益及相关模型的经济敏感性。这些模式分别为：一是传统模式，即照搬纸质期刊的经济模式；二是免费模式，作者和读者都不付费，编辑出版工作由志愿者承担；三是自由市场模式，即需求的一方支付费用，由于在学术出版领域，作者和读者同为需求方，因此出版成本由作者的投稿费和读者的订阅费分摊。

Houghton（2002）以澳大利亚的学术传播系统为例，指出IT革命导致了根本性的技术变革，原有系统逐渐失灵，因此学术传播面临着很大的危机。随后他运用系统方法分析了学术传播价值链中创作、生产、传播三个主要环节面临的商业模式选择、成本和收益等经济问题，并提出了解决这些问题的一般原理。其关于学术传播系统构成及演变情况的分析思路非常清晰，较为清楚地解释了学术出版在学术传播系统中的地位，因此对于人们从经济角度更好地理解变迁中的学术出版与传播系统是有启发的。

同样地，Dryburgh（2002，2003）提出，当前数字传播技术的发展与应用深刻地改变着学术出版，要厘清出版物或者出版活动的财务影响变得十分困难。为此，他将出版物分为三种类型。一是传统产品，如期刊或者图书。二是创新产品，如所谓的"知识环境"，表现在医学领域就是传统的医学期刊内容，再加上其他期刊的摘要，相关的统计数据、医药信息或者与期刊文章中提到的医疗设备制造商的链接等共同营造的网络环境。三是解析产品。它不是一个单一产品，而是以不同方式向不同顾客销售的各种形式的产品的集合。在此基础之上，作者提出了针对不同类型的出版产品的新型经济决策框架，包括目标市场、价格策略、发展驱动力、面临的关键问题及对策等，以便学术出版商及其不同类型的产品能够在发展过程中保持获利能力。

1.4.2 成本问题

关于数字出版成本的研究很多，但是由于各种内部和外部因素的差异，研究者们得出的数字很少完全吻合。同样是数字学术期刊，由营利性出版商和非营利性出版商出版的结果很不一样；是由原生型数字期刊还是纸介质期刊转换而来，也会导致结果大相径庭。

Odlyzko 是较早研究学术出版包括成本在内的经济问题的学者之一。他以数学和计算机科学领域的印刷版和电子版学术期刊作为研究对象，根据前人调查（AMSS，1993），在自己统计分析的基础上提出了对成本问题的看法。他将学术期刊从论文写作、编辑出版到读者阅读的各个环节看作完整的出版系统的组成部分，将各个环节的投入分成隐性成本（implicit costs）和显性成本（explicit costs）两大类加以考察。对于印刷版学术期刊来说，隐性成本如作者用于写作论文的成本高达 20000 美元/篇，而图书馆投入的各种隐性成本也达到 8000 美元/篇（订阅费用不含在内）；显性成本如"原始拷贝成本"（first-copy cost）则为 4000 美元/篇。电子出版意味着期刊可以节省 15%～30% 的印刷与发行费用。此外，技术进步带夹的工作方法的改变也有利于降低成本，如作者递交电子稿可以免去专门的录入工作，原来作者、编辑和论文评阅人之间耗时费力的通信工作现在可以依靠网络廉价而高效地完成。还有，为了降低出版成本，Odlyzko 甚至认为当前为保持期刊形式的美观而作的努力都可以放弃，譬如聘请专业人员来设计版面、版式，保持各期杂志版式与风格的统一等。在这样的情况之下，电子期刊的平均成本将减少至每篇论文 300~1000 美元（Odlyzko，1995；Odlyzko，1997）。

　　Hovav 和 Gray 则给出了六种电子学术期刊的成本，它们由于赞助机构、管理模式和期刊本身的差异而有极大不同。其中两种期刊的出版工作完全由志愿者承担，所以几乎没有成本。还有两种期刊的情况类似，由于大部分工作由志愿者完成，所以赞助机构每年只要分别投入 1100 美元和 1700 美元就可以维持正常运转。还有一种每年出版约 80 篇文章，全年的成本为 25000 美元，这与前述 Odlyzko 对于每篇电子期刊论文成本的估计是吻合的。另外，由克鲁维尔公司出版的印刷版《信息系统前沿》（*Information Systems Frontiers，ISF*）同时也出电子版，其可持续性较有保障；但是作为大型商业出版社的产品，它必须分摊较高的一般管理费用，加上它还积极地开展各种营销宣传活动，其每年的总成本高达 20 万美元（Hovav et al.，2001）。这与一般认为的商业出版社的出版物成本较高，期刊如果同时出版印刷版和电子版将导致成本提高的看法是一致的。但是，这六种电子学术期刊的成本与 Maria Bonn（2001）和 Kathleen Bauer（2002）探讨的将经典的神经外科论文数字化的成本和"美国的形成"数字图书馆项目建设过程中的数字化转换成本有很大差异。

　　就开放获取期刊来说，它对读者是免费的，但是这并不意味着其出版不需要成本。根据 Donald W. King 的计算，由学会等非营利机构出版的开放获取期刊，其论文处理成本（article processing cost）为每篇论文 500~1750 美元；商业性出版社的成本则为每篇文章 3000~4000 美元。如果要印刷出来，那么分摊到每一名订阅用户的印制和邮寄成本为每篇文章 40 美元。

　　根据 SQW（2004）的研究，由于退稿率和期刊质量的不同，用户订阅期刊的每篇文章的处理费用从 1425 美元（中等质量的）到 2750 美元（高质量的）不等，作者付费期刊的每篇文章的处理费用则为 1025 美元（中等质量的）到 1950 美元（高质量的）不等。Morris（2005）引用了其关于订阅期刊的成本，然后乘以 1.6 的系数以涵盖一般管理费用和利润，得到每篇文章的总成本为 2250~4375 美元。

在向英国国会下院提交证据的时候，Elsevier（2004）曾经提出"即使是开放获取出版商收取的最高版面费（1500美元），也只是每篇论文的出版成本的40%～60%，如果文章要达到今天研究人员已经习惯的那种论文质量"。也就是说，每篇论文的出版成本大约是2500～3750美元。那么与以上三种关于商业学术出版物成本的估算还是比较接近的。

综上所述，与非营利学术期刊出版商相比，由于营利性出版商所承担的额外功能，尤其是在品牌建设、客户关系管理和内容保护方面的巨额投资，所以其出版成本必然要高于非营利性出版商。从这一意义上来说，通过非营利渠道来出版开放获取期刊更加便宜也更加高效，因此实际上比商业出版社更有竞争力。

1.4.3 价格问题

1975—1995年"期刊危机"（Serials Crisis）最严重的时期，西方发达国家的期刊价格以超过通货膨胀率200%～300%的比率增长（European Commission，2006）。1995年以后，电子出版物开始大规模进入科学交流体系，这又带来了新的价格问题。期刊出版商在决定和选择价格策略时，必须综合考虑印刷版与电子版，现刊与过刊，用户规模、特点及使用情况等多方面因素。价格成为出版商、图书馆和学术界共同关心的问题。例如美国研究型图书馆协会（ARL，Association of Research Libraries）发布的年度统计系列数据中都有关于馆藏尤其是期刊价格的数据等。

从定价方式来看，早期由于主机维护成本很高，像Lexis-Nexis这样的数据库都实行计件定价方式，确定每看一次（per-look）、每下载一次（per-download）、每篇文章（per-article）、每页（per-page）、每字节（per-byte）或者每分钟（per-minute）的价格并据此来收取费用。这种计价方法很精确，而且技术上也不成问题，当时普遍认为出版商和读者都将从中受益（Chuang，1999）。但是它在无形中抑制了用户的使用行为，因此图书馆等用户都不太愿意接受这种计价方式。大约1990年前后，就像有些研究者预计的那样（Odlyzko，1997；Fishburn，1997），随着技术进步，为顾客提供接入和搜索服务几乎不发生额外成本，一些出版商开始采用经过简化的"一费制定价"方式（flat rate plan pricing）。① 这种收费模式使用户可以在一段固定时间内以固定价格无限制地使用出版商提供的数字产品和服务。

时至今日，数字出版市场价格策略的重心已经从确定基础价格进化到同时采用各种价格修订战略。一些调查表明，大多数出版商不止一次地改变价格政策，许多出版商在一个阶段通常采用不止一种定价机制，有的出版商甚至同时运用多达 4 种定价模式（DeVette，2002）。但是，迄今为止引起最广泛关注和争议的莫过于捆绑定价（bundling pricing）这一随数字出版物正式进入市场而被大量采用的价格策略。

数字出版市场的捆绑定价十分灵活，其可以针对不同的产品组合和用户对象确定各种价格，并提供不同的价格折扣与折让。而几乎与数字出版市场出现捆绑定价同时，图书馆领域出现了"图书馆联盟"（consortia）这一新事物。结成联盟的主要目的之一是各成员馆联合购买数字期刊出版物，以便用更低的价格获得同样多的信息或者以同样的价格获得更多的信息。从出版商一方来说的捆绑定价，或者从图书馆一方来说的联盟式计价最常见的就是"大宗交易"模式。此外，它又往往与折扣模式（discount/differential models）、混合定价、分层定价等形式交叉混用（Anglada & Comellas，2002）。

（1）混合定价（flip pricing）

混合定价是印刷版期刊和数字期刊并存这一现状的产物。20世纪 90 年代中期，学术出版社（Academic Press）推出第一批电子期刊时就引入了混合定价和深度折扣（DDP，Deeply Discounted Price）的概念。2002 年，OhioLINK 与一些主要电子期刊出版商达成混合定价协议以后，美国加州和加拿大的一些图书馆联盟也纷纷仿效。

---

① 一费制定价是捆绑定价的一种形式，而订阅费是出版领域一费制的一种形式——笔者注。

混合定价法获得了较为广泛的应用(DeVette, 2002)。当时所谓混合定价与深度折扣的结合是指用户若订阅网络版期刊,可以原价的25%获得印刷版期刊。以后逐渐演变为对于混合定价的期刊,机构用户可以选择订阅印刷版期刊或者选择订阅数字期刊,再添加少量费用以获得另一种替代形式(Chan, 2002)。

(2)"大宗交易"(big deal)

当前数字出版市场上最为典型的捆绑定价方式,在图书馆界被称为"大宗交易"(big deal)。这一术语由 Kenneth Frazier(2001)提出,指用户以较低价格订阅出版商成套推出的产品,因此也叫作"全品种交易"(all titles trade)。"大宗交易"的捆绑可以是印刷版期刊与电子期刊的捆绑,也可以是不同种类电子期刊的捆绑;其他具体规定随出版商和用户不同而有所变化。Edlin 和 Rubinfeld(2004)分析了 2002 年单个图书馆和图书馆联盟与 Elsevier 签订的"大宗交易"合同,共有三种选择:①"Limited collection",图书馆自行决定需要哪些印刷版期刊的电子访问权,加收印刷版期刊价格的 25%;②"Complete collection",图书馆承诺未来一个时期内持续订购印刷版期刊,为电子版加付 12.5%的额外费用可使用任何一种期刊的电子版,并获得价格保护(未来期刊价格增长限定在一定幅度之内),可换价格相近的其他期刊品种,也可以取消某种期刊(必须为取消支付成本);③"Science Direct E-Choice",可完全存取所有期刊品种的电子版,订阅费为印刷版期刊价格的 90%,加付 25%可同时获得印刷版。各界对大宗交易的看法有很大分歧。2005 年,ARL 对旗下图书馆与世界上最大的 5 家学术出版商的捆绑销售条款以及成员馆对此种计价方式的态度展开调查分析并得出结论,在肯定大宗交易做法的同时建议出版商做出一定让步,以提高图书馆的满意度(Hahn, 2006)。

(3)分层定价(tiered pricing)

分层定价的提出据说主要是为了解决捆绑定价的公平问题,避免让在线期刊数据库不同规模或者不同用量的机构用户支付相等的费用。① 2001 年美国物理学会(APS, American Physical Society)的期刊最早采用分层定价方式。② 所谓分层定价,就是根据一定的标准将期刊的机构用户分成不同的层级,每一层级的用户需为同一期刊(纸质的或者电子的)支付不同的费用。一般来说,出版商将机构用户分为 4~6 个等级,期刊最高层级用户与最低层级用户的期刊订阅价格差异从 1.16 倍到 25.45 倍不等。许多出版商和集成商沿用《卡耐基高等教育机构分类法》(*Carnegie Classification of Institutions of Higher Education*)对机构用户进行分级,如 JESTOR③等;还有一些出版商采用自己的分类法,例如美国物理研究院(AIP, American Institute of Physics)。该研究院根据各机构用户前两年的相关使用情况,包括机构的在线活动量(如下载论文全文等)、机构所属作者在 AIP 期刊上发表的论文数量以及机构所订阅的 AIP 期刊数量将其分为 5 个等级。④ 由于不同机构用户为同一内容支付的价格差异巨大,因此有学者对分层定价模型的关键变量,如各个层级的用户数量分布、最高层级与最低层级用户的定价差异等进行了敏感性分析,并得出结论:最高层级用户将面临大幅度的价格上涨,当该期刊的低层级用户较多时,情况更是如此(Hahn, 2006)。

研究发现,从用户角度来看,包括大宗交易在内的捆绑策略使图书馆和读者能够访问更多文献资源,因此短期内对消费者剩余有益;而与大图书馆相比,小图书馆得益更多。从出版商角度来看,这种做法降低了销售成本,消除了用户基于使用情况筛选期刊的动机,从而保证了一些不常用期刊的市场,因此是出版商利润最大化的可靠的均衡战略(McCabe, 2006)。然而,一些研

① American Institute of Physics. Rationale for tiered pricing [EB/OL]. [2006-03-04]. http://librarians. aip. org/ tiers. html.

② TUTTLE M. APS Introduces Multi-Tiered Pricing for Journals [J]. Newsletter on Serials Pricing Issues, 2000, No. 246.

③ 网址为 http://www. jstor. org/about/us. html.

④ American Physical Society. Computation of AIP tiers[EB/OL]. [2006-1-19]. http://librarians. aip. org/tierAssign. html.

究人员认为，尽管有时候这种做法的短期福利效应可能是积极的，但是只要采用捆绑销售，就会造成锁定效应，进入壁垒也就几乎不可能消除（Anglada & Comellas，2002）。原因在于在此类交易合同中，电子期刊价格通常和以往订阅的印刷版期刊挂钩，使得取消订阅的转换成本很高；而且合同往往是长期的（通常三年），导致图书馆调整开支的余地很小，因而无法对新进入市场的数字出版物做出反应（EU，2006）。Jeon 和 Menicucci（2006）则通过经济学模型证明：如果禁止捆绑，产业集中对于价格的影响有限；如果允许使用捆绑策略，那么出版商会发现捆绑更有利可图，但是问题在于它提高了行业利润的同时降低了社会福利；活跃于期刊市场的出版商之间的并购也能够带来更多利润，但是同样将降低社会福利。Nevo 等（2005）通过一个图书馆对于经济学刊物的需求模型再次证明了上述部分结论：将部分或者全部印刷版期刊捆绑销售是所有拥有坚实市场势力的出版商的均衡战略，但是在某些时候，捆绑战略将会阻止新的非营利期刊出版商进入市场。

1.4.4 数字出版商业模式

除了对一般经济问题的探讨，商业模式的选择也是所有关注过渡时期数字出版的实践工作者和研究人员无法回避以及共同感兴趣的课题。十余年来，ICT 尤其是互联网的飞速发展使学术界和图书馆界能够采取实际行动，来表达多年来累积的对于商业学术出版社只顾攫取高额利润这一做法的不满。开放获取出版就是其中一种有代表性的措施。科研资助机构英国卫尔康信托基金（Wellcome Trust）为此委托 SQW 有限公司进行了两次大型研究，为转型时期的学术出版选择新型商业模式——作者付费的开放获取模式提供理论支持。首先是在 2003 年，为了充分了解学术出版领域的经济问题对基金资助项目的研究成果的传播情况所造成的影响，对处于不断变化之中的极其复杂的学术出版市场及其供求两方面的情况进行了较为系统的分析和研究（SQW，2003）。根据研究结果，卫尔康发布了支持开放获取的立场声明。① 次年，卫尔康再次委托 SQW 作了关于读者付费和作者付费这两种期刊经营模式及其成本的经验研究，并得出结论，作者付费的开放获取出版模式在资源配置和系统成本等方面都更加经济有效（SQW，2004）。开放获取出版实践的发展也证明了这些研究结论，迄今为止几乎所有重要的学术出版商如 Reed Elsevier、Blackwell、Springer、牛津大学出版社等都已经将开放获取出版商业模式纳入业务范围之内。

McCabe 和 Snyder（2004）较早尝试运用经济学理论更加理性、精确地探讨学术期刊开放获取出版模式的可行性和社会效率。按照最近的产业组织理论，学术期刊市场是典型的双边市场。同期的双边市场研究都把最终用户分为"单归属"（single-homing）和"多归属"（multi-homing）两种类型（Armstrong，2004；Rochet & Tirole，2004）。对于学术期刊而言，作者的文章只能在一本期刊上发表，是单归属，而读者可以同时订阅多种期刊，是多归属。此外，学术期刊市场的任何一方都受益于另一方的外部性：作者受益于读者的增加，因为这将提高论文的引用率和作者的影响；不言而喻，读者也受益于文章数量的增加。但是市场的一方无法因为这些外部性而直接补贴另一方，反之亦然。因此如何在两者间分割费用以达到均衡变得十分重要（Jeon & Menicucci，2006；② McCabe，2004）。为此，他们构造了一个基本的双边市场（two-sided-market）模型。

假设作者为 i，期刊为 j；文章处理成本/篇 $=c^A$，文章运送成本/读者 $=c^R$，变动成本/篇·读者 $=c$；作者版面费为 p_j^A，读者订阅费为 p_j^R；作者福利为 b_i^A，读者福利为 b_k^R；假设期刊 j 有 n_j^A 个作者和 n_j^R 个读者。其利润是：

$$p_j^A n_j^A + p_j^R n_j^R - TC(n_j^A, n_j^R) \tag{1}$$

① Wellcome. Wellcome Trust position statement in support of open and unrestricted access to published research[EB/OL]. [2006-07-19]. http：//www. wellcome. ac. uk/doc_WTD002766. html.

② 该文正式发表于 2006 年（见参考文献），但是未经编辑的文章电子版 2003 年即可从互联网获得。

其中 $TC(n_j^A, n_j^R)$ 是总成本函数：

$$TC(n_j^A, n_j^R) = c^A n_j^A + c^R n_j^R + cn_j^A n_j^R \qquad (2)$$

如果作者 i 把文章投给期刊 j，作者净剩余为：

$$n_j^R b_i^A - p_j^A \qquad (3)$$

如果读者 k 订阅期刊 j，读者获得的净剩余为：

$$n_j^A b_k^R - p_j^R \qquad (4)$$

随后，作者构造了勒纳指数公式①来分析只有一种垄断期刊的情况：

$$L^x = \frac{1}{|\epsilon^{xx}|}\left[1 + L^y \epsilon^{yx}\left(\frac{p^y \hat{n}^y}{p^x \hat{n}^x}\right)\right] \qquad (5)$$

接着，作者利用另一个勒纳指数公式来讨论约束最优化问题，即在收支平衡的约束下最大化生产者和消费者剩余的问题。其中 $\lambda \in R+$ 是收支平衡约束下的拉格朗日乘数；$V^x(p^x, p^y)$ 为市场的一边 $x \in \{A, R\}$ 增加一名顾客导致的市场另一边 $y \in \{A, R\}$，$y \neq x$ 所有人平均增加的福利。

$$L^x = \frac{1}{|\epsilon^{xx}|}\left\{\frac{\lambda}{1+\lambda} + \epsilon^{yx}\left[L^y + \frac{V^y}{(1+\lambda)p^y}\right]\left(\frac{p^y \hat{n}^y}{p^x \hat{n}^x}\right)\right\} - \frac{V^x}{(1+\lambda)p^x}$$

$$\qquad (6)$$

然后，作者通过垄断市场、社会最优化和竞争市场三种市场结构下的九个算例来校正先前模型和公式的计算结果，以解释可能的需求不连续性。通过以上理论计算，作者回答了与开放获取出版模式相关的三个问题。

首先，追求利润最大化的期刊是否会自愿选择开放获取？理论计算结果尤其是式(5)表明，追求利润最大化的垄断期刊不会自愿选择开放获取，除非(需求)弹性恰好沿着某一种直线型需求曲线变化，这种情况很少发生，除非作者福利远比读者福利更为重要。此外，开放获取会出现在读者数量最大化的均衡中；但是不会出现在作者数量最大化的均衡中。总而言之，如果期刊是追求利润最大

---

① 其中需求弹性 $\epsilon^{xy} = (\partial \hat{n}^x / \partial p^y) / (\hat{n}^x / p^y)$，$x, y \in \{A, R\}$，$x \neq y$。

化的，那么，期刊市场势力越低，作者福利与读者福利相比越高，服务读者的边际成本越低，就越有可能出现开放获取。

其次，打算实行开放获取的非营利期刊是否能够与追求利润最大化的期刊竞争？算例表明是可行的。在所有算例中，如果两者都选择开放获取，可以达到稳定的均衡；尽管也许存在非对称均衡，开放获取期刊要与采用不同价格配置的期刊竞争。前述拥有市场势力的追求利润最大化的期刊与没有市场势力的期刊相比较不可能选择开放获取这一结论不能解释为市场势力阻止开放获取。实际上，期刊市场势力的提高只是增加了其达成利润最大化目标以外的可用租金（rents）。因此，如果非营利期刊致力于开放获取，提高市场势力将有助于其达成目标。

最后，关于开放获取的效率，算例表明开放获取并非总是有效率的。如果服务读者的成本很高，或者读者福利远大于作者福利，那么要达到次优就涉及正的读者费用。但是，如果作者福利和读者福利均衡，而读者服务成本很低，或者作者福利远大于读者福利，开放获取就是有效率的。换言之，如果期刊通过互联网发送，并且读者福利不至于淹没作者福利，开放获取就是有效率的。

McCabe 和 Snyder 通过该模型得出的许多结论都可以诉诸经验验证，但是模型并未单独设计一个质量变量，而是以论文数量来近似地表征期刊质量，这的确有其不足之处，尤其考虑到期刊价格、期刊出版市场进入壁垒等都与期刊质量有着密不可分的关系。因此，McCabe 和 Snyder（2005）又重新建立了一个模型，其中论文质量有好有坏，编辑由于各种原因不一定总能发掘好文章以供出版，如果发表了质量低的文章，读者将付出成本而没有任何收益。假设读者数量和提交论文的作者数量分别为 n_r 和 n_a，作者提交论文的费用为 p_s，论文录用以后的发表费为 p_a，读者需支付订阅费 p_r，文章录用率 $\alpha = \gamma + (1-\gamma)(1-t)$，其中 γ 是表示文章质量的系数，$\gamma \in [0, 1]$，决定期刊质量的编辑天赋为 t，$t \in [0, 1]$，那么期刊的利润为：

$$p_s n_a + \alpha p_a n_a + p_r n_r - TC(n_a, n_r) \tag{7}$$

其总成本函数为：

$$TC(n_a, \ n_r) = n_a c_s + \alpha n_a c_a + n_r c_r + \alpha n_a n_r c \qquad (8)$$

其中向读者传送每篇文章的固定成本为 c_r，变动成本为 c，期刊处理来稿的成本为 c_s，期刊处理录用稿的成本为 c_a。由于假设作者是同质的，因此集合作者的需求无弹性。提交论文数量为正，并且等于作者数量，作者净剩余为：①

$$\alpha(n_r b_a - p_a) - p_s \qquad (9)$$

当且仅当上述净剩余非负时，可以预期读者 k 从订阅期刊获得的净剩余②为：

$$\gamma n_a b_{rk} - \alpha n_a \rho - p_r \qquad (10)$$

只有式（10）的结果非负，读者才会订阅期刊，则集合读者的需求为：

$$n_r = 1 - F\left(\frac{p_r + \alpha n_a \rho}{\gamma n_a}\right) \qquad (11)$$

假设均衡的论文提交费 $p_s^* = 0$，则在作者需求为正的情况下，论文发表费为最高值。从式（9）可知，均衡发表费和作者需求满足 $p_a^* = n_r^* b_a$ 和 $n_a^* = 1$。均衡订阅费用将使利润达到最大化，将 $p_a = n_r b_a$ 和 $n_a = 1$，以及式（8）和式（11）代入式（7），得到：

$$\prod (p_r) = (\alpha b_a + p_r - c_r - \alpha c) \times \left[1 - F\left(\frac{p_r + \alpha \rho}{\gamma}\right) \right] - c_s - \alpha c_a \qquad (12)$$

假设 $b_a > \rho + c$，假设式（12）中利润最大化的二阶条件成立，那么一种商业期刊收取的订阅费 p_r^* 将会随期刊质量/编辑天赋缓慢增长。由此可知，高质量和低质量的期刊实行开放获取都可以达到均衡，而且低质量期刊更加可能实行开放获取。相关经验也表明，期刊质量越高，作者直接福利越低（被拒稿的可能性增大），而读者直接福利越高（读到好文章的概率升高）。

使期刊的编辑政策为主观上只发表质量高的文章，各种价格为 p_s^*、p_a^* 和 p_r^*，且 $p_s^* = 0$；使 n_r^* 为均衡读者数量；使 p_s^{**}、p_a^{**} 和

---

① 假设所有作者的福利相等，均为 b_a。

② 假设读者 k 的福利为 b_{rk}，其阅读一篇文章所付出的成本为 ρ。

p_r^{**} 为期刊不坚持其编辑政策时的最优价格。设定 $p_s^{**}=\alpha[\,n_r^*\,(\,b_a-c-c_a\,)\,]$，$p_a^{**}=n_r^*\,c+c_a$，$p_r^{**}=p_r^*$，则在这种情况下期刊利润有可能相等。由此可知，将作者费用分成投稿费和发表费是十分必要的，而且价格的设定应该十分仔细。具体来说，发表费可以优化设置为录用论文的边际成本 $n_r^*\,c+c_a$，过高会导致过度出版，过低则会导致发表论文数量太少。

总的来说，模型效果较为理想。然而，经过这样的假设之后模型变得非常复杂，以至于研究者只研究了垄断市场的情况，并假设作者福利是同质的，从而将一个真实的双边市场问题放入了一个单边市场模型；不过研究者表示今后将在双边市场的框架内继续考虑涉及质量因素的期刊出版商业模型。

1.5　技术与标准研究

技术发展是数字出版发展的前提和动力。在数字出版的发展过程中，技术和标准问题如元数据、互操作性、内容和资产管理以及数字权利管理等都左右着当前和未来的发展方向。以下将重点梳理技术发展与数字出版的关系。

1.5.1　语义网与数字出版

尽管 Berners-Lee 自 2001 年以来就一直致力于推动互联网朝语义网方向发展，但该事业始终停留于研发阶段。然而，这并不妨碍许多理论研究人员和实践工作者探讨语义网与数字出版的关系。

语义网意味着应该在科学研究和科学交流(包括 STM 出版在内)的各个阶段都保持一定的数据结构，拥有数据结构和相关含义的校错措施，以及避免数据丢失的机制；同时要保证数据在适当环境中的互操作性；还要在某学科领域共同本体论的层面确保就数据含义达成一致。具体来说，语义网的核心是数据必须是自定义的，那样人类和计算机都可以确定该数据的含义以及如何对它进行处理和转换。为此就必须采用 XML 以及围绕它开发的一系列相关标准。以化学为例，分子概念如分子结构和属性可使用化学标识语言

（CML，Chemical Markup Language），示意图采用 SVG 格式，文本采用 XHTML，文章结构和书目采用 DocML，元数据使用资源揭述框架 RDF（resource description framework），文章及其组成部分的创作、组合和结构合法性验证则利用 XSIGN。这些要素彼此具有互操作性，同时又可以采用 XSLT 一类工具来转换数据，或者利用层叠样式表 CSS（Cascading Style Sheet）来使之显示于电脑屏幕。这样每个 XML 要素的语义都可以利用文档类型定义文件（DTDs，document type descriptions）或者对模式（Schemas）文件加以利用和验证；同时文章的不同组成部分（如关于某个原子或者化学键的章节）可以利用域名和标示符相结合的方式确定下来。于是在语义网背景中，传统以"论文"为单位来组织知识的分界被打破了，而论文所包含的内容既可以在更小的原子层面（以化学学科为例），也可以在更大的期刊、期刊群乃至语义网层次进行传播。研究者认为，这样的语义网，其核心就是开放的出版模式，后者为创建某学科的全局知识库（global knowledge base）打下基础；而知识库正是建立在无缝聚合的已出版论文基础之上的。要实现这样的以 STM 出版为核心的语义网，技术上的困难并不是很大，麻烦的是寻找可行的商业模式，以及学术圈的作者和读者重新思考出版的含义与过程，并改变其向知识库获取和传递信息的方式（Rzepa，2001；Casher，2006）。

在当前重新审视和诠释出版意义的观点中，有一种观点认为出版业实质上是一种服务行业。姑且不去讨论这种观点是否完全正确，语义技术的发展与应用实际上为此种论点的提出提供了适当的背景和一定程度的支持，因为语义网使诸多信息增值服务成为可能。Barbera 等（2006）分析了当前出版模式的缺陷，采用语义网技术的意义以及语义网技术如何帮助克服现存模式的无效性。其还介绍了 HyperJournal 这一用于学术期刊开放获取出版的开源应用软件，以及以此为基础的两个应用，以展现语义网技术如何影响学术出版和交流活动，即如何利用从不同来源收集到的语义丰富的元数据（semantic-rich metadata）来实现增值服务。第一个应用是论文、引文及其作者网络图形可视化工具，可作为 ISI 影响因子的替代性书目计量学测定指标；第二个应用是从非结构化的文本文件中自动抽取参考文献，它是抽取隐藏语义的工具链的一部分——在传统出版模式中，参考文献的语义通常是隐藏的，因此不大可能直接链接到参考文献的源文献。Romanello（2008）采用 Microformats 和 Canonical Texts Service（CTS）协议，在一次信息资源和二次信息资源之间建立语义的、通用的框架，从而实现两种电子期刊增值服务，即参考文献链接和参考文献索引。在中欧和东欧七个国家的试验表明，利用矢量空间模型等人工智能技术来语义地链接各个国家通讯社机构仓储中的各种新闻，并生成不仅包含检索内容而且包括与语义最相关文件的超链接的结果文件丰富了多国新闻内容的语义。充分证明了利用语义技术，在国际范围内可结合多国和多语言的商务新闻数据，其新闻服务质量和强大功能是采用其他替代技术所无法达到的（Schranz，2008）。在富媒体领域同样面临语义化"转型"的问题。高效的富媒体管理必须具备某些功能，如媒体生产过程的持续数字化，在不断增加的专业和半专业音视频档案信息中完成智能检索任务，拥有易用的软硬件工具以便在消费领域生产富媒体产品等（Bloehdorn et al.，2005；Dowman，2005）。这就导致对数字化音视频资产进行基于意义的管理的需求不断扩大。这要求在数字内容的整个生命周期和价值链中对内容进行语义充实。语义充实可以采取手动方式，成本比较昂贵；也可以采用自动方式，较易发生错误。Bürger 等（2007）比较了自动和半自动两种方式，并在对 Smart Content Factory 个案进行观察以后提议可以通过手工注解方式实现语义的充实。

此外，也有一些文献讨论了语义技术的应用及其评价问题。如有研究者在满足客户要求的前提下，根据成本效益原则合理地利用当前技术对包含 200 多万幅图片的数据库半自动主题词抽取并实现语义检索的解决方案（González et al.，2006）。还有，此前的研究对于语义网的本体论编辑工具不乏评价，但是对于创作环境却缺乏可行的评估标准。为此研究者们提出了专门的标准来评价基于本体论的创作工具，列举了作者为创作更加结构化的、表达方式更加合理的内容而必须掌握的知识与技能，并建立了一个与语义网发展相适应的基于本体论的创作环境结构模型（Costa Oliveira et al.，2006；W3C，2006）。

1.5.2　长期保存

由于数字媒体寿命有限而且运行环境变化迅速，数字出版物的长期保存成为出版流程中一种十分必要的、独立的新功能。1996年前后，欧美国家相关机构和研究人员就针对数字媒体的寿命开展了一系列研究（Mackenzie Owen，van der Walle，1996）。

其中人们关心的一个重要问题是，在1000多种文件格式中，究竟什么样的文件格式适于长期保存。保存格式（preservation format）和存取格式（access format）不同，前者适用于在电子仓储中长期地保存文件；而后者适用于阅读文件或对文件做其他相应处理，比如 DOC 格式非常适于在屏幕上显示文件，PDF 格式则适于打印输出文件。人们日常生活和工作中产生的文件往往是以存取格式存在的，不利于文件的长期保存，因此数字出版物格式选择作为一种战略需要一直是人们关注的热点问题。它涉及采用何种保存格式、格式如何生成和转换，以及由谁来承担转换和保存工作等诸多问题。

具体采用何种格式常常因保存对象（文本、图形、音频和视频等）、保存要求、保存目的等因素的不同而有差异。如瑞典乌普萨拉大学（Uppsala University）图书馆的 DiVA 项目采用以 DocBook XML 为基础的自定义格式描述文件内容和结构，其外层包装（wrapper）允许收集相关文件和各种形式的元数据（Müller et al.，2003）；荷兰国家图书馆很长一段时期内保存的多数数字文件都是 PDF 格式……那么究竟有没有客观的评价标准来指导文件格式的选用呢？迄今为止，有许多研究者探讨过评价标准问题（Folk et al.，2002；Christensen，2004；Brown，2003；Arms et al.，2005；Library of Congress，2007），但是其中只有少数标准可用于实际评价工作。Rauch 等（2007）采用标准化过程来评价文件格式的稳定性，并且演示了实际用于评估三维对象文件格式的情况。KB 开发了可计量的文件格式风险评估方法，该方法包括七个衡量文件格式可持续的标准，可用来确定特定文件格式的数字保存战略。但是这些标准的采用与机构政策相关，因此每种标准对于不同的机构而言重要性不一样（Rog，2008）。不过总的来说，好的保存格式必须符合以下一些条件：①是内容水平而非显示格式水平上的描述；②为元数据等预留足够多的解释空间；③是开放格式而非专有格式；④具有可判断性，即是人可以读懂的文件而非二进制文件（Lesk，1995；Slats，2004；Stanescu，2004）。而目前许多研究者倾向于认为 XML 是一种适合长期保存数字出版物的格式（Slats，2004；Barnes，2007）。

关于由谁来承担保存数字出版物的职责也存在不同看法。Anderson 等提议文件应该在作者创建阶段就采用可以持久保存的格式，而不是等生成以后再去转换和保存。但是问题在于学者和研究人员通常并不关心保存问题。为此，澳大利亚教育、科学与培训部资助的澳大利亚可持续知识仓储伙伴计划（APSR，Australian Partnership for Sustainable Repositories）开发了应用原型数字学者工作台（Digital Scholar's Workbench）。该工作台将存档功能当作一种出版功能来实现，在不给作者额外增加许多负担的前提下帮助其节省文件处理时间。作者使用字处理软件的 USQ ICE 模板生成的文件可以由工作台自动转换成便于保存的 DocBook XML 文件；然后该格式文件就可以十分方便地转换成用于屏幕显示的 XHTML 文件和用于打印的 PDF 文件。当然那些已经存在但是格式不太符合需要的文件仍然面临转换问题（Barnes，2007）。自 2003 年起，荷兰的一些出版商将数字出版物存放在国家图书馆中。美国物理学会（APS，American Physical Society）的 PROLA 档案（http：//prola. aps. org／）以数字形式保存了 1893 年以来 APS 出版的期刊，这为专业数字出版物的保存提供了可供借鉴的范例。

此外，长期保存方面的地区和国际合作也日益增多。WebCite 是引用网络参考文献的新服务，有 200 多种期刊应用该服务。作为国际互联网保存联盟（IIPC，International Internet Preservation Consortium）的一员，它致力于和其他成员如互联网档案（Internet Archive）等一起创建分布式存储架构，以及允许跨库联合搜索的互操作基础设施。Eysenbach（2008）探讨了 WebCite 的基本原理和技术，以及作者、编辑和出版商如何从中受益：作者在进行引用时就开始了所有被引网络文献的存档过程；被引文献的作者利用WebCite 创建其所创作的网络文献的存档副本，并在网络文献中提供包含 WebCite 链接的引用信息，从而确保文献可以永久获取；编辑要求作者在提交论文前缓存所有被引用网址，如果作者没有完成此步骤，则由文字编辑补充完成；最后，WebCite 处理出版商提交的"引用文献"，并在出版前后迅速地自动存档所有被引用网页。其他合作项目如荷兰的 Koninklijke Bibliotheek 与美国 IBM 合作建立基于仿真和"全球虚拟机"（UVC，Universal Virtual Machine）的数字档案（http：//www. kb. nl/dnp/e-depot/e-depot-en. html） 以便实现科学文献的永久保存，等等。

总体而言，数字出版物长期保存的解决方案和相关措施都还处于摸索和实验阶段。长期保存是系统工程，其决策涉及方方面面的因素。各种数字文献之间的关系，数字出版物资源和元数据的管理模式，资源集中与分散程度，内容与元数据的复制与备份情况，资源所有者和用户的期望与需求，以及现有保存机制和机构等都会影响影响相关决策。未来的长期保存研究要研究的课题包括管理和控制技术过时风险，应对数据管理方法的变化，开发和实施非专有标准等多重任务。

（方卿　徐丽芳）

参考文献

[1] AMSS. Survey of American research journals [J]. Notices of the American Mathematical Society, 1993(40)：1339-1344.

[2] ANDERSON R, FROST H, HOEBELHEINRICH N, et al. The AIHT at Stanford University[J]. D-Lib, 2005, 11(12).

[3] ANGLADA L, COMELLAS N. What's fair? Pricing models in the electronic era[J]. Library Management, 2002, 23(4/5)：227-233.

[4] ANTOIR A. Electronic journals in small libraries source[J]. One-Person Library, 2001, 18(1)：7-8.

[5]ARMS C,FLEISCHHAUER C.Digital formats:factors for sustainability, functionality, and quality[J]. Archiving Conference, 2005: 26-29.

[6]ARMS W. What are the alternatives to Peer Review? Quality control in scholarly publishing on the web[J/OL]. The Journal of Electronic Publishing, 2002, 1(8). [2024-01-17]. https://quod.lib.umich. edu/j/jep/3336451.0008.103? view=text;rgn=main.

[7]BANKIER J-G, SMITH C. Establishing library publishing: best practices forcreating successsful journal editors, 12th International Conference on Electronic Publishing, Toronto, Canada, June 25-27, 2008[C].Toronto: ELPUB, 2008: 68-78.

[8]BARBERA M, DI DONATO F. Managing Expectations for open access in Greece: perceptions from the publishers and academic libraries, 11th International Conference on Electronic Publishing, Vienna, Austria, June 13-15, 2007[C].Vienna: ELPUB, 2007: 229-238.

[9]BARBERA M, DI DONATO F. Weaving the web of science: hyperjournal and the impact of the semantic web on scientific publishing [EB/OL]. [2024-01-24]. http://eprints. rclis. org/ 8291/.

[10]BAR-ILAN J, FINK N. Preference for electronic format of scientific journals-a case study of the science library users at the Hebrew University[J]. Library & Information Science Research, 2005, 27 (3): 363-376.

[11]BARNES I. The digital scholar's workbench, 11th International Conference on Electronic Publishing, Vienna, Austria, June 13-15, 2007[C].Vienna: ELPUB, 2007: 285-296.

[12]BAUER K, BAKKALBASI N. An examination of citation counts in a new scholarly communication environment [J/OL]. D-Lib Magazine, 2005, 11(9). [2024-01-20]. https://www. dlib. org/ dlib/september05/bauer/09bauer.html.

[13]BEST J, AKERMAN R. Challenges in the selection, design and

implementation of an online submission and peer review system for STM journals, Proceedings of the 11th International Conference on Electronic Publishing, Vienna, Austria, June 13-15, 2007 [C]. Vienna: ELPUB, 2007: 117-128.

[14] BJÖRK B C, ROOS A, LAURI M. Global annual volume of peer reviewed scholarly articles and the share available via different open access options, 12th International Conference on Electronic Publishing, Toronto, Canada, June 25-27, 2008 [C]. Toronto: ELPUB, 2008: 178-186.

[15] BLOEHDORN S, PETRIDIS K, SAATHOFF C, et al. Semantic annotation of images and videos for multimedia analysis, European Semantic Web Conference, Heraklion, Greece, May 29-June 1, 2005[C].Berlin: Springer, 2005: 592-607.

[16] BOLLINI A, COTONESCHI P, FARSETTI A, et al. An innovative integrated system for editorial processes management: the case of Firenze University Press, 10th International Conference on Electronic Publishing, Bansko, Bulgaria, June 14-16, 2006[C]. Bansko: ELPUB, 2006: 349-358.

[17] BONN M.Benchmarking conversion costs: a report from the making of America IV Project[J]. RLG DigiNews, 2001, 5(5).

[18] BRODY T, Stamerjohanns H, VallièresBrody F, et al. The effect of open access on citation impact [R/OL]. [2024-01-17]. https://eprints.soton.ac.uk/259941/1/OATAnew.pdf.

[19] BROGAN M L. A kaleidoscope of digital American literature[M]. Washington,D. C.: Council on Library and Information Resources, 2005.

[20] BROWN A. Digital preservation guidance note 1: selecting file formats forlong-term preservation, the national archives[EB/OL]. [2024-01-20]. https://cdn. nationalarchives. gov. uk/documents/selecting-file-formats.pdf.

[21] BROWN L, GRIFFITHS R, RASCOFF M. University publishing in

a digital age[J/OL]. The Journal of Electronic Publishing, 2007, 10 (3). [2024-01-24]. https://quod. lib. umich. edu/j/jep/ 3336451.0010.301? view＝text; rgn＝main.

[22]BÜRGER T, GÜNTNER G. Towards a semantic turn in rich-media analysis, 11th International Conference on Electronic Publishing, Vienna, Austria, June 13-15, 2007[C]. Vienna: ELPUB, 2007: 239-248.

[23]CASHER O, RZEPA H S. SemanticEye: a semantic web application to rationalize and enhance chemical electronic publishing[J]. Journal of Chemical Information and Modeling, 2006, 46(6): 2396-2411.

[24]CHAN G. Collection development: trends in budgeting for electronic resources[J]. Focus HKUL Newsletter, 2002, 2(1).

[25] CHERRY J M, DUFF W M. Studying digital library users over time: a follow-up survey of early canadiana online[J]. Information Research, 2002, 7(2).

[26]CHRISTENSEN S S. Archival data format requirements[J]. Stats Bibliotek Report of the Royal Library, 2004.

[27]CHUANG J C-I, SIRBU M A. Optimal bundling strategy for digital information goods: network delivery of articles and subscriptions [J]. Information Economics and Policy, 1999, 11(2): 147-176.

[28]COCHENOUR D, MOOTHART T. E-journal acceptance at Colorado State University: a case study[J]. Serials Review, 2003, 29(1): 16-25.

[29]COCKRELL B J, JAYNE E A. How do I find an article? Insights from a web usability study [J]. The Journal of Academic Librarianship, 2002, 28(3): 122-132.

[30] COONIN B. Establishing accessibility for e-journals: a suggested approach[J]. Library Hi Tech, 2002, 20(2): 207-220.

[31]OLIVEIRA E C, LIMA-MARQUES M. An architecture of authoring environments for the semantic web, 10th International Conference

on Electronic Publishing, Bansko, Bulgaria, June 14-16, 2006 [C].Bansko: ELPUB, 2006: 175-186.

[32]CROMBIE D, IOANNIDIS G T, MCKENZIE N. Multimedia modular training packages by EUAIN, 11th International Conference on Electronic Publishing, Vienna, Austria, June 13- 15, 2007[C].Vienna: ELPUB, 2007: 91-100.

[33]DE GROOTE S L,SHULTZ M, DORANSKI M. Online journals' impact on the citation patterns of medical faculty[J]. Journal of the Medical Library Association, 2005, 93(2): 223-228.

[34]WASHINGTON K. Trends in online publishing new pricing models for 2003 as online dominates print john ben devette asst. Vice president EBSCO information services November[EB/OL]. [2024- 01-21]. https://slideplayer.com/slide/6264004/.

[35]DILEVKO J, GOTTLIEB L. Print sources in the electronic age: a vital part of the research process for undergraduate students[J]. The Journal of Academic Librarianship, 2002, 28(6): 381-392.

[36]DILLON I F, HAHN K. Are researchers ready for the electronic- only journal collection: results of a survey at the University of Maryland[J]. Libraries and the Academy, 2002, 2(3): 375-390.

[37]DOWMAN M, TABLAN V, CUNNINGHAM H, et al. Semantically enhanced television news through web and video integration[EB/ OL]. [2024-01-24]. https://www. ontotext. com/documents/ publications/2005/semantically-enhanced-television-news.pdf.

[38]DRYBURGH A. A new framework for digital publishing decisions [J]. Learned Publishing, 2003, 16(2): 95-101.

[39]DRYBURGH A. There is no such thing as a product[J]. Learned Publishing, 2002, 15(2): 113-116.

[40]Elsevier. Memorandum from Reed Elsevier[EB/OL]. [2024-01- 22]. https://publications. parliament. uk/pa/cm200304/cmselect/ cmsctech/399/399we57.htm.

[41]EPIC: Online Use & Cost Evaluation Program. 2001. The use of

electronic resources among undergraduate and graduate students [EB/OL]. [2024-01-24]. https://www. cni. org/wp-content/uploads/2013/04/Online-Pub-CNorman2002Stf.pdf.

[42] ESPOSITO J J. The wisdom of oz: the role of the university press in scholarly communications [J/OL]. Journal of Electronic Publishing, 2007, 10(1). [2024-01-21].https://quod.lib.umich.edu/j/jep/3336451.0010.103? view=text;rgn=main.

[43] DEWATRIPONT M, GINSBURGH V, LEGROS P, et al. Study on the economic and technical evolution of the scientific publication markets in Europe [R/OL]. [2024-01-21]. https://ideas. repec. org/p/ulb/ulbeco/2013-9545.html.

[44] EYSENBACH G. Preserving the scholarly record with WebCite (R) (www. webcitation. org): an archiving system for long-term digital preservation of cited webpages, 12th International Conference on Electronic Publishing, Toronto, Canada, June 25-27, 2008[C].Toronto: ELPUB, 2008: 378-389.

[45] FISHBURN P C, ODLYZKO A M, SIDERS R C. Fixed fee versusunit pricing for information goods: competition, equilibria, and price wars[J]. Internet publishing and beyond: the economics of digital information and intellectual property, 2000: 167-189.

[46] FOLK M, BARKSTROM B R. Attributes of file formats for long-term preservation of scientific and engineering data in digital libraries, ResearchGate [EB/OL]. [2024-01-21]. https://www.researchgate. net/publication/228726593 _ Attributes _ of _ file _ formats_for_long-term_preservation_of_scientific_and_engineering_data_in_digital_libraries.

[47] FOSMIRE M. Scan it and they will come ⋯ but will they cite it? [J]. Science & Technology Libraries, 2004, 25: 55-72.

[48] GINSPARG P. Creating a global knowledge network, Proceedings of Joint ICSU Press UNESCO Conference, Paris, France, Feb 19-23, 2001[C].Paris: Second Joint ICSU Press, 2001.

[49]GONZÁLEZ J C, VILLENA J, MORENO C, et al. Semiautomatic extraction of thesauri and semantic search in a digital image archive, 10th International Conference on Electronic Publishing, Bansko, Bulgaria, June 14-16, 2006[C].Bansko: ELPUB, 2006: 279-290.

[50]GRAHAM L. "Of course it's true; i saw it on the internet!": critical thinking in the internet era[J]. Communications of the ACM, 2003, 46(5): 70-75.

[51]HAHN K L. The state of the large publisher bundle: findings from an arl member survey[EB/OL]. ARL Bimonthly Report, 2006. [2024-01-21].https://www.researchgate.net/publication/202165052_The_state_of_the_large_publisher_bundle_Findings_from_an_ARL_member_survey.

[52]HALLIDAY L, OPPENHEIM C. Economic models of digital-only journals[J]. SERIALS, 2000, 13(2): 59-65.

[53]HALLIDAY L. Scholarly communication, scholarly publishing and the status of emerging formats[J/OL]. Information Research, 2001, 6(4). [2024-01-21]. https://informationr.net/ir/6-4/paper111.html.

[54]HAWKINS D T. Bibliometrics of electronic journals in information science[J/OL]. Information Research, 2001, 7(1). [2024-01-21].https://informationr.net/ir/7-1/paper120.html.

[55]HAWKINS K. Scalable electronic publishing in a University Librar, 12th International Conference on Electronic Publishing, Toronto, Canada, June 25-27, 2008[C].Toronto: ELPUB, 2008: 421.

[56]HENNEKEN E A, KURTZ M J, EICHHORN G, et al. Effect of e-printing on citation rates in astronomy and physics[J/OL]. Journal of Electronic Publishing, 2006, 9(2). [2024-01-21]. https://quod.lib.umich.edu/j/jep/3336451.0009.202? view = text; rgn = main.

[57]HENRY C. Rice university press: fons et origo[J/OL]. Journal of Electronic Publishing, 2007, 10 (2). [2024-01-21]. https://quod.lib. umich. edu/j/jep/3336451.0010. 205? view = text; rgn = main.

[58]HILLER S. How different are they? A comparison by academic area of library use, priorities, and information needs at the University of Washington [J/OL]. Assessment in Sci-Tech Libraries, 2002. [2024-01-21]. https://journalS. l. ibrary. ualberta. ca/istl/index. php/istl/article/view/1877.

[59]HORSTMANN W, VANDERFEESTEN M, NICOLAKI E, et al. A deep validation process for open document repositories, 12th International Conference on Electronic Publishing, Toronto, Canada, June 25-27, 2008[C].Toronto: ELPUB, 2008: 429-431.

[60]HOUGHTON J. The crisis in scholarly communication: an economic analysis, semantic scholar [EB/OL]. [2024-01-21]. https://www. semanticscholar. org/paper/The-Crisis-in-Scholarly-Communication-%3A-an-Economic-Houghton/c4910167452ee2da0 a489f88c5269907dbdb8238.

[61]HOVAV A, GRAY P. Managing academic electronic publishing: six case studies, 9th European Conference on Information Systems, Bled, Slovenia, June 27-29, 2001[C].Bled: ECIS, 2001: 751-763.

[62]HUFFAKER D A, CALVERT S L. Gender, identity and language use in teenage blogs [J/OL]. Journal of Computer-Mediated Communication, 2005, 10(2). [2024-01-21].https://onlinelibrary. wiley.com/doi/full/10.1111/j.1083-6101.2005.tb00238.x.

[63]HYLDEGAARD J, SEIDEN P. My e-journal-exploring the usefulness of personalized access to scholarly articles and services [J/OL]. Information Research, 2004, 9 (3). [2024-01-21]. https://informationr.net/ir/9-3/paper181.html.

[64]GRIFFITHS R J, RASCOFF M, BROWN L, et al. University

publishing in a digital age[J/OL]. Ithaka S+R, 2007. [2024-01-21]. https://sr.ithaka.org/publications/university-publishing-in-a-digital-age/.

[65]JEON D-S, MENICUCCI D. Bundling electronic journals and competition among publishers [J]. Journal of the European Economic Association, 2006, 4(5): 1038-1083.

[66]JEON D-S, MENICUCCI D. Bundling electronic journals and competition among publishers [J]. Journal of the European Economic Association, 2006, 4(5): 1038-1083.

[67]UNSWORTH J. Our cultural commonwealth: the report of the american council of learned societies commission on cyberinfrastructure for the humanities and social sciences[R/OL]. [2024-01-21]. https://worldpece.org/content/our-cultural-commonwealth-report-american-council-learned-societies-commission.

[68] KAHIN B, HAL R V. Internet publishing and beyond: the economics of digital information and intellectual property [M]. Cambridge: MIT Press, 2000.

[69]KELLER M A. Whither academic informationservices in the perfect storm of the early 21st century? [J/OL]. Computer Science, Education, 2006. [2024-01-24]. https://www.semanticscholar.org/paper/Whither-Academic-Information-Services-in-the-Storm-Keller/0542ff9c53f6cca00f515cc90814cd41da604f11.

[70]FRAZIER K. The librarians' dilemma: contemplating the costs of the "big deal"[J/OL]. D-Lib Magazine, 2001, 7(3). [2024-01-21].http://www.dlib.org/dlib/march01/frazier/03frazier.html.

[71]KIDD T. Electronic journal usage statistics in practice[J]. Serials, 2002, 15(1): 11-17.

[72]KING D W, MONTGOMERY C H. After migration to an electronic journal collection: impact on faculty and doctoral students[J/OL]. D-Lib Magazine, 2002, 8(12). [2024-01-21].http://www.dlib.org/dlib/december02/king/12king.html.

[73]KIRCZ J. New practices for electronic publishing 1: will the scientific paper keep its form? [J]. Learned Publishing, 2001, 14 (4): 265-272.

[74]KURTZ M J, EICHHORN G, ACCOMAZZI A, et al.The effect of use and access on citations [J]. Information Processing and Management, 2005, 41(6): 1395-1402.

[75]Lesk M. Preserving digital objects: recurrent needs and challenges [EB/OL]. [2024-04-27]. http://www. lesk. com/mlesk/auspres/ aus. html.

[76]LIBRARY OF CONGRESS. Sustainability of digital formats planning for library of congress collections [R/OL]. [2024-01-21].https://www.loc.gov/preservation/digital/formats/.

[77]LUKI I K, LUKIĆ A, GLUNCIĆ V, et al. Citation and quotation accuracy in three anatomy journals[J]. Clinical Anatomy, 2004, 17(7): 534-539.

[78]MACDONALD R. What are the factors that will shape peer review in e-journals? [J]. Library Hi Tech News, 2002, 19(6).

[79]MACKENZIE OWEN J S, WALLE J. Deposit collections of electronic publications [EB/OL]. [2024-01-20]. https://op. europa. eu/en/publication-detail/-/publication/08c633fa-02b5-4062-8116-9891bc701061.

[80]MARTENS B, LINDE P, KLINC R, et al. Enhancing the sustainability of electronic access to ELPUB proceedings: means for long-term dissemination, 12th International Conference on Electronic Publishing, Toronto, Canada, June 25-27, 2008[C]. Toronto: ELPUB, 2008: 390-400.

[81]MARTIN S. Digital scholarship and cyberinfrastructure in the humanities: lessons from the text creation partnership [J/OL]. Journal of Electronic Publishing, 2007, 10(1). [2024-01-21]. https://quod. lib. umich. edu/j/jep/3336451. 0010. 105? view = text; rgn = main.

[82] MCCABE M, SNYDER C M. The economics of open-access journals[J/OL]. Working Paper, 2004. [2024-01-21]. https://www.econstor.eu/bitstream/10419/262595/1/wp193.pdf.

[83] MCCABE M J. Information goods and endogenous pricing strategies: the case of academic journals[J]. Economics Bulletin, 2004, 12(10): 1-11.

[84] MCCABE M J, SNYDER C M. Open access and academic journal quality[J]. The American Economic Review, 2005, 95(2): 453-458.

[85] MEYER C A. Reference accuracy: best practices for making the links[J/OL]. The Journal of Electronic Publishing, 2008, 11(2). [2024-01-21]. https://quod.lib.umich.edu/j/jep/3336451.0011.206? view=text;rgn=main.

[86] MONOPOLI M, NICHOLAS D, GEORGIOU P, et al. A user-oriented evaluation of digital libraries: case study the "electronic journals" service of the library and information service of the University of Patras, Greece[J]. Aslib Proceedings, 2002, 54(2): 103-117.

[87] MORRIS S. The true costs of scholarly journal publishing[J]. Learned Publishing, 2005, 18(2): 115-126.

[88] MÜLLER E, KLOSA U, HANSSON P. Using XML for long-term preservation: experiences from the diva project[C].Proceeding of the Sixth International Symposinm on Electronic Theses and Dissertations, 2003:109-116.

[89] MÜLLER U, KLATT M, DOBRATZ S, et al. Electronic publishing at Humboldt University berlin-concepts, tools and services, 10th International Conference on Electronic Publishing, Bansko, Bulgaria, June 14-16, 2006[C].Bansko: ELPUB, 2006: 219-228.

[90] NAHOTKO M. Libraries as publishers of open access digital documents: Polish experiences, 11th International Conference on

Electronic Publishing, Vienna, Austria, June 13-15, 2007 [C].
Vienna: ELPUB, 2007: 209-220.

[91] NELSON D. The uptake of electronic journals by academics in the UK, their attitudes towards them and their potential impact on scholarly communication[J]. Information Services & Use, 2001, 21(3/4): 205-214.

[92] NEVO A, RUBINFELD D L, MCCABE M. Academic journal pricing and the demand of libraries [J]. American Economic Review, 2005, 95(2): 447-452.

[93] NUNN R. Crossroads: a new paradigm for electronically researching primary source documents [J/OL]. The Journal of Electronic Publishing, 2008, 11 (2). [2024-01-21]. https://quod.lib.umich.edu/j/jep/3336451.0011.207? view = text; rgn = main.

[94] ODLYZKO A. The economics of electronic journals[J]. Technology and Scholarly Communication, 2002, 15(1): 7-19.

[95] ODLYZKO A. The rapid evolution of scholarly communication[J]. Learned Publishing, 2002, 15(1): 7-19.

[96] ODLYZKO A M. Tragic loss or good riddance? The impending demise of traditional scholarly journals[J]. International Journal of Human-Computer Studies, 1995, 42(1): 71-122.

[97] PAEPEN B. Audiokrant, the daily spoken, 12th International Conference on Electronic Publishing, Toronto, Canada, June 25-27, 2008[C].Toronto: ELPUB, 2008: 122-129.

[98] PALMER J P, Sandler M. What do faculty want? [J]. Netconnect, 2003: 26-28.

[99] PANZERA D, HUTZLER E. E-journal access through international cooperation: library of congress and the electronic journals library EZB[J]. Serials Review, 2004, 30(3): 176-182.

[100] PEDERSEN S, MACAFEE C. The practices and popularity of british bloggers, 10th International Conference on Electronic

Publishing, Bansko, Bulgaria, June 14-16, 2006[C]. Bansko: ELPUB, 2006: 155-164.

[101]PEDERSEN S. A comparison of the blogging practices of UK and US bloggers, 11th International Conference on Electronic Publishing, Vienna, Austria, June 13-15, 2007[C]. Vienna: ELPUB, 2007: 361-370.

[102]POCHODA P. Scholarly publication at the digital tipping point[J/OL]. The Journal of Electronic Publishing, 2008, 11（2）. [2024-01-21]. https://quod. lib. umich. edu/j/jep/3336451. 0011.202? view=text;rgn=main.

[103]Pöschl U. Interactive journal concept for improved scientific publishing and quality assurance[J]. Learned Publishing, 2004, 17(2): 105-113.

[104]QUIGLEY J, PECK D R, RUTTER S, Making choices: Factors in the selection of information resources among science faculty at the university of michigan results of a survey conducted july-september, 2000[J/OL]. Science and Technology Librarianship, 2002. [2024-01-21].https://www.researchgate.net/publication/ 259603306_Making_Choices_Factors_in_the_selection_of_ Information_Resources_Among_Science_Faculty_at_the_ University_of_Michigan_Results_of_a_Survey_Conducted_July-September_2000.

[105]RAUCH C, KROTTMAIER H, TOCHTERMANN K. File-formats for preservation: evaluating the long-term stability of file-formats, Proceedings of the 11th International Conference on Electronic Publishing, Vienna, Austria, June 13-15, 2007[C]. Vienna: ELPUB, 2007: 101-106.

[106]RICH L, RABINE J. The changing access to electronic journals: a survey of academic library websites revisited[J]. University Libraries Faculty Publications, 2001.

[107]CHRISTOPHER J, LAWAL I, RIEL S J. Perceived successes

and failures of science & technology e-journal access: a comparative study [J/OL]. Issues in Science & Technology Librarianship, 2002 (35). [2024-01-21]. http://www.istl.org/02-summer/article1.html.

[108] ROG J, WIJK C V. Evaluating file formats for long-term preservation[J]. Data analysis and Knowledge Discovery, 2008, 24: 83-90.

[109] ROGERS S A. Electronic journal usage at Ohio State University [J]. College & Research Libraries, 2001, 62(1): 25-34.

[110] ROMANELLO M. A semantic linking framework to provide critical value-added services for E-journals on classics, 12th International Conference on Electronic Publishing, Toronto, Canada, June 25-27, 2008[C]. Toronto: ELPUB, 2008: 401-414.

[111] ROSENBERG D. African journals online: improving awareness and access[J]. Learned Publishing, 2002, 15(1): 51-57.

[112] ROWLEY J. JISC user behaviour monitoring and evaluation framework[J/OL]. Ariadne, 2001. [2024-01-23]. http://www.ariadne.ac.uk/issue30/jisc/intro.html.

[113] RZEPA H S, MURRAY-RUST P. A new publishing paradigm: STM articles as part of the semantic Web [J/OL]. Learned Publishing, 2001, 14(3): 177-182.

[114] BEDELL S, WISE A, GREENSTEIN D. Comments on the publishing panel from "scholarship and libraries and transition" symposium[J/OL]. The Journal of Electronic Publishing, 2006, 9 (2). [2024-01-23]. https://quod.lib.umich.edu/j/jep/3336451.0009.207? view=text;rgn=main.

[115] SATHE N A, GRADY J L, GIUSE N B. Print versus electronic journals: a preliminary investigation into the effect of journal format on research processes[J]. Journal of the Medical Library Association, 2002, 90(2): 235-243.

[116]SCHRANZ M. Pushing the quality level in networked news business: semantic-based content retrieval and composition in international news publishing[J]. Serdica Journal of Computing, 2008, 2(1): 1-18.

[117]SEROTKIN P B, FITZGERALD P I, BALOUGH S A. If we build it, will they come? Electronic journals acceptance and usage patterns[J]. Libraries and the Academy, 2005, 5(4): 497-512.

[118]SIEBERS R, HOLT S. Accuracy of references in five leading medical journals[J]. The Lancet, 2000, 356(9239): 1445.

[119]NONE. State of the Blogosphere, August 2005, Part 1: Blog Growth [EB/OL]. [2024-01-23]. https://www. sifry. com/alerts/2005/08/state-of-the-blogosphere-august-2005-part-1-blog-growth.

[120]SILVER K. Pressing the "send" key: preferential journal access in developing countries[J]. Learned Publishing, 2002, 15(2): 91-98.

[121]SLATS J. Practical experiences of the digital ppreservation testbed: office formats[EB/OL]. [2024-01-20]. http://www. erpanet.org/events/2004/vienna/presentations/erpaTrainingVienna_Slats.pdf.

[122]SMART P. E-Journals: developing country access survey[J]. Learned Publishing, 2003,16(2): 143-148.

[123]SMITH A G. Citations and links as a measure of effectiveness of Online LIS Journals[J]. IFLA Journal, 2005, 31(1): 76-84.

[124]SOLOMON D J. The role of Peer Review for scholarly journals in the information age [J/OL]. The Journal of Electronic Publishing, 2007, 10(1). [2024-01-23]. https://quod. lib. umich.edu/j/jep/3336451.0010.107? view=text;rgn=main.

[125]SOSTERIC M, SHI Y, WENKER O. Electronic First: The upcoming revolution in the scholarly communication system [J/OL]. The Journal of Electronic Publishing, 2001, 7(2). [2024-

01-23]. https://quod. lib. umich. edu/j/jep/3336451.0007.203? view=text;rgn=main.

[126]SQW. Costs and business models in scientific research publishing: A report commissioned by the Wellcome Trust[R/OL]. [2024-01-23]. https://wellcome. org/sites/default/files/wtd003184 _ 0. pdf.

[127]SQW. Economic analysis of scientific research publishing: a report commissioned by the Wellcome Trust[R/OL]. [2024-01-23]. https://wellcome.org/sites/default/files/wtd003182_0.pdf.

[128] STANESCU A. Assessing the durability of formats in a digital ppreservation environment[J/OL]. D-Lib Magazine, 2004, 10 (11). [2024-01-23]. https://www. dlib. org/dlib/november04/stanescu/11stanescu.html.

[129]TENOPIR C, KING D W, BOYCE P, et al. Relying on electronic journals: reading patterns of astronomers[J]. Journal of the American Society for Information Science and Technology, 2005, 56(8): 786-802.

[130] TOMLINS C L. Just one more zine? Maintaining and improving the scholarly journal in the electronic present: a view from the humanities[J]. Learned Publishing, 2001, 14(1): 33-40.

[131]VAN CUILENBURG J, MCQUAIL D. Media policy paradigm shifts: towards a new communications policy paradigm [J]. European Journal of Communication, 2003. 18(2): 181-207.

[132]VAN DE SOMPEL H. Certification in a digital era[EB/OL]. [2024-01-24]. http://www. nature. com/nature/peerreview/debate/op4.html.

[133]VRAGOV R, LEVINE I. Reviewing and revamping the Double-Blind Peer Review process[J/OL]. The Journal of Electronic Publishing, 2007, 10 (1). [2024-01-23]. https://quod. lib. umich.edu/j/jep/3336451.0010.104? view=text;rgn=main.

[134]W3C. Ontology driven architectures and potential uses of the

semantic web in systems and software engineering [EB/OL]. [2024-01-23].https://www.w3.org/2001/sw/BestPractices/SE/ODA/060103/.

[135] WALDMAN M. Freshmen's use of library electronic resources and self-efficacy[J/OL]. Information Research, 2003, 8(2). [2024-01-23]. https://academicworks. cuny. edu/cgi/viewcontent. cgi? article = 1051&context = bb_pubs.

[136] GALVIN J. The next step in scholarly communication: is the traditional journal dead? [J/OL]. Electronic Journal of Academic and Special Librarianship, 2004, 5 (1). [2024-01-23]. https://southernlibrarianship. icaap. org/content/v05n01/galvin_j01.htm.

[137] WITTENBERG K. Credibility of content and the future of research, learning, and publishing in the digital environment[J/OL]. The Journal of Electronic Publishing, 2007, 10 (1). [2024-01-23]. https://quod. lib. umich. edu/j/jep/3336451. 0010.101? view = text; rgn = main.

[138] WOOD D. Peer review in the electronic age: managing the change to new models[EB/OL]. [2024-01-24].http://www.espere.org/easepstr.pdf.

第二章　2008 年度数字出版研究综述[*]

出版业正处于新旧媒体共存的过渡时期，这几乎已经成为出版业界和学界的共识，尽管对于具体所处发展阶段的看法可能因人而异。过去两年相关的英文专著基本上反映了这一点。Miha Kovač（2008）的新著《别在意网络，图书来了》看起来似乎是针对 Jeff Gomez（2008）《印刷术死了：数字时代的图书》一书的辩驳之作，实际上两位作者的真实态度并不像书名所显示的那样决然对立。Gomez 强调从图书到"比特"不可逆转地迁移，不过他也认为尽管印刷媒介持续减少，但仍将在现代信息社会中占据一席之地；而且他还指出了数字时代出版商继续存在的 5 个理由。Kovač 辩驳了 Gomez 的说法，认为文明与印刷媒体之间的纽带并非仅仅出于人们的怀旧情感，图书的必要性在于其在几个世纪的演进中形成的与印刷文件内容的稳定性相关联的复杂的"传播结构"（communications structure）；只要数字出版一日没有真正地承继图书的社会文化特征，就一日不可能取而代之。但是 Kovač 显然也没有完全忽视数字技术的特性、优势及其在世纪之交断断续续地演进和发展。相较之下 Joost Kist（2009）的做法更为务实，他在 2009 出版的新书《21 世纪出版商新思维：浮现中的模式和演进中的战略》中指出：在数字电视、移动电话、互联网/个人电脑日益聚合的背景下，"不同的

---

　　* 本章研究内容得到了武汉大学 2009 年度"海外人文社会科学前沿追踪计划"和 2009 年度国家社会科学基金项目"开放获取学术资源分布与集成研究"（09CTQ024）的资助。本章的撰写过程中，丰静、程旭、吴睿、蒋艳和邹莉等硕士研究生参与了文献收集和整理工作。

信息偏爱不同的媒介""不同的媒介偏爱不同的内容"①；其中出版机构所要做的是在充分理解出版商与消费者、作者与读者互动这一数字时代的中心范式导致出版商业模式、发行渠道和用户功能变迁的前提下，寻找适合自己的出版模式和战略。

出版学领域最具影响力的英文期刊的载文情况也反映了印刷出版与数字出版并存但出版整体向数字化方向迁移的过渡时期特征。2008 年，5 种期刊刊载的研究数字出版的论文比例在 3.3% ~ 60%，平均比例为 25.48%；2009 年的比例则在 8.3% ~ 66.67%，平均比例为 52.17%（见表 2.1）。不过，期刊论文和国际会议论文②所反映的研究者关于数字出版的研究兴趣则更加广泛。近两年来，开放获取与数字学术出版问题仍是人们关注的热点，具体研究贯穿数字出版模式、用户和电子书（学术专著）等多个议题。随着谷歌数字图书馆计划引起的世界范围内的广泛讨论，亚马逊 Kindle 等新一代电子书阅读器取得的初步的商业成功，以及哈珀·柯林斯、蓝登书屋和企鹅出版社等传统大众出版业巨头开始投身数字化出版行列，电子书成为继前期数字期刊和仓储之后另一个引起广泛关注的数字出版门类。与此同时，与电子书相关联的数字版权交易原则和实操问题也进入了研究者的视野。关于数字出版模式的研究则仍然偏重学术出版，但是澳大利亚学者持续地表现出对于数字大众出版模式的关心；另外，教育学领域一直关注着与远程/网络教育紧密相连的数字教材与教辅出版问题。至于数字出版的用户和行为研究，其作为国家政策、机构战略和新（数字）产品开发的先导长期以来都不乏大规模的、深入的调查研究，近两年情况亦然。

---

① Joost Kist. New thinking for 21st-century publishers：emerging patterns and evolving stratagems[M]. Oxford：Chandos，2009：31-32.

② 电子出版国际会议（ElPub）是持续时间最长、最专业的数字出版国际会议。第 12 届（2008 年）和第 13 届（2009 年）会议的主题为"开放学术：创作、社区和可持续性"和"电子出版再思考：交流范式与技术的创新"，分别收录论文 47 篇和 43 篇（包括短论文、海报论文等）。其他一些 IEEE 的会议也收录数字出版技术方面的论文。

表 2.1　　　出版学期刊①刊登的数字出版研究论文统计

期刊	2008 年			2009 年②		
	论文总数	数字出版相关论文	比例	论文总数	数字出版相关论文	比例
Publishing Research Quarterly	34	8	23.53%	13	3	23.08%
Logos：Journal of the World Book Communi	34	3	8.82%	10	1	10.00%
Learned Publishing	30	18	60%	23	13	56.52%
Journal of Scholarly Publishing	30	1	3.3%	22	4	8.3%
Journal of Electronic Publishing	29	10	34.48%	6	4	66.67%
总计/平均	157	40	25.48%	115	60	52.17%

　　总体而言，近两年来关于数字出版的研究文献仍在增长，而且广泛地分布于出版学以外的图书情报学、经济学、管理学、计算机科学、教育学和科学社会学等各个学科领域。此外，许多其他学科出于本学科科学交流的考量而导致了对数字出版持续的关注与研究。由于借鉴了其他学科领域的理论和方法，数字出版的相关研究成果无论从精度、深度和广度上都有进步。当然，这种研究文献高度分散的情况也带来了文献保存和利用上的难题。作为研究者，要

---

　　①　*Publishing Research Quarterly*、*Logos：Journal of the World Book Communit*、*Learned Publishing* 和 *Journal of Scholarly Publishing* 为季刊；*Journal of Electronic Publishing* 为纯电子期刊，每年出版三期。

　　②　由于 CALIS 数据库收录资源的滞后性，*Journal of Scholarly Publishing* 和 *Learned Publishing* 统计为 2009 年前三期；*Publishing Research Quarterly* 前两期；*Logos：Journal of the World Book Communit* 和 *Journal of Electronic Publishing* 为前一期。

全面把握和了解数字出版的相关文献颇为困难，这阻碍了研究工作的进展，与此同时，重复研究将导致资源、时间和精力的浪费。因此，本章的目的之一就是通过大量的文献研读为读者勾勒数字出版及其研究的最新发展图景，以供相关实践和理论工作者参考。具体综述如下。

2.1 开放获取进展与影响研究

学术出版作为数字化发展最快的领域，加上其与影响日益扩大的开放获取运动的密切联系，导致其多年以来一直是研究者密切关注的热点问题，并产生了众多有价值的相关研究成果。

2.1.1 进展与影响

2008 年全世界范围内的开放获取运动无论从深度和广度来看都有更大发展。2008 年 1 月，美国国家卫生研究院（NIH）颁布政策，强制要求对所资助的研究产生的期刊论文实施公共存取，三个月后正式生效。该政策要求 NIH 资助的所有研究人员必须在其经过同行评议的论文正式发表以后的 12 个月内将最终稿的电子版存入开放获取仓储公共医学中心（PMC）中。NIH 过去两年的科研预算都达到大约 290 亿美元的规模（超过全球 124 个国家的 GDP 值），其所资助的研究每年产生 80000 篇以上经过同行评议的论文。[①] 因此，这一政策对于开放获取运动的实质性支持作用及对世界范围内科研资助机构的示范效应都是十分可观的。与此同时，欧洲研究院（ERC）成为首家要求强制实施开放获取的欧盟级别的研究资助机构，而且其要求更为严格：只允许有 6 个月的禁止开放期，并将适用范围从同行评议论文扩展到数据（data）层面。在这些大型科研资助机构的带动下，世界范围内的许多高等院校、科研机构或其下属单位开始强制执行开放获取政策。

---

① Peter Suber. Open Access in 2008 [J]. The Journal of Electronic Publishing, 2008, 12(1).

相应地，研究人员也持续不断地关注开放获取的最新进展。Peter Suber 作为较早的倡议者自 2003 年以来每年撰写关于当年开放获取进展和影响的综述，近几年还在《电子出版期刊》(*The Journal of Electronic Publishing*) 上进行发表。根据 Peter Suber (2008) 的判断，2008 年开放获取期刊和开放获取仓储比以往任何一年都更加快速地增长。其中开放获取期刊指南(DOAJ)录得当年新增 812 种开放获取期刊，比前一年增长 27%。科学共同体(Scientific Commons)录得开放获取仓储数量增加 8%，总计达 963 个；OAIster 录得当年开放获取仓储数量增加 14%，达 1051 个；开放获取仓储名录(ROAR)录得当年开放获取仓储数量增加 28%，达 1229 个；开放获取仓储指南(OpenDOAR)录得当年开放获取仓储数量增加 28%，达到 1296 个。从开放获取仓储收录的资源来看，根据 OAIster 的数据，当年仓储资源增长 4886516 条，涨幅 34%；或者根据 Scientific Commons 的数据，增长 7532473 条，与上年相比增长幅度 45%。① 除此之外，开放获取仓储的类型与所涉机构有扩大之势，如一些国家和州县等政府机构开始建设仓储；Academia. edu、BiomedExperts、Epsilen 和 Twidox 等许多网络服务机构开始提供仓储服务；各种项目也开始建设项目层面的仓储(Project-specific OA repositories)；而且仓储建设逐渐扩展到人文社会科学领域，等等。还有，开放获取仓储的工具也层出不穷。2008 年许多资源中心和分布式仓储之间的大规模合作有很大发展。

在评估开放获取运动影响的研究中，Philip M. Davis(2009)运用媒体框架理论(media framing)对 2003—2008 年世界主流报纸社论和读者来信的分析颇值一观。尽管迄今为止开放获取的种种争论、实践和相关研究主要集中在图书馆界、出版界和学术界，随着其影响的日渐深入与扩大并波及一般纳税人，了解大众媒体如何架构关于开放获取的议题是十分必要而且有益的。Davis 的研究发现

① Heather Morriso. Dramatic growth of open access: open data edition[EB/OL]. [2009-07-28]. http://spreadsheets. google. com/ccc? key = pqCs8wrw 32HHNKIMXUTgbSA&hl = en.

开放获取的支持者常规地围绕"透明度"和"公共受托责任"（transparency and public accountability）来架构其论点。即纳税人的钱资助了科学研究，因此公众有权获取研究成果；而公开性和透明度是必要前提。这样的框架是简明、有力的。此外，支持者们还成功地构建了制造社会运动所必需的集体行动框架（collective action frames），其中包含三个基本要素，即指出不公平现象（injustice）、号召大家行动（agency）和区分对方身份（identity）。① 具体来说，就是首先强调对造成某种不公平的行为人（此处主要指出版商）应有的道德义愤；其次，指出如果大家一起行动就可以解决问题；最后，根据某些利益和价值观方面明显的差异区分出敌我双方，即倡导开放共享的"我们"和唯利是图的"他们"（出版商）。因此不难理解其能够说服美国国会制定前述强制开放获取政策，并且在世界范围内获得广泛的道义支持。相比较之下，以出版商为主的开放获取运动的反对者未能建立自己的核心框架，其针对支持者框架构建的辩解诉诸出版物质量和出版行为的可持续性，立论主旨过于细小并且缺乏简明的叙事结构。其唯一较为有力的反框架（counterframing）叙事是"政府干预"的说法，即将强制政策和法令视作"政府无理地干涉私营出版业"②。显然，此种诉求很容易在推崇自由市场的美国社会获得响应。因此，其与 NIH 制定的较为温和的规定（12 个月的禁止开放期）以及 2008 年 9 月美国众议院议员否定开放获取强制政策的提案都不无因果联系。由此可见，在当前形势下历史悠久而近几年似乎声名狼藉的 STM 出版商除了调整自己确然存在的行为偏差之外，注意媒体议题的架构也是十分必要的。毕竟争鸣和社会运动的目的并不必然是要消灭某一方，透彻地思考出版质量和可持续发展等问题对于开放获取运动的进一步发展

---

① William A. Gamson, Andre Modigliani. Media discourse and public opinion on nuclear power: a constructionist approach[J]. American Journal of Sociology, 1989, 95(1): 1-37.

② WEISS R. Open access to reasearch founded by U. S. is at issue[N]. The Washington Post, 2007-11-01(A2).

会带来正面影响。

　　在似乎不可逆转的开放获取潮流之下，许多出版商对开放获取实施了更为宽松的政策，甚至允许作者存档正式出版的 PDF 版论文。① 许多重要的出版商在积累了一定的相关经验以后，已经能够以更加理性的态度来看待开放获取出版。Claire Bird（2008）撰文较为全面地回顾了牛津大学出版社的开放获取出版实验之旅。自 2004 年以来该社采用开放获取出版模式的《核酸研究》（NAR）收到的投稿量和作者满意度都维持稳定，大部分作者乐于支付开放获取出版费用，因此新模式下运行的期刊能够做到财务平衡。尽管 2005 年 NAR 的收入曾有短暂下滑，但是 2007 年又开始增加。另外，该社出版的 200 多种期刊中有 70 种左右实行了选择性开放获取模式（Oxford Open），即允许作者自行选择是否缴付论文处理费以便其文章立即实行开放获取。在实践过程中，出版社逐渐意识到作者付费的开放获取出版模式并不是对所有学科都适用的。在该社实行选择性开放获取出版的期刊中，一些分子生物学和计量生物学领域的期刊，作者付费论文的比例高达 17%～25%；而那些研究者较少得到资助的学科，如数学等基础科学领域付费论文的比例只有 5%，人文社会科学领域的比例为 2%。② 也许可以由此推论，未来会根据不同学科和期刊的特点而出现开放获取、订阅存取、延后的免费存取及其组合并存的局面。然而，迄今为止，出版社对于开放获取出版模式对订阅、期刊使用和论文引用率等的全面影响还不十分清楚。

　　对学术资源的了解是利用的基础，随着开放获取出版的蓬勃发展，准确地把握其现状，或者更加确切地说量化地把握现状是十分必要的。尤其像全球每年开放获取期刊数和论文产量那样的重要参数，对于计算开放获取文章、期刊和期刊系统的总成本、定价、收入以及评估开放获取出版的可持续发展状况都是必需的。一般来说

---

① Joseph J. Esposito. Open access 2.0: access to scholarly publications moves to a new phase[J]. The Journal of Electronic Publishing, 2008, 11(2).

② Claire Bird. Oxford journals' adventures in open access [J]. Learned Publishing, 2008, 21(3): 200-208.

局部数字比较容易获得。比如 DOAJ 和高线出版社等都提供在该机构网站上能够获取的开放获取期刊和论文统计数字。但是，一则开放获取论文并不限于在期刊上发表，所谓绿色开放获取即作者存档的论文也是其中重要的组成部分；再则，DOAJ 和 HighWire 尽管是综合性的规模庞大的开放获取期刊门户，但即使就开放获取期刊全文而言，也未必能够搜罗完备。这就需要研究者设计一些精巧的计量方法来进行测算。

芬兰学者 Bo-Christer Björk（2008）等在这方面所做的工作是卓有成效的。他们选取 ISI 和乌利希（Ulrich's）期刊指南的数据库作为主要的样本来源，通过直接计数和抽样调查得出 2006 年全球出版了23750 种左右经过同行评议的期刊，其中包含约 1346000 篇论文。而此次调查研究更加重要的任务是计算全球在某个特定年份经过同行评议的开放获取论文的产量。Björk 分三路调查来获得最终数字，即2006 年金色开放获取期刊论文（无禁止开放期），有禁止开放期的开放获取期刊论文以及作者自行存档论文的数量。

对于金色开放获取论文，Björk 仍以 Ulrich's 数据库为主并参考DOAJ 数据计算出 2006 年大约有 1735 种活跃的（即继续出版没有停刊）、经过同行评审的开放获取期刊，刊载 61313 篇文章，占当年出版论文的 4.6%。考虑到期刊及论文数量逐年增长以及开放获取运动日渐普及的现实，这与早年间 Regazzzi（2004）利用相似的抽样方法对 DOAJ 所列期刊进行研究所得的数据具有某种程度的一致性。Regazzzi 数据表明，2003 年和 2004 年全球分别出版 25380 篇和 24526 篇经过同行评议的开放获取论文，大约占当年全部 STM论文的 2%。这与汤姆逊公司的调查研究结果也基本吻合。据测算2003 年 SCI 数据库中的开放获取论文为 22095 篇，约占该库全部论文 747060 篇的 3.0%。① 对于延迟开放获取和混合型开放获取期

---

① MCVEIGH M E. Open access journals in the ISI citation databases: analysis of impact factors and citation patterns — a citation study from Thomson Scientific ［ J/OL ］. ［ 2009-07-28 ］. http：//scientific. thomson. com/media/presentrep/essayspdf/openaccess citations2. pdf.

刊，Björk 通过测算 HighWire 网站中立即开放获取的期刊和经过一段禁止开放期才实施开放获取的期刊数之比，将延后开放获取的论文数量分离出来，得出当年大约 8.1% 的论文提供滞后的开放存取。平行出版或者说绿色开放获取论文的数量更加难以估计。Björk 从 Ulrich's 数据库符合要求的期刊中成比例地抽取列入 ISI 数据库和不列入该库的文章，分别为前者 200 篇、后者 100 篇，然后利用谷歌搜索引擎系统地搜寻其存入仓储的情况，得出当年大约有 11.3% 的论文进行了绿色开放获取。综上，Björk 认为 2006 年全球经过同行评议的论文中实施开放获取的约占 19.4%。①

Björk 对于样本的选择基本上是科学、合理的，如其以 ISI 和 Ulrich's 数据库为样本库来测算当年同行评议论文总量，以 Ulrich's 数据库数据为主并参酌 DOAJ 数据库来获取金色开放获取论文数量等，反映了他对学术期刊出版情况和开放获取资源分布情况的熟稔。尽管其以 HighWire 论文构成比模拟全球论文构成比的做法可能会导致较大的计算误差，但也是考虑当前数据可获得性的前提下具有可操作性和一定合理成分的解决方案。另外，研究者对于数据的处理也比较小心，如其对开放获取期刊论文进行抽样计数时，将 PLoS 等四家出版机构的期刊单独计数，原因是它们都利用作者缴费方式来维持经营，因此造成所出版的某些特定品种的期刊如 *PLoS ONE* 等载文量非常大，远高于平均数。总体而言，尽管局部结论还有可以商榷之处，如其根据抽样调查的结果认为没有一篇论文既在金色开放获取期刊的出版商网站发表，又在某一开放获取仓储中存档，但是 Björk 等的研究结果仍然较为可信。

实际上，在数字出版的许多相关领域都十分需要这种量化研究。如不同的学者和研究机构都能够把此类研究方法、过程和结果以论文和研究报告的形式发表，以便于其他研究者验算、修正和参

---

① BJÖRK B, ROOS A, LAURI M. Global annual volume of peer reviewed scholarly articles and the share available via different open access options [C]// Sustainability in the Age of Web 2.0. Proceedings ELPUB 2008 Conference on Electronic Publishing-Toronto, Canada-June, 2008.

考；而且能够以年度为单位持续进行此类研究，对于摸清数字出版和数字学术资源的家底是十分必要和有益的。国外间或有此类耗时费力的研究，相比较之下，国内同类研究更有所欠缺。

2.1.2 绿色开放获取与金色开放获取

此前一般将开放获取期刊和开放获取仓储视为两条独立的、彼此平行的轨道，没有什么交集。作为实现开放获取的金色和绿色之路，两者各有优劣，一直以来也都有各自坚定的支持与拥护者以及相对独立的研究成果（Prosser，2005；Smith，2008；Oppenheim，2008）。但是 Stephen Pinfield（2008）指出，开放获取期刊和开放获取仓储已经表现出持续互动、共同构成统一的开放获取学术交流系统的潜力。其文章提出了三种可能的互动模式。

模式一，仓储到期刊。一般来说，该模式是围绕传统期刊出版过程而产生的。其中作者写作论文的目的就是在同行评议期刊上进行发表。仓储一般在两个时点上涉入此一过程，即在同行评议发生前的预印本阶段（preprint or "submitted manuscript under review"），或者在同行评议完成后的后印本阶段（postprint or "accepted manuscript"）。[1] 许多学科领域都存在这样的模式，比如高能物理领域。这种模式之所以可行，原因在于其中期刊的使用和仓储的使用是互补的。一些研究者调查了高能物理学期刊与 arXiv、ADS 的情况后发现，论文一旦发表，其利用途径就开始从仓储转向期刊。[2] 因此，该模式中的期刊与仓储被认为是一种建设性的共存关系（productive coexistence）。[3]

---

[1] 对于该模式而言，第一阶段并不是必要的组成部分，通常只在预印本文化十分普及的学科领域才会出现；至于第二个时点，也可以发生在论文和期刊正式出版之前。

[2] HENNEKEN E A, KURIZ M J, EICHHORN G. E-prints and journal articles in astronomy：a productive co-existence［J］. Learned Publishing，2007，20（1）：16-22.

[3] PINFIELD S. Can open access repositories and peer-reviewed journals coexist?［J］. Serials，2007，20（3）：163-71.

模式二，期刊到仓储。该模式也以传统期刊出版过程为基础，主要区别在于其中的期刊必须是开放获取期刊或者混合型期刊，而仓储涉及的时点发生在期刊出版之后。作者或出版商将纪录版本（version of record）存档以后，仓储的作用就凸显了。即仓储出于长期保存和重复利用的考虑，对论文进行格式转换、内容重构和标记（tagging）等一系列后期处理。例如英国公共卫生中心（UKPMC）就将存档论文自动转换为 XML 格式。① 在这一模式中，期刊和仓储都负责对内容进行某种形式和程度的加工。实际上，其中的期刊出版者还可以将仓储作为出版场所，直接从自己的网站链入仓储。这就接近于模式三了。不过目前出于内容控制权等方面的考虑，此种拓展模式还停留在理论探讨层面。

模式三，仓储到套刊（overlay journal）。关于套刊，Ginsparg 早在 1996 年就提出了相关的概念和构想，② 此后陆续有一些研究（John Smith，1999；Arthur Smith，2000）。在该模式中作者撰写论文并不是为了在期刊上发表。论文完成后，作者将其存入开放获取仓储。作者可以直接将论文提交相应的套刊，也可以由套刊主动将论文确定为候选稿件。一旦论文被接受，作者可能要根据评议人的意见进行修改，而套刊也可能对论文进行一些编辑加工和处理。一旦仓储中出现了最后版本的论文（由作者或期刊存入），期刊就开始在自己的网站与仓储间创建链接。这种模式在实践中最不成熟，但是也有一些试验性的项目在积极进行尝试，如伦敦大学学院的"套刊档案仓储界面"（RIOJA）③等。

以上三种模式有一些显著特点：①与传统科学交流系统几乎以期刊为唯一中心不同，仓储也在其中扮演重要角色；②期刊，包括套刊在内蜕变为集结内容的品牌，其主要功能体现为质量控制；

---

① TERRY R. Funding the way to open access［J］. PloS Biology，2005，3（3）：e97.

② GINSPARG P. Winners and losers in the global research ［C/OL］. Electronic Publishing in Science，at UNESCO Conference HQ，Paris，1996.［2009-07-28］. http：//xxx. lanl. gov/blurb/pg96unesco. html.

③ 网址为 http：//www. ucl. ac. uk/ls/rioja/.

③论文和期刊不再是一一对应关系，比如一篇论文可以收入多种套刊当中，而且在不同传播阶段可以在不同场所获取。

从现实层面看，金色开放获取和绿色开放获取之路互相补充、渗透，共同提高科学交流效率的远景仍然是可期的。但是，目前这些模式的广泛应用仍然面临一些需要解决的问题，如开放存取仓储的基础设施建设、出版物概念的变化、版本管理、质量保障、资金来源和商业模式、内容保存、政策架构以及学术界各种力量角色的变化，等等。

2.2　电子书及其开发研究

在学术期刊逐渐完成数字化转型之际，电子书似乎成了出版数字化进程中的下一站。随着亚马逊和索尼的电子书阅读器初步取得商业上的成功，电子书再次成为出版实践和研究领域关注的焦点。其中搜索引擎巨头谷歌在电子书领域的作为引起了研究人员广泛的关注（Lackie，2008；Grimmelmann，2009）。尽管对于谷歌大规模数字化图书的做法同时存在着激烈的赞扬和反对之声，但是不可否认其激发了广大民众对于电子书的浓厚兴趣，并且孵育了开放图书馆（Open Library）等一系列图书数字化项目。① 过去一年多采有许多研究文献涉及地区、国家和机构层面的电子书开发问题。比如，如今欧洲已经有 10 个国家的 18 个图书馆可以提供由欧盟资助的电子书按需服务（eBooks on Demand service，EOD）了（Mühlberger et al.，2009）。还有，鉴于英国的高等教育机构非常渴望建立电子书馆藏，联合信息系统委员会（Joint Information Systems Committee，JISC）启动了为期两年的"国家电子书观测项目"（National E-Books Observatory Project），致力于为全英国修读以职业为导向的研究生课程（taught course）的学生免费提供电子书。② 而布鲁塞尔大学图

① 网址为 http：//openlibrary.org/.

② Caren Milloy. E-books：setting up the national observatory project［EB/OL］. ［2009-08-09］. http：//www.cilip.org.uk/publications/updatemagazine/archive/archive2007/november/Milloy%20Nov%2007.htm.

书馆及其出版项目则开始联合提供最近绝版的图书的在线存取服务（Vandooren et al., 2008）。

近年来在众多关于电子书的研究当中，有 2 篇论文在方法论的意义上值得一提。即 Magda Vassiliou（2008）等的《"电子书"概念处理》，以及 Robert Polding（2008）等的《电子书模式的可持续性评估》。

自 20 世纪 70 年代 Michael Hart 开创"谷登堡计划"以来，随着电子书出版实践和相关研究的发展，关于电子书曾经出现过在某些领域和层面被广为接受的定义（Hughes，2003；Armstrong et al.，2002；Landoni，2003；NISO，2005）。这些定义多围绕媒介、内容/文件格式、设备和传播四个方面展开。但众所周知的是，关于哪些定义人们并没有达成广泛共识，迄今为止在相关文献中"电子书"这一术语仍然有些含混和不明确。① Gold Leaf 曾经指出"对'电子书'（e-book）这一术语缺乏充分的界定是混乱局面产生的根源，并由此阻碍了电子书的进一步发展"②。鉴于基本术语的明确定义对相关实践和研究的重要意义，Vassiliou 试图运用内容分析（content analysis）这一语言学研究技巧对电子书这一术语做出"客观、系统和量化的描述"③。其调查研究过程的具体步骤是先通过穷竭式的文献搜索得到并保存 37 个关于电子书的定义（去除关于电子书设备的定义），清点其中所使用的关键术语；确定这些关键术语并分成 6 类子概念，即数字/电子（digital/electronic）、内容（content）、图书模拟物（book analogy）、存取/传播（accessibility/delivery）、技术（technologies）和使用特点（use features）；初步计算电子书定义所使用的子概念和关键术语出现的次数；由合作研究者校验获得的数

---

① BENNETT L. E-books: the options: a manual for publishers[M]. London: The Publishers Association, 2006.

② Gold Leaf. Promoting the uptake of e-books in higher and further education [EB/OL]. [2009-07-28]. http://www.jisc.ac.uk/uploaded_documents/PromotingeBooksReportB.pdf.

③ BERELSON B. Content analysis in communication research [M]. New York, NY: Free Press, 1952.

字的准确性和分类的恰当性，特别关注子概念的确定和陈述方式；对关键术语列表和分类进行修订；根据新的列表重新计数并得到相关表格，其中包含子概念、关键术语的出处以及使用频率。在此基础之上得出包含两个部分的定义：①电子书是包含文本和其他内容的数字对象，它是整合图书在电子环境中呈现出来的特点而成的；②典型的电子书有一些共通的特点，如搜索和交叉引用功能、超文本链接、书签、注释、高亮显示、多媒体对象和互动工具等。这两部分组成的定义既考虑了电子书持久稳定的性质，也抓住了电子书因不断变化的技术驱动而导致的动态特性。

Polding 等的研究和以上探讨不无关系，或者更确切地说其证实了以上研究的价值。其面临的研究任务是将纸质版本的图书《泰晤士报优秀大学指南》(*The Times Good University Guide*，*GUG*)①改造为可根据用户需求定制的、灵活的万维网应用系统，同时不影响纸质图书的销售。研究工作的起点是寻找一个电子书的概念模型来实施这种转换。但研究者发现当前的文献较多地关注电子书的应用方面，而较少探讨其概念模型和架构等问题；而且既有的关于电子书的定义和概念也大多缺乏内在的一致性和连贯性。反而是早年Martin（1990）提出的"信封模型"(envelopes)、"层级结构"(hierarchies)和"网络结构"(network structure)等概念模型迄今仍然或隐或显地被广泛应用着。最后，研究者采用了 Mattison（2002）关于电子书的常识性定义，并将 Martin 的"网络结构"模型作为开发工作的理论指导。其中电子书被视为与专著一类的纸质书相似，但是以电子形式创建和发行的出版物。研究方法上采用设计研究方法(design research approach)，具体来说就是明确研究问题，通过大量的文献调研理解所研究的问题并提出建议，然后运用原型法(抛弃原型法和演化原型法)完成设计过程。实际上，最终完成的 GUG 网站已经不是一般传统意义上的电子书了。它不直接反映纸质

---

①　*GUG* 原为一本英国大学排行榜的图书。

GUG 的结构和内容，功能上更为强大。① 但是仍然可以看出，Polding 等所使用的设计研究过程是根植于网络结构模型的，而且仍然保留了电子书的许多优势。

可以预计，随着电子书实践的日益推进，图书这一被人们认为"最有文化的媒介"②的数字化问题必将引起持续的关注与研究。

2.3 数字学术出版模式研究

由于数字出版模式最终必然涉及获取收入以取得利润或者至少维持经营(Rappa，2001；Betz，2002)这一核心问题，因此几乎从数字出版诞生之日起就有各种有关模式的讨论。随着开放获取运动的不断深入，就开放获取出版和付费存取出版(Toll Access)两大出版模式孰优孰劣的争论更是从来没有停止过。

JISC(2009)新出炉的研究报告试图系统地评估在英国，三种可选择的学术出版模式即订阅出版模式(subscription publishing)、开放获取出版模式(open access publishing)和自存档出版模式(self-archiving)的成本效益情况，以辨别其优劣。JISC 的调查研究工作分为两个阶段：首先，以 Bo-Christer Björk 的科学交流生命周期模型③和 Houghton 等(2006)的"影响框架"模型④为基础，辅以大量的文献调研来识别三种学术出版模式的成本和收益；其次，利用矩阵方法得出统一的成本模型和收益模型来对成本和收益进行量化处理。研究结果表明：2007 年英国学术出版系统投入的成本是 54 亿英镑。就直接成本来看，开放获取出版每篇论文的成本(1524 英

---

① 这至少是由两方面的因素决定的：一是数字技术所提供的可能性；二是不影响纸质图书销售的设计要求。

② KOVAC M. Never Mind the Web, Here Comes the Book[M]. Oxford：Chandos Publishing, 2008：17.

③ BJORK B. A model of scientific communication as a global distributed information system[J]. Information Research, 2007, 12(2).

④ HOUGHTON J W, SHEEHAN P J. The economic impact of enhanced access to research finding[J]. CSES Working Paper, 2006(No. 23).

镑/篇)要比付费存取出版(2337 英镑/篇)少 813 英镑,而提供套刊服务(1260 英镑/篇,含系统费)的自存档出版则少 1180 英镑;就系统成本而言,如果采用开放获取出版模式,英国每年可以节省系统成本 2.15 亿英镑;自存档则据推测可以节省 2.6 亿英镑。研究者认为节省的成本足以支撑开放获取期刊和自存档出版活动,更遑论扩大存取范围后将给研发活动(R&D)带来的回报。因此,在现有预算框架下英国可以选择转向开放获取出版;尽管转换期的收益可能较低,但从更长远的时期来看,开放获取和自存档出版模式可以产生更多的净效益并实现可持续发展。

Paola Dubini 等(2009)则主要从可持续发展的角度来评价不同的数字学术期刊出版模式。他们认为不同模式的可持续性分析必须考虑导致双边市场产生的网络外部性和信息不对称性;创新模式要取得成功必须在读者市场和作者市场同时达到"临界量"(critical mass)。研究者选择了科学、医学、社会科学和人文科学 3 个领域的 12 种经过同行评议的期刊。每个领域包含不同出版模式的期刊,即开放获取期刊、从付费存取期刊转换而来的开放获取期刊、混合期刊(根据作者付费情况来提供开放获取服务的付费存取期刊)以及纯粹的传统的付费存取期刊各一种。研究者根据读者存取情况、作者显示度和研究者获益情况对这些期刊的属性和特点进行分类,同时还考虑了期刊的收费机制。研究结果表明,开放获取期刊在 3 个学科领域的表现都是最好的,其充分地利用了数字技术提供的可能性,因此可以提供更快捷的存取服务而且成本效益更高。许多付费存取期刊也迎头赶上,提供一定的开放获取服务,由于其历史悠久,仍然保有先发优势,并且声誉更好。总的来说,不同模式的存在对学术界和研究人员有利,他们可以获得更好的服务,评议过程更加透明,高质量的研究成果更有可能被更加广泛的读者获取,等等。而且,在现阶段,不同的学科领域的确需要不同的数字出版模式来满足不同的需要。

与 JISC 的研究相比,Julian H. Fisher(2008)对于期刊出版成本的估计是很低的。他估计每年出版 50 篇文章的开放获取期刊总成本为 4000 美元(80 美元/篇);出版 100 篇论文的期刊总成本为

7000 美元(70 美元/篇)；出版 250 篇论文的期刊总成本为 17000 美元(68 美元/篇)。据此推算，他得出了跟上述研究者类似的结论，即开放获取期刊在经济上是可行的，是可以持续发展的。具体来说，Fisher 认为通过合作的方式并采用新兴的工具和方法来出版论文，就可能极大地降低成本。他指出 SE/OJS 平台上的期刊就是这方面的成功例子。[①] SE/OJS 在新创期刊或者转变为开放获取期刊的第一年免费参与它们内容获取、编辑和评议等方面的业务活动，并为其开辟网络广告和赞助等收入来源。他认为商业出版机构和大部分开放获取期刊成本高企的原因在于他们仍然使用陈旧的技术，因此无法采用这些可以戏剧性地降低成本的更新的出版模式；当然这中间也有怀疑和主观上的抗拒。不过根据我们的看法，Fisher 的成本中完全不包含编辑和评议人的报酬，因此，至少在可见的未来，大规模的数字学术出版无法适用这种模式，而 SE 模式也注定只能在一定范围内发挥效力。

尽管开放获取出版模式得到了多方面肯定，但是研究者也注意到由于可能的高风险，既有的期刊和出版商并没有强烈的动机去改变现有的商业模式。为此，Bo-Christer Björk 等(2009)提出了出版商改变运营模式的两种愿景。第一种为骤变，即传统商业出版机构在短时间内转变成完全的开放获取出版机构。这种方式尽管早就有人提议并且获得了一些研究人员的响应(Hane, 2003；Suber, 2007)，但是除了高能物理领域很少有出版商愿意采纳。因此他们更倾向于推荐第二种转变方式，即通过传统"大宗交易"授权方式和作者付费方式，在文章层面提供开放获取服务。还有一些研究者更是直截了当地指出当前商业出版仍然有其价值。Irene Perciali 等(2008)介绍了伯克利电子出版社出版的 39 种纯电子期刊所采用的商业模式。这种模式有三条基本原则，即改进而非破坏传统期刊；允许非订阅用户以客人身份阅读文章；以及向图书馆收取合理的、可以持续的订阅价格。做到这些，即使在全世界日益向开放获取过

---

① Scholarly Exchange home page. 网址为 http：//www. scholarlyexchange. org.

渡的过程当中，提供创新性服务、可媲美传统出版物质量的内容以及合理价格的专业科技出版机构仍然可以占有一席之地并获得稳定发展。Xuemei Tian 等（2009）则认为，数字化的确影响了图书出版模式，当前澳大利亚图书出版业往往采取传统和创新混合的模式。但是，无论在图书的制作还是发行环节，出版商仍然居于中心地位并提供很高的附加值，其地位绝非普通的"合作者"（partner）可比。参照 Timmers 对商业模式的定义，① 同时利用个案研究方法，Xuemei Tian 将当前数字环境中澳大利亚的图书出版模式分解为五个子模式，即内容授权模式、完全服务模式、继承模式、多渠道发行模式和档案模式。

此外，还有研究者讨论了其他类型的机构如图书馆和大学作为数字学术出版机构的发展情况（Diane Harley，2008）。但是总的来看，世界范围内对于数字学术出版领域以外的其他领域的数字出版商业模式的关注还是远远不够的。

2.4 语义出版和基于 **XML** 的出版流程再造

随着技术的飞速发展，数字出版从最初将传统出版物简单数字化的阶段发展到了语义出版阶段。近两年来，一些居于领先地位的出版商和利益相关者在语义出版方面进行了有益的尝试并积累了一些经验。同时，语义出版也引起了许多研究者的兴趣。

Web3.0 是数字出版发展所面临的最新环境。Sudeshna Das（2009）认为，Web3.0 就是增强了语义功能的 Web2.0，对于数字出版而言意味着"社区+语义"，即通过社区用户分享语义，网络成为数据、信息和知识交换的媒介。在这一思路的指导下，他们利用 Web3.0 技术，即社交网站技术、语义网络技术和文本挖掘技术设计了模块化的小型软件"科学合作框架"（Science Collaboration

---

① Timmers 认为商业模式是产品、服务和信息流的统一架构，其中包含参与者及其角色，其所获得的潜在收益以及收入来源等。参见 TIMMERS P. Business models for electronic markets[J]. Commerce Net, 1998, 8(2): 3-8.

Framework，SCF）。学术界可以用它来出版复杂的科技论文，利用控制词汇或本体添加评注，成员可以登记研究兴趣并参加讨论组和论坛。使用该软件的第一家网站 StemBook① 于 2008 年 9 月开始运行，主要出版经过同行评议的有关干细胞生物学的开放获取论文。自发布以来，该应用软件的使用者队伍持续扩大。而且那些以 SCF 平台为基础建立的网站之间，以及与其他语义网上的站点之间可以实现互操作。在这一新范式之下，不同学科之间的人为障碍显著减少，可以采用更加灵活和动态的方式交流信息。

　　David Shotton（2009）也指出语义出版能够极大地提高科学交流效率，许多出版机构都渴望彻底地实施语义出版，但是当前有必要采用稳妥的渐进的方法来推进这一新型出版方式的发展。Shotton 认为语义出版（semantic publishing）包括所有可以增强期刊论文含义的要素，它们能够提高论文被自动发现的概率，促成有语义联系的相关论文间的链接，保证以可激活的方式存取论文内部数据，或者促进不同论文间数据的整合。具体来说，增强语义的措施包括采用有效的 DOIs 和超链接、文本术语的语义标记并建立其与相关信息的链接、互动图表、可以重新排序的参考文献，以及两种新措施，即基于上下文的引用以及标签树。在分析了在线期刊出版的优劣势以后，Shotton 还总结了当前语义出版的可行性和实施原则。

　　W. McCarty（2003）曾经指出："学术出版是各种互相高度依赖的要素所组成的系统的一部分。其中任何一个要素的改变……都会在系统层面产生反应。因此，如果注重实效，就必须处理好整个系统。"②语义出版给出版活动的承担者如作者、编辑和出版商带来了不同的挑战，同时也必将深刻地改变出版的工作流程。Pablo F. Fernicola（2009）探讨了在论文写作阶段引入语义信息和元数据的必要性和可能性。他指出基于 XML 的字处理文件格式可以提高出

---

①　网址为 www. stembook. org.

②　Humanist Discussion Group. Open Access and its implications for the humanities[EB/OL].［2009-08-07］. http://humanist. kdl. kcl. ac. uk/Archives/virginia/v17/0336.html.

版物的互操作性，并在从投稿、评议、出版到存档的全过程中以文件形式保存内容语义和元数据。因此，最近几年很多字处理软件都发布了可以直接生成 XML 原生文件格式(Native File Format)的版本。其中 Pable F. Fernicola 重点探讨了目前正在接受学术界和科技出版界评估的 Word 2007 论文创作插件(Article Authoring Add-in)及其测试版。该插件能够保证在创作阶段就添加语义信息和元数据；此外，它还能够在出版和存档过程中提供字处理文件与美国国家医学图书馆(NLM)定义的 XML 格式文件之间的双向全保真的文件转换。Stefan Gradmann 等(2008)则重点探讨了人文社会科学领域(SSH)从数字出版向 XML 出版转型的趋势，以及在此过程中"文本"等基本术语含义的改变与出版流程的改造。

迄今为止，大部分出版商采用的是出版后期(post-production) XML 工作流程，即将 InDesign、Word 或 PDF 文件导出/转换为 XML 文件。不过这种解决方法是局部的、过渡性的，尤其从成本效益的角度来看并不可取。目前有不少可以改变工作流程的软硬件工具，但是随之而来的转变组织结构和更新工作流程方面的挑战很容易使许多出版社却步，尽管这一挑战是出版商们必须战胜的。为此，Mike Shatzkin(2008)和他的合作伙伴开展了名为"从 XML 开始：原因与方法"(Start with XML：Why and How)的项目，采用商业案例、访谈等方法来探讨相关关键问题并寻找解决方案。基于对出版行业的了解，Shatzkin 指出为了以一种成本效益最高的方式抓住浮现的收入机会，图书出版商必须采用一种从一开始就基于 XML 的工作流程(Start with XML workflow)。也就是说，出版内容应该从尽可能早的时候就以结构化的 XML 文件的形式存在，其中包含关于文件结构、内容本身、权利信息以及所有组成成分的元数据。原因在于浮现的收入尽管数量很大，但是单笔收入并不多，如果没有科学的工作流程来降低成本，那么结果可能无法产生盈利。

对于出版商而言，XML 工作流程具有高效、独立、灵活、多样性、连贯性和便携性等特点。它意味着内容一旦创建，就有可能全部或部分地在不同的平台上出版。如全球领先的大众出版商 Simon & Schuster 就建立了基于 XML 的出版系统，能够为出版合同及与版权的使用、销售或内容发行有关的各种工具提供"粒状数据"（granular data）。《出版商周刊》等行业期刊对此有广泛的报道，比如对在该领域拥有专门技术优势的印度公司，① 以及美国本土成功的商业案例②等在最近一两年都有持续跟踪。它也逐渐引起了越来越多的出版商和研究人员的注意。

2.5　数字版权保护与交易研究

版权问题一直是数字出版进程中广受关注的热点问题。其中版权保护仍是研究焦点，每年都涌现出许多相关研究成果。值得注意的是，随着数字出版开始小规模盈利，过去一年多来关于数字版权交易和授权的原则、规则和实操等问题开始进入研究者视野。

2.5.1　数字版权保护

有效的版权保护是数字出版的基础，它包括：良好的版权立法，有效的识别和技术保护措施，安全的网络，快捷的强制执行措施。但是一般而言，在数字出版范畴内谈论版权保护，研究者最关心的主要还是两点，即版权立法和技术保护（Koskinen-Olsson，2008；Nawotka，2008；Christman，2009）。

虽然在数字环境中更加强调作品的技术保护，但是好的版权立法仍是技术保护的基础和前提。"世界知识产权组织互联网条约"（WIPO Internet Treaties）为解决数字时代的版权问题提供了坚实的基础，到 2007 年 11 月这些条约已经得到 64 个国家的批准。条约规定了网络环境中利益相关者的权利与义务，并对现有的一些权利进行了更新，包括向公众传播权和向公众提供权，采取技术保护措施（TPMs）的义务，发布权利管理信息（RMI）的义务。后两条是传统版权保护法规所没有的，权利所有人可以有选择地实施。但是一

---

① 　TERI T. Champions of the XML workflow［J］. Publishers Weekly，2009，256（13）：1.

② 　TERI T. Gaining converts［J］. Publishers Weekly，2009，256（3）：25.

且其发布了 RMI 或者采取了 TPMs，对于它们的篡改、去除和破坏行为就是违法的。因此，如果没有 TPMs 和 RMI，数字环境中的版权作品很难得到适当的权利保护。

TPMs 是控制内容存取和使用的技术，包括限制存取技术、加密技术和版本保护技术等。识别系统是 TPMs 的重要基础，其三要作用是确认作品是什么，但是它并不直接保护作品免于未取得授权的使用。识别系统主要有两大类。第一类是标识符（identifiers），主要是一些数字和其他符号。对于印刷时代的出版物标识大家都很熟悉，比如国际标准书号（ISBN）、国际标准刊号（ISSN）等。针对数字作品，许多机构开发了不同的标识符号，如数字对象标识符（DOI①）、国际标准音像号（International Standard Audiovisual Number，ISAN②）文本作品标识号（International Standard Text Code，ISTC③），以及针对行为主体（自然人和法人）的姓名标识符国际标准（International Standard Name Identifier，ISNI④），等等。第二类是数字签名和标记，如水印和指纹等。

权利描述语言（RELs）是数字权利管理技术的组成部分。这是一种基于 XML 的语言，一般是机器可读的，描述与数字内容使用及发行相关的权利。它可以是权利所有人的简单声明，也可以是组成电子交易系统（有时被称为可信任的系统）的十分复杂的要素组合。最近的例子有世界报纸协会、世界出版商协会和欧洲出版商协会联合发布的在世界范围内促进存取的内容自动存取协议（the Automated Content Access Protocol，ACAP⑤）等。

从数字出版的角度来看，权利保护将是很长时期内必须面临的严峻挑战；在出版业外存在关于权利保护和开放的不同看法的背景之下，情况尤其如此，就如许多研究者一直强调的那样，尽管版权

---

① 网址为 http：//www. doi. org.

② 网址为 http：//www. isan. org/portal/page? _ pageid = 164，40165& _ dad = portal&_schema = PORTAL.

③ 网址为 http：//www. istcinfo. com/agency. asp.

④ 网址为 http：//www. isni. org/.

⑤ 网址为 http：//www. the-acap. org.

所有人有权控制数字作品的复制与传播，必要的例外与限制也仍然是需要的，以便平衡数字版权权利人和公众的利益。

2.5.2　版权交易

有一种激进的看法认为出版业其实是依靠管理和交易版权及各种附属权利来维持经营的。在出版物日渐失去实物形态的数字时代，这种说法似乎更加容易被人接受了。从数字出版商的角度来看，数字出版物的版权交易包括两方面的内容：一方面是获取数字版权；另一方面是通过数字版权获得收益。最近这一领域的研究对两方面都有涉及。

Franziska Hildebrandt(2008)建议要获得数字版权，先要区分两种形式的权利。一是电子权(electronic rights)，即制作作品的电子书版本的权利。这里所说的电子书版本是数字电子形式的作品，是完整的、逐字逐句转换的、没有增强功能也未曾改变内容及其呈现形式，更没有增加声音、图像和其他材料；换句话说，其中文本和插图与印刷版本中出现的完全一样。二是多媒体出版权(multimedia publishing rights)，包括全面的多媒体权，或者将经过选择的材料用于更大型多媒体作品(如 CD-ROM 产品)的权利。在这个过程中往往会添加诸如声音、图像等元素。该权利与多媒体互动产品有关。

Hildebrandt 认为对于大多数出版商而言，电子书是一种图书发行的替代性渠道，而不是一种转授权行为(sublicensing)。因此出版商倾向于将电子权括入书卷权利①(volume rights)当中，并且主张出版合同中的版税已经包含为取得电子权而付出的报酬。一般来说，出版商在获取全球翻译权的合同中，务必要保证同时获得电子权。至于多媒体出版权，目前一些出版商更愿意将其视为附属权利中的第二连载权(second serial rights)。与戏剧改编权等不同的是，出版商和权利所有人的收入分成比例尚未确定下来。至于具体的版

---

①　书卷权利即以书卷形式出版作品，包括纸皮本、精装本、俱乐部版本或教材版等；也包括在单期杂志中以再版方式完整地出版作品，或者以文选形式完整地或部分地出版。通常由作者或作者代理人与出版商谈判而成。

税计算，既可以除去增值税的零售价格为基础，也可以净销售收入为基数。

此外，数字出版还常常带来一些印刷时代未曾碰到的版权问题，对此，人们往往会比照传统的做法来寻找解决方案。例如，数字技术使得以章节为单位出售数字出版物内容成为可能，但是同时它也带来了相关的版权问题。为此，Nawotka（2008）提出可以用连载权（Serialization rights）的思路来尝试解决这个问题。

在印刷时代，知识产品的物理版本一次性地销售给用户或中介机构（如图书馆）；但是在数字时代，对于在线知识产品的存取往往通过授权而不是买断销售的方式来加以控制。授权是一种非常灵活的工具，可以提供多种存取方式和途径。授权协议主要明确向用户授予何种权利，其义务又有哪些。授权协议可以是某个权利人单独使用的，也可以是行业通用的。Beetz（2008）阐述了出版商如何在 B2C 或者 B2B 市场上销售数字内容，或者更加确切地说进行数字版权的授权交易。他指出在此过程中应该设计好交易方式，而且在数字版权交易的谈判中也有许多问题值得注意。

但是在这方面，更加系统和清晰的梳理是由 Koskinen-Olsson（2008）做出的。她认为数字版权的授权模式会因为所处市场的不同，尤其是 B2C、B2B 或 C2C 市场的不同而不同。主要包括以下几种：①无技术保护的授权。一般认为知识数字产品和娱乐数字产品有很大差异。由于前者主要由机构用户（大学、图书馆等）购买，因此是一个 B2B 市场。它常用的模式是站点授权（site license）。图书馆常常组织本地的、国家级的乃至国际的联盟来获取授权。这是一种基于信任的授权模式，比如，一旦向某大学授权，该大学中的所有用户都可以使用。②基于数字权利管理系统的授权。这种模式在消费市场较为常见，通常包含识别系统和一些 TPMs。通过它，权利管理人可以控制谁看内容、在哪些地域看、看多久以及以何种方式看。它可以是完全的交易系统，也可以不涉及任何报酬，比如数字图书馆的借阅系统。③知识共享授权模式（Creative Commons Licensing）。如果权利所有人并不打算依靠授权获得收入，那么知识共享授权就是很好的选择。许多开放获取出版物都采用这种授权方式。④集体授权模式。在数字出版物涉及大量权利人时，比如大规模的数字化项目，往往必须启用集体授权模式。复制权组织（RROs）与许多出版商、作者和其他权利所有人合作不断地开发许多新型授权模式。如澳大利亚的版权代理有限公司（CAL）为高校开发的课程包服务。CAL网站上的授权系统与出版商服务器的内容相连；用户可以开发他们自己的课程包。该授权系统经由得到授权的复印店提供按需出版服务（POD）；学生也可以通过口令存取在线内容。

还有一些数字版权相关问题也引起了研究者的注意（Picker，2009；Hirtle，2008），比如数字出版背景下的"孤儿作品"，但是显然对于这些问题的研究还有待于进一步深入。

2.6 用户与行为研究

从数字出版最初的发展阶段开始，用户与行为都是常规的研究项目。出版领域实践工作者与理论研究者，图书情报界、科学社会学领域的研究人员，乃至整个学术界都非常积极地从事这方面的调查研究，并且积累了大量的研究成果。一般来说，数字出版哪个子领域发展越快，相应地，该领域的用户研究往往也就越发达。一直以来大量存在的关于数字学术出版物用户的调查研究就印证了这一点。

近两年来关于高等教育机构的用户使用电子书尤其是电子教材的研究仍然不少。其中，英国JISC发起的"国家电子书观测项目"（National E-Books Observatory Project）可能是迄今为止最大、最详细的电子书使用情况调查项目（Estelle，2009）。限于经费制约，项目组通过层层筛选从136种中标的电子教材中挑出36种进行调查。教材涵盖商学（5种）、媒体研究（7种）、工程学（14种）和医学（10种）4个学科，其中前3个学科的教材可以通过MyiLibrary平台获取，医学教材则由Books@Ovid提供。从2007/2008学年度的第一个学期开始，全英国的高等教育机构都可以申请免费使用这些教材。结果有127家机构签订了MyiLibrary的使用合约，80家机构签订了 Books@ Ovid 的使用合约。2008 年 1 月到 2009 年夏天，曾经帮助设计观测项目的伦敦大学学院的研究小组 CIBER（Centre for Information Behaviour and the Evaluation of Research，信息行为与评价研究中心）进行了深度的分析。其目的有两个：一是收集电子书用户行为的定性和定量数据；二是衡量电子书免费使用对于出版商印刷版本图书销售以及图书馆流通情况的影响。2008 年 1 月和 2009 年 1 月，CIBER 又进行了两次基准调查（Benchmarking surveys），目的是摸清当前用户关于电子书的意识、感觉和态度。两次调查总共回收 48000 份问卷。此外，项目组还针对 8 所大学的学生、教员和图书馆员进行了用户焦点小组访谈。研究发现，免费电子教材的确能够促进用户使用；学生更多地浏览而非阅读免费电子教材；还有，免费电子教材对于出版商印刷教材的销售并没有什么影响，因为用户以不同的方式使用它们。① 2008 年 CIBER 资助的另一项对伦敦大学学院师生使用电子书情况的调查同样显示：用户对于电子书的兴趣很大，但是具体的使用情况往往因用户的年龄、性别、具体身份和所在学科而有较大差异（Lewis，2008）。对香港中文大学 12 名学生为期两年半的深度调查研究重点揭示了从用户角度来看当前电子书存在的不足（Lam，2009）。调查显示，至少在香港中文大学，电子书还不是学院生活有用的、经常便用的工具。被调查者认为目前的电子书软件尽管较易使用，但其中涉及的一些技术和程序因素如下载、格式转换和身份认证等仍然会给使用者带来负担和消极影响。另外，电子书品种不够丰富，并发用户的数量限制，借阅期过短以及电子书硬件不足等都将制约电子书的应用。②

除了对用户行为的研究之外，也有一些研究对数字出版另一端

① 更多结论参见：JISC Collections，findings from the first user survey[EB/OL]．[2009-08-07]．http：//www.jiscebooksproject.org/wp-content/e-books-project-first-user-survey-a4-final-version.pdf.

② LAM P，LAM S L，et al. Usability and usefullness of eBooks on PPCs：how students' opinions vary over time[J]. Australasian Journal of Educational Technology，2009，25(1)：30-44.

的机构和行为人即作者和出版者进行了调查分析。Charalampos Z. Patrikakis(2008)等以欧盟的 Bio@ gro 项目为例,利用回归模型对合作参与多语言数字内容出版的各群体(包括收集资料的群体、评议群体和用户等)的行为变化和结果进行了评估。与此同时,也评价了"反馈"这一改变社会行为的刺激因素。最后,研究者提出了一系列通过社会行为刺激机制来提高合作出版效率的建议:对于好的做法要有适当的反馈机制予以揭示;如果发现某些群体出现效率下降的情况,应该给予一定的反馈或利用跨群体讨论等方式启动新的工作周期;努力消除出版过程中的例行公事效应;防止因为赶进度或者因为革新工作方法而偏离工作的质量标准。

无疑,对于数字出版这一新型出版范式,关于用户和行为的研究对于提升数字出版实践水平是十分有益的。此前尽管不乏对数字出版个案的研究,或者对数字出版用户的量化调查,但是深入到数字出版行为的实施者即人的层面去探讨效率问题和改进措施的研究还不多见,今后还有必要予以加强。

(方卿 徐丽芳)

参考文献

[1]BEETZ A. Selling digital rights as a general publisher: text and images[J]. Publishing Research Quarterly, 2008, 24(2): 129-132.

[2]BETZ F. Strategic business models[J]. Engineering Management Journal, 2002, 14(1): 21-27.

[3]BO-CHRISTER B, ANNIKKI R, MARI L. Global annual volume of peer reviewed scholarly articles and the share available via different open access options, Proceedings ELPUB 2008 Conference on Electronic Publishing, Toronto, Canada, June 25-27, 2008[C]. Toronto: ELPUB, 2008.

[4]BO-CHRISTER B, TURID H. Two scenarios for how scholarly publishers could change their business model to open access[J/

OL］. The Journal of Electronic Publishing, 2009, 12(1). ［2024-01-17］. https://www.researchgate.net/publication/245573104_Two_Scenarios_for_How_Scholarly_Publishers_Could_Change_Their_Business_Model_to_Open_Access.

［5］BO-CHRISTER B. A model of scientific communication as a global distributed information system［J/OL］. Information Research, 2007, 12（2）. ［2024-01-17］. https://docS. l. ib. purdue. edu/cgi/viewcontent.cgi? article=1797&context=iatul.

［6］BRIAN R. Developing new skills and expertise to support digital scholarship and scholarly communication, 74th IFLA General Conference and Council: World Library and Information Congres, Québec, Canada, August 10-14, 2008［C］. Quebec: ELPUB, 2008.

［7］TAYLOR C, DAWN F, SUSANNA-ASSUNTA S, et al. Promoting coherent minimum reporting guidelines for biological and biomedical investigations: the MIBBI Project［J］. Nature Biotechnology, 2008, 26(8): 889-896.

［8］ARMSTRONG C, LONSDALE R. The e-book mapping exercise: draft report on phase 1［EB/OL］. ［2024-01-17］. JISC E-books Working Group, London. http://www. jisc. ac. uk//uploaded _documents/eBook_mapping_exercise_FinalReport_0403.pdf.

［9］CAROL ANNE ME. Reference accuracy: best practices for making the links［J/OL］. The Journal of Electronic Publishing, 2008, 11（2）. ［2024-01-17］. https://quod. lib. umich. edu/j/jep/3336451. 0011.206? view=text;rgn=main.

［10］PATRIKAKIS C Z, MARIA K, A B, et al. Evaluating behavioral change in multigroup collaboration for content publishing over the Web［J］. Social Science Computer Review, 2009, 27(1): 59-75.

［11］OPPENHEIM C. Electronic scholarly publishing and open access［J］. Journal of Information Science, 2008, 34（4）: 577-590.

［12］BORGMAN C L. Scholarship in the digital age: information, infrastructure, and the internet[M]. Cambridge, MA: MIT Press, 2007.

[13] BIRD C. Oxford journals adventures in open access[J]. Learned Publishing, 2008, 21(3): 200-208.

[14] Shotton D, Portwin K, Klyne G, Miles A. Adventures in semantic publishing: exemplar semantic enhancements of a research article [J/OL]. PLoS Computer Biology, 2009, 15(4). [2024-01-17]. https://journals.plos.org/ploscompbiol/article? id = 10.1371/journal. pcbi.1000361.

[15] DAN P. Publishing technologies: what does the future hold? [J]. Learned Publishing, 2008, 21(1): 39-47.

[16] ZIVKOVI D. The electronic book: evolution or revolution? [J]. Bilgi Dünyasl, 2008, 9(1): 1-19.

[17] SHOTTON. Semantic publishing: the coming revolution in scientific journal publishing[J]. Learned Publishing, 2009, 22 (2): 85-94.

[18] DAY M. Preserving the outputs of scholarly communication for the long term: a review of recent developments in digital preservation for electronic journal content [J]. E-Journals Access and Management, 2008: 39-64.

[19] DONALD W. Open access publishing and the emerging infrastructure for 21st-century scholarship[J/OL]. The Journal of Electronic Publishing, 2008, 11 (1). [2024-01-17]. https:// quod.lib.umich.edu/j/jep/3336451.0011.106? view = text; rgn = main.

[20] HENNEKEN E A, KURTZ M J, EICHHORN G, et al. E-prints and journal articles in astronomy: a productive co-existence[J]. Learned Publishing, 2007, 20(1): 16-22.

[21] CHRISTMAN E. Synch or swim? [J]. Billboard, 2009, 121(3): 16.

[22] NAWOTKA E. Our digital future [J]. Publishing Research

Quarterly, 2008, 24(2): 124-128.

[23] VANDOOREN F, GASS C. Giving new life to out-of-print books [J]. Learned Publishing, 2008, 21(3): 187-192.

[24] HILDEBRANDT F. Contracts and common standards for digital license deals[J]. Publishing Research Quarterly, 2008, 24(2): 133-138.

[25] LEAF G. Promoting the uptake of e-books in higher and further education. JISC e-books working group, London[EB/OL]. [2024-01-17]. https://www.yumpu.com/en/document/read/23670333/promoting-the-uptake-of-e-books-in-higher-and-further-education/68.

[26] MüHLBERGER G, GSTREIN S. EBooks on Demand (EOD): a European digitization service[J/OL]. IFLA Journal, 2009, 35 (1). [2024-01-17]. https://journals.sagepub.com/doi/abs/10.1177/0340035208102034.

[27] PAULA H. Stable and poised for growth[EB/OL]. [2024-01-18]. https://www.infotoday.com/IT/nov03/hane2.shtml.

[28] FISCHER H. Digital shock: confronting the new reality; translated fromfrench by Rhonda Mullins[M]. Montreal, Kingston, London and Ithaca: McGill-Queen's University Press, 2006: 280.

[29] EVANS J A. Electronic publishing and the narrowing of science and scholarship[J]. Science, 2008, 321(5887): 395-399.

[30] HOUGHTON J W, STEELE C, SHEEHAN P J. Research Communication costs in Australia, emerging opportunities and benefits, department of education, science and training, canberra [EB/OL]. [2024-01-18]. https://www.semanticscholar.org/paper/Research-Communication-Costs-in-Australia%3A-Emerging-Houghton-Sheehan/9eb09d8c6944b6a0c4922e7e79cbfe394492a141.

[31] GRIMMELMANN J. The Google Book search settlement: ends, means, and the future of books[EB/OL]. [2024-01-18]. http://works.bepress.com/cgi/viewcontent.cgi? article = 1024&context =

james_grimmelmann.

[32] GOMEZ J. Print is dead: books in our digital age[M]. New York and Hampshire: Macmillan, 2008.

[33] XIA JINGFENG. Scholarly communication in China [M]. Oxford: Chandos Publishing, 2008.

[34] HOUGHTON J, GOURLAY A, RASMUSSEN B, et al. Economic Implications of alternative scholarly publishing models: exploring the costs and benefits-a report to the joint information systems committee (JISC)[EB/OL]. [2024-01-18]. http://www.jisc.ac. uk/media/documents/publications/rpte conomicoapublishing.pdf.

[35] HOUGHTON J. Exploring the costs and benefits of alternative publishing models[EB/OL]. [2024-01-18]. http://conferences. aepic. it/index. php/elpub/elpub2009/paper/viewPDFInterstitial/ 74/32.

[36] WILLINSKY J. Toward the design of an open monograph press[J/ OL]. The Journal of Electronic Publishing, 2009, 12(1). [2024- 01-18]. https://quod. lib. umich. edu/j/jep/3336451. 0012. 103? view = text; rgn = main.

[37] KIST J. New thinking for 21st-century publishers: emerging patterns and evolving stratagems[M]. Oxford: Chandos Publishing, 2009.

[38] ESPOSITO J J. Open access 2.0: access to scholarly publications moves to a new phase [J/OL]. The Journal of Electronic Publishing, 2008, 11 (2). https://quod. lib. umich. edu/j/jep/ 3336451.0011.203? view = text; rgn = main.

[39] FISHER J H. Scholarly publishing re-invented: real costs and real freedoms[J/OL]. The Journal of Electronic Publishing, 2008, 11 (2). [2024-01-18]. http://hdl. handle. net/2027/spo. 3336451. 0011.204.

[40] SMITH K. Institutional repositories and e-journal archiving: what are we learning? [J/OL]. The Journal of Electronic Publishing,

2008, 11(1). [2024-01-18]. https://quod.lib.umich.edu/j/jep/ 3336451.0011.107? view = text; rgn = main.

[41] SMITH K. Institutional repositories and e-journal archiving: what are we learning? [J/OL]. The Journal of Electronic Publishing, 2008, 11(1). [2024-01-18]. https://quod.lib.umich.edu/j/jep/ 3336451.0011.107? view = text; rgn = main.

[42] ESTELLE L. Understanding how students and faculty really use e-books: the uk national e-books observatory. ELPUB 2009 [EB/ OL]. [2024-01-18]. http://conferences. aepic. it/index. php/ elpub/elpu b2009/paper/viewFile/79/36.

[43] SERINGHAUS M, GERSTEIN M. Manually structured digital abstracts: a scaffold for automatic text Mining[J]. FEBS Letters, 2008, 582: 1170.

[44] KOVA M. Never mind the web, here comes the book[M]. Oxford: Chandos Publishing, 2008.

[45] SHATZKIN M. The Start with XML project: understand the point and path to a digital workflow[J]. Publishing Research Quarterly, 2008, 24(4): 251-254.

[46] MARON N, SMITH K, HAHN K. Current models of digital scholarly communication: results of an investigation conducted by Ithaka for the association of research libraries[EB/OL]. [2024-01-18]. https://www. semanticscholar. org/paper/Current-Models-of-Digital-Scholarly-Communication%3A-Maron-Smith/414d553778b6 3b010471985455b282d4aa3d6f49.

[47] PABLO F. Incorporating semantics and metadata as part of the article authoring process.[EB/OL]. [2024-01-18]. https://www. semanticscholar. org/paper/Incorporating-Semantics-and-Metadata-as-Part-of-the-Fernicola/8a55d583b35c3413caead656b7197eeabb 8a0407.

[48] PAOLA D, ELENA G. Economic sustainability during transition: the case of scholarly publishing[EB/OL]. [2024-01-18]. https://

ask.unibocconi.eu/sites/default/files/media/attach/2009---Economic-sustainability-during-transition.pdf.

[49] LAM P, LAM J, MCNAUGHT C, et al. Usability and usefulness of ebooks on PPCs: how students opinions vary over time. In Hello! Where are you in the landscape of educational technology? [J/OL]. Australasian Journal of Educational Technology, 2009, 25 (1). [2024-01-18]. https://ajet. org. au/index. php/AJET/article/view/1179.

[50] HIRTLE P B. Copyright renewal, copyright restoration, and the difficulty of determining copyright status[J/OL]. D-Lib Magazine, 2008, 14:7-8. [2024-01-18]. https://www. copyright. gov/circs/circ38a.pdf.

[51] SUBER P. Flipping a journal to open access[J/OL]. SPARC Open Access Newsletter, 2016. [2024-01-18]. https://www.oajournals-toolkit.org/running-a-journal/flipping-a-journal-to-open-access

[52] SUBER P. Open access in 2008 [J/OL]. SPARC Open Access Newsletter, 2008, 12 (1). [2024-01-18]. https://quod. lib. umich.edu/j/jep/3336451.0012.104? view = text; rgn = main.

[53] POCHODA P. Scholarly publication at the digital tipping point[J/OL]. The Journal of Electronic Publishing, 2008, 11(2). [2024-01-18]. https://quod. lib. umich. edu/j/jep/3336451. 0011. 202? view = text; rgn = main.

[54] DAVIS P M. How the media frames "Open Access"[J]. The Journal of Electronic Publishing, 2009, 12(1).

[55] REIS R B, KO A, RIBEIRO G, et al. Impact of environment and social gradient on Leptospira Infection in Urban Slums [J/OL]. PLoS Neglected Tropical Diseases, 2008, 2 (4). https://www. semanticscholar.org/paper/Impact-of-Environment-and-Social-Gradient-on-in-Reis-Ribeiro/850e337d770b4a0ef1a24f1c854be38a639dfe0b.

[56] PICKER R C. The Google Book search settlement: a new orphan-works monopoly? [J/OL]. Journal of Competition Law & Economics,

2009, 5 (3) : 82-83. [2024-01-18]. https : // onlinelibrary. wiley. com/ doi/ pdf/ 10.1087/ 2009201.

[57] LACKIE R J. From Google Print to Google Book search : the controversial initiative andits impact on other remarkable digitization projects [J]. The Reference Librarian, 2008, 49 (1) : 35-53.

[58] GRADMANN S, MEISTER J C. Digital document and interpretation : re-thinking "Text" and scholarship in electronic settings [J]. Poiesis Prax, 2008, 5 (2) : 139-153.

[59] PINFIELD S. Journals and repositories : an evolving relationship? [J]. Learned Publishing, 2009, 22 (3) : 165-75.

[60] DAS S, GOETZ M, GIRARD L, et al. Scientific publications on Web 3.0, 13th International Conference on Electronic Publishing, Milan, Italy, June 11, 2009 [C]. Italy : ELPUB, 2009.

[61] LEWIS S. E-Book discovery and use behaviour is complex [J]. Evidence Based Library and Information Practice, 2008, 3 (2).

[62] KOSKINEN-OLSSON T. Access to knowledge in the digital era [J]. Learned Publishing, 2008, 21 (2) : 93-102.

[63] TIAN Xuemei, MARTIN B. Business models in digital book publishing : some insights from Australia [J]. Publishing Research Quarterly, 2009, 25 (2) : 73-88.

[64] OTT W. Digital publishing : tools and products [J]. Poiesis & Praxis, 2008, 5 (2) : 81-112.

第三章　2009 年度数字出版研究综述[*]

2009 年以来全球范围内的数字出版领域有一些新动向，这些变化尤其表现在数字大众出版和数字教育出版这两个之前迟迟未能启动的数字出版门类当中。在数字大众出版领域，持续热销的 kindle 和后来居上的 iPad 形成了激烈竞争的格局。2009 年圣诞节当天，亚马逊电子书的销售收入第一次超过了纸质图书。据美国出版商协会的数据，2009 年其 13 家会员出版社的电子书销售额比上年增加 176.6%，达到 1.695 亿美元，市场份额从 2008 年的 1.2% 增加到 3.3%，增长了 1 倍多。在教育出版领域，美国出版商协会的数据表明 2009 年 10 家高等教育出版商的销售额增长了 13%，麦格劳-希尔(McGraw-Hill)、培生(Pearson) 和麦克米伦(Macmillan) 等国际教育出版集团都推出了新型的数字教育出版产品或服务。①反映在相关研究中，来自大众和教育出版领域以及服务于这两个数字出版领域的思考和研究数量有上升趋势。此外，开放获取出版和数字学术出版当中的同行评议问题仍然是研究者最关注的课题。关于开放获取，Herb 等(2010)学者利用社会学观点和理论对其发展和影响进行了新颖的解读，表明研究者的认识更加深入了。还有研究人员对数字出版经济问题、版权问题和技术问题持续地进行调查研究。其中，Houghton(2010)领导的由英国和澳大利亚研究人员组

* 本章研究内容得到了武汉大学 2010 年度"海外人文社会科学前沿追踪计划"和 2009 年度国家社会科学基金项目"开放获取学术资源分布与集成研究"(09CTQ024)的资助。
　　① 美国出版商协会的数据来自：美国电子书销售额增加了 176%，市场份额翻倍[J]. 出版参考，2010(3)：39.

成的研究小组对英国、荷兰和丹麦的数字学术出版成本效益问题展开了大规模的量化研究，尽管在研究方法和结论上都不无可商榷之处，但的确是非常有参考价值的研究工作。还有，对于数字出版过程中职业伦理和道德问题的关注是较新的现象，也表明数字出版向纵深发展过程中出现了一些更加深层次的问题，需要研究解决。相关专著的主题主要集中在数字版权保护方面，如 Adrian Jones 的《盗版：从谷登堡到盖茨的知识产权之战》、Jessica Reyman 的《知识产权的修辞学：版权法和数字文化规则》，也有关于出版业未来发展前景的著作如 Joost Kist 的《21 世纪出版商新思维：浮现中的模式和战略演进》、Martin B 等的《图书、次要问题和商业：数字出版的未来》等。大量的数字出版研究论文仍然集中发表在出版学类期刊上(见表 3.1)，但是也一如既往地出现在从自然科学到社会科学和人文科学的其他各类学术期刊上，反映了数字出版研究议题广泛的影响。

表 3.1　　国外出版学期刊刊登的数字出版研究论文统计①

论文统计 期　　刊	2009 年		2010 年②	
	数字出版 论文数量	占总发文 量的比例	数字出版 论文数量	占总发文 量的比例
《出版研究季刊》 (*Publishing Research Quarterly*)	16	35.6%	6	46.2%

① *Publishing Research Quarterly*、*Learned Publishing* 和 *Journal of Scholarly Publishing* 为季刊；*Journal of Electronic Publishing* 为纯电子期刊，每年出版三期。表格数据来源于：徐丽芳，方卿，邹莉，丛挺. 2006—2010 数字出版研究进展[M]//出版研究进展. 武汉：武汉大学出版社，2010.

② 由于 CALIS 数据库收录资源的滞后性，对 *Journal of Scholarly Publishing* 的统计依据其 2010 年前三期内容；对 *Learned Publishing* 的统计依据其 2010 年前两期；对 *Publishing Research Quarterly* 和 *Journal of Electronic Publishing* 的统计依据其 2010 年第一期。

续表

论文统计　　期　刊	2009 年		2010 年	
	数字出版论文数量	占总发文量的比例	数字出版论文数量	占总发文量的比例
《学术出版》 （ *Learned Publishing* ）	37	59.7%	23	60.5%
《学术出版》 （ *Journal of Scholarly Publishing* ）	4	12.5%	4	20%
《电子出版》 （ *Journal of Electronic Publishing* ）	5	83.3%	6	85.7%
总　计	62	42.8%	39	50%

3.1　开放获取出版研究

近 20 年来，开放获取对科技期刊文献在全世界范围内的可获得性产生了巨大影响。政策制定者和决策者，如研究资助机构、大学管理者和出版商等都渴望了解开放获取在世界范围内的普及程度及其在所有学术文献中所占的比重，以及实现了开放获取的期刊的论文数量、作者典藏论文的研究者数量等以便为决策提供参考。因此，需要有一些设计精巧的研究来回答这些问题。芬兰学者 Bo-Christer Björk（2010）及其研究团队大体沿用他们 2 年前所使用的研究方法①并重新计量了全球开放获取论文的数量。他们利用搜索引擎 Scopus 和 1837 种随机抽取的期刊展开研究，发现 2008 年有

① BJÖRK B C，ROOS A，LAURI M. Global annual volume of peer reviewed scholarly articles and the share available via different Open Access options，Sustainability in the Age of Web 2.0-Proceeding of the 12th International Conference on Electronic Publishing，Toronto，Canada，2008［C］. Toronto：ELPUB，2008：178-186.

8.5%的期刊论文可以在出版网站免费获取，11.9%的免费版本论文可以通过搜索引擎获得，也就是说，当年有20.4%的经过同行评议的论文实现了开放获取。从学科分布情况来看，化学领域的开放获取率最低，为11.9%；地球科学领域的开放获取率最高，为33%。医学、生物化学和化学领域中开放获取期刊较为普遍，其他学科领域则以作者典藏论文的方式较为常见。Matsubayashi等（2009）采用十分相似的方法，以公共医学中心（Pubmed）的书目数据库为文献来源，对生物医学领域2005年以来的开放获取论文展开计量研究，发现其中经过同行评议的期刊论文占到26.3%。Bhat（2009）对5家顶尖印第安研究机构于2003—2007年被Scopus索引的研究论文的开放获取情况进行分析，发现17516篇文章中有7.8%发表在开放获取期刊（包括延期开放的期刊）上。Way（2010）研究了2007年图书情报领域20种最有影响力的期刊（根据ISI的影响影子指标），发现922篇样本论文中有27%实现了开放获取；这些开放获取论文中有38%见于主题仓储，另有29%见于个人主页。无疑，这些量化的经验性的研究对于人们尤其是决策者准确地掌握开放获取出版的规模和发展态势十分有帮助。

开放获取在各个国家的发展通常也是研究人员感兴趣的课题，一般来说发展中国家尤其如此。国家在科技出版领域的影响力和话语权存在巨大差异，发展中国家和地区的科技期刊往往由于语言、发行能力等技术原因，或者仅仅由于其"低显示度"而很难在国际范围内获得足够的读者和影响力。但是，这并不意味着这些国家和地区的期刊上发表的研究成果毫不足观。像汤姆逊·路透（Thomson Reuters）这样的跨国科技出版公司已经意识到"地方学术"的重要性，因此近年来新增了700余种地方性期刊作为其科学网（Web of Science）的索引源刊。除了这样仰赖于"被发现"的补救措施，很多发展中国家和地区自发地采用更加积极的措施来改善境遇——通常是采用开放获取战略达成目标。克罗地亚即是其中之一（Stojanovski，2009）。2006年，该国政府资助创建并负责维护国家级开放获取期刊平台Hrčak。该平台包含的170余种开放获取期刊平均回溯过刊年限为6.3年，其中大约56.5%的期刊为人文科学和社会科学期刊(这一点和很多国家的情况有差异)。为了提高这些期刊的影响力和显示度,该平台与许多开放获取仓储合作,由后者定期地收割Hrčak平台的元数据,同时还与爱思唯尔、汤姆逊·路透和EBSCO合作以期平台期刊能够被重要的书目或全文数据库收录。Estrada-Mejía等(2010)则研究了提高墨西哥、委内瑞拉、巴西、智利、阿根廷和哥伦比亚等国最杰出的学术出版物影响力的策略,以及实行开放获取与提高这些期刊显示度之间的关系。研究者探讨了现有的索引和发行策略以及组织和环境变量对于保持和扩大发行量所起的作用,发现开放获取可能是提高这些发展中国家学术期刊显示度的最佳途径。

不同语种的文献的开放获取程度也有很大差异。Rodríguez-Armentia(2010)对7个学科的西班牙语文献进行研究,发现2000年出版的28259篇同行评议论文中有26.89%实现了开放获取。各个学科的西班牙语文献,其开放获取程度不同,其中社会与行为科学文献的开放程度最高。另外,不同学科实现开放获取的途径也有差异,其中临床医学、生命科学、人文和社会科学主要依赖出版商的开放获取政策,物理学、化学和地球科学以主题仓储为主,工程学、计算机科学与技术则以在作者主页上的自我典藏居多。总体而言,机构仓储和综合性仓储在经过同行评议的西班牙语文献开放获取中的作用几乎是无足轻重的,而且从中获得开放获取文献的时间往往滞后于主题仓储。

尽管开放获取早先更像是一种反对跨国科技出版商高价期刊政策的策略,但是,随着这一理念的日益普及和影响力的日益增大,许多出版商也积极投入开放获取运动并开发了一系列开放获取出版商业模式和政策(Cooney-McQuat et al.,2010)。Kathiúsia Araujo Guimiero等(2010)在文献调研的基础上采用定性方法研究开放获取学术期刊出版的商业模式。他们首先探讨不同学科之间三方面的差异,即对出版速度的要求、该领域研究工作获得资助的情况以及学术期刊编辑过程中的一些特点。然后沿用Stähler方法确定开放获取学术期刊出版的商业模式所包含的四个必要元素,即价值主张、产品/服务、价值体系①(ualue architeture)和资料来源,并试图厘清这些元素间的关系以及不同学科之间的差异。在此基础上,研究者提出了通用的开放获取学术期刊出版商业模式以及分别适用于自然科学、社会科学和人文科学3个主要学科领域的出版模式。研究者据此推论:学术出版的商业模式从宏观角度而言主要取决于学科领域,从微观角度来看则因具体出版商而不同;相比较而言,自然科学领域的出版商业模式与社会科学、人文科学之间的差异较大,后两者之间则较为近似。最后,研究者指出学术出版商业模式设计中最关键的问题是选择和整合商业环境中的不同元素。而出版商对于各种元素的选择、实施和组合明确地反映了其指导思想、文化取向、技巧能力和学科背景。

从目前各国实行的开放获取出版商业模式来看,其中大部分模式的着眼点都是通过向作者收费来收回成本,收费标准为每篇文章1000~3000美元不等(Pinfield,2010)。选择型或者混合型的开放获取出版模式日益普遍,尽管大部分情况下只有不到10%的论文作者选择了开放获取方式。新的开放获取期刊不断问世,一些订阅期刊也开始向完全的开放获取方向发展。但是,开放获取的发展也并非如一些人想象的那样一帆风顺。Bird(2010)通过对一些个案的深入研究,发现作者在选择期刊发表论文时仍然将其他一些因素,如出版速度、同行评议的质量、期刊影响因子等置于期刊是否实行开放获取政策之前。2009年发生在马里兰大学(The University of Maryland,UM)的开放获取决议被否决事件也从一个侧面印证了这一点。鉴于此前3年期刊价格不断上涨而图书馆预算基本不变,马里兰大学图书馆不得不持续地取消期刊订阅,这导致了教职员的不满;加之国家卫生署(NIH)的开放获取训令已经被证明是有效的,马里兰大学的图书馆评议员们和教师事务委员会(Faculty Affairs Committee)起草了开放获取决议。不料在2009年4月的学校评议会(University Senate)中该决议因遭到众多教师的反对而被否决了。

---

① 此文献作者所谓的价值体系与特定企业的一些内在方面有关,主要指企业如何组织以便为顾客和合作者提供价值。

该事件在开放获取领域产生了较大反响，Peter Suber[①]、Stevan Harnad[②]等开放获取的倡导者对此都有深入的剖析和建议，如提议让金色存取和绿色存取脱钩，等等。不过，这一事件最大的意义也许是反映出尽管一些研究资助机构和大学的强制性要求持续影响研究者对于开放获取的态度，但即使在发达国家的大学校园里，许多教师和研究人员仍然对开放获取存在误解和不同意见（Hackman，2009；Dazey，2010）。

　　一般认为，蓬勃发展的开放获取运动带来了诸多社会进步：从科学发展的角度，它促进了科学交流；从财务的角度，它缓解了"期刊危机"（serials crisis）；从社会的角度，它缩小了数字鸿沟；从民主的角度，它增强了人们的参与性；从社会政治的角度，它减少了不平等。但是也有一些研究人员采用更加广泛的研究视野，利用深具社会洞察力的理论和方法来研究开放获取，并得出了引人深思的结论。Herb运用皮埃尔·鲍德里亚（Pierre Bourdieu）的（科学）资本理论分析人们对于开放获取的接受心理与行为，运用米歇尔·福柯（Michel Foucault）的话语理论分析开放获取相对于数字鸿沟概念所具有的含义。根据资本理论，对于开放获取的接受是以权力逻辑（logic of power）以及科学资本的积累为基础和前提的，而非取决于对科学和科学家行为动机图解式的看法和口号，即加速科学交流和免费共享研究成果。按照皮埃尔·鲍德里亚的理论进行分析，发现对开放获取运动发展起关键作用的是科学家如何认识开放获取对现有资本积累过程的潜在影响，以及开放获取如何影响科研人员对于学术地位的需求。福柯的话语分析则表明，开放获取也许会加剧不平等、科学中心主义（scientocentrism）和民族优越感。

　　显然，各国的研究人员已经开始以日益多元的视角和更加深入的分析来探究开放获取出版诸问题。这对人们客观地认识这一社会

　　① SUBER P. Lessons from Maryland [EB/OL]. [2004-04-30]. http：//www.earlham.edu/~peters/fos/2009/04/faculty-votes-against-oa-policy-at.html.

　　② HARNAD S. Gold fever：read and weep [EB/OL]. [2024-05-07]. http://www.simplelists.com/serialst/msg/11694705/.

运动和现象并在参与和处理过程中扬长避短都是十分必要的。

3.2 质量控制机制研究

作为新型的出版范式，数字出版尤其是数字学术出版中的质量控制问题一直受到研究人员和出版实践工作者的密切关注。尤其是对传统学术出版的核心质量控制机制即同行评议在数字化背景下的适应性和调试的可能性，研究人员展开了持续而广泛的研究。

同行评议诞生的时代，其学术界和学术出版规模与今日相比较为逊色，因此它的有效性和适用性在当前受到质疑是不难理解的。而众多学术欺诈、剽窃和学术不端行为无疑加剧了人们对这一学术质量控制机制的疑惑。鉴于对这样一种学术界内生的以无偿服务、独立为原则的审查系统发展前途的长期关注，非营利组织"科学感觉"（Sense About Science）对 ISI 数据库中的 4000 余名作者和评议人员展开调查并发布了《2009 年同行评议调研报告》（*Peer Review Survey* 2009）。① 这是迄今为止规模最大的同类调查之一。调研目的在于揭示研究人员承担评议工作的动机，人们对现有评议系统的态度，如何让下一代研究人员承担更多评议工作以及系统未来的发展等重要问题的答案。研究发现，学术界人士的公德心是很普遍的，利他的以及专业的动机远远超过对个人得失的考虑，90%的被调查者愿意承担评议工作以便在学术研究活动中发挥更加积极的作用。58%的被调查者说所要评议的论文超出了他们的专业范围，这是他们拒绝充当评议人的原因。当被问及是否需要一些激励来从事评议工作时，41%的被调查者说他们希望获得一定报酬；但是，如果报酬来自作者，则在这些被调查者中只有 2.5%的人仍然坚持要得到酬劳。评议人员更希望评议是匿名的，58%的被调查者说如果评议报告要公开发表的话他们将较不倾向于进行评议。56%的被调查者表示对于如何训练年轻一代评议人员十分关切，67%的被调查

① Peer Review Survey 2009：preliminary findings［EB/OL］.［2024-05-07］. http://phys.org/news/2009-09-peer-survery-preliminary.pdf.

者认为正规的训练有助于评议工作的展开。许多人认为在研究部门，年长的科学家的指导是十分有价值的，只有 2% 的被调查者说他们最近评议的论文是由他们指导年资较浅的同事完成的。同行评议是建立在同行合作以及批评性审查和评判工作基础上的，评议系统固有的结构使得它实际上非常脆弱。但是，被调查的大部分研究人员对于现有的同行评议系统表示满意。该组织计划在下一年的报告中进一步调查不同年龄和地区的研究人员对于同行评议态度的差异（Schemm，2010）。

不同的评议模式通过影响期刊论文的质量和数量从而影响科研活动（Shalvi，2010）。Shrager（2010）利用病患治疗决策与结果的多代理仿真模型（multi-agent simulation）来检验各种方式的出版前评议对于科学发展的影响。研究者寻找了一个介于非常宽松的出版前评议和非常严格的出版前评议之间的最佳位置。模型产生的 U 形曲线表明宽松的出版前评议要比中等程度的评议效果略优，但是优势不及最佳宽松度时明显。在研究者所使用的参数方案中，最严格和最宽松的出版前评议似乎都将阻碍科学的发展。原因可能在于，太严格的出版前评议意味着要花费更长时间来判定正确的治疗方案，因此有效的治疗方法得不到及时推广；但是太宽松的评议又往往容易让最佳治疗方案淹没在平庸的方案之中而难以被发现。

还有一些试图从工作方式和组织上来改善同行评议的实验。2007 年夏季的一次会议上，一些神经学期刊的出版商和编辑开始构想成立神经系统科学同行评议联盟（The Neuroscience Peer Review Consortium，NPRC），至秋天有 10 余家期刊签署了加入联盟的协议。次年一月，在国际神经信息学协调小组（The International Neuroinformatics Coordinating Facility，INCF））的支持下 NPRC 正式成立，开始了为期一年的实验期。联盟的主要工作思路是允许成员刊获得一定支持性评议但是没有获准发表的论文的作者在将修改后的稿件投给另一家成员刊物时，有权要求后者将第一轮评议意见发给第二家刊物。第二家期刊的编辑可以视第一轮的评议意见和相应的修改稿情况决定径直采用，或者让原评议人员再议，或者另外寻找评议人重新进行评议。显然，这种做法有助于缩短评议过程，减少评议人员和编辑的工作量。在前 9 个月，成员刊投稿中大约有 1%~2%的稿件采用了这种新颖的评议程序。考虑到参加联盟的成员刊数量偏少,① 因此该联盟的实验预备顺延一年(Saper et al., 2009)。

对于同行评议系统存在的不足，Kumar(2010)认为当前很多观点都强调评议人员的责任与义务，但是几乎没有什么人讨论针对评议者的激励问题。实际上，增强评议过程对评议者的吸引力同样可以提高这一过程的效率，而且对与之相关的每一方都是有益的。基于这一观点，Kumar 认为现在应该停止喋喋不休地讨论评议的利他主义价值观，转而适度关注其中的个人利益动机。这一观点显示了提议者的现实理性，但是 Kumar 关于给予评议者合作者地位的建议却是走得太远了。

学术界不同观点和理论之间的碰撞、争论是很常见的。这些争议一般体现为同行评议期刊上不同论文之间的陈述和反驳。不过，近年来在心理学领域出现了通过威胁起诉来阻止已被同行评议刊物接受的论文发表的事件。② 抛开起诉人的权利和法律手段的优点不谈，Norman Poythress 和 John P. Petrila(2010)认为这样的做法可能会对同行评议系统产生根本性打击，从而对学术自由的核心价值产生负面影响。而这将潜在地阻碍对各种理论、模型和产品的科学验证。由此可见，在尊重现有法律的大前提下，学术界有自己的价值观和行事规则；现在的同行评议系统尽管存在种种不足，但是就像科学感觉组织的调查结果显示的那样，连同它所承载的科研活动的核心价值，即对于知识以及寻求知识的自由的不懈追求，在当前依然受到广大研究人员的认可和珍视。

---

① 至 2008 年秋有 33 家刊物加入了联盟，但是当年 ISI 的 Web of Science 网站上列出的神经系统科学刊物既有 211 家。参见：SAPER C B, MAVNSELL J H R, SAGVOLDEN T. The neuroscience peer review consortium [EB/OL]. [2024-05-07]. http://www.jneurosci.org/cgi/content/full/29/5/1255.

② 参见：SKEEM J L, COOK E D J. Is criminal behavior a central component of psychopathy? conceptual directions for resolving the debate [J]. Psychological assessment, 2010, 22(2)：433.

3.3 经济与经营问题研究

在被新技术的美妙前景激励的同时拥有似乎永不枯竭的风险投资的泡沫经济时期，从事数字出版实验的狂热分子可以不顾及成本收益等现实问题。泡沫破灭以后，即使是最崇高的社会理想，比如开放获取等也要接受生存法则的严酷考验。于是从从业者到研究人员都日益重视成本收益、商业模式等数字出版经济与经营问题的思考和研究（Bennett，2010）。

同样是拥有丰富出版经验的思考者，Kist 和 Glahn 针对数字时代出版业面临的不同问题分别给出了自己的答案。Kist（2009）根据他在出版业长期从业的经验与智慧，对 21 世纪的出版模式及其演进提出了许多有洞察力的看法。他认为，数字时代的经济意味着越来越多的工人不再直接从事物质资料的生产和销售，而是通过运用智力工具处理某种信息来谋生。数字时代的出版就是提供此类工作的一个典型行业。与一般认为网络时代人人都可以成为作家的论调相反，他认为"普通人"并不创造丰富的内容，至少从内容是否有用或者是否具有商业价值的角度来看是如此。而且许多忙碌的用户也并不打算成为内容创造者。对于互联网的免费传统，他认为目前互联网仍是新思想与大胆革新的自由市场，但是也许在不久的将来，互联网上就会建起收费站，有偿地提供优质的数据服务。出版商要在那样的环境中取得成功，取决于企业的文化、目标以及满足用户需求的决心与能力，而不仅仅依靠他们的技术及其在出版细分领域的内容优势。但是，对所有希望在 21 世纪获得成功的出版企业而言，他们必须积极地参与不断变化和演进的、在线的、互动的和多媒体的世界。Kist 同时提出了未来出版领域的 4 种范式性变化，即垂直统一管理（vertical integration），垂直非一体化（vertical disintegration）、联合或部分渗透以及双向传播。①

---

① 垂直统一管理指某些上下游业务的合并管理；垂直非一体化指出版商启用其他中介如网络供应商；联合或部分渗透新旧企业如出版商和谷歌等 IT 公司分别进入对方的领域；双向传播指用户可以与所有内容提供机构结成联盟，也可以利用网络自行创作和出版从而成为内容提供者。——笔者根据原文献归纳而得。

长久以来，美国大大小小的出版商都热衷于把图书和期刊出版中从文字编辑、校对到数字化转换的工作外包给全球范围内的加工机构，目的是节约成本，提高利润率。Glahn（2010）认为出版商应该换一种全新的眼光来看待他们的业务了。主要有两方面的原因：一是学者和普通读者都越来越多地使用各种电子阅读设备，出版商如果要使读者数量最大化并获得较高收益就必须采用全新的工作流程以适应新的设备和格式，而且储存的内容要能够敏捷地应对加快出现的各种新要求；二是作者和用户两方面都对富媒体出版物显示了巨大需求，出版商必须聪明地发展组织和管理富媒体对象及其相互关系的能力，并找到崭新的、富于创造性的传播方式。在这样的情况下，出版商要寻找的不再是简单的承包商而是真正能够理解其商业目标，专精于工作流程再造、创造性产品开发和内容改造以帮助其实现那些目标的合作者。

Hung（2010）同样针对一般意义上的数字出版即大众数字出版，梳理了在线出版中最常见的收入来源和成本类型，检验了经济发展趋势并对业内传统的、规模较大的出版企业和新创办的出版机构进行了比较。通过对大量个案的观察，研究者发现基于浏览/阅读次数的广告模式（impression based ad models）长期以来为既有的和新创办的出版企业带来了大部分收入从而成为具有支配地位的商业模式。而通过控制成本和"烧钱"速度，新旧出版商渐渐成功地从提高每位访客的浏览次数和时间转变为提高每位访客带来的收入。

尽管大众出版的数字化发展日益得到业内的认可和重视，Kindle、iPad 等电子书阅读器的热销也似乎为其未来发展带来了希望，但是相较之下已经形成较为稳定的盈利模式的数字学术出版仍然吸引了更多研究者的注意力。来自澳大利亚维多利亚大学（Victoria University）的 John Houghton 和英国拉夫堡大学（Loughborough University）的 Charles Oppenheim 等 9 人组成的研究团队受 JISC 的委托，对英国目前几种可选的学术出版模式，即开放获取模式、订阅模式和兼有模式的成本效益情况进行了系统研究。研究大范围地收集英国高等教育、学术期刊和学术著作出版中三种模式涉及的各种活动的成本效益数据以及主要的活动主体的成本效益数据，并对其进行量化分析。研究发现其中涉及的主要活动是科研和科研成果的交流活动，这些活动的成本都非常高昂。不同学术出版模式的成本效益差异巨大，其中对开放获取出版模式潜在收益的分析表明该模式对研究工作的回报很高，长期来看尤其如此，尽管在过渡期其净收益也许相对偏低。由于在成本发生和收益产生之间存在时滞，开放获取出版模式要实现收益需要时间，但是当前英国整个科学交流系统的预算分配仍然能够支持系统向实现开放获取过渡。为了向更具有成本效益的学术出版模式(未必是最便宜的)转型，研究者的第一个建议是要消除转型过程中的障碍，包括：调整学术激励和奖励机制，不过分依赖在传统期刊上发表的论文来评定学术成就；确保基金会等研究资助机构对作者和出版者的出版资助；鼓励主题仓储和机构仓储的发展；在资助者、研究者和研究管理人员中间宣传开放获取等可选的学术出版模式的潜在影响等。研究者的第二个建议是在过渡阶段与其强求研究活动产出收益，不如从现有系统内部寻找节省成本的方法。其中作者自我典藏的方式，无论是与订阅出版模式还是套刊出版模式同时使用，成本效益都是非常高的。同时，研究者也鼓励学术著作出版向开放获取迈进。研究者最后的建议是应该加强国际合作，共同推广开放获取模式以促进世界范围内学术研究成果的可获得性(JISC，2009)。随后，JISC、德意志研究联合会(Deutsche Forschungsgemeinschaft，DFG)、丹麦电子研究图书馆(Electronic Research Library，DEFF)以及荷兰 SURF 基金会合作成立的机构知识交流(Knowledge Exchange)也委托该研究团队利用同样的研究方法对荷兰和丹麦学术出版的成本效益展开研究以测度替代性学术出版模式在欧盟小型国家、中型国家和大型国家的潜在影响，并形成了《霍夫顿报告》。尽管受到政治、经济和文化等诸多因素的影响，以及在资料收集和研究方法上有轻微的差异，但是针对不同类型国家的研究得出了大致相同的结论，即从长期来看作者付费的学术出版模式更加具有成本优势，而且在假设不同国家实行双边开放获取和完全开放获取的情形之下，成本效益优势将成倍提高(Houghton，2010)。

　　Don King、Carol Tenopir 和许多其他研究人员都曾指出关于科学交流的一些基本活动和特性的数据很难获取和量化，加上Houghton 等人的研究结果认为开放获取出版模式更加具有成本效益优势，因此不难理解他们的研究成果在发表以后引起了广泛争议，其中尤以出版商协会（Publishers Association）、学术和专业学会出版商协会（the Association of Learned and Professional Society Publishers）以及国际科学、技术和医学出版商协会（Association of Scientific, Technical and Medical Publishers）的反对最为激烈。一些更为中立的研究者在肯定研究所取得的成绩的同时也指出了其中存在的不足。Jubb（2010）指出了 Houghton 在假设上的一些缺陷，如金色开放获取中节省的间接成本，创办和运行套刊的成本，用时间利用情况来计算研究人员效率的提高，将时间成本和现金成本的节约混为一谈，以及利用修正后的索洛-斯旺模型（Solow-Swan growth theory model）来处理时间节约（效率提高）问题，等等。尽管不能据以对不同的学术出版模式作出完全判断，但是此类研究无疑将为政策制定以及各种利益攸关者了解和理解各种可选的学术出版模式制度上、预算上以及经济上的含义提供有益借鉴。而且 Houghton 研究团队随时愿意提供研究所使用的数据和模型给其他研究者验证，这对于推进该主题的进一步研究是十分有益的。

从数字学术期刊出版的微观操作层面来看，尽管图书馆界对于"大宗交易"一直颇有微词，Fred（2010）也承认"大宗交易"有很多缺陷，但他认为在设计新的学术期刊出版商业模式时仍应保留这一做法。通常认为"大宗交易"的优势在于每种期刊的成本很低，但Fred 指出以单种期刊的成本而不是以所有购进期刊的整体效益和价值作为衡量标准是不妥当和短视的。他指出"大宗交易"真正的长处在于减少了出版商供应和图书馆采购大量内容时很容易产生的一般管理费用，从而为最终用户创造了直接价值；该做法的另一强项是保证最终用户可以持续地获取内容，三年以上的合约期尽管有其负面影响，但是它给予出版商财务信心，同时给予图书馆对于连续获取内容的信心。Fred 最后提议了一种由公共机构、研究资助机构或者国家代理机构来批量支付（bulk purchase）金色期刊出版费用的模式。

综上所述，作为决定数字出版可持续发展的根本问题，经济问题将长久地引起人们的思考和研究。

3.4　伦理与法律问题研究

在数字出版领域，除了版权保护等长期受到关注的热点问题，新型出版涉及的伦理问题也开始引起人们的关注。

1. 伦理问题研究

数字出版中面临的严重的伦理问题之一就是剽窃。剽窃并不是学术界和学术出版领域的新现象，只不过在互联网和数字出版盛行的时代，剽窃现象增多了。原因不仅在于科学文献的数量增加了，还在于这些文献的可获得性也增强了。人们通过搜索在线数据库、出版商网站和各种开放获取仓储就可以找到许多论文和其他类型的科学文献。而与此同时，评议人员要看完本领域所有文献的可能性却大大下降了。因此，要辨别非原创的学术成果变得更加困难。

基于利用技术来消除技术带来的麻烦的思想，反剽窃软件系统得以问世和应用。但是此类软件以往通常由单家学术期刊出版机构作为期刊稿件的初筛之用。CrossRef① 与 iParadigms 公司共同开发的用于帮助学术出版机构验证出版文档原创性的工具 CrossCheck 几乎可以反映和代表全球范围内出版机构的行业觉醒和行为。事实上，《浙江大学学报》（英文版）就于 2008 年 10 月正式成为 CrossCheck 的会员。CrossCheck 包含两个部分：一是已出版学术文献的数据库，自 2008 年开始运行至今包含 65 家出版商，40000 种期刊、图书和会议论文集，24000000 篇论文和其他类型文献。二是比较文档相似性的软件系统，该系统利用 iThenticate 爬行程序对出版商网站已出版的学术内容进行索引并加入 CrossCheck 数据库。

① 　CrossRef 是一家由出版商创建和管理的独立会员制团体。其宗旨是通过出版商之间的集体合作，让用户能够访问原始研究内容。CrossRef 还是学术与专业出版物数字对象标识符（DOI Ⓡ）链接的正式登记机构。

出版商可以将"CrossCheck Deposited"(收入 CrossCheck)的标识放在网站上以便对剽窃行为产生威慑作用。当作者提交书稿或论文时,出版商利用 iThenticate 来比对提交文献与数据库和 openWeb 中的文档,以及由其他主要数据提供商提供的文档。随后出版商就可以得到关于相似度的报告,对于有疑问的文献,出版商可以调出全文进行人工检验和判断。需要强调的是,CrossCheck 本身不作为判定剽窃的依据,它只不过起到筛选投稿并指出异常之处的作用。出版商随后可以根据出版道德规范指南和相关程序决定是否有必要特别关注该稿并进入下一步调查程序(Meyer,2010;Meddings,2010;Zhang,2010)。Griffin(2010)特别报告了《骨头与关节外科学报》(*The Journal of Bone & Joint Surgery*,*JBJS*)利用 CrossCheck 防止剽窃的经验。当然,期刊使用它的目的在于教育而非惩罚作者。在应用该软件的头 6 个月中,*JBJS* 发现略低于 2%的来稿中存在无法接受的相似和雷同现象,还有 3%的来稿必须要求作者解释、修改或者添加引文。无论如何,这一系统对于在出版行业范围内引起对剽窃现象的重视并减少这种现象还是有价值的。

除了剽窃之外,数字出版中同行评议人员所应该遵守的职业道德也引起了研究者的关注。通常同意评议一篇论文就意味着评议者同意成为期刊的顾问,因此必须遵守期刊的评议政策和方针。他必须公平、客观地评价研究成果的质量和意义,亦即有义务支持和鼓励高质量成果的出版,同时能以适当方式对有缺陷的成果发起挑战。因此,评议者在整个评议过程中应时时注意他的能力、态度和其他方面是否符合同行评议的道德规范和伦理标准。在接受评议工作之前,评议者应该自问:是否有承担这次评议工作的专业知识;论文的研究领域是否跟自己本身的研究工作太接近了①;是否与作者来自同一机构;作者是否来自与评议者所在机构有利益冲突的机构;是否与作者为同事或合作关系;是否与作者存在经济和其他利益的冲突;是否与作者存在科学观点的冲突;研究成果是否与评议者的个人信仰相抵触,等等。当决定承担评议工作时,评议者同样

---

① 涉及研究成果的保密和同行竞争的问题。

有一系列的伦理问题需要考虑：在看完全文后是否仍然确认具备评议该论文的专业知识；如何处理论文；是否可以转给其他人评议或者在评议过程中寻求他人帮助；是否可以联系作者；要注意评议者是期刊的代理人而非作者的朋友，有义务为本领域的研究确立标准；期刊需要的是评议者的专业知识而非编辑技能，当然评议人员也要考虑该研究成果是否适合该期刊发表。期刊论文的同行评议涉及许多伦理问题，评议者在评议工作之前、之中和之后都有可能碰到这些问题。评议者在评议过程中必须坚持高标准的伦理道德和高标准的科研质量并举的原则(Rockwell，2010)。

数字出版中的编辑同样要经受职业道德的检验。尽管未必恰当而且存在广泛争议，期刊的影响因子被广泛地用作评价作者学术水平的重要指标。因此，越来越多的作者担心影响因子受到人为操纵。随之而来的是，编辑请求作者引用期刊中的相关论文被指责为不道德行为。Krell(2010)认为这一观点颇令人惊讶并提出了相反意见。原因在于，如果期刊的影响因子提高的话，除了出版商之外作者们是最主要的受益者。有更多证据表明，学术质量和相关性并非总是选择参考文献的原因。作者的偏见、作者所处的环境以及一些策略性考量都会影响参考文献的选择。因此，Krell 指出只要编辑没有强迫作者引用其所供职的期刊中不相关的论文，那么他让作者关注最近发表的某篇论文只能算是关心期刊发展和作者的职务行为，如果编辑不努力提高其所供职的期刊的影响因子，反而可以说他对出版商和作者都没有尽到责任。

在数字化的新背景下，对出版领域各环节本来习以为常的做法和行为重新进行伦理道德的审视和评价并试图建立新的职业道德和伦理规范，这或许是数字出版向纵深发展的表现之一。

2. 数字版权保护研究

尽管从 1709 年版权法诞生之日起就出现了侵犯版权的行为，但是数字盗版是出版商所关注的一种较新的现象。2009 年年底互联网检测与执行服务机构 Attributor 的一项独立调查研究对分属"商业与投资""专业与技术"和"科学"三大类别的 900 种图书进行了为期 3 个月的调查，发现每种图书平均被非法下载了 10000 次，这意味着图书出版业潜在地损失了 27.5 亿~30 亿美元。就美国图书出版业而言，网络盗版造成的损失达到该国当年图书销售额的 10%。AAP 的 McCoyd 指出超过一半的下载都来自 rapidshare.com 和 4shared.com。这两个网站都允许用户上传和共享文件。不过，在研究报告发布和确认并通知盗版网站之后，85% 的盗版书被移除或封锁了。为了维护出版行业的利益并为出版商和其他出版行业协会提供反盗版的有效途径，出版商协会（The Publishers Association，PA）于 2009 年建立了反盗版门户网站（Copyright Infringement Portal）。一旦跟踪到出版商版权产品被免费下载或者被 P2P 共享了，该网站就会确认侵权网站，送出适当的移除通知并且跟踪侵权作品的移除情况。这大大节约了出版商的时间和金钱，同时也让全行业对于盗版的方式和规模有了一个大致的了解（Wise，2010）。普林斯顿大学出版社发现该社 50% 的盗版是从作者那里流出的，因此对于作者的版权保护教育被提上了议事日程。同时，该社还采用添加水印以及加强对第三方许可协议的约束力等做法防止盗版。但是该社社长 Daphne 认为最好的防盗版措施是"拥抱数字市场"，如果能以合理的价格方便地购买电子版图书，人们就没有理由实施盗版行为了。

因此，除了防止盗版，对出版商而言从源头上取得更多授权也许是在数字出版环境中处理版权问题的最佳之道。长期以来，出版商的出版合同对什么是图书和出版商可以做什么等问题的答案都有一定的假设，或者说这些看法和做法在行业内是众所周知、不言自明的。但是从可以发声的 Kindle 阅读器到所谓的"视频书"（Vooks），图书出版和销售技术的革新使这些假设变得岌岌可危。因此，出版商必须根据环境变化来重新思考他们的出版合同以保护自己的权利。Clarida（2009）的建议是以出版商可能从事的活动，而非以作品的呈现方式为基础来签订合同；采用职务作品（work-made-for-hire）模式来取得作品的所有权，而非个人作者的授权，等等。

尽管各国以作者和出版商为代表的版权所有人不遗余力地呼吁保护版权，但是从互联网诞生之日起，对于包括版权在内的知识产权的正当性的质疑从来没有停止过。在 Adrian Jones（2010）看来，至少从谷登堡时代开始一直到数字化的盖茨时代，西方世界的盗版与反盗版从来没有停止角力。这种斗争并不局限于个人之间，往往会演变为行业之间的竞争。因此 Adrian Jones 认为当今所谓开放获取、合理使用和免费文化都不是什么新事物，盗版一直在人类调和创造性与商业利润的努力中占据中心地位，它既是反社会、反科技和反知识创新的，但同时也是前述创新的推动力量。Georgia Harper（2009）在借鉴 Boyle 关于美国版权思想确立和版权法诞生历史的相关论述①以后，指出版权制度的核心是国家授予的版权垄断权，即国家法律规定不经版权所有者许可的出版物复制和发行将承担民事乃至刑事责任。这使版权所有者得以通过控制副本制作规避自然竞争。尽管意识到版权垄断会造成"人为的稀缺性"从而抬高出版物价格，但是考虑到在当时的生产力条件下只有允许版权垄断才能够吸引足够多的人力和其他社会资源从事出版物的出版与发行工作，因此美国宪法的制定者还是将版权垄断作为例外写入了宪法。当时大多数人相信版权垄断是为创作和传播内容提供充分激励的最佳途径甚至是唯一途径，因此是符合公众利益的。但是，自20 世纪 90 年代中期以来，人们可以免费获得的开放获取内容和信息（只要他们能够上网）通过引入竞争给出版业和版权理念带来了挑战和威胁，现在人们可以自由地选择开放获取出版物及服务，抑或选择因背负版权垄断成本从而不得不提高价格的传统出版物和服务。这无疑迫使人们重新考察市场环境以检验关于版权的假设，尤其是要思考未来学术出版领域版权垄断的正当性、必要性和成功的可能性（显然，开放获取提供的选择性从根本上破坏了垄断的正当性）。基于这样的反思，Harper 等认为只要允许竞争存在，在不久的将来好的商业模式一定会获得胜利。

还有一种观点将存取权提高到人权的高度，并将版权置于与存取权对立的地位。这种较为激进的论调至少在一些局部领域显示出

---

① BOYLE J. The public domain：enclosing the commons of the mind［M］. New Haven：Yale University Press，2008.

合理性；比如要保障视障者的存取权就必须能以更为灵活的方式来处理版权问题。全世界有超过 3.14 亿名盲人或视障者，他们往往需要将信息转化为布莱叶盲文、大号字体印刷品、有声图书或使用电子辅助技术的其他格式文献才能阅读。他们大多企盼能受益于当今技术发展对出版行业产生的积极影响，但前提之一是必须制定一套更加灵活的版权制度。2009 年，巴西、厄瓜多尔和巴拉圭向世界知识产权组织（WIPO）版权及相关权常设委员会提交了一份由世界盲人联盟（World Blind Union，WBU）拟议的条约草案，以推动在国际上为视障者建立一套对国际版权法做出限制与例外规定的多边法律框架，满足视障者及其他阅读障碍者的需求。为此，Whitehouse（2010）提议建立新的法律框架，认为版权法应该同时高举人类文化权的旗帜，而不应局限于对有关权利许可的规定。而且，Whitehouse 认为在非盈利基础上为那些真正需要的人制作可阅读的版本将不会对版权所有者造成损害。为此，他认为应该允许合法生产的可获取版本在国际上流转；视障者应有权利绕过影响残疾人辅助技术的数字权利保护措施；如果将权利所有人的利益置于视障者的存取权之上应视为歧视；版权例外不应局限于几种专门格式，应该延伸到那些无法以可接受的舒适度阅读印刷品的人群当中，而非局限于视力低于某个程度的视障者当中。

3.5 技术问题研究

数字时代出版工作逐渐扩展、延伸和演变，其工作对象从文字和图片扩展到音频、视频等多种媒介形式，其工作范围则与信息/内容供应链条上原有的其他环节如图书馆等机构相互合作乃至渗透。德国国家科技图书馆（German National Library of Science and Technology，TIB）的计算机辅助设计三维建筑模型仓储是该国数字图书馆项目 PROBADO 的子项目①，其所储存和处理的主要对象不

---

① 该项目的目的就是整合不同类型的多媒体内容，为基于文本的数字图书馆增加特色。

再是文本文件而是三维模型。这种类型的仓储要便于管理者管理和用户使用，但是现有的对数据的分析和索引工作是远远不够的。目前常用的人工索引不仅效率低下，而且常常容易遗漏一些关键信息。针对这一兼具研究和实践导向的多媒体仓储项目，Berndt 等（2010）提出了基于内容的自动数据分析和索引工作流程，包括：①由创作者上传三维模型和元数据；②系统自动抽取并处理元数据；③将模型的副本规格化并自动转换成统一的格式以便实现自动索引；④自动抽取技术元数据；⑤实现基于内容的索引。

　　Ullrich 等（2010）则对三维文件语义充实过程中的技巧和存在的问题进行了探讨。三维文件的元数据和注解①能够提供丰富的语义信息，从而为智能化的检索、索引、存档和搜索以及文件再利用奠定基础。元数据和注解，也就是一般意义上的语义信息可以分成几大类，根据其应用领域不同可以分别采用不同的分类标准。Ullrich 等梳理了 6 种相关标准，即文件数据类型、语义信息等级、语义信息类型、创作者类型、数据组织和信息全面性，并指出以标准化方式组织文件是语义充实当中十分关键的问题。体现在三维数据表现领域，一个很重要的方面就是文件格式及其支持语义充实的能力。大多数语义信息的定义与存储是基于文本文件开发的，尽管其中许多语义信息编码的概念可应用于三维数据，但是只有某些三维数据格式支持语义标记。因此 Bilsco 等提议进行三维数据标准的扩展。② 从两方面进行扩展：一方面扩展现有的三维文件格式以支持元数据和注解；另一方面对有些文件格式进行扩展，如 3D PDF 等已经完成扩展且能够支持三维内容。最后 Ullrich 用三个进行中的项目 CityFIT、PROBADO 和 3D-COFORM 演示了三维文件的语义信息处理情况。

　　语义万维网是万维网进化和发展的方向之一，它可以充分实现

---

①　在该文中注解指非结构化的编码数据，如评论和其他自由文本。

②　BILASCO I M, GENSEL J, VILLANOVE-DLIVER M et al. An MPEG-7 framework enhancing the reuse of 3D models［C］//Proceedings of the International Conference on 3D Web Technology, 2006(11)：65-74.

现有学术文献的价值并为科研工作提供创新工具，因此对于科学研究本身和科学成果的出版都将产生积极影响。这也是学术出版商调整投资的重点领域，因为它将扩大学术出版的产品和服务市场（Dodds，2010）。XML 语言是语义万维网的基本工具之一。Zima 等（2010）提出了一种将任意 XML 文件转换成 Prolog/Datalog 逻辑程序的解决方法，目的是将 XML 技术和逻辑程序设计的推理能力结合起来以方便用户评估需要计算关系传递闭包（transitive closure of relations）的查询。也就是说帮助用户找到那些也许并没有清楚直接地包含在文件中，但是在文件所包含事实的基础上可以推衍出来的结论，或者说是发现文件中一些全新的、隐藏的事实。相较于同类研究①，Zima 等的方案的优点在于，在转换过程中采用了普遍适用的逻辑规则，这些规则在所有生成的逻辑程序中都是通用的，这些程序中所不相同的仅仅是事实而已；其缺点在于，目前它只能处理包含同类内容的 XML 文件，比如：

<review>A<em>fine</em>book. </review>

其中就既包含文本也包含嵌套的<em>元素，因此无法处理。

引入 XML 不仅涉及语义充实问题，而且它往往导致内容生产流程的改变。这种改变往往被视为从以印刷为中心到以内容为中心的出版范式的转换。它迫使作者、编辑、市场和营销人员跳出页面之外来考虑问题，寻找新的创造性地呈现内容的方式，从而与读者建立崭新的关系。它也是出版商更有效地管理和传递由作者创作的内容的媒介。出版行业主动引入 XML 意味着可由作者或编辑这些最了解作品内容的人进行揭示和标记，从而向读者传达最准确的出版物信息（David Young，PhillpMadans，2010）。尽管 XML 拥有灵活性、可扩展性等诸多优点，但是从目前情况来看它的引入仍然是一项需要投入大量人力、物力、财力和时间的投资行为，而且投资回收期还很难预测。

数字内容的特点就在于它是动态的、非永久性的，并且可以不

---

① ALMENDROS-JIMÉNEZ J M. An RDF query language based on logic programming[J]. Electronic Notes in Theoretical Science，2008，200(3)：67-85.

止一种媒体形式存在。这必然会给数字内容的保存带来一系列从技术到法律方面的难题(Gathegi，2010)。当数字出版和服务系统发生迁移或者数字出版物的版权发生转移时，长期保存问题就显得尤为突出。2008 年，美国南达科他州立大学(South Dakota State University)希尔顿·M. 布利格斯图书馆成功地实现了从 EBSCO A-Z ®电子期刊查询系统到 Ex Libris 公司的 SFX ®链接解析系统的迁移。经过认真分析和研究，项目实施小组解决了在迁移完成后如何确定以及如何处理在迁移过程中"丢失"/隐藏期刊的问题(Xu，2010)。多年以来，由于出版行业并购十分活跃，学术期刊的归属经常发生变化。当由第三方(通常是学会)所有的期刊所有权发生转移时，很容易出现取消订阅、无法在线获取甚至过刊文件丢失等情况。因此英国连续出版物小组(the UK Serials Group)将各利益相关方的代表召集到一起，希望大家关注这些问题并寻找解决方案。为此成立的所有权转移工作小组通过透明以及协商一致为基础的决策过程，在评估现有法律法规的基础上起草和发布了《所有权转移实施规约》(the TRANSFER Code of Practice)。到目前为止，有 25 家出版商加入规约。这是行业合作解决期刊的长期存取和保存问题的一个很好的范例(Campfens，2009)。

技术是促进出版业发展的革命性力量，但是技术的处置不当也容易阻碍出版业的进步和发展，比如由于数字出版物标准和格式的混乱而带来的消极影响是显而易见的。具体到出版商个体层面，对于根本性技术变革的迟钝和推拒往往威胁其生存。因此，尽管出版并非以技术见长的行业，但是仍然必须努力理解新技术背后的逻辑并拥抱能够提高行业生产力的新型技术。

（方卿　徐丽芳）

参考文献

[1]HARPER G. OA and IP: open access, digital copyright and marketplace competition[J]. Learned Publishing, 2009, 22(4): 283-288.

[2] STOJANOVSKI J, PETRAK J, MACAN B. The croatian national open access journal platform [J]. Learned Publishing, 2009, 22 (4): 263-273.

[3] WAY D. The open access availability of library and information science literature [J/OL]. College & Research Libraries, 2010, 71 (4). [2024-01-23]. https://crl. acrl. org/index. php/crl/article/ view/16091.

[4] MATSUBAYASHI M, KURATA K, SAKAI Y, et al. Status of open access in the biomedical field in 2005 [J]. Journal of the Medical Library Association, 2009, 97 (1): 4-11.

[5] BHAT M B. Open access publishing in Indian premier research institutions [J/OL]. Information Research, 2009, 14 (3). [2024-01-23]. https://files.eric.ed.gov/fulltext/EJ869357.pdf.

[6] BJÖRK B-C, WELLING P, LAAKSO M, et al. Open access to the scientific journal literature: situation 2009 [J]. PLoS ONE, 2010, 5 (6).

[7] RODRÍGUEZ-ARMENTIA N, AMAT C B. Is it worth establishing institutional repositories? The strategies for open access to Spanish peer-reviewed articles [J]. Learned Publishing, 2010, 23 (3): 193-203.

[8] HACKMAN T. What's the opposite of a pyrrhic victory? Lessons learned from an open access defeat [J]. College and Research Libraries News, 2009, 70 (8): 518-521, 538.

[9] JISC. Economic implications of alternative scholarly publishing models: exploring the costs and benefits—A report to the Joint Information Systems Committee [R/OL]. [2024-01-23]. https:// vuir.vu.edu.au/15222/1/EI-ASPM_Report.pdf.

[10] HOUGHTON J. Open Access—What are the economic benefits? A comparison of the United Kingdom, Netherlands and Denmark [J]. Learned Publishing, 2009, 23: 169-175. [2024-01-23]. https:// papers.ssrn.com/sol3/papers.cfm? abstract_id = 1492578.

［11］GUMIEIRO K A, COSTA S M S. Business models for electronic open access journals and disciplinary differences: a proposal, 14th International Conference on Electronic Publishing, Helsinki, Finland, June 16-18, 2010［C］.［S.l.］: ELPUB, 2010.

［12］BIRD C. Continued adventures in open access: 2009 perspective ［J］. Learned Publishing, 2010, 23(2): 107-116.

［13］HILTON III J L, WILEY D. The short-term influence of free digital versions of books on print sales［J］. The Journl of Electronic Publishing, 2010, 13(1). ［2024-01-23］.https://quod.lib.umich. edu/j/jep/3336451.0013.101? view＝text;rgn＝main.

［14］BENNETT L. New thinking for 21st-century publishers: emerging patterns and evolving strategies［J］. Learned Publishing, 2009, 22 (4): 333-334.

［15］KIST J. New thinking for 21st-century publishers: emerging patterns and evolving strategies［M］. ［S.l.］: Chandos Publishing, 2009.

［16］GLAHN P. Why outsourcing cannot help profitability in today's challenging times［J］. Learned Publishing, 2010, 23(1): 67-68.

［17］BERNDT R, BLÜMEL I, WESSEL R. Towards an automatic multimedia indexing workflow for architectural 3d models, International Conference on Electronic Publishing, Helsinki, Finland, June 16-18, 2010［C］.［S.l.］: ELPUB, 2010: 79-88.

［18］ULLRICH T, SETTGAST V, BERNDT R. Semantic enrichment for 3D documents-techniques and open problems, 14th International Conference on Electronic Publishing, Helsinki, Finland, June 16-18, 2010［C］.［S.l.］: ELPUB, 2010: 374-384.

［19］MAXWELL J W, MACDONALD M, NICHOLSON T, et al. XML production workflows? Start with the web［J/OL］. The Journal of Electronic Publishing. 2010, 13 (1). ［2024-01-23］. https:// quod.lib. umich. edu/j/jep/3336451.0013. 106? view＝text; rgn＝main.

[20]ZIMA M, JEZEK K. Translation of XML documents into logic programs, 14th International Conference on Electronic Publishing, Helsinki, Finland, June 16-18, 2010[C].[S.l.]: ELPUB, 2010: 352-362.

[21]CAMPFENS Y, PENTZ E. The transfer code of practice: overview and updates[J]. Learned Publishing, 2009, 22(4): 289-294.

[22]MEYER C A. Researcher tools for evaluating trustworthiness: crosscheck plagiarism screening and crossmark [J]. Newsletter, 2010, 8(1): 7.

[23]House of Commons. Peer review in scientific publications: eighth report of session 2010-12 [R]. London: The Stationery Office, 2011.

[24]BORNMANN L, DANIEL H-D. Predictive validity of editorial decisions at an electronic open access journal, 14th International Conference on Electronic Publishing, Helsinki, Finland, June 16-18, 2010[C].[S.l.]: ELPUB, 2010: 40-44.

[25]SAPER C B, MAUNSELL J H R, SAGVOLDEN T. The neuroscience peer review consortium [J]. Behavioral and Brain Functions, 2009, 5(4): 1-3.

[26]KUMAR M N. The "peer reviewer as collaborator" model for publishing[J]. Learned Publishing, 2010, 23(1): 17-22.

[27]SHRAGER J. The promise and perils of pre-publication review: a multi-agent simulation of biomedical discovery under varying levels of review stringency[J]. PLoS ONE, 2010, 5(5).

[28]MEDDINGS K. Credit where credit's due: plagiarism screening in scholarly publishing[J]. Learned Publishing, 2010, 23(1): 5-8.

[29]ZHANG H. CrossCheck: an effective tool for detecting plagiarism [J]. Learned Publishing, 2010, 23(1): 9-14.

[30] ROCKWELL S. Ethics of Peer Review: a guide for manuscript reviewers, the office of research integrity[EB/OL].[2024-01-23]. https://ori.hhs.gov/sites/default/files/guide.pdf.

[31] KRELL FRANK T. Should editors influence journal impact factors? [J]. Learned Publishing, 2010, 23(1): 59-62.

[32] BORNMANN L, DANIEL H D. Reliability of reviewers' ratings when using public peer review: a case study [J]. Learned Publishing, 2010, 23(2): 124-131.

[33] POYTHRESS N, PETRILA J P. PCL-R Psychopathy: threats to sue, peer review, and potential implications for science and law: a commentary[J]. International Journal of Forensic Mental Health, 2010, 9(1): 3-10.

[34] JONES A. Piracy: the intellectual property wars from Gutenberg to Gates[M]. Chicago: The University of Chicago Press, 2010: 12-14.

[35] WHITEHOUSE G. A new clash between human rights and copyright: the push for enhanced exceptions for the print-disabled [J]. Publishing Research Quarterly, 2009, 25(4): 219-231.

[36] WISE A. An industry copyright infringement portal to combat online piracy[J]. Publishing Research Quarterly, 2009, 25(4): 205-207.

[37] GATHEGI J N. Digital content convergence: intellectual property rights and the problem of preservation, a US perspective, 14th International Conference on Electronic Publishing, Helsinki, Finland, June 16-18, 2010[C].[S.l.]: ELPUB, 2010: 330-338.

[38] YOUNG D, MADANS P. XML: why bother? [J]. Publishing Research Quarterly, 2009, 25(3): 147-153.

[39] XU FEI. Uncovering hidden titles: contributing factors and solutions in the context of SFX migration [J]. Serials Review, 2010, 36(2): 66-71.

[40] DODDS LEIGH. The web's rich tapestry[J]. Learned Publishing, 2009, 22(4): 275-280.

[41] HERB U. Sociological implications of scientific publishing: OA, science, society, democracy, and the digital divide [J]. First

Monday, 2010, 15(2).

[42]ESTRADA-MEJÍA C,FORERO-PINEDA C. The quest for visibility of scientific journals in Latin America[J]. Learned Publishing, 2010, 23(3): 237-252.

[43]HUNG J. Economic essentials of online publishing with associated trends and patterns[J]. Publishing Research Quarterly, 2010, 26 (2): 79-95.

[44]GRIFFIN C. The journal of bone & joint surgery's crosscheck experience[J]. Learned Publishing, 2010, 23(2): 132-135.

[45]FRIEND F. A journal business model to replace the big deal? [J]. Learned Publishing, 2010, 23(1): 69-70.

[46]CLARIDA R W. Electronic copyright rights: do you have what you need? [J]. Publishing Research Quarterly, 2009, 25(4): 199-204.

[47]DAZEY M, PARKS B. Thoughts on open access: an interview with diane graves[J]. Serials Review, 2010, 36(2): 112-115.

[48]PINFIELD S. Paying for open access? Institutional funding streams and OA publication charges[J]. Learned Publishing, 2010, 23 (1): 39-52.

[49]COONEY-MCQUAT S, BUSCH S, KAHN D. Open access publishing: a viable solution for society publishers[J]. Learned Publishing, 2010, 23(2): 101-105.

[50]SHALVI S, BAAS M J J, et al. Write when hot-submit when not: seasonal bias in peer review or acceptance? [J]. Learned Publishing, 2010, 23(2): 117-123.

[51]HOUGHTON J W. Costs and benefits of alternative scholarly publishing models: lessons and developments, 14th International Conference on Electronic Publishing, Helsinki, Finland. June 16-18, 2010[C].ELPUB, 2010: 385-403.

[52]GALIN J R, LATCHAW J. From incentive to stewardship: the shifting discourse of academic publishing [J]. Computers and

Composition, 2010, 27(3): 211-224.

[53] REYMAN J. The rhetoric of intellectual property: copyright law and the regulation of digital culture[M]. New York: Routledge, 2009.

[54] MASANGO C A. Understanding copyright in support of scholarship: some possible challenges to scholars and academic librarians in the digital environment? [J]. International Journal of Information Management, 2009, 29(3): 232-236.

[55] GREEN T. We need publishing standards for datasets and data tables[J]. Learned Publishing, 2009, 22(4): 325-327.

[56] STROBL M, BERNDT R, SETTGAST V, et al. Publishing 3D content as PDF in cultural heritage, 10th International Conference on Virtual Reality, Archaeology and Cultural Heritage, St. Julians, Malta, September 22-25, 2009 [C]. Germany: Eurographics Association, 2009: 117-124.

[57] ZUCCALA A. Open access and civic scientific information literacy [J]. Information Research: An International Electronic Journal, 2010, 15(1).

[58] ZUCCALA A. The layperson and open access[J]. Annual Review of Information Science and Technology, 2009, 43(1): 1.

[59] MARTIN B, TIAN X. Books, byes and business: the promise of digital publishing[M]. Oxfordshire: Routledge, 2016.

[60] FUNK T. Web 2.0 and beyond: understanding the new online business models, trends and technologies [M]. Bloomsbury: Bloomsbury Publishing, 2008.

[61] ALBANESE A, ANDERSON C, FRIEDMAN J, BILTON N. Jumping off a cliff: how publishers can succeed online where others failed. Bookexpocast America 2009 [EB/OL]. [2024-01-23]. https://www.hotelscopenhagen.net/es/bookexpocastcom/.

[62] CHRISTENSEN J. Shortcovers: update on e-reading devices and software, International Digital Publishing Forum Conference, New

York, USA, May 25-27, 2010[C].[S.l.]:IDPF, 2010.

[63]SHATZKIN M. Stay ahead of the shift: what publishers can do to flourish in a community-centric web world[EB/OL]. [2024-01-23]. https://www. idealog. com/blog/stay-ahead-of-the-shift-what-publishers-can-do-to-flourish-in-a-community-centric-web-world/.

[64]KRILL P. Semantic web set for critical mass[EB/OL]. [2024-01-23]. https://www. infoworld. com/article/2632719/semantic-web-set-for-critical-mass.html.

[65]TIAN X, MARTIN B. Digital technologies for book publishing[J]. Publishing Research Quarterly, 2010, 26: 151-167.

[66]HARNAD S. The post-Gutenberg open access journal[J]. Web & Internet Science, 2013.

[67]HARNAD S. Validating multiple metrics as substitutes for expert evaluation of research performance [EB/OL]. [2024-01-24]. https://www. southampton. ac. uk/~ harnad/Hypermail/Amsci/7672.html.

[68]HOUGHTON J, SHEEHAN P. Estimating the potential impacts of open access to research findings [J]. Economic Analysis and Policy, 2009, 39(1): 127-142.

[69]SHIEBER S M. Equity for open-access journal publishing [J]. PLoS Biology, 2009, 7(8).

[70]CYBURT R H, AUSTIN S M, BEERS T C, et al. The virtual journals of the Joint Institute for Nuclear Astrophysics[J]. D-Lib Magazine, 2010, 16(1/2).

第四章 2010 年度数字出版研究综述[*]

2010 年，数字出版实践与研究的热点终于回到大众出版领域。4 月 1 日，美国 6 大出版商中的 5 家联合推出电子书代理制定价模式，引发业内外关于电子书定价机制乃至整个电子书产业未来走向的讨论。与此同时，基于 iPad、Kindle 等移动终端的教学试验在美国多所学校展开，证明用户体验成为行业关注的焦点。澳大利亚政府成立的图书产业战略小组（Book Industry Strategy Group）发布了有关数字出版的战略报告，以帮助该国出版业更好地应对数字化环境下供应链整合所带来的关键问题。反映在研究上，除了电子书方面的探讨，一些来自经济学、传播学的主流研究范式也开始进入这一领域，如采用博弈论分析电子书技术对出版产业影响，等等。当然，整体而言，数字出版领域的研究仍以探讨学术出版为主。其中用户研究方面，英国伦敦大学学院的信息行为与评价研究中心即 CIBER 继 2009 年发布《电子期刊：使用、价值与影响》（*E-journals: their use, value and impact*）首期报告后继续跟进研究，通过建立在定量数据基础上的定性分析，对相关问题有了较为深入的认识。此外，相关专著也从不同方向对数字出版予以关注，如 Ioannis Iglezakis 等（2010）的《电子出版与数字图书馆：法律与组织方面的问题》关注与数字出版相关的法律问题；Solani Ngobeni（2010）的《非洲学术出版：机遇和挑战》有专门章节讨论信息技术对学术出版的影响。当然，更多的研究成果还是一如既往地出现在出版学专

　　* 本章研究内容得到了武汉大学"海外人文社会科学前沿追踪计划"、自科基金项目（70973094）、"武汉大学'70 后'学者学术发展计划"和"新世纪优秀人才支持计划"的资助。

业期刊，以及传播学、计算机科学、经济学等相关学科的刊物上，反映对数字出版的多学科研究视角。

4.1　数字学术出版研究

作为迄今为止最成熟的数字出版领域，学术出版的数字化转型一直是在延续原有产业链架构的基础上进行渐进性改良，而随着ICT 冲击日益加剧，学术出版领域是否也将迎来革命性变化是一个不可回避的命题。时至今日，围绕数字学术出版所展开的研究已颇为丰富，2010 年的相关研究主要涉及学术出版机制、开放获取出版、质量控制与评价以及用户研究 4 个方面。

4.1.1　学术出版机制

从 20 世纪 90 年代以来，一系列科学交流创新试验持续进行，其遵循的逻辑是学术出版已逐步从原有的基于稀缺内容和创作者中心化的印刷模式，转向基于信息冗余、注意力稀缺的数字化出版模式。其中技术改变着学术出版内容的组织、呈现与获取方式，并由此带来崭新的盈利模式。或者概而言之，数字技术的发展改变着学术交流及学术出版的整体面貌。例如，新的数字内容管理系统简化了审稿流程，但要求配备或生成合理的元数据以满足国际化检索标准的要求；演进中的商业模式更强调开放和多元，需要积极地将内容聚合与开放获取等模式纳入考量；而数字权利管理则要求对新环境下创新共用许可等版权处理方式有更加深刻的理解；除此之外，比较显见的变化还有学术评价的改善，由于网络环境下学术出版物的可见度（visibility）提高，更易被用户获取和引用，专家可以由此对学术生产力和影响力进行较为客观的评价。

以上变化势必对原有学术出版和交流系统中学者与学者之间、学者与出版商之间、学者与大学之间、大学与图书馆之间的关系，以及各个主体在新的学术系统中的价值定位产生革命性影响。其中作为学术交流的核心力量，大学出版社未来的发展引起学术界的高度重视。《电子出版期刊》（*Journal of Electronic Publishing*）2010 年第二期发表的9篇文章中有7篇专门讨论大学出版社的机制建设问题。Michael Jon Jensen(2010)认为大学出版社不仅存在于单一的学术生态圈中,而且还处在更大的经济生态系统之中,大学出版社需要更加关注整个经济生态系统的变化对其未来发展的影响。Clifford Lynch(2010)指出大学出版社数字化转型的客观困难。大学出版社个体之间存在较大差异,其中一些规模较大的大学出版社更倾向于加入商业出版商行列。这就造成大学出版社作为一个整体无论是在互相协作实现转型,还是在争取对下游的议价能力上都会受到明显削弱。Peter J. Dougherty(2010)认为重塑大学出版社数字环境中的功能定位主要集中在两个方面:一是开发新的学术产品形式,以弥补传统学术专著之不足;二是利用数字技术优化现有产品,增强可见度与可读性,而要实现这一功能调试,加强编辑、生产、营销等职能部门之间的沟通必不可少。就此,Kate Wittenberg(2010)提出大学出版社需要建立一支研发队伍,集中帮助学者开发具有创新性的学术交流模式,强调对内容新的理解和呈现,开发技术工具,培养战略伙伴等。Joseph J. Esposito(2010)还主张建立统一的大学出版社在线目录,这样可以有效地获得搜索引擎的支持,扩大产品的推广范围,最终实现销售规模的增长。除此之外,Daniel Greenstein(2010)还结合加利福尼亚大学出版社的发展实践,对大学出版社未来的战略规划与商业选择提出建议。

随着各学科领域海量数据的积累,科学活动正朝着以数据挖掘为核心的第四范式方向变革。借助性能强大的计算机程序,对科研成果中的庞大数据进行深入挖掘,寻找隐藏在数据背后的关系与规则,将成为未来研究的基本范式。而从如今论文的内容架构来看,数据在科研论文中占据的比重越来越大,有的论文甚至通篇都是数据及相关描述,掩盖了论文实质性的观点部分。基于此,Erik De Schutter(2010)提出将科研成果中的数据部分从论文中分离出来,单独进入数据仓储。这样做的好处主要有几点:第一,有助于区分不同作者在科研中所承担的工作,明确其贡献度;第二,数据部分的质量可以单独拿出来进行分析,由于目前科研细分与专业化程度的提高,评审专家并不能确保对文章每一部分都有足够的评判能力,尤其是对于复杂的数据分析部分,因此将数据部分提取出来交由相应专家进行判断,有助于实现对论文的质量控制;第三,明确规范的数据发布有利于相关学者之间的数据共享、获取及引用,提高科研工作效率。在科研论文的内容架构中,一个不可忽视的部分是参考文献。随着数字期刊之间相互引用和链接的增多,相应地产生了相似文献、推荐文献等多种相互联系和链接方式。事实上,引文链接与非引文链接担负着不同的使命。前者表明作者创作中对他人研究成果的借鉴,具有相应的人身著作权规范要求,同时是对文章影响力的客观评价,并作为搜索引擎算法中的重要变量决定其是否被收入搜索结果中。后者则主要基于用户对文章内容的期待和评判。文章是否能够被有效地打上标签,并且进入类似"您可能对此感兴趣"等推荐列表,并不取决于出版者,更多的是由用户自主决定的。据此,Mark Anderson Wilk(2010)提出一种将作者开列的参考文献与以用户为中心产生的链接文献区分开来的相关文献模型。如今,基于互联网的文献引用、使用和获取等二次信息服务已成为学者进行科研活动的必要工具,提升这一工具效用的挑战并不在于技术和方法层面,而在于建构一种真正能为学者提供价值服务的数据库。例如,Chris Armbruster(2010)尝试建立一种服务于博士后研究者的信息服务系统。而从学术生产者的角度来看,学者要确保内容能够被用户发现,同样需要加强对图书馆工具的使用(Charlie Rapple,2010)。

4.1.2 开放获取出版

经历了 20 余年的发展,开放获取出版仍然是目前数字学术出版领域最为活跃的研究类别之一。Way(2010)选取了图书情报领域20 种最具影响的期刊,通过对 922 篇样本文献的调查发现,有27%的论文实现了开放获取。除此之外,各学科不同语种文献的开放获取表现也呈现出一些差异性。Rodríguez-Armentia(2010)通过对西班牙语种的 7 类学科文献研究发现,社会与行为科学论文的开放获取程度最高;在实现途径上,临床医学、生命科学、艺术人文与社会科学主要借助出版商实现开放获取出版,物理、化学与地球科学更多依赖主题仓储,计算机、工程与技术领域则以作者个人主页的自我典藏为主。以上研究对于学术出版商和研究资助者准确把握开放获取的现状和趋势具有一定帮助。

整体而言，与科技、医学即 STM 期刊相比，人文社科（Humanities and Social Science，HSS）领域的期刊在开放获取出版方面的力度尚不及前者。Mary Waltham（2010）选取了 8 份美国人文社科领域具有代表性的期刊，其中仅有 1 份期刊向读者或作者提供免费文章，而且相应地，该机构的期刊订阅量出现了下滑。研究者认为，依靠科研人员或生产者经费支持的金色 OA 模式无法保障人文社科领域期刊的可持续发展，因为与典型的 STM 期刊论文相比，HSS 期刊的文章篇幅更长，平均达到 19 页；且其中非同行评议的论文比例较高，达到 38%。这些文章往往难以收取费用。另外，HSS 期刊的单页平均成本为 526 美元，去除印刷成本后依然高达 360 美元，而 HSS 领域学者的科研经费有限，这使得作者难以负担高昂的费用。于是，相对冲击较小的绿色 OA 模式得到 HSS 领域期刊的积极尝试。此外，允许作者将文章发布到在线仓储的禁阅期（embargo）长度同样是关注焦点。鉴于人文社会科学类期刊活跃的生命周期较长，如果参照生物医学类期刊采用较短的禁阅期，无疑将对 HSS 期刊的可持续发展造成严重冲击。

同样针对人文社科类的学术出版物，Ronald Snijder（2010）主要研究了学术图书的可获取性与传播渠道变化对学术传播的影响。Ronald Snijder 从阿姆斯特丹大学出版社（Amsterdam University Press，AUP）选取 400 种学术图书，根据可获取性与渠道的不同将其分成 4 组，包括谷歌图书（Google Book）与 AUP 仓储同时可获取，同时不可获取，以及谷歌图书可获取但 AUP 仓储不可获取，AUP 仓储可获取但谷歌图书不可获取，并提出如下假设：

H1：相比于不可获取的图书，完全可获取图书的显示度较高。

H2：相比于不可获取的图书，完全可获取图书的浏览量和下载量较高。

H3：相比于不可获取的图书，完全可获取图书的被引用率较高。

H4：相比于不可获取的图书，完全可获取图书的销售量较高。

H5：相比于单一渠道的传播，通过机构仓储和谷歌图书搜索传播的图书显示度较高。

H6：相比于单一渠道的传播，通过机构仓储和谷歌图书搜索传播的图书浏览量和下载量较高。

经过为期 9 个月的测试及多元回归分析发现：OA 图书出版与图书被引率之间不存在相关性；OA 出版没有显著促进或削弱图书销量；在传播效果方面，谷歌图书搜索似乎优于机构仓储。关于第一个结果，Ronald Snilder 认为针对学术图书而言，该试验周期较短，且样本量不足是主要原因。至于第二个结果，根据 Amit 等（2001）提出的价值创造理论，学术图书的销售由互补性与交易效率两个因素决定，而电子书的特点恰恰满足这两个要求。但是研究的最终结果不支持假设，作者认为还需进一步探究其中的原因。关于第三个结果，可能因为机构仓储的用户主要局限在学术领域，而谷歌图书搜索的用户可扩展到一般网络用户。以上研究对于更好地理解人文社科领域开放获取出版的发展是有帮助的。

开放获取出版从产生之初即肩负着推动全球科学知识无障碍交流的使命，因此 OA 出版能否缓解地区之间在学术领域的显示度差异也是不能回避的主题。Estrada-Mejía 等（2010）对拉美国家一些优秀学术出版物的显示度策略进行了研究，分析开放获取出版与该地区学术显示度之间的关系。研究结果表明：与开放获取相结合的电子出版客观上提高了发展中国家的科学显示度；全球科技信息系统与国家层面对研究者的激励机制极大地改善了拉美国家的学术生态；在新的状态下，拉美国家的学术期刊需要相互合作，以提高该地区的整体显示度，从而获得全球范围内的学术话语权。

自 2001 年 Steve Lawrence 在《自然》杂志上发表关于开放获取论文被引频次的研究成果以来，开放获取出版是否有利于提高期刊影响力，尤其是否具有引用优势（Open Access Citation Advantage，OACA）①成为

---

① 所谓开放获取引用优势，是指与非 OA 论文相比，OA 论文在被引频次上所具有的优势。如果用 CPP 表示论文的平均被引频次，小写 a 和 na 表示被引论文是否是 OA 论文，OACA 表示 OA 引用优势，则 OACA 的计算方法可用公式表示如下：$OACA = \dfrac{CPPa - CPPna}{CPPna} \times 100\%$。

作者、出版者、科研活动赞助机构等利益相关方最为关心的问题。与此相关的研究一直没有间断，2010 年，A. Ben Wagner 和 Alma Swan 对此进行了系统梳理。A. Ben Wagner 主要通过谷歌学术（Google Scholar）、SciFinder 等搜索工具进行文献排查，得出的结果是，39 篇相关研究文献表明存在开放获取引用优势，而 7 篇文献不支持存在 OACA。Alma Swan 的研究结果与 A. Ben Wagner 的相似，认为 27 篇文献表明存在 OACA，4 篇文献不支持存在 OACA。此外，作者还列出不同学科在 OACA 上的表现，其中医学、农学、物理学/天文学、传播学的表现最佳，OACA 分别达到 300～450，200～600，170～580，200。在 Alma Swan 总结的 31 篇研究文献中，只有 3 篇文献在研究中将自我引用排除，同时对相关变量的影响进行了确切说明。这些文献中以 Yassine Gargouri 等（2010）的研究最具有代表性。该研究对论文发布时间、期刊影响因子、合作作者、参考文献数量、学科领域、论文类型等多种变量进行控制，发现的确存在 OACA。此外，研究者还进一步论证了 OA 论文的引用优势并不是由于论文作者自引造成的，而是基于作者以外的其他用户的自主选择。也有一些相反的结论，Philip M. Davis 等（2010）对美国生理学会（The American Physiological Society，APS）旗下期刊进行了对照试验，从分层抽样获得的 1619 篇论文样本中随机选取 247 篇进入试验组，其余 1372 篇进入控制组，前者实行即时开放获取，后者采用常规出版方式（前 12 个月订阅获取，随后免费获取）。经过 3 年的试验发现，试验组文章的下载量与读者数量明显高于控制组，文章的下载量上高于后者 119%，PDF 下载量上高 61%，用户访问量上高 32%，摘要下载量上则低于对照组 29%，但并没有显示出引用优势。经过 36 个月的试验，试验组平均引用量为 10.6 次，控制组平均引用量为 10.7 次。另外对照 12、18、24、30 个月的监测结果，同样没有显示出明显的差异。

4.1.3　质量控制与评价

质量控制与评价一直是数字学术出版研究的核心议题之一，研究者尤其关注这一传统学术体系的内生机制在数字化环境下的调试与改进。

Ulrich Pöschl(2010)以著名的互动性开放获取期刊《大气物理与化学》(*Atmospheric Chemistry and Physics*,*ACP*)为例,证明开放获取、同行公开评议与互动讨论能够和传统出版的评审优势相结合,促进科学交流的兴盛。该期刊采用两步法选择和出版论文:来稿在通过预筛选程序以后以"讨论论文"的名义发表在期刊网站ACPD(Atmospheric Chemistry and Physics Discussions)上;讨论期结束后,作者根据公开的同行评议和互动讨论结果修改论文,编辑决定接受或者拒绝接受修改稿(Bornmann et al.,2010)。Ulrich Pöschl具体说明了互动性开放获取期刊 *ACP* 同行评议系统的关键特征:第一,在全面的同行评议和论文修改之前,先发布"讨论论文",在此期间的自由讨论、快速发布、作者的公开回应与解释(Public Accountability)有助于学术创新,并阻止轻率的论文提交;第二,正式论文发表之前对公开的同行评议与互动讨论予以整合,较之发布后的同行评议,能获得更多评论,提升质量评价的效率和透明度,扩大终稿的信息密度;第三,随机选取匿名评议人能够确保获得批判性的评论和质疑;第四,每次"讨论论文"和互动性评论可存档、公开获取与引用,因此能够及时保存有争议的科学创新或论文的缺陷,明确评议人的贡献,防止不审慎地发布。互联网环境为创立和发展集中于某一狭窄领域的小型期刊提供了机会,也带来了同行评议方式的变革。为此,Thomas H. P. Gould(2010)提出三种新的同行评议模式,分别是基于排名的同行评议、大众参与式的同行评议与博客互动式同行评议,并指出鉴于小型期刊缺乏雇用相关编辑和评议人的资金实力,大学图书馆需要改变传统学术评价活动中服务者的角色,更多参与到学术科研评价中去。

与此同时,一些研究者更加关注对质量控制效果的实证研究,包括一些客观因素对评议结果造成的影响。Bornmann 与 H. D. Daniel(2010)在说明《大气物理与化学》期刊的出版流程后,对其公开评议系统的预测效度(predictive validity)和评议者之间的信度

（inter-rater reliability）①情况进行了相关研究。预测效度方面，研究者将论文分为三组：第一组是发表在 *ACP* 或 ACPD 上的 958 篇论文；第二组是发表在 ACPD 上或被 *ACP* 拒绝后发表在其他期刊上的 74 篇论文；第三组是来稿中被拒绝以后发表在其他期刊的 17 篇论文。研究者对三组论文在 SCI、CA 和 Scopus 三个文摘索引数据库中的引用情况进行计量分析以后发现，其被引率从第一组到第三组基本呈下降趋势，证明 *ACP* 的新型同行评议系统是有预测效度的，因为它将来稿中质量最高的论文拣选出来予以发表了。评议者之间的信度方面，研究者主要检验了 *ACP* 在 2004—2006 年收到的 465 篇投稿和 1058 则评论。结果表明公开的同行评议过程中，评分者间信度根据不同的标准衡量表现为从较低（根据 Kappa 一致性系数②）到适度（根据组内相关系数③）不等。这说明公开的同行评议并没有大幅度改善评分者间信度。Bornmann 等认为较低的评分者间信度并不意味着评议系统质量控制机制的失灵；因为从某种角度来看，评议者间意见的分歧是学术界存在活力、竞争和多样性的表征。

一个世纪以来，同行评议作为维持学术质量的重要手段，其对象主要是学术论文，如今随着新的评价需求的产生，这一严格的评价体系可能跃迁至期刊层面。作为世界上最大的文摘与引文数据库 Scopus 索引的期刊数量大约为 18000 种，并且以每年 5000 种的数量递增。其中有的期刊来自非常小的学科领域，有的期刊语言是非英文，为了确保公平、透明的期刊评价，Scopus 重新设计了基于可量化的记分卡与同行评议原则的期刊评价机制。该计分卡主要由 5 个大项、16 个小项组成，其中大项分别是期刊方针（权重 20%）、内容（权重 25%）、引用指标（权重 25%）、规则性（权重 10%）与在

① 指对同一对象进行评价时，多个评议者的评分或者评价意见是否具有一致性的问题。

② K coefficient of agreement，指评分者实际评定一致的次数百分比与评分者理论上评定一致的最大可能次数百分比的比率。

③ Intraclass correlation coefficient，指多个评估者评估结果的绝对一致性和相对一致性。

线可获得性(权重 10%)。由于针对期刊所采取的同行评议尚处在试验阶段,仍有许多不足之处,如很少有评议人能够对多个学科领域具有较强的判断力,即便采用标准的评分系统,其中每个标准是否具有较高的评价效度,尤其是对于一些新创立的期刊,相应的评价指标是否完整和充分仍待实践检验(Ove KÄHLER,2010)。

4.1.4　用户研究

学术领域的用户究竟如何使用数字出版物,是数字出版诞生以来科研者关注的焦点。一般来说,数字出版哪个子领域发展愈快,相应地,该领域的用户研究往往也就越发达。一直以来大量存在的关于数字学术出版物用户的调查研究就印证了这一点。

2009 年,英国伦敦大学学院的 CIBER 曾就电子期刊在科研人员中的使用、价值与影响进行了一次全方位的定量调研,得出了许多可信的结论,包括:不同层次的研究机构、不同学科的研究人员在电子期刊使用上大不相同;读者对电子期刊的使用持续到深夜和周末;期刊整体使用频率上升而单次使用成本降低,等等。鉴于第一阶段研究主要采取日志分析的定量方法,难免存在揭示深度不足的问题,在 2009 年 3 月至 2010 年 2 月的第二阶段研究中,CIBER 以第一阶段的研究结论为基础,进一步采取面对面访谈、观察等定性方法,并将所获结果与此前的日志分析结果逐一进行比对,深度挖掘用户数据背后的真实原因。调查研究选取的对象主要来自英国 9 大科研机构,涉及 6 门学科,分别是生物学、化学、地球与环境科学、经济学、历史和物理,共约 1400 名科研人员接受调查。研究发现:电子期刊已成为各学科研究者获取研究内容的主要方式,在人文与艺术领域同样如此;以 Google Scholar、公共医学中心(PubMed Central,PMC)为代表的学术门户网站成为出版商与读者之间的重要纽带;科研人员在浏览文章时更加强调实用主义,将阅读重心放在关键段落;学生作为使用电子期刊的重要群体,主要受到教师和自身兴趣的影响,调查结果显示针对学生群体的电子期刊使用培训具有较高的回报率,且能改变其网络行为。经过此轮研究,研究者更加明确了日志在用户研究中的客观价值,作为对受访者网络行为的准确记录，日志数据可以为建立接下来的访谈框架提供支持(David Nicholas et al., 2010)。Gang (Gary) Wan 等(2010)则针对德州农工大学图书馆员 2005 年至 2008 年使用 IEEE Xplore 数据库的情况进行了详细分析，发现该数据库的使用量从 2005 年至 2007 年逐年上升，2008 年由于新的图书馆网站的推出而有所下滑；其中最初两年校外使用量较高，2007 和 2008 年出现下降；会议论文在数据库中的实际影响力呈上升态势，等等。有意思的是，CIBER 所进行的用户研究是将日志数据作为深度访谈的前提，而 Gang (Gary) Wan 在研究中则将供应商提供的数据(vendor-supplied data)作为日志分析的重要基础，因为前者能为后者提供其用户使用行为的大致图景，更有利于选取日志分析的突破口。

目前，图书馆每年都花费大量财力在数字学术资源采购上。这些资源多大程度上真正被用户所使用是图书馆迫切想了解的。Umut Al 等(2010)就 2006—2009 年土耳其安卡拉大学图书馆用户的 ebrary(电子图书)数据库使用情况，分析了大约 50 万条数据，研究发现其中医药类电子书使用最为频繁，紧随其后的是教育类，其次是语言文学类，在每个学科类别中仅凭少量电子书就满足了将近一半的图书馆用户需求，而大多数电子书甚至从未被使用。据此，研究者针对图书馆管理政策提出几点建议：第一，大学通过联盟方式(consortia)获得的电子书使用情况必须加以有效测量；第二，在与电子书供应商签订许可协议或更新条款时，必须将深度用户分析纳入考量范畴；第三，除了日志数据，图书馆还须通过问卷调查和访谈等方式进一步了解用户为什么使用或不使用有关产品；第四，缺乏用户使用的电子书的比例必须被计算进许可使用的更新条款中，以争取获得相应折扣或补偿。Ebrahim Emrani 等(2010)则利用爱思唯尔的期刊使用报告，对 2004—2009 年包含 58 家科研机构在内的伊朗国家联盟(Iranian National Consortium)的期刊使用数据进行分析，结果显示联盟的电子期刊使用遵循二八法则①或者帕累托法则；研究者建议，针对成本效益的许可模式，应按照学科类

---

① 该二八法则指的是成员 80%的使用量来自于 20%的期刊。

别与期刊使用数量将订阅机构分为 3~4 类。

综上所述，学术出版作为数字出版中最为成熟的领域，其研究的深度和广度都居于领先位置，未来除了在研究设计上更趋精致之外，还需要更具有开放性的研究视角和方法的介入。

4.2　电子书用户使用行为研究

近几年，纸质书与实体书店的衰落是不争的事实。以英国为例，从 2006 年 7 月到 2007 年 4 月的 10 个月中，英国书商协会的独立书店会员减少了 59 个，相当于每周至少关闭一家。① 电子书市场率先在美国取得突破，业外资金开始积极涌入，出版商借此实现较为稳定的收入流。就全球而言，电子书市场的总体规模依然偏小。根据 Andrew Weinstein(2010)的观点，阻滞发展的关键在于电子书版权状况不明确，缺乏对纸质图书数字化转换的投入，缺乏有影响力的电子书经销商，缺乏技术服务商提供基础设施。尽管如此，围绕电子书市场、用户等相关问题的研究已蓬勃展开。

与学术出版领域更多采用调查与数据分析的研究方式有所不同，大众出版或是教育出版领域的研究或许更偏重于试验，通过尽可能贴近用户的方式来摸清楚市场对产品的真实反映。美国多所学校持续进行移动媒体课堂教学的试验便是明证。Sally Maynard (2010)测试了电子阅读器对儿童阅读习惯的影响。参与试验的有三个家庭，每个家庭都由父母和两个 7~12 岁的儿童组成，试验为期两周，受测设备为 Amazon Kindle、Nintendo DS-lite 和 Apple iPod Touch；参与者需要将试验过程中的体验撰写成日志，并且在试验前与试验后接受访谈。结果显示，参与试验的 6 位儿童中，有 4 位表现"狂热"，1 位表现"正常"，1 位表现"消极"；测试的 6 位家长则普遍表现"积极"。试验结束后，所有参与者都偏好选择 Kindle，认为其易用性最好。在被问到偏好纸质书还是电子书时，成年人都

---

① 李晋悦. 独立书店——因为独立所以存活[EB/OL]. [2024-05-07]. http：//www.gmw.cn/01ds/2008-12/24/content_872255.htm.

选择纸质书；儿童则分化明显，其中一半人偏好电子书。Eva Siegenthaler 等（2010）所做的研究则建立在对电子阅读器的易读性与可用性两类指标上。研究者采用眼球跟踪及其他相关的可用性测试方法，对 5 款电子阅读设备和 1 本经典纸质书进行测试。结果发现，采用 e-ink 技术的电子阅读器相较于传统纸质书，有更强的可读性。然而，研究也表明目前市场上的阅读器在易用性方面仍存在诸多问题，用户还无法自如地使用设备。在研究方法上，相对客观的眼球跟踪数据与相对主观的问卷调查所得出的结果之间的差异与互补，更证明了多功能研究方法（Multifunctional Approach）的重要性。

从电子书诞生之日起，其对纸质书销售的影响及其本身的成本核算等经济问题一直是相关领域研究的常规项目。John Hilton Ⅲ 和 David Wiley（2010）利用尼尔森图书调查公司（Nielsen BookScan）的销售数据对 4 大类，图书即非虚构类图书、虚构类图书、兰登书屋出版的图书和拓图书公司（Tor Books）出版的图书共 42 种图书进行了跟踪调查。研究者对比了免费数字版本面市之前和之后 8 周的图书销售数据，发现前 3 类图书总体销量都有所上升；但是拓图书公司的 24 种图书当中只有 4 种书销售上升，纸质书的总体销量下降了 24.14%。据此，研究者认为免费电子书的流通与纸质图书的销售存在适度的相关关系，但是这一研究结果要推衍到其他种类的图书上必须十分谨慎。Dong-Hee Shin（2010）综合运用使用与满足理论（Uses and Gratifications Theory，UGT）、期望确认理论（Expectation Confirmation Theory，ECT）与扩散理论（Diffusion Theory，DT）构建适应电子书环境的用户研究理论模型。其中用户的满足程度主要由 4 个层面组成，分别是感知内容质量、感知服务质量、感知有用性与感知易用性，它们共同影响用户持续性的使用意图。该研究的贡献在于将包含亲切感与熟悉程度的情感因素纳入电子书用户使用与满足的理论框架之中。Yabing Jiang 与 Evangelos Katsamakas（2010）则将博弈论引入电子书技术对出版产业影响的分析中。研究者通过确立纸质书市场和电子书市场信息不对称的概念，测试电子书销售商进入图书市场后，对市场策略互动及相关销售商和消费者的影响。其中市场不对称、电子书销售商的所有者、消费者偏好是决定电子书价格、市场份额以及读者数量的重要变量。研究发现，电子书进入市场后会推高书价；如果电子书零售商仅由一家纸质书销售商所控制，读者数量将减少；当电子书销售商由纸质书网络销售商所控制时，读者数量最少。

无可否认，电子书对读者最直观的改变就是由原来的纸质阅读转向数字阅读。基于物理形态和载体变迁视角下的阅读行为研究，无疑具有现实意义。Terje Hillesund(2010)从阅读物理状态的角度出发，研究了专业读者基于纸质文本和数字文本的阅读方式。鉴于相关信息并不容易通过访谈准确获取，Terje Hillesund 采用半结构化的访谈方式，尽可能避免纯理论话题的问答，也回避对受访者阅读行为的直接观测，而是采取自由交流的方式获取有价值的信息。通过比较发现，数字阅读最主要的问题在于如何将较长段落的文本置入数字阅读环境中，Terje Hillesund 认为其中的主要挑战有两种。第一种挑战是如何在数字环境中复制一种类似纸质条件下的连续性休闲阅读情境，使读者能完全沉浸于阅读的快感之中。对于这一挑战，Terje Hillesund 认为台式计算机与笔记本电脑显然无法满足读者自由驰骋的阅读需求，需要采用专用电子阅读器予以满足。第二种挑战则是创造一种有利于读者不断进行沉思的学习阅读环境。对此，他认为需要更多依靠精巧的设计和创新，因为沉思性的学习阅读环境往往是将连续性与间断性的阅读方式结合起来，其中间断性的阅读方式包括画线和标注等。他给出了一些策略，认为网络浏览器需要发挥其所长，对内容进行大致的展示，并可通过搜索引擎搜寻相关信息。真正提供阅读功能的是专门的阅读应用软件。这些软件应当去除所有繁杂的功能，建立一种包含阅读模式和学习模式的双层结构，其中阅读模式主要应对连续性阅读需求，而学习模式则主要导向间断性阅读，配置有导航、突出显示和注释等多种功能。另外，打印输出功能依然需要，在可预见的时间里，许多读写任务仍需依靠纸张完成。Barry W. Cull(2010)研究了加拿大和美国大学生的阅读行为，从技术科学、社会学、行为学以及神经科学等学科视角深层次剖析了互联网对阅读行为的影响。尽管数字阅读被

Jonah Lehrer（2009）称为"完美的阅读产品"，但 Barry 认为我们仍需警惕，考量全新的屏幕和在线阅读是否会将今天的学生变为 Wolf（2009）所说的"萎缩的读者"。事实上信息的获取与知识的掌握是两件不同的事情，信息技术使得前一种行为变得异常简单，而后者则面临更大的挑战。Barry 还指出了该研究对于各层次教学的意义。

4.3　数字时代的版权管理研究

版权法的终极目标在于维护权利人与公众之间的利益平衡，数字技术并没有动摇这一准则本身，但却在很大程度上改变了维护这一平衡法则的传播环境。因此，呼唤版权法变革的声音始终不绝于耳。

尽管时代的车轮已经迈向 21 世纪，但为我们所熟知的版权法却依然服务于 20 世纪甚至更早时期的出版业。当时的环境下，出版业的复制和传输成本都非常高。这也要求赋予作者的权利相对较少，鼓励其将作品版权转让给中间商，以便使作品获得最广泛的推广。时至今日，复制和传播的限制条件已不复存在，但版权法的运作方式却没有随之调整，使得中间商享有与其在学术领域内实际贡献不相符的权利。因此，由数字技术所带来的低成本、高效率的传播方式应当成为版权法变革最有力的武器（Jessica Litman，2010）。Ejan Mackaay（2010）同样认为，当前的版权期限已经远远超过了对创作者保护的要求，反而沦为服务于少数大型中间商的重要手段，要改变目前这种失衡状况，需要重新审视《伯尔尼公约》一些看似不能触碰的原则，并且由作者自主评估作品的价值，选择适合的时机将作品投放到公共领域——技术的进步已经使得这些流程不再繁琐和成本高昂。Steven Shavell（2009）甚至激进地提出取消学术作品版权的主张，即建立纯粹的开放获取体系。Frank Muller-Langer 与 Richard Watt（2010）对 Steven Shavell 的观点进行了评析，认为这种激进的做法将改变期刊收入的分配格局，同时影响期刊内容的质量。他们由此提出应该对纯粹的开放获取体系作出一定程度的修正，以达到版权利益的平衡。还有其他学者就当前版权法存在的问题提出了相应的调整方式（Terry Hart，2010）。当然，在不同类型的内容领域，中间商对于整个产业链的价值和影响也有所不同。在新闻出版领域，Lesley Chiou（2010）采取实证研究方式，证明了内容聚合商在保障媒体显示度上的客观价值。研究者比较了将美联社内容从谷歌、雅虎等新闻聚合商网站移除前后用户搜索在线新闻的变化情况，发现这些聚合商的确在提高内容提供商网站访问量上起到积极作用。Alfred C. Yen（2010）同样主张不将新闻聚合商定性为侵权者。

在版权实践中，实现版权价值的最大化需要有相应的技术手段作保证。正如 1996 年查尔斯·克拉克（Charles Clark）提出的名言："回应技术所带来问题的最好方式就是采用技术。"（The answer to the machine is in the machine.）数字权利管理（Digital Right Management，DRM）技术无疑是这一理念的典型代表。21 世纪的权利管理技术源自当下的出版实践，如今出版商需要针对不同的终端平台生产不同版本格式的内容。从作者到出版商，再到销售渠道，直至消费者的供应链中包含着复杂的授权和权利管理行为。出版业的利益相关者——创作者、出版商、图书馆、政府、用户都有着不同但却互补的权利管理需求，包括合同条款的明确性，权利人与作品之间关系的确认，版权的投资回报，对许可期限的遵守，数字作品的真实性与安全性，特定数字版本的可获取性，鉴别公共领域作品和孤儿作品的可行机制，与产业链各方顺畅的沟通机制，等等。为了满足这些复杂的版权管理需求，实现数字内容产业的繁荣，Mark Bide 与 Alicia Wise（2010）认为核心的数字权利管理系统的基础设施建设必须由民主和透明的标准机构而不是私人机构来承担；国际性的开放标准可以有效收集、维护和交换权利信息，使权利人在控制内容的基础上高效完成内容的许可和授权。当然，尽管 DRM 技术是处理盗版问题的有效手段，但嵌入 DRM 技术也的确会对合法用户的使用造成一些不便。因此，针对数字权利管理的最佳平衡点，似乎存在一定分歧。Illtae Ahn 与 Ilsoon Shin（2010）以无 DRM 技术为基准模型，在其上不断增加特色功能，试图寻求最优方案的 DRM 技术。研究发现：第一，当 DRM 技术中的反盗版功能不太有效或版权执法力度较强时，无 DRM 技术的产品对于销售商来说有利可图；第二，如果 DRM 技术的反盗版功能有效，或版权执法力度很弱，则出版商有强大动机坚持施行高标准的 DRM 技术；第三，政府较强的版权执法力度有利于提高无 DRM 技术数字产品的传播范围；第四，大部分均匀分布条件下采用 DRM 技术的结果，在一般分布条件下依然有效，与之相反，较强执法环境对社会福利和消费者剩余的影响则趋向模糊。

另外，Claudia Loebbecke 等（2010）还针对德国消费类电子书市场，通过问卷调查探测了用户对于电子书采取 DRM 技术的态度，研究者提出了四项假设：H1，消费者认可电子书的价值；H2，消费者对于目前的电子书购买流程存在不满；H3，消费者关心电子书获取的持久性，以及个人数据的使用；H4，消费者对于目前电子书的价格存在不满。研究表明，尽管大部分消费者认可电子书的价值，但对免费电子书和付费电子书的评价却存在很大不同。消费者认为受保护的电子书价值不高的原因有两点：一是不同设备之间存在互操作问题；二是消费者不希望因为购买了一款阅读器而被商家锁定。另外，电子书的购买流程仍过于复杂，电子书价格仍然偏高，用户预计未来可能出现新的 DRM 技术。这抑制了电子书市场的壮大。

DRM 技术在传统上被认为是对用户权利的一种剥夺，正因为如此，其社会认可度一直较低。这也激发人们寻求新的解决途径，其中语义网技术被视为一种解决方案。目前的做法是将基于 RDF 的常用协议和查询语言（Simple Protocol And RDF Query Language，SPARQL①）与网络本体（Web Ontology Language，OWL②）一同置入产品信息之中。在充分保障版权的情况下，可以有效管理内容的分发。通过语义网技术，相应的软件可以处理内容、理解内容，并且

---

① 它是为 RDF 开发的一种查询语言和数据获取协议，它是为 W3C 所开发的 RDF 数据模型所定义，但是可以用于任何可以用 RDF 来表示的信息资源。
② 它是 W3C 开发的一种网络本体语言，用于对本体进行语义描述。

执行逻辑推理，自动解决日常问题。而全新的语义版权(semantic copyright)平台系统是由公共部门、公司和个人共同组成，目标是促进合法内容的有效传播，以保证创作者、权利所有人与版权作品使用者在网络上自由获取资源。接下来将对该系统的结果和影响进行公开讨论，并且将其他注册系统引入语义版权系统中，以建立起彼此互联的公共标准，共同提供作品的知识产权信息。对创作者来说，该系统将提供可信且及时的作品信息，以提升对作者精神权利的保护；对权利所有者来说，该系统将提供有关作品开发权利的明确信息，有利于其对作品进行充分开发；对使用者来说，该系统最大的好处是可明确其使用的产品是否具有合法性。

上述研究让我们清晰地看到，版权问题绝不应限于保护本身，而应思考如何在协调各方利益的前提下，实现版权价值的最大化。

4.4 数字技术在出版业的应用研究

近几年，各国政府都在加大数字出版相关领域的投入力度。其中澳大利亚政府资助的科研项目旨在关注数字技术对该国图书出版产业的影响。Xuemei Tian 与 Bill Martin(2010)通过对澳大利亚已涉足数字出版业务的 14 家出版商的个案研究，以及随后跟进的深度访谈，就当前该国整个出版业数字化发展状况以及未来可能影响产业发展的典型技术进行了分析。总体而言，影响产业发展的技术来自三方面：一是改变出版流程前端与后端的生产型技术；二是实现生产和传播过程中价值增值的内容型技术，其代表是数字资产管理系统；三是涉及内容储存、用户界面、社群建立的传播型技术。研究者还特别指出了 Web2.0 和语义网对出版业未来发展的深远影响。

XML 语言是语义万维网的基本工具之一。对于大多数图书出版商而言，引入基于 XML 的编辑与生产流程尽管似乎是大势所趋，但对于中小出版企业来说，实现这一目标存在如下障碍：缺乏针对 XML 的标准性的编辑和创作软件；出版领域内部缺乏熟练运用 XML 技术的编辑人才；缺乏将 XML 文档直接生成印刷文件的标准方式。对此，加拿大西蒙菲莎大学（Simon Fraser University）的 Maxwell（2010a）在出版专业课程中，利用出版业内常用的工具和技能，尝试建立基于 XML 的编辑和生产流程。他提出以万维网本身作为编辑和内容管理平台，以标准的万维网脚本工具来完成转换工作，利用 Adobe 的 IDML（InDesign Markup Language）文件格式来整合版式工具。他认为万维网应当成为联系用户、开发内容、聚合产品资源的默认平台，同时也是出版商重塑运营模式的起点。据此，Maxwell（2010b）在另一篇文章中提出建构现代出版范式的四大关键理念，分别是以快捷出版为方法论，以在线内容管理系统为核心，利用 HTML 标记作为实现 XML 出版流程的方式，对出版营销进行重新设计。

随着数字出版快速发展，出版商获取用户数据的方式和途径越来越广泛，包括数字产品的订阅记录，作者与评议人数据，在线服务试用的注册者名单，机构使用报告，等等。然而这些用户数据往往分散在不同的专业仓储和系统中，有的在公司内部，有的甚至在第三方服务提供商手中。此外，出版商的用户数据本身还存在一些固有问题。第一，一个用户在不同系统中注册的信息可能存在不一致；第二，用户之间的层次关系往往较为复杂，例如一位作者可能隶属于一个学术部门（机构），该部门（机构）又从属于一所大学（另一家机构），然后该所大学又是一个联盟的成员。要将这些来源多样、内在结构复杂的用户数据统合到一个数据仓储，需要进行大量的数据清洗以去除冗余，还要将数据标准化，其耗费的精力和时间都是庞大的（James Culling，2010）。据此，数据沙龙公司（Data Salon）提出了一种灵活的解决方案 MasterVision。这是一款专门针对不同出版商设计的基于网络的产品，依附于不同出版商的数据来源，以只读方式运行。该解决方案的核心理念是动态数据建模，花费大量时间设计并规范一种数据模型，MasterVision 的做法就像是一个"空蛋壳"，围绕数据建构起来，本质上就是使无论什么来源的数据都能够被检索和显示并组成报告。可以进行重复用户数据的删除，并且依靠灵活的集成引擎，完成用户数据的自动拼接，在单一界面上看到某用户的完整信息。

在数字化时代，面对全新的互动环境，作者往往处于技术劣势地位，如何通过简易实用的软件帮助其完成充满创意的多媒体创作，同样是值得关注的问题。Kalin Georgiev 与 Miloslav Sreckov（2010）推介的 Sophie 是一款由美国南加州大学研发的用于互联环境下创作并阅读互动型图书的软件包，旨在帮助缺乏专业技术的作者利用现有的富媒体资源进行互动图书的创作，并且获得及时的读者反馈。作为 Sophie 平台的一部分，Sophie 服务器支持创作者之间相互合作，作者既可以同时进行线上操作，也可以先在线下创作完成一部分后再在联网条件下上传。

在数字产品格式方面，EPUB 作为时下最有影响力的电子书格式，最大的优势在于它能够适应目前市面上最流行的各种阅读器，包括 iPad、NOOK 和 Kindle 等。当然，它也存在诸多局限性，如内部文档组合较为粗糙，图像开发工具不完善。2010 年，Elizabeth Castro 推出一本新书《EPUB 直击要点：面向苹果 iPad 和其他阅读器制作电子书》，向读者展示如何制作一款 EPUB 电子书，使文件呈现更加美观，同时努力克服 EPUB 格式存在的一些问题。作者以亲身经历详细介绍了如何通过 Word 与 Indesign 软件制作并发布电子书，能够使 EPUB 较好地适应不同终端平台的阅读需求。

除了以上数字出版工具的推广，一些相对软性的技术，如学术搜索引擎优化（Academic Search Engine Optimization，ASEO）等也得到了研究者的重视。Jöran Beel 等（2010）指出 ASEO 与传统网站的 SEO 有四个方面的不同。首先，由于 Google 是搜索引擎的市场领导者，一般网站只需针对 Google 进行网站优化，而在学术搜索领域，由于缺乏类似的领导者，科研人员需要针对不同网站进行优化。而不同网站在遍历程序和排名算法上又各有不同，要进行 ASEO 的工作量可想而知。其次，与一般网页不同，大部分学术文章存储在出版商数据库中，即便是 CiteSeer、Scirus 和 Google Scholar 也无法覆盖所有文献。这也为科研人员进行 ASEO 带来挑战。再次，一般网站开发者可以根据需要对网页内容进行更新调整，对学术文章则很难做到这一点。最后，普通网络搜索引擎几乎可以对网站的全部文本进行索引，而学术搜索引擎基本上只能索引到标题和摘要级别。Jöran Beel 认为，人们不应该将 ASEO 视为一种学术欺诈行为，它只是一种促进搜索引擎更好地理解学术文章并且实现学术内容广泛传播的技术手段。长远来看，ASEO 将成为研究者从事科研工作的惯常做法。

技术问题是数字出版无法绕开的主题，但对于技术问题的研究，只有紧紧围绕实现内容的价值增值，促进内容的传播推广，增强用户阅读体验等出版活动的内在使命，研究成果才具有更强的生命力。

（方卿　徐丽芳　丛挺）

参考文献

[1] WAGNER A B. Open access citation advantage：an annotated bibliography[J/OL]. Issues in Science and Technology Librarianship, 2010. [2024-01-17]. http://www.istl.org/10-winter/article2.html.

[2] JONES A. Piracy：The intellectual property wars from Gutenberg to Gates[M]. Chicago：The University of Chicago Press, 2010.

[3] ZUCCALA A. Open access and civic scientific information literacy [J/OL]. Information Research, 2010, 15（1）. [2024-01-17]. https://files.eric.ed.gov/fulltext/EJ881439.pdf.

[4] ANDERSON-WILK M. In defense of the reference：more than linking in evolving Web environments [J]. Learned Publishing, 2010, 23(3)：253-257.

[5] WEINSTEIN A. A look at global expansion for e-books [J]. Publishing Research Quarterly, 2010, 26：11-15.

[6] JINHA A E. Article 50 million an estimate of the number of scholarly articles in existence[J]. Learned Publishing, 2010, 23（3）：258-263.

[7] CULL B W. Reading revolutions：online digital text and implications for reading in academe [J/OL]. First Monday, 2011, 16（6）. [2024-01-17]. https://firstmonday.org/ojs/index.php/fm/article/

view/3340/2985.

[8] BIRD C. Continued adventures in open access: 2009 perspective [J]. Learned Publishing, 2010, 23(2): 107-116.

[9] BJ ÖRK B-C, WELLING P, LAAKSO M, et al. Open access to the scientific journal literature: situation 2009[J]. PLoS ONE, 2010, 5 (6): e11273.

[10] BORNMANN L, DANIEL HD. Reliability of reviewers' ratings when using public peer review: a case study [J]. Learned Publishing, 2010, 23(2):124-131.

[11] MUSSINELLI C. Digital publishing in Europe: a focus on France, Germany, Italy and Spain [J]. Publishing Research Quarterly, 2010, 26: 168-175.

[12] MEYER C A. Researcher tools for evaluating trustworthiness: crosscheck plagiarism, screening and crossmark [J]. Library Connect, 2010, 8(11): 7.

[13] JOHNSON C A, YADAMSUREN B. Libraries in transition: how librarians in Mongolia are re-visioning the role of libraries in the new democracy, a case study[J]. The International Information & Library Review, 2010, 42(1): 1-7.

[14] ARMBERUSTER C. Whose metrics? Citation, usage and access metrics as scholarly information service[J]. Learned Publishing, 2010, 23(1): 33-38.

[15] LOEBBECKE C, BARTSCHER P, WEIS T, et al. Consumers' attitudes to digital rights management (DRM) in the German trade ebook market, 2010 Ninth International Conference on Mobile Business and 2010 Ninth Global Mobility Roundtable (ICMB-GMR), Athens, Greece, June 13-15, 2010 [C/OL]. [S.l.]: IEEE, 2010: 337-344. [2024-01-17]. https://ieeexplore.ieee. org/stampPDF/getPDF. jsp? tp = &arnumber = 5494849&ref = aHR0cHM6Ly9pZWVleHBsb3JlLmllZWUub3JnL2Fic3RyYWN0L2RvY3VtZW50LzU0OTQ4NDk =.

［16］LYNCH C. Imagining a university press system to support scholarship in the digital age［J/OL］. Journal of Electronic Publishing, 2010, 13（2）. ［2024-01-17］. https://quod. lib. umich. edu/j/jep/ 3336451.0013.207? view＝text；rgn＝main.

［17］COONEY-McQUAT S, BUSCH S, KAHN D. Open access publishing: a viable solution for society publishers［J］. Learned Publishing, 2010, 23（2）: 101-105.

［18］GREENSTEIN D. Next-Generation university publishing: a perspective from California［J/OL］. Journal of Electronic Publishing, 2010, 13 （12）. ［2024-01-17］. https://quod. lib. umich. edu/j/jep/ 3336451.0013.205? view＝text；rgn＝main#top.

［19］OZONOFF D M, GRANDJEAN P. Milestones and impact factors ［J/OL］. Ozonoff and Grandjean Environmental Health, 2010, 9: 3.［2024-01-17］. http://www.ehjournal.net/content/9/1/35.

［20］DAZEY M, BONNIE P. Thoughts on open access: an interview with Diane Graves［J］. Serials Review, 2010, 36（2）: 112-115.

［21］SHIN Dong-Hee. Understanding e-book users: uses and gratification expectancy model［J］. New Media & Society, 2010, 13（2）: 260-278.

［22］EMRANI E, MORADI-SALARI A, JAMALI H R. Usage data, e-journal selection, and negotiations: an Iranian consortium experience［J］. Serials Review, 2010, 36（2）: 86-92.

［23］CASTRO E. EPUB straight to the point: creating ebooks for the Apple IPad and other ereaders［M］. ［S. l.］: Peachpit Press, 2010.

［24］DE SCHUTTER E. Data publishing and scientific journals: the future of the scientific paper in a world of shared data ［J］. Neuroinform, 2010, 8（3）: 151-153.

［25］ESTRADA-MEJÍA C, FORERO-PINEDA C. The quest for visibility of scientific journals in Latin America［J］. Learned Publishing, 2010, 23（3）: 237-252.

[26]SIEGENTHALER E, WURTZ P, GRONER R. Improving the usability of e-book readers[J]. Journal of Usability Studies, 2010, 6(1): 25-38.

[27]FOOTE J B, RUPP-SERRANO K. Exploring e-book usage among faculty and graduate students in the geosciences: results of a small survey and focus group approach [J]. Science & Technology Libraries, 2010, 29(3): 216-234.

[28]MUELLER-LANGER F, WATT R. Copyright and open access for academic works [J/OL]. Review of Economic Research on Copyright, 2010, 7(1): 45-65. https://papers.ssrn.com/sol3/papers.cfm? abstract_id=1647586.

[29]FRIEND F. A journal business model to replace the big deal? [J]. Learned Publishing, 2010, 23(1): 69-70.

[30]GALIN J R, LATCHAW J. From incentive to stewardship: the shifting discourse of academic publishing [J]. Computers and Composition, 2010, 27(3): 211-224.

[31]WAN G, LIU Z. Knowing your users: the value of article database usage analysis[J]. Learned Publishing, 2010, 23(3): 225-235.

[32]GLAHN P. Why outsourcing cannot help profitability in today's challenging times[J]. Learned Publishing, 2010, 23(1): 67-68.

[33]GRIFFIN C. The journal of Bone & Joint Surgery's crosscheck experience[J]. Learned Publishing, 2010, 23(2): 132-135.

[34]AHN I, SHIN I. On the optimal level of protection in DRM[J]. Information Economics and Policy, 2010, 22(4): 341-353.

[35]IGLEZAKIS I, SYNODINOU T-E, KAPIDAKIS S. E-Publishing and digital libraries: legal and organizational issues[M]. [S.l.]: IGI Global, 2010.

[36]BLOM J J. Globalization, open access publishing, and the disappearance of print: threat or opportunity? [M]// BLOCK D L, FREEMAN K C, PUERARI I. Galaxies and Their Masks, 2010: 139-146.

[37] CULLING J. All together now integrating customer data with MasterVision[J]. Learned Publishing, 2010, 23(2): 85-92.

[38] HUNG J. Economic essentials of online publishing with associated trends and patterns[J]. Publishing Research Quarterly, 2010, 26 (2): 79-95.

[39] LEE J. Digital technologies in Australia's book industry[EB/OL]. [2024-01-18]. http://www.innovation.gov.au/Industry/Booksand Printing/BookIndustry Strategy Group/Documents/Digital Technologies In Australias BookIndustry.pdf.

[40] LITMAN J D. Real copyright reform[J/OL]. Iowa Law Review, 2010, 96(1): 1-55. [2024-01-18]. https://repository.law.umich.edu/cgi/viewcontent.cgi? article=1214&context=articles.

[41] HILTON III J L, WILEY D A. The short-term influence of free digital versions of books on print sales[J/OL]. Journl of Electronic Publishing, 2010, 13 (1). [2024-01-18]. https://quod.lib.umich.edu/j/jep/3336451.0013.101? view=text;rgn=main

[42] HILTON III J L, WILEY D A. A sustainable future for open textbooks? The Flat World Knowledge story[J]. First Monday, 2010, 15(8).

[43] HOUGHTON J W. Costs and benefits of alternative scholarly publishing models: lessons and developments, publishing in the networked world: transforming the Nature of Communication, 14th International Conference on Electronic Publishing, Helsinki, Finland, June 16-18, 2010[C].[S.l.]: ELPUB, 2010: 385-403.

[44] MAXWELL J W, MACDONALD M, NICHOLSON T, et al. XML production workflows? Start with the Web[J/OL]. The Journal of Electronic Publishing, 2010, 13 (1). [2024-01-18]. https://quod.lib.umich.edu/j/jep/3336451.0013.106? view=text;rgn=main

[45] MAXWELL J W, FRASER K. Traversing the book of mpub: an agile, web-first publishing model[J]. The Journal of Electronic

Publishing, 2010, 13(3).

[46]BEEL J, GIPP B, WILDE E. Academic search engine optimization (aseo): optimizing scholarly literature for Google Scholar & Co [J]. Journal of scholarly publishing, 2010, 41(2): 176-190.

[47]ESPOSITO J J. Creating a Consolidated Online Catalogue for the University Press Community[J]. Journal of Scholarly Publishing, 2010, 41(4): 385-427.

[48]ESPOSITO J J. Stage Five Book Publishing[J/OL]. Journal of Electronic Publishing, 2010, 13 (2). [2024-01-18]. https://quod.lib. umich. edu/j/jep/3336451.0013.204? view = text; rgn = main.

[49]HOUGHTON J W. Open access: what are the economic benefits? A comparison of the United Kingdom, Netherlands and Denmark [J/OL]. SSRN. [2024-01-18]. https://papers. ssrn. com/sol3/papers.cfm? abstract_id=1492578.

[50]GEORGIEV K, SREDKOV M. Sophie 2.0-a platform for reading and writing ofinteractive multimedia books in a networked environment, Publishing in the networked world: Transforming the Nature of Communication, 14th International Conference on Electronic Publishing, Helsinki, Finland, June 16-18, 2010[C]. [S.l.]: ELPUB, 2010: 437-443.

[51]WITTENBERG K. Reimagining the university press [J/OL]. Journal of Electronic Publishing, 2010, 13(2). [2024-01-18]. https://quod. lib. umich. edu/j/jep/3336451. 0013. 203? view = text; rgn = main.

[52]GUIMIERO K A, DE SOUZA COSTA S M. Business models for electronic open access journals and disciplinary differences: a proposal, publishing in the networked world: transforming the nature of communication, 14th International Conference on Electronic Publishing, Helsinki, Finland, June 16-18, 2010[C]. [S.l.]: ELPUB, 2010.

［53］MCCLANAHAN K, WU L, TENOPIR C, et al. Embracing change：Perceptions of e-journals by faculty members［J］. Learned Publishing, 2010, 23(3)：209-223.

［54］KRELL F-T. Should editors influence journal impact factors? ［J］. Learned Publishing, 2010, 23(1)：59-62.

［55］KUMAR M N. The "peer reviewer as collaborator" model for publishing［J］. Learned Publishing, 2010, 23(1)：17-22.

［56］BORNMANN L, HANS-DIETER D. Predictive validity of editorial decisions at an electronic open access journal, publishing in the networked world：transforming the nature of communication, 14th International Conference on Electronic Publishing, Helsinki, Finland, June 16-18, 2010［C］.［S.l.］：ELPUB, 2010：40-44.

［57］BIDE M, WISE A. 21st-century rights management：why does it matter and what is being done? ［J］. Learned Publishing, 2010, 23(1)：23-31.

［58］MAERTIN B, TIAN X M. Books, bytes and business：the promise of digital publishing［M］. ［S.l.］：Routledge, 2010.

［59］ZIMA M, JEZEK K. Translation of XML documents into logic programs, publishing in the networked world：transforming the nature of communication, 14th International Conference on Electronic Publishing, Helsinki, Finland, June 16-18, 2010［C］. ［S.l.］：ELPUB, 2010：351-362.

［60］WALTHAM M. Humanities and social science journals：a pilot study of eight US associations［J］. Learned Publishing, 2010, 23(2)：136-143.

［61］WALTHAM M. The future of scholarly journal publishing among social science and humanities associations［J］. Journal of Scholarly Publishing, 2010, 41(3)：257-324.

［62］MEDDING K. Credit where credit's due：plagiarism screening in scholarly publishing［J］. Learned Publishing, 2010, 23(1)：5-8.

［63］JENSEN M J. University Presses in the Ecosystem of 2020［J］.

Journal of Electronic Publishing, 2010, 13(2). [2024-01-18]. https://quod. lib. umich. edu/j/jep/3336451. 0013. 209? view = text;rgn = main.

[64]WEISBERG M. Student attitudes and behaviors towards digital textbooks[J]. Publishing Research Quarterly, 2011, 27: 188-196.

[65]POYTHRESS N, PETRILA J P. PCL-R psychopathy: threats to sue, peer review, and potential implications for science and law. A commentary[J]. International Journal of Forensic Mental Health, 2010, 9(1): 3-10.

[66]KÄHLER O. Combining peer review and metrics to assess journals for inclusion in Scopus[J]. Learned Publishing, 2010, 23(4): 336-346.

[67]CLIFTON P. Teach them to fish: empowering authors to market themselves online[J]. Publishing Research Quarterly, 2010, 26 (2): 106-109.

[68]DOUGHERTY P J. Reimagining the university press: a checklist for scholarly publishers[J/OL]. Journal of Electronic Publishing, 2010, 13(2). [2024-01-18]. https://quod.lib.umich.edu/j/jep/ 3336451.0013.202? view=text;rgn=main.

[69]DAVIS P M. Does open access lead to increased readership and citations? [J]. The Physiologist, 2010, 53(6): 197-201.

[70]PINFIELD S. Paying for open access? Institutional funding streams and OA publication charges[J]. Learned Publishing, 2010, 23 (1): 39-52.

[71]BERNDT R, BLÜMEL I, WESSEL R. PROBADO3D-towards an automatic multimedia indexing workflow for architectural 3D models, publishing in the networked world: transforming the nature of communication, 14th International Conference on Electronic Publishing, Helsinki, Finland, June 16-18, 2010[C].[S.l.]: ELPUB, 2010: 79-88.

[72]CYBURT R H, AUSTIN S M, BEERS T C, et al. The virtual

journals of the joint institute for nuclear astrophysics[J/OL]. D-Lib Magazine, 2010, 16. [2024-01-18]. http://www.dlib.org/dlib/january10/cyburt/01cyburt.html.

[73] RODRÍGUEZ-ARMENTIA N, AMAT C B. Is it worth establishing institutional repositories? The strategies for open access to Spanish peer-reviewed articles[J]. Learned Publishing, 2010, 23(3): 193-208.

[74] SNIJDER R. The profits of free books: an experiment to measure the impact of open access publishing[J]. Learned Publishing, 2010, 23(4): 293-301.

[75] MAYNARD S. The impact of e-books on young children's reading [J]. Publishing Research Quarterly, 2010, 26(4): 236-248.

[76] ROCKWELL S. Ethics of Peer Review: A Guide for Manuscript Reviewers[EB/OL]. [2024-01-18]. https://ori.hhs.gov/sites/default/files/prethics.pdf.

[77] THOMPSON S. User—driven purchasing: a pilot project to test an alternative pricing model for Springer e-book collections[J]. Serials Community, 2010, 23(2): 135-139.

[78] SHALVI S, BAAS M, HANDGRAAF M J J. Write when hot-submit when not: seasonal bias in peer review or acceptance? [J]. Learned Publishing, 2010, 23(2): 117-123.

[79] SHRAGER J. The promise and perils of pre-publication review: a multi-agent simulation of biomedical discovery under varying levels of review stringency[J]. PLoS ONE, 2010, 5(5): e10782.

[80] NGOBENI S. Scholarly publishing in Africa: opportunities & impediments[M]. [S.l.]: Africa Inst of South Africa, 2010.

[81] SWAN A. The open access citation advantage: studies and results to date [EB/OL]. [2024-01-18]. https://eprints.soton.ac.uk/268516/2/Citation_advantage_paper.pdf

[82] HILLESUND T. Digital reading spaces: how expert readers handle books, the web and electronic paper[J/OL]. First Monday, 2010,

15（4）. ［2024-01-18］. https://firstmonday. org/ojs/index. php/
fm/article/view/2762/2504.

［83］GOULD T H P. Scholar as e-publisher: the future role of
［anonymous］peer review within online publishing［J］. Journal of
Scholarly Publishing, 2010, 41(4): 428-448.

［84］AL U, SOYDALİ, TONTA Y. Analysis of e-book use: the case of
ebrary, publishing in the networked world: transforming the nature
of communication, 14th International Conference on Electronic
Publishing, Helsinki, Finland, June 16-18, 2010［C］.［S. l.］:
ELPUB, 2010: 315-329.

［85］ULLRICH T, SETTGAST V, BERNDT R. Semantic enrichment for
3D documents-techniques and open problems, publishing in the
networked world: transforming the nature of communication, 14th
International Conference on Electronic Publishing, Helsinki,
Finland, June 16-18, 2010［C］.［S.l.］: ELPUB, 2010: 374-384.

［86］HERB U. Sociological implications of scientific publishing: OA,
science, society, democracy, and the digital divide［J/OL］. First
Monday, 2010, 15(2). ［2024-01-18］. https://firstmonday. org/
ojs/index.php/fm/article/view/2599/2404.

［87］PÖSCHL U, KOOP T. Interactive open access publishing and
collaborative peer review for improved scientific communication and
quality assurance［J］. Information Services & Use, 2008, 28(2):
105-107.

［88］WAN G, ZAO L. Knowing your users: the value of article database
usage analysis［J］. Learned Publishing, 2010, 23(3): 225-236.

［89］WAY D. The open access availability of library and information
science literature［J］. College & Research Libraries, 2010, 71
(4): 302-309.

［90］TIAN X, MARTIN B. Digital technologies for book publishing［J］.
Publishing research quarterly, 2010, 26: 151-167.

［91］XU F. Uncovering hidden titles: Contributing factors and solutions in the context of SFX migration［J］. Serials Review, 2010, 36 (2): 66-71.

［92］JIANG Y, KATSAMAKAS E. Impact of e-book technology: Ownership and market asymmetries in digital transformation［J］. Electronic Commerce research and applications, 2010, 9 (5): 386-399.

［93］GARGOURI Y, HAJJEM C, LARIVIÈRE V, et al. Self-selected or mandated, open access increases citation impact for higher quality research［J］. PLoS ONE, 2010, 5(10): e13636.

［94］House of Commons. Peer review in scientific publications: eighth report of session 2010-12［R］. London: The Stationery Office, 2011.

［95］PENG Y P, HWANG S N, WONG J Y. How to inspire university librarians to become "good soldiers"? The role of job autonomy ［J］. The Journal of Academic Librarianship, 2010, 36(4): 287-295.

［96］ZHANG H. CrossCheck: an effective tool for detecting plagiarism ［J］. Learned Publishing, 2010, 23(1): 9-14.

第五章　2011 年度数字出版研究综述*

　　2011 年，人们的视线依然聚焦在美国电子书市场，代理定价制推出一年之后争议不绝于耳，有学者呼吁出版商重夺电子书产业主导权，有的则将其视作变相涨价的代名词。8 月，西雅图一家律师事务所向加州地方法院提起集体诉讼，控告美国五大出版商和苹果公司联合操纵电子书价格。不论结果如何，这起诉讼将亚马逊主导的网络零售商与大型出版商之间的力量博弈从幕后推向台面，并将对数字出版的未来走向产生深远影响。数字教育出版发展势头迅猛，但依然处在雷声大雨点小的阶段，美国书业研究集团（Book Industry Study Group，BISG）等研究机构和科研人员围绕电子教材的采纳展开深入探索，发现仍然存在诸多阻滞因素，其中不仅涉及学生群体的接受状况，还牵涉传统教育出版体系中各利益相关者。开放教学资源（Open Courseware，OCW）有望成为接下来一段时期里研究者持续关注的热点。技术方面，最具标志性的事件是 2011 年 10 月 11 日国际数字出版论坛正式宣布完成 EPUB 3.0 版本的制定工作。相比于早前的版本，EPUB 3.0 明显加强了对多媒体与复杂公式等内容的支持，同时兼容 HTML 5 与 CSS 3 标准，极大拓展了数字内容的表现形式和空间，在增强型电子书发展道路上迈出了至关重要的一步。巧合的是，今年在开放获取出版与电子书两个重要研究门类，各有一篇回顾性文章推出，分别对各自发展进程中的一些重要转折事件进行系统梳理以建立未来发展的新坐标。另外，

　　* 本章研究内容得到了武汉大学 2009 年度"海外人文社会科学前沿追踪计划""武汉大学'70 后'学者学术发展计划""新世纪优秀人才支持计划"以及国家哲学社会科学基金重大项目（12&ZD025）的资助。

建立在开放获取基础上的开放数据研究的兴起也揭示出科技出版的前进方向，即数据密集、语义与互动出版。由此看出，数字出版研究中进展最快、积累最丰富的依旧是数字学术出版领域。

5.1 开放获取与质量控制研究

数字学术出版的发展主要围绕开放获取、质量控制与计量评价等核心问题进行。开放获取即 OA 出版面临新的机遇和挑战：一方面，在经历了 20 余年的发展后，尽管在数量上有了较大突破，但科研领域整体接受状况仍不甚理想，未来需要更有针对性的政策支持；另一方面，随着开放科学理念的兴起，OA 出版已经超越简单的文献分享而进入到数据集共享的更高层次。质量控制方面，学者依然将目光聚焦在同行评议体系的效度问题上，而计量方法则在评价期刊出版业的市场集中度与国际影响力方面发挥重要作用。

5.1.1 开放获取出版

PLoS ONE 作为美国公共科学图书馆（PLoS）旗下的一份重要刊物，在开放获取出版领域具有重要影响。2011 年，Mikael Laakso 等以开放获取期刊目录（DOAJ）的统计标准为基础，从各个期刊网站系统人工收集 OA 期刊与文章的数据，并采取分层随机抽样方法，对 1993—2009 年开放获取出版的历史发展情况进行了系统梳理。结果显示，从 2000 年至今，OA 期刊与文章数量分别以 18% 和 30% 的速度增长，远远超过传统学术期刊 3.3% 的增长率。截至 2009 年，经同行评议的 OA 期刊文章数量已占期刊文章总量的 7.7%，大约有 191000 篇文章发表在 4769 种 OA 期刊上。这些期刊中大部分是原生型 OA 期刊，还有少部分是由具有一定影响力的学术期刊转型而来。开放获取出版经历了早期的开创阶段（1993—1999 年），蓬勃发展的创新阶段（2000—2004 年），直至目前的整合阶段（2005—2009 年），已经从专业平台上学者们零散自发的交流分享行为，逐步演进到规模化运作方式。需要指出的是，Mikael Laakso 等的研究对象主要是那些经过严格同行评议的 OA 期刊，也

即一般所说的金色 OA，而在开放获取活动中，绿色 OA 同样扮演重要角色。由欧共体 eContentplus 项目支持的"出版与欧洲研究生态"（Publishing and the Ecology of European Research，PEER）通过对欧洲学术成果大规模开放仓储的效果进行分析，为绿色 OA 领域的决策制定提供参考。PEER 开发建立了开放仓储的基础设施，已成功处理 4.4 万篇文献，其中包括文献及元数据格式不统一、禁止开放期管理等技术问题都得到了较好解决（Julia M. Wallace，2011）。Leila Fernandez 与 Rajiv Nariani（2011）对加拿大研究图书馆进行调查，了解其对开放获取出版的支持力度，结果发现在 18 家被调查的图书馆中有 12 家对开放获取活动提供相应资助，其中 9 家机构为开放获取作者负担发表费用。这些图书馆在科技出版转型过程中起到引领作用。开放获取出版从诞生之初起，就被赋予缩小知识鸿沟的使命，非洲高等教育在线（African Higher Education Research Online，AHERO）作为一个创新性开放获取项目，有效促进了非洲高等教育领域研究成果的交流。通过问卷调查发现，大部分学者对于该项目表现出积极态度，已有不少学者的文章进入到开放仓储中。目前，更多学者还是通过中介人员将文献上传，理想的状态是学者实现自存储（Beatrice Sekabembe，Jude Ssempebwa，2011）。

伴随开放获取运动的发展，一项更深层的变革来自科学数据层面。2011 年在学术与专业出版者协会（ALPSP）年会上推出了一项重要议题——科学数据出版，与会学者普遍指出科学数据在未来科学交流活动中的重要性，其中 Todd Vision（2011）提到，通过数据仓储的技术创新，研究者激励机制的调整，出版商、学会和资助机构角色的重新定位，科学数据将发挥更大作用。由欧盟资助的"促进科学记录永久存取项目"（PARSE Insight）针对数据与文献相互整合的需求提出 7 大标准，分别是可获取性、可发现性、可解析性、可重用性、可引用性、可管理性和长期保存性（Susan Reilly et al.，2011）。在此过程中，需要学术信息产业链中的科研人员、图书馆、数据管理服务商、出版商、科研资助者等主体相互合作，共同实现科学数据的保存、识别、认证、管理和传播，从而提高数据的再利用价值（Eefke SMIT et al.，2011；MacKenzie Smith，2011）。对科研人员来说，科学数据开放的最大价值在于使人们能够更加容易地站在巨人的肩膀上，比如利用前人研究和实验中获得的重要数据展开深入分析，提出新的假设以获得新的结论。出版商则可以通过对数据和出版物之间进行良好的链接和集成，提高数据的可发现性与可引用性。

5.1.2 质量控制与评价

质量控制作为学术出版活动中的核心环节，尤其在开放获取等新型出版模式兴起的背景下，其研究的重要性与价值不言而喻。Lutz Bornmann 等（2010A，2010B）持续关注开放获取期刊《大气化学与物理》的质量问题，包括对该期刊 2001—2006 年的 1111 篇来稿进行跟踪研究以检验这种公开评议系统的预测效度，此外，还对其开放评议系统的评分者间信度进行了检验。2011 年，Bornmann 等进一步检验提交论文中最佳的稿件在出版以后是否也具有最高的引用率。首先，通过总体分布的百分比引用等级来评定稿件的引用影响；其次，分别确定编辑决策（Editorial Decisions）与引用影响，评议人评级（Reviewers' ratings）与引用影响之间的关系，结果证明该期刊的编辑决策和评议人评级都具有较高的预测效度。类似的研究也在医学类期刊出版领域展开，Jeffrey L. Jackson 等（2011）针对《普通内科医学期刊》（Journal of General Internal Medicine，JGIM）2004 年 7 月至 2005 年 6 月的投稿文章，抽取出同行评议的质量评级，查清所有这些文章的出版情况，计算出已出版文章的相对影响因子（Rw）。在所有投稿的 507 篇文章中，128 篇（25%）发表在 JGIM 上，331 篇被拒稿，其中 243 篇发表于其他期刊。结果发现，发表在 JGIM 上的文章的 Rw 高于发表在其他期刊上的文章，证明该评议流程在筛选出高影响力文章方面基本是成功的，但还称不上完美，因为有 29% 的文章未被正确归类，有的被收录文章引用率低于平均水平，而部分未收录文章的引用率则高于平均水平。研究还发现，评议者在质量评级上拥有较高的内部一致性，但评议者间的一致性普遍较低，因此在高影响力与低影响力文章之间并没有很明显的质量分界线。这主要是因为编辑在审稿时一般会征求不同背景的专家意见,而不同专家之间的视角和看法不尽相同,另外同行评议中缺乏对评议本身进行质量测评的机制,这都造成了评价结果的较大差异。

Shalvi(2010)等曾就论文投稿期与论文录用率相关性进行研究,他们分别选取《心理学》(*Psychological Science*)与《个性与社会心理学通报》(*Personality and Social Psychology Bulletin*)2003—2006年的数据并在分析后发现,前者投稿量与录用率不相吻合,后者则是吻合的,据此建议作者在冬季投稿,以避免过于激烈的竞争。Hartley(2011)认为,仅依据一种期刊就得出上述论断,有过度概化的嫌疑。他通过对两份匿名期刊的分析,没有发现所谓的季节性偏差(Seasonal Bias)。为了进一步检验这些结论,Bornmann 与Daniel(2011)以《应用化学国际版》(*Angewandte Chemie International Edition*,*AC-IE*)为对象展开研究。相比于之前的研究,Bornmann与 Daniel 无论是采集数据还是控制变量处理都更为严谨。首先,他们选取的数据不仅包括被 AC-IE 录用出版的文章,还包括被拒稿投向其他刊物的文章,这样就能更完整地确认期刊的投稿量;其次,他们注意到投稿文章的质量对结果的干扰作用,将文章的被引量作为控制变量处理,结果没有发现期刊投稿的周期性效应。

数字学术出版研究伴随实践领域的快速发展而不断前进,借助权威的统计数据或规范的问卷调查进行大样本的量化研究已成为该领域的主流范式。考虑到相关领域所积累的大量研究成果,不少研究者已经尝试通过更为精细化的研究方法设计,对前期研究成果展开批判性思考。

5.2 电子书产业研究

2011 年,电子书领域的学者开始有意识地将目光拓展到英美之外的国家,各国都在寻找符合各自国情的电子书产业发展道路。研究热点方面,在开放教学资源(Open Educational Resources,OER)兴起的大背景下,教育出版成为关注焦点。从研究方法来看,借助问卷、访谈的用户研究是该领域的主要方法,而深入用户体验层面的研究也得到一定程度的重视。除此之外，电子书对纸质图书出版产业的影响及相关经营问题也有所涉及。

5.2.1 进展与影响

整体而言，全球电子书产业仍处在不平衡的发展状态。美国电子书市场持续壮大，而在欧洲地区，除了英国之外还没有形成真正意义上的电子书市场。一些传统出版强国，如西班牙和法国，其电子书市场份额分别为 1.7% 和 0.8%。鉴于语言障碍，许多欧洲国家电子书发展受限于本国狭小的市场空间，除此之外，一直被诟病的电子书增值税问题依然是困扰许多国家电子书产业发展的重要因素，比如意大利电子书增值税率高达 20%，远高于纸质书的 4% 税率(Cristina Mussinelli, 2011)。

事实上，除了英美两国的发展模式，其他国家都在寻找符合各自国情的发展路径，政府、行业协会在其中起到相对重要的作用。2009 年，由德国书商协会创立的电子书平台 Libreka! 逐渐成为德国的电子书分销中心，代表国内出版商与国外电子书销售商签订合同，帮助其实现电子书的广泛传播(Veronika Licher, 2011)。而在新西兰，该国作家协会与出版商协会共同创立了"新西兰数字出版"(Digital Publishing New Zealand, DPNZ)公司，该公司旨在为本国出版商提供资源转换、传播、管理、推广和销售的数字出版一站式集成服务，打造"伟大的新西兰电子书"品牌(Great New Zealand Ebooks)，争取到 2013 年将新西兰图书销往全球(Paula Browning, 2011)。

通过总结拉美、撒哈拉以南非洲国家、阿拉伯地区、俄罗斯、印度、中国等发展中国家和地区的数字出版发展状况，Kulesz 描绘出一幅多样化且充满活力的图景，其中最主要的驱动力来自按需印刷(POD)、电子书在线平台、电子阅读器/平板电脑、智能手机。当然，数字出版往往也存在被高估的风险，尤其对于急于摆脱传统出版落后面貌的发展中国家来说。数字技术的引入的确为出版产业的转型升级带来机会，但如果意识到英美等国电子书消费市场的繁荣景象其实只是两国出版业数字化进程中呈现的"冰山塔尖"，更多数字化基础设施和版权制度保障才是支撑产业发展的根基，那么作为后起之秀的国家或许就会克服一些盲目的乐观情绪，例如，Bodour Al Qasimi(2011)认为数字出版是解决阿拉伯国家出版业发行渠道、审查制度和盗版问题的灵丹妙药。

5.2.2 用户研究

随着全球电子书市场的风云变幻，与之相关的用户研究也呈现出前所未有的繁荣景象，突出表现在围绕电子教材这一重要门类的大量研究。Linda Bennett(2011)为近十年来英国电子书发展做了最佳注脚，从2000年兴起的机构电子书市场，2003年联合信息系统委员会(JISC)开展的大规模电子书问题研究，到2007年国际数字出版论坛(IDPF)推出的 EPUB 格式标准，加上数字资产管理系统等多功能电子出版系统的开发应用，Kindle 电子阅读器的问世，电子书产业迎来了重要的转折点。直到2010年，iPad 平板电脑的出现，以及电子书代理定价制的推出，电子书产业进入全新的发展阶段。对于未来英国电子书产业的发展，Bennett 认为出版商需要更加关注学生群体的真实需求，尝试从电子教材方面取得突破。在美国，数字技术对教育出版的影响已经显现出来，以 K-12 市场为例，2009年在线/数字内容销售上升19.0%，学习管理系统销售提高11.3%，与之相比，同年纸质教材销量下滑12.7%，由此可见，数字内容已在 K-12 市场占据主导地位(Robert M. Resnick，2011)。而针对美国高等教育出版市场，有学者预计，7年之内数字内容将成为高等教育教材的主要产品形态，并且在未来5年将形成超过15亿美元的产值(Rob Reynolds，2011a)。

值得注意的是，正如开放获取运动在学术出版领域所产生的广泛影响，开放教育资源也在一定程度上影响教育出版的发展走向。加州大学欧文分校的远程教育和继续教育学院院长 Gary Matkin 预言，到2016年开放课件将在大学中被普遍采纳，成为小型社区大学和研究型大学的标准之一(Dennis Carter，2011)。开放教学资源的快速发展将提升师生们对电子教材的接受程度，反过来要求出版商掌握将开放内容整合到相对封闭可盈利的产品中来的能力。在美国教育知识管理协会(ISKME)针对参与社区大学开放教材项目(CCOTP)的师生所进行的调查中发现,降低成本、可靠的质量与易用性是用户采用开放教材的关键驱动力,而开放教材的使用也会给教学活动带来一系列改变,如教师在课程设计上的合作程度,课堂教学中师生互动性都有明显提高等(Lisa Petrides et al.,2011)。

2011 年 5 月,美国书业研究集团发布《高等教育领域学生调查报告》(*Student Attitudes Toward Content in Higher Education*),主要关注大学生群体对教材内容的需求情况及变化趋势。一方面,虽然有将近75%的受访学生表示他们更偏好纸质内容,然而进一步调查发现,纸质教材在很多方面并没有满足学生的需求,其中最突出的矛盾是教材价格,只有58%的学生购买最新版本的教材,其他学生则通过影印、借阅、购买国际版本等方式减轻负担,有40%的学生采取影印教材的方式获取内容(Steve Paxhia,2011)。由此可见,纸质教材的高使用率并不是一种产业良性循环的体现,而恰恰暴露出传统教材出版流程的不可持续性。但另一方面,学生却没有按照预期快速转向电子教材,调查结果显示只有21%的学生曾经购买过电子教材。其中最主要的问题是当前第一代电子教材并没有达到学生的预期要求。虽然学生认为电子教材在便携性、可获取性与价格方面具有一定优势,但24%的学生对电子教材的使用体验感到不满。随着以培生公司的 MyLabs、威利公司的 Wiley Plus、圣智学习集团的 Mindtap 为代表的第二代电子教材的出现,预计电子教材的发展情形将有所改观。有研究显示,由于这类产品具有较强的可定制性与互动性,因此在帮助学生提高学习成绩、提升学习效率方面有突出作用,受到师生的普遍认可。另外,教师一直是教材出版市场中的关键一环,过去教师往往强制要求选修课程的学生购买相应教材,但是现在教师行为也出现了变化,大约35%的教师采取推荐而非强制方式。当然,要真正实现电子教材的普及,需要教师对自身的教学方式和课程安排进行重大调整,但过重的教学负担影响了教师尝试新的教学手段的积极性。

5.2.3 经营问题

除了用户端的研究，从市场经营角度揭示电子书技术对出版产业的影响，探讨相应的商业模式也一直为学者所重视。2010 年，John Hilton Ⅲ 和 David Wiley（2010）就免费电子书流通对纸质书销售的影响进行了初步研究，发现两者之间存在适度相关。但该研究没有就电子书下载数量进行统计，因此无法判断下载数量本身是否会影响纸质书销售。为弥补这一缺陷，更加全面地了解免费电子书对图书销售的影响，John Hilton Ⅲ 和 David Wiley（2011）再次展开研究，在延续先前方法的基础上，加入了电子书下载数量这一统计变量，同时将纸质书销售分为线上销售与线下销售。研究者在 10 周时间内对 8 本图书进行测试，发现电子书下载数量达到 102256 次，图书销售量增加 26%，其中网上销售率增长明显。通过与历史销售数据以及对照组销售数据对比，判断出电子书下载量与图书销售变化存在适度相关关系。值得注意的是，该研究还利用公式①对免费电子书促销的成本与收益情况进行大致核算，判断单本利润率需要达到多高才能收回成本。其中"电子书相关成本"主要包含员工整理电子书并将其放到网上等工作费用，大约为 940 美元。由于销售增量测算方式不同，最终得出的利润率存在差异。如果采用最保守的销售增量计算，利润率需要达到 95%，这几乎是不可能；而采用另一种销售增量数据计算，利润率需要达到 38%。对于上述结果，我们需要理性看待，由于该研究属于准实验性质，并不能排除所有干扰因素，比如许多读者仅仅下载了电子书，并没有开始阅读，可能在阅读之后还会转化为纸质书购买；另外，该研究涉及的 940 美元成本实际上属于总成本，其中固定成本为 500 美元，真正将图书放到网上的边际成本为 425 美元。另外，涉及免费版电子书的影响，电子书本身的内容质量与形式存在多样性，这也会对结果产生较大影响。

---

① 电子书相关成本<单本利润率×新增销量，即 Cost to make available< Profit per book sale×New attributable sales。

电子书产业的发展并不是处在真空之中，而是同时受到外部力量的作用。其中关键的外部力量包括技术推动、市场需求、用户行为、外部企业竞争、政府政策与监管，而内部力量则来自组织架构、组织文化、组织战略与管理。通过对上述内外部力量的深入分析，主流的出版企业与自助出版企业都有可能塑造符合自身企业需求的商业模式（Xuemei Tian，Bill Martin，2011）。随着电子书发展对原有出版体系的影响不断加深，出版商更加深刻地意识到，不能再简单地将产品交由图书零售商或其他中介机构，而需要与读者进行更为直接的沟通，通过深入沟通在读者心目中建立起出版社鲜活的品牌概念。电子邮件营销作为一种直接营销方式看似传统过时，实际上是一种与读者建立良性沟通的重要手段，电子商务巨头亚马逊精于此道。鉴于亚马逊在全产品领域拥有绝对优势，出版商不能采取直接对抗方式，而应当针对特定用户群采取积极主动的营销策略，获得用户的长期信任（Neal Goff，2011）。

尽管电子书这一名词诞生至今已有数十年，但实际上它仍然是一个非常宽泛的概念，内部包含许多内涵差异极大却又模糊不清的概念。这种状况造成的结果就是许多研究结论普遍存在被过度概化的风险，导致研究无法深入，迟迟无法形成规律性的研究成果。当然，这一方面是由于产业本身尚处在不断发展的过程，另一方面则表明该领域学者对本领域基本概念着力不够。

5.3 版权问题研究

随着数字技术的飞速发展及数字内容产品的不断涌现，版权问题成为备受关注的热点话题。完善版权法律及法规，提高版权保护的技术水平是数字出版健康发展的基础。学者对版权问题的研究有着各自的视角，但概括地讲，他们所关注的主要有两点：一是版权立法，二是利用技术来进行版权保护。

数字作品的版权侵权行为已成为世界性的普遍现象。美国和欧洲的版权法是建立在若干国际协议特别是国际三大主要条约，即《伯尔尼公约》（*Berne Convention*）、《世界知识产权组织版权条约》

（*WIPOCT*）、《世界知识产权组织表演和录音制品条约》（*WIPOPPT*）的基础上的。传统观点认为，美国与欧洲国家在版权法律法规的制定与实施上领先于世界上其他大多数国家。Robert J. Congleton 与 Sharon Q. Yang（2011）对欧美国家的版权保护问题做出了详细分析。他们认为，到目前为止，美国和欧洲国家采取的数字版权保护措施获得了一定成功。但是，这些国家和地区也都各自存在问题。在学术领域的数字版权保护上，美国的法律稍显模糊，其立法机关仅仅制定了合理使用原则，并没有为侵权豁免提供可参照的明确定义或带有指引性的条例。稍显不同的是，欧洲的三大主要国家在应对侵权案件是否应当得到豁免时，往往有着严格的法律可以依循。它们依旧严格限制教育工作者在教育领域合理使用有版权的书籍材料。其中英国将约 1% 的数字内容提供给教育者合理使用，并将相关数字版权法律编入法典；德国只授权非常有限的数量给教育者；法国更是只提供一些简明摘要给教育者合理使用。

发展中国家在数字版权保护过程中也做出了巨大努力。Nor Sa'adah Abd Rahman（2011）认为马来西亚应当认真学习美国经验，不仅因为它是互联网立法的领导者，而且因为它因地制宜地从本国国情出发进行立法。马来西亚要有效地实施《马来西亚版权法案》（*Malaysian Copyright Act* 1987），这对解决该国互联网版权问题至关重要。Ameen Jauhar（2011）对印度现今存在的版权侵权行为及猖獗的盗版现象表示了担忧。Jauhar 认为，印度多年以来沿用的《著作权法》（*The Copyright Act* 1957）虽对版权保护起到一定作用，但由于业界人士缺乏专业知识，而执法人员对侵权行为采取漠视态度，执法机制远未发挥效用，不能有效阻止侵权行为发生，最终导致盗版现象泛滥（特别是软件盗版行为）。Jauhar 提出，解决印度版权问题的最终办法是采取更为严格的执法机制。

数字侵权本身具有高科技性、复杂性、无形性，侵权对象复杂多变，侵权主体难以确认，侵权行为也更不易发现。这给数字版权保护带来了全新的课题。Pessi Honkasalo（2011）认为互联网的存在为数字版权保护增加了难度，并着重提到普通链接与嵌入式链接对数字出版的影响。Honkasalo 指出，嵌入式链接的使用有可能侵犯版权持有人的利益，因为这种链接会自动包含网上资料。为此，对普通链接和嵌入式链接所采取的法律态度应有所不同：国家层面的版权法不应对普通链接加以干扰或阻挠；但是，对于超文本链接相应法律条文应当发挥作用，并对侵权行为加以严惩。Raquel Xalabarder（2011）也意识到，技术进步与互联网普及不可避免地会带来版权问题。Xalabarder从数字化学习（E-learning）的角度指出现有版权法不能完全适应新技术带来的法律困扰，必须随时加以调整，例如可以采取许可（licensing）方式维护版权。Eve Hill（2011）则从云计算角度谈版权问题，指出虽然云计算有着巨大的发展潜力，但基于云计算的辅助技术也会带来法律和政策问题。现有的美国法律在应对因云计算辅助技术带来的数字版权问题方面还有局限性，不能完全保证用户的隐私与安全，所以必要的基础设施建设和云计算辅助技术的运用对监管版权侵权行为非常有效。

技术进步在给侵权带来可能的同时，也给数字版权保护提供了更多选择。其中，DRM技术是一种保护数字内容、控制内容传播及使用的关键技术，长期以来受到各国学者的高度关注。尽管不少专家学者认为DRM技术是一种剥夺权利的技术，但到目前为止，它在数字传播领域依然具有不可替代的作用。Jun Xie与Chuanzhong Li（2011）提出了一个通用的流媒体数字版权保护系统（SQ DRM），并且成功开发了流媒体数字版权保护的原型系统，之后还进行了系统实验且取得了较好效果。该系统具有支持本地播放和在线播放的流媒体功能，能有效解决数字版权保护领域的关键问题，并能够为用户扩展提供标准接口。Ratna Dutta等（2011A）认为DRM系统在数字出版过程中极其重要。他们提出了矢量空间访问结构（Vector Space Access Structure）与DRM系统中基于ID的密钥管理技术，并指出其最大贡献在于能为出版产业提供可扩展的商业模式，并且能够在不同文化背景及不同地区中给予出版产业适当的业务策略选择。此外，该系统还能有效抵御用户需求及服务器不受他人侵害，从而对数字内容保护起到关键作用。Dutta（2011B）还提出以DRM技术架构的多层次（multi-level）、多分销商（multi-distributor）的系统。该系统充分利用基于身份认证的加密技术，利于客户流动性目标的实现，对最终的内容管理、安全维护及访问架构起到支撑作用。Jean-Henry Morin(2011)则指出 DRM 系统在社交网络上如何保护个人信息。而在多媒体内容保护上，Jaime Delgado 等(2011)提出 DRM 系统可作为一个内容保护平台，利用专业的技术标准及措施实现多媒体数字版权的权利保护，其意义在于对内容的管理、保护、搜索、授权和访问控制都能有技术支撑。Seok-Hoon Kim 和 Byung-Ryul Aan(2011)也认为 DRM 系统能够成为内容及版权保护的重要方式，因为它能够为绩效评估过滤技术改进提供所需要的具备技术保护的可靠平台，这一点至关重要。

在众多数字版权保护技术当中，数字水印技术(digital watermarking)显得尤为重要。Radovan Ridzǒn Dušan Levický(2011)认为数字水印技术尤其是数字图像水印技术对内容保护起到关键作用。他指出，多媒体内容及其所有权保护十分重要，而静态数字图像(static digital images)水印技术就是一种很好的多媒体内容保护技术。Santosh Kumar 等(2011)对数字水印技术也给出了自己的见解。他们认为空间领域水印技术的利用有助于版权保护，并提出和演示了一种全新的舞台编制算法(stage staffing algorithm)。另外，Peng Zeng 等(2011)提出了一种基于身份认证的数字水印协议，它不仅能弥补过去一些类似协议的不足，还能够解决多次索赔造成的所有权问题，是一种实际且安全的数字水印算法。涉及多次索赔的所有权问题一直以来都是数字版权保护的重大课题。Lihua Tian 等(2011)则认为视觉凸显数字水印技术(visual saliency-based watermarking)能保护版权和图像验证的同步性，这对图像版权保护非常重要。Sunita V. Dhavale 等(2011)指出数字音频盲水印算法(blind audio watermarking algorithm)在数字音频版权保护方面能发挥一定作用。这种基于沃尔什哈达玛变换(Walsh Hadamard Transform)的算法有效提高了数字水印的透明度，能更好地实现数字音频版权保护。

在数字水印技术广泛应用于版权保护领域时，其他新技术也受到了关注。Amitava Nag 等(2011)指出，视觉加密(visual cryptography)技术可以通过人类的视觉系统对已有的加密视觉信息进行解密而无须计算机辅助。这种版权保护新技术能够有效保证版权所有者的所有权(ownership share)利益,同时该技术具备一个显著特点:它可以不干扰主机的图像制作(无论是在版权生成还是版权验证阶段),并且这种方法与加密图像的大小并无关系。此外,Chen Hejie 和 Hua Yuhong(2011)提出了基于语义基础的移动出版框架,专门针对手机出版过程中的版权保护而设计,有效解决了移动出版模式下的关键性难题如移动出版内容控制的动态性等。Jianhong Zhou(2011)则研究了 P2P 对等网络(peer-to-peer network)技术。这项技术具有很大的争议性,其中重要的一点是给侵权行为带来了可能。Jianhong Zhou 提出必须建立和完善集体管理系统(collective management system),与之相适应的软件技术也需要加快开发和应用,只有这样才能有效保护数字版权不受侵犯。

综上所述,数字版权保护研究随着技术的成熟和实践的推进而不断发展;同时,版权法问题也是研究者关注的焦点。此外,不少学者开始借助理论模型对数字版权展开研究。研究者指出,近几年数字盗版行为的群体现象明显,而其影响因素不容忽视。Cheolho Yoon(2011)结合计划行为理论(TPB)和伦理学理论对中国大学生的数字盗版行为进行了研究。结果显示,道德责任、公正性、态度、主观规范和知觉行为控制等因素都会影响个人的行为意图,并决定人们是否会实施数字盗版行为。Yasuhiro Arai(2011)指出,侵犯版权行为要受到民事和刑事制裁,但刑事指控比较少见。Yasuhiro Arai 从社会福利角度构建了一个理论模型,通过研究得出了两个结论:一是当受版权保护的产品开发成本低时,往往没有民事处罚,刑事处罚也处于低水平;二是在刑事法律制度下侵犯版权的概率,远低于在民事法律制度下的几率。这些利用实证研究得到的成果尤其值得关注。

5.4 数字出版技术研究

数字出版之所以发展如此迅速,技术是首要因素。特别是在欧美发达国家,出版界利用数字出版技术加速自身转型的趋势更为明显。Cristina Mussinelli(2011)重点提到欧洲国家的出版商越来越意识到数字出版技术给出版行为带来的巨大变革，各大出版商都在积极寻求新的路径去适应潮流，导致电子书经营上发生了不小的变化。这些变化主要由三大公司——谷歌、亚马逊、苹果所提供的技术驱动所致。各大出版商紧随它们的步伐，目的是在技术利用方面不至于落后。Cristina Mussinelli 还重点谈到电子书格式的利用情况，指出欧洲大多数国家的出版商越来越倾向于使用 XML 格式来制作和转换图书，而不再局限于传统的 PDF 格式。另外，现今出版商更愿意与谷歌、苹果等公司开展合作，目的是借他人之力获取技术支持，开拓数字出版市场。在美国，出版商利用电子阅读设备进行实体书数字化的趋势不可逆转，但同时各大出版商也面临这样一个问题，即数字出版的变革将技术创新引向了更多元、更复杂的方向。James Lichtenberg(2011)指出，出版界已经进入"数字化富足"(digital abundance)时代，最为明显的例子是美国各大出版商可利用的印刷技术正在由稀缺向复杂化发展。不过 Lichtenberg 也指出，数字出版技术的发展到底会到什么样的程度还是未知数，但数字技术推动出版商业模式由传统方式向多元化发展的趋势则是显而易见的。

为此，不少研究者站在出版商角度提出建议。Warren B. Chik (2011)指出谷歌公司是如何利用技术手段应对版权问题的，其中重点谈到了谷歌图像搜索引擎(Google Images Search Engine)与谷歌图书搜索计划(Google Books Search Project)这两大技术手段为数字版权保护发挥的巨大作用。不仅如此，谷歌还在数字图书馆 2.0 中充分利用了新的信息传播技术。Jesus Serrano-Guerrero 等(2011)提出名为 Google wave 的技术提供了一个在数字图书馆用户之间展开互动的技术系统，不仅能有效传播信息，而且能共享资源。而世界知名科技出版集团斯普林格(Spinger)多年来一直不断地接受和利用新技术，因而在数字化道路上走在行业前沿。Guenther Eichhorn (2011)指出，斯普林格的网络产品如作者映射器(Author Mapper)、斯普林格协议(Springer Protocols)和斯普林格旗下的社会化网络(Social Networking)等都能够发挥新功能，为其数字出版提供便利。

研究者指出，谷歌、斯普林格等大型公司都高度重视技术的开发与应用，因为它们明白，在传统出版模式向数字出版模式转型的过程中，技术开发及利用是关键。技术的不断升级使得一些新功能的使用成为可能，例如用户通过语义网络和集群手段能找到自己所需的相关文章，利用电子表格向用户提供动态数据，3D 影像技术的利用等。

出版产业在数字化转型过程中能够利用多种技术手段作为支撑。其中，各种数字出版平台的构建技术也是近年来研究者关注的重点。Dimitri Van Landuyt 等（2011）提出了一个名为面向方面软件开发（Aspect-Oriented Software Development，AOSD）的系统，能够为构建工业级数字出版平台提供系统支持。Dimitri Van Landuyt 等指出，AOSD 技术能够有效提高出版基础设施的变异能力（variability）及演化能力（evolvability），由 AOSD 软件系统搭建的出版平台在表达性（expressivity）、效率（efficiency）、兼容性（compatibility）上表现良好。而 Kornschnok Dittawit 和 Vilas Wuwongse（2011）则描述了基于 RDF（Resource Description Framework）的资源描述框架平台，这个平台使用 XML 语法及 RDF Schema，其工作原理就是将元数据描述成数据模型。它有效解决了当今电子书出版不能充分利用电子表格的难题，还能协助作者创作出丰富的电子图书，提升用户的阅读体验。平台还能够从网络与链接开放数据（Linked Open Data）云中获得大量信息资源，从而给作者和读者获取相关信息提供可能。在电子书制作方面，一些新出现的软件技术能在数字出版过程中发挥作用，例如基于超文本置标语言（HTML）的电子书软件就非常引人注目。Kalin Georgiev 等（2011）就介绍了一款基于 HTML5 环境的电子书制作软件——Sophie。该软件集阅读、写作、注释、分享于一身，最大特点在于能让作者轻松便捷地制作专业电子书。

研究者还认为出版商始终是数字出版转型的主导因素，它们要想在数字技术洪流中立于不败之地，最为关键的是积极探索适合自身的发展道路。Federico Ruberti 和 Luca Simeone（2011）针对出版商提出了几条建议：第一，通过提高技术方面的互动性，使出版内容实现更新、提取、再混合等；第二，通过设计和开发强大的技术框架以及网络和移动平台来激发一系列复杂的用户体验和新的内容传播形式；第三，建立一个综合技术环境，能够将标准的多媒体内容（文字、图片、视频等）转化为跨媒体版本（cross-media version），为数字出版开辟新途径；第四，利用基于定位技术（LBS）的手段来制作出版物，利用各种方式处理多媒体，并使之能够通过网络、手机等加以呈现。

近几年，各国在数字出版领域投入越来越大，这直接促进了数字出版技术的快速发展，为出版产业升级提供了动力。对出版机构来说，技术的应用研究比技术本身的研发更为重要，如何将新兴技术合理嵌入数字出版内容的开发、管理和营销活动中，产生理想的商业效益，仍然是一项紧迫而艰巨的任务。

（方卿　徐丽芳　丛挺　湛青）

参考文献

［1］LAAKSO M, WELLING P, BUKVOVA H, et al. The development of open access journal from 1993 to 2009［J］. PLoS One, 2011, 6 （6）：1-10.

［2］WALLACE J M. PEER：Green open access insight and evidence ［J］. Learned Publishing, 2011, 24（4）：267-277.

［3］SCHMOLLER S, JENNINGS D, FERGUSON N.A further exploration of the views of chemists and economists on Open Access issues in the UK［EB/OL］.［2024-01-23］. http://crc. nottingham. ac. uk/ projects/rcs/Chemists&EconomistsViews_on_OA.pdf.

［4］JUBB M, COOK J, HULLS D, et al. Costs, risks and benefits in improving access to journal articles［J］. Learned Publishing, 2011, 24（4）：247-260.

［5］ARMBRUSTER C. Open access policy implementation：first results compared［J］. Learned Publishing, 2011, 24（4）：311-324.

［6］MOONEY H. Citing data sources in the social sciences：do authors do it［J］. Learned Publishing, 2011, 24（2）：99-108.

[7]HUBBARD B, HODGSON A, FUCHS W. Current issues in research communications: open access-the view from the academy[EB/OL]. [2024-01-23]. https://nottingham-repository. worktribe. com/index. php/output/1010159/current-issues-in-research-communications-open-access-the-view-from-the-academy-4th-report-to-jisc-march-2011.

[8]REILLY S,SCHALLIER W,SCHRIMPF S, et al. Report on integration of data and Publications[R/OL]. [2024-01-17]. https://epic.awi. de/id/eprint/31397/.

[9]SMITH M K. Communicating with data new roles for scientists[J]. Learned Publishing, 2011, 24(3): 203-205.

[10]HARTLEY J. Write when you can and submit when you are ready [J]. Learned Publishing, 2001, 24(1): 29-32.

[11]SHALVI S, BAAS M, HANDGRAAF M J J, et al. Write when hot-submit when not: seasonal bias in peer review or acceptance [J]. Learned Publishing, 2010, 23(2): 117-123.

[12]LICHER V. Looking back at 2010: the book industry in GERMANY still trying to find its way into digitization[J]. Publishing Research Quarterly, 2011, 27(1): 83-87.

[13]BIBA P. Connecting new zealand to the rest of the world through e-books[EB/OL]. [2024-01-23]. https://teleread.com/connecting-new-zealand-to-the-rest-of-the-world-through-e-books/.

[14]KULESZ O. Digital publishing in developing countries: the emergence of new models [J]. Publishing Research Quarterly, 2011, 27(4): 311-320.

[15]CARTER D. Open courseware on every campus by 2016? [EB/OL]. [2024-01-23].https://www.ecampusnews.com/it-leadership/2011/02/ 14/distance-learning-dean-open-courseware-on-every-campus-by-2016/.

[16]WEISBERG M. Student attitudes and behaviors towards digital textbooks[J]. Publishing Research Quarterly, 2011, 27(2): 188-196.

[17]KOEDER M J, MOHAMMED U, SUGAI P. Study of consumer

attitudes towards connected reader devices in Japan based on the decomposed Theory of Planned Behavior [J]. Economic and Management Series, 2011, 10.

[18] SEKABEMBE B, SSEMPEBWA J. Bridging the knowledge gap for African researchers through open access publishing: the case of African higher education research online (AHERO), Information Technology and Managing Quality Education: 9th IFIP WG 3.7 Conference on Information Technology in Educational Management, Kasane, Botswana, July 26-30, 2010[C].Berlin: Springer, 2011: 95-103.

[19] TODD VISION. Research data and scholarly publications: going from casual acquaintances to something more[EB/OL]. [2024-01-23]. http://river-valley. tv/research-data-and-scholarly-publications-going-from-casual-acquaintances-to-something-more/.

[20] HOLLANDER B A, KRUGMAN D M, Reichert T, et al. The e-reader as replacement for the print newspaper [J]. Publishing Research Quarterly, 2011, 27(2): 126-134.

[21] KOSTICK A,The digital reading experience:learning from interaction design and ux-usability experts [J]. Publishing Research Quarterly, 2011, 27(2): 135-140.

[22] LICHTENBERG J. In from the edge: the progressive evolutionof publishing in the age of digital abundance[J]. Publishing Research Quarterly, 2011, 27(2): 101-112.

[23] RESNICK R M. School market size, growth and the shift to digital resources in K-12classrooms[J]. Publishing Research Quarterly, 2011, 27(2): 169-177.

[24] REYNOLDS R. Trends influencing the growth of digital textbooks in US higher education[J]. Publishing Research Quarterly, 2011, 27(2): 178-187.

[25] ADNAN H M. Xerox makes everybody a publisher: problems of book photocopying and ways to control it in Malaysia [J].

Publishing Research Quarterly, 2011, 27(3): 268-276.

[26] EYITAYO S A. Book, Technology and infrastructural development: what the future holds for the book industry in Nigeria [J]. Publishing Research Quarterly, 2011, 27(3): 277-287.

[27] GOFF N. Direct-response bookselling: how it died, why it is alive again, and why it will become even more important in the future [J]. Publishing Research Quarterly, 2011, 27(3): 259-267.

[28] O'LEARY B F. Context first: a unified field theory of publishing [J]. Publishing Research Quarterly, 2011, 27(3): 211-219.

[29] SABATIER L A, Fitzelle E. Managing the progressive publishing company during market and technology transitions [J]. Publishing Research Quarterly, 2011, 27(3): 220-229.

[30] SHELSTAD J. How flat world knowledge is transforming college textbook publishing [J]. Publishing Research Quarterly, 2011, 27(3): 254-258.

[31] TIAN X., MARTIN B. Impacting forces on ebook business models development [J]. Publishing Research Quarterly, 2011, 27(3): 230-246.

[32] Al QASIMI B. Digital publishing and its impact on the publishing industry in the arab world [J]. Publishing Research Quarterly, 2011, 27(4): 338-344.

[33] GODINE D R, The role and future of the traditional book publisher [J]. Publishing Research Quarterly, 2011, 27(4): 332-337.

[34] LING P, ZE Z, Developing digital learning resources for the college market in China [J]. Publishing Research Quarterly, 2011, 27(4): 354-363.

[35] PAXHIA S. The challenges of higher education digital publishing [J]. Publishing Research Quarterly, 2011, 27(4): 321-326.

[36] DAVIS P M. Do discounted journal access programs help researchers in sub-saharan Africa? A bibliometric analysis [J]. Learned Publishing, 2011, 24(4): 287-298.

[37] DIDEGAH F, GAZNI A. The extent of concentration in journal publishing[J]. Learned Publishing, 2011, 24(4): 303-310.

[38] SANNI S A, ZAINAB A N. Evaluating the influence of a medical journal using google scholar[J]. Learned Publishing, 2011, 24(2): 145-154.

[39] CRADOCK C, MEEHAN P, NEEDHAM P. Jusp in time: a partnership approach to developing a journal usage statistics portal [J]. Learned Publishing, 2011, 24(2): 109-114.

[40] COX L. Librarians' use of usage statistics for journals and e-books [J]. Learned Publishing, 2011, 24(2): 115-121.

[41] BORNMANN L, DANIEL H D. Seasonal bias in editorial decisions? A study using data from chemistry [J]. Learned Publishing, 2011, 24(4): 325-328.

[42] BORNMANN L, DANIEL H D. The manuscript reviewing process: empirical research on review requests, review sequences, and decision rules in peer review[J]. Library & Information Science Research, 2010, 32(1): 5-12.

[43] BORNMANN L, DANIEL H D. Reliability of reviewers' ratings when using public peer review: a case study [J]. Learned Publishing, 2010, 23(2): 124-131.

[44] LING F. Improving peer review: increase reviews participation[J]. Learned Publishing, 2011, 24(3): 231-233.

[45] JACKSON J L, SRINIVASAN M, REA J, et al. The validity of peer review in a general medicine journal[J]. PloS ONE, 2011, 6(7): 1-8.

[46] BENNETT L. Ten years of ebooks: a review [J]. Learned Publishing, 2011, 24(3): 222-229.

[47] BRUNET D P, BATES M L, GALLO Ⅲ J R, et al. Incoming dental students' expectations and acceptance of an electronic textbook program[J]. Journal of dental education, 2011, 75(5): 646-652.

[48] PETRIDES L, JIMES C, MIDDLETON-DETZNER C, et al. Open textbook adoption and use: implications for teachers and learners [J]. Open Learning: The Journal of Open, Distance and e-Learning, 2011, 26(1): 39-49.

[49] HILTON Ⅲ J, WILEY D. Free e-books and print sales[J/OL]. The Journal of Electronic Publishing, 2011, 14(1). [2024-01-24]. https://quod. lib. umich. edu/j/jep/3336451. 0014. 109? view=text; rgn=main.

[50] ROWLANDS I, NICHOLAS D, RUSSELL B, et al. Social media use in the research workflow[J]. Learned Publishing, 2011, 24(3): 183-195.

[51] MORGAN C. Understanding the creative commons licence [J]. Learned Publishing, 2011, 24(1): 51-53.

[52] HENIGE D. Truth or hope? stimulus and response in scholarly publishing[J]. Journal of scholarly publishing, 2011, 42(2): 205-225.

[53] FISCHER C C. A value-added role for reviewers in enhancing the quality of published research[J]. Journal of Scholarly Publishing, 2011, 42(2): 226-237.

[54] BOLDT A. Extending ArXiv. org to achieve open peer review and publishing[J]. Journal of Scholarly Publishing, 2011, 42(2): 238-242.

[55] WITHEY L, COHN S, FARAN E, et al. Sustaining scholarly publishing: new business models for university presses: a report of the AAUP task force on economic models for scholarly publishing [J]. Journal of Scholarly Publishing, 2011, 42(4): 397-441.

[56] DONOVAN S K. Big journals, small journals, and the two peer reviews[J]. Journal of scholarly publishing, 2011, 42(4): 534-538.

[57] GURSTEIN M B. Open data: empowering the empowered or effective data use for everyone[J]. First Monday, 2011.

[58] GIBSON C, GIBB F. An evaluation of second-generation ebcok readers[J]. The Electronic Library, 2011, 29(3): 303-319.

[59] SHEN W, KOCH U. EBooks in the cloud: desirable features and current challenges for a cloud-based academic eBook infrastructure, Digital Publishing and Mobile Technologies 15th International Conference on Electronic Publishing, Istanbul, Turkey, June 22-24, 2011 [C].[S.l.]: ELPUB, 2011: 22-24.

[60] ASHCROFT L. Ebooks in libraries: an overview of the current situation[J]. Library Management, 2011, 32(6/7): 398-407.

[61] GRZESCHIK K, KRUPPA Y, MARTI D, et al. Reading in 2110-reading behavior and reading devices: a case study [J]. The electronic library, 2011, 29(3): 288-302.

[62] SMIT E, VAN DER HOEVEN J, GIARETTA D. Avoiding a digital dark age for data: why publishers should care about digital preservation[J]. Learned publishing, 2011, 24(1): 35-49.

[63] MEYER C A. Distinguishing published scholarly content with CrossMark[J]. Learned Publishing, 2011, 24(2): 87-93.

[64] ZIMERMAN M. E-books and piracy: implications/issues for academic libraries[J]. New Library World, 2011, 112(1/2): 67-75.

[65] YOON C. Theory of planned behavior and ethics theory in digital piracy: An integrated model[J]. Journal of business ethics, 2011, 100: 405-417.

[66] FISCHBACH K, PUTZKE J, SCHODER D. Co-authorship networks in electronic markets research[J]. Electronic Markets, 2011, 21: 19-40.

[67] NICHOLAS D, ROWLANDS I, WILLIAMS P. E-journals, researchers—and the new librarians [J]. Learned publishing, 2011, 24(1): 15-27.

[68] TENOPIR C, ALLARD S, BATES B, et.al. Perceived value of scholarly articles[J]. Learned Publishing, 2011, 24(2):123-132.

[69]WITHEY L, COHN S, FARAN E, et al. Sustaining scholarly publishing: new business models for university presses: a report of the AAUP task force on economic models for scholarly publishing [J]. Journal of Scholarly Publishing, 2011, 42(4): 397-441.

[70]JUBB M. Heading for the open road: costs and benefits of transitions in scholarly communications [J]. LIBER Quarterly, 2011, 21(1): 102-124.

[71]RUBERTI F, SIMEONE L. Next-step digital publishing tools and practices[EB/OL]. [2024-01-23]. https://elpub. architexturez. net/system/files/pdf/105_elpub2011.content.pdf.

[72]GEORGIEV K, MATELAN N, PANDEFF L, et al. Sophie 2.0 and HTML5: DIY publishing to mobile devices[J]. Digital Publishing and Mobile Technologies, 2011: 20.

[73]BREUEL F, BERNDT R, ULLRICH T, et al. Mate in 3D-publishing interactive content in PDF3D[J]. Digital Publishing and Mobile Technologies, 2011: 110.

[74]SUSEELA V J. Application of usage statistics for assessing the use of e-journals in University of Hyderabad: a case study[J]. The Electronic Library, 2011, 29(6): 751-761.

[75]GHAEBI A, FAHIMIFAR S. E-book acquisition features: attitude of Iranian information professionals[J]. The Electronic Library, 2011, 29(6): 777-791.

[76]KAUR A. Impact of electronic journals on university libraries of India: a study[J]. Library Management, 2011, 32(8/9): 612-630.

[77]SIMON C. Just the facts: an examination of e-book usage by business students and faculty[J]. The Reference Librarian, 2011, 52(3): 263-273.

[78]COONIN B. Open access publishing in business research: the authors' perspective[J]. Journal of business & finance librarianship, 2011, 16(3): 193-212.

[79] VASILEIOU M, ROWLEY J. Marketing and promotion of e-books in academic libraries [J]. Journal of documentation, 2011, 67 (4): 624-643.

[80] SUBER P. Open access and copyright [EB/OL]. [2024-01-23]. https://dash.harvard.edu/handle/1/8592166.

[81] JACSÓ P. Traditional scholarly publishers and web 2.0: the case of springer [J]. Online Information Review, 2011, 35(2): 301-315.

[82] GUPTA R. Copyright vs. Copyleft: a feminist perspective on marginalization under copyright law [J]. NUJS Law Review, 2011.

[83] PRESTON C A. Cooperative e-book cataloging in the Ohio LINK library consortium [J]. Cataloging & Classification Quarterly, 2011, 49(4): 257-276.

[84] MUSSINELLI C. Editech 2011: ebooks and much more in Europe [J]. Publishing research quarterly, 2011, 27(3): 288-295.

[85] RIDZOŇ R, LEVICKÝ D. Content protection in grayscale and color images based on robust digital watermarking [J]. Telecommunication Systems, 2013, 52: 1617-1631.

[86] JAUHAR A. All talk and no bite: copyright infringement and piracy trends in India [J]. Computer Law & Security Review, 2011, 27(5): 537-541.

[87] HONKASALO P. Links and copyright law [J]. Computer law & Security review, 2011, 27(3): 258-266.

[88] TSOLIS D, SIOUTAS S, XENOS M N, et al. Copyright and IPR management for cultural heritage digital content in peer-to-peer networks [J]. Journal of cultural heritage, 2011, 12(4): 466-475.

[89] WESTMACOTT P, HOGAN N. Sowing seeds of change for the digital world-A response to "Digital opportunity: A review of intellectual property and growth" [J]. Computer Law & Security Review, 2011, 27(5): 546-550.

[90] KIERKEGAARD S, SCHULZ W, ENDERS T, et al. New challenges for copyright protection-co-reach in IPR in New Media Workshop

Ⅱ[J]. Computer Law & Security Review, 2011, 27(4): 416-426.

[91]HEJIE C, YUHONG H. A semantic-based mobile publishing framework with copyright protection, International Conference on Web Information Systems and Mining, Taiyuan, China, September 23-25, 2011[C].Berlin: Springe, 2011: 320-327.

[92]VÁZQUEZ F J, WATT R. Copyright piracy as prey-predator behavior[J]. Journal of Bioeconomics, 2011, 13: 31-43.

[93]ZHOU J. Exploration and analysis of copyright infringement liability in P2P system, International Conference on Computer Science and Information Engineering, Zhengzhou, China, May 21-22, 2011[C].Berlin: Springer, 2011: 232-238.

[94]NAG A, SINGH J P, BISWAS S, et al. A novel copyright protection scheme using visual cryptography, International Conference on Advances in Computing and Communications, Kochi, India, July 22-24, 2011[C].Berlin: Springer, 2011: 612-619.

[95]ABD RAHMAN N S. Legal issues on copyright and internet, International Conference on Advances in Education and Management, Dalian, China, August 6-7, 2011[C].Berlin: Springer, 2011: 564-571.

[96]THORING A. Corporate tweeting: analysing the use of Twitter as a marketing tool by UK trade publishers[J]. Publishing research quarterly, 2011, 27: 141-158.

[97]KUMAR S, KUMAR S, NANDI S. Copyright protection in digital multimedia, International Conference on Computer Science and Information Technology, Bangalore, India, January 2-4, 2011[C].Berlin: Springer, 2011: 453-463.

[98]DHAVALE S V, DEODHAR R S, PATNAIK L M. Walsh hadamard transform based robust blind watermarking for digital audio copyright protection, International Conference on Computational Intelligence and Information Technology, Pune, India, November 7-8, 2011

[C].Berlin: Springer, 2011: 469-475.

[99] XALABARDER R. Copyright issues in E-learning [J]. Content Management for E-Learning, 2011: 87-109.

[100] SERRANO-GUERRERO J, HERRERA-VIEDMA E, OLIVAS J A, et al. A google wave-based fuzzy recommender system to disseminate information in University Digital Libraries 2.0 [J]. Information Sciences, 2011, 181(9): 1503-1516.

[101] KIM S H, AAN B R. Research on advanced performance evaluation of video digital contents, International Conference on Hybrid Information Technology, Daejeon, Korea, September 22-24, 2011 [C].Berlin: Springer, 2011: 104-112.

[102] CHIK W B. The Google conundrum: perpetrator or facilitator on the net? Forging a fair copyright framework of rights, liability and responsibility in response to search engine 2.0 Part I: the google images search engine [J]. Computer Law & Security Review, 2011, 27(2): 111-132.

[103] DELGADO J, TORRES V, LLORENTE S, et al. Rights management in architectures for distributed multimedia content applications [J]. Trustworthy Internet, 2011: 335-347.

[104] GUPTA G, PIEPRZYK J, HAMEY L. Bucket attack on numeric set watermarking model and safeguards [J]. Information Security Technical Report, 2011, 16(2): 59-66.

[105] TIAN L, ZHENG N, XUE J, et al. An integrated visual saliency-based watermarking approach for synchronous image authentication and copyright protection [J].Signal Processing: Image Communication, 2011, 26(8-9): 427-437.

[106] TRUYEN E, VERBAETEN P. Building a digital publishing platform using AOSD [J]. Transactions on Aspect-Oriented Software Development VIII, 2011, 6580: 163.

[107] DITTAWIT K, WUWONGSE V. An RDF-based platform for e-book publishing, 13th International Conference on Asia-Pacific

Digital Libraries: For Cultural Heritage, Knowledge Dissemination, and Future Creation, Beijing, China, October 24-27, 2011[C]. Berlin: Springer, 2011: 267-276.

[108] ARAI Y. Civil and criminal penalties for copyright infringement [J]. Information Economics and Policy, 2011, 23(3-4): 270-280.

[109] EICHHORN G. Trends in scientific publishing at Springer[M]. New York: Springer New York, 2011: 47-55.

[110] ZENG P, CAO Z, CHOO K K R. An ID-based digital watermarking protocol for copyright protection[J]. Computers & Electrical Engineering, 2011, 37(4): 526-531.

[111] CONGLETON R J, YANG S Q. A comparative study of academic digital copyright in the United States and Europe, Research and Advanced Technology for Digital Libraries: International Conference on Theory and Practice of Digital Libraries, Hannover, Germany, September 26-28, 2011[C].Berlin: Springer, 2011: 216-226.

[112] HILL E. Legal and policy implications of cloud computing, International Conference on Universal Access in Human-Computer Interaction, Orlando, USA, July 9-14, 2011 [C]. Berlin: Springer, 2011: 478-483.

[113] XIE J, LI C. Research and realization of streaming media digital rights management, Proceedings of the 2011 International Conference on Informatics, Cybernetics, and Computer Engineering (ICCE2011), Melbourne, Australia, November 19-20, 2011 [C].Berlin: Springer, 2012: 457-465.

[114] MORIN J H. Towards socially-responsible management of personal information in social networks[J]. Lecture Notes in Computer Science,2011, 6045: 108-115.

[115] DUTTA R, MISHRA D, MUKHOPADHYAY S. Access policy based key management in multi-level multi-distributor DRM architecture, International Conference on Security Aspects in

Information Technology, Haldia, India, October 19-22, 2011 [C].Berlin: Springer, 2011: 57-71.

[116]DUTTA R, MISHRA D, MUKHOPADHYAY S. Vector space access structure and ID based distributed DRM key management, International Conference on Advances in Computing and Communications, Kochi, India, July 22-24, 2011 [C]. Berlin: Springer, 2011: 223-232.

第六章　2012 年度数字出版研究综述[*]

2012 年，开放获取出版依旧是人们关注的焦点。关于开放获取出版的发展前景及出现的相关问题，一直以来都是学者研究的重点。不仅发达国家高度重视其发展动向，一些发展中国家也对开放获取出版的发展动向表示了足够的关注。现今的开放获取出版已不再处于若干年前的起步阶段，而是进入了快速发展阶段，但是其中仍然存在一些亟待解决的问题，如怎样提高开放获取期刊的质量、怎样解决数字版权问题等。至于数字教育出版，近几年发展势头迅猛，许多学者围绕电子教材展开了深度研究，发现有不少阻碍因素困扰着数字教育出版的进一步发展；其中很多学者关注学生的接受情况，对于技术、管理等因素的探究也逐步深入。总体来看，2012年国外数字出版研究的热点主要集中在开放获取、数字教育、电子书、数字版权等方面。

6.1　开放获取现状与前景研究

2012 年，数字学术出版领域的热点依旧是开放获取出版。开放获取作为一种全新的出版模式，在促进学术交流、知识共享等方面一直发挥着巨大作用。开放获取出版的发展如火如荼，但在各国科研领域的认可度仍有待提高。2012 年，国外学者更多地将目光投向了开放获取出版的整体发展状况，对它所展现的商机及效用有

＊ 本章研究内容得到了武汉大学 2013 年度"海外人文社会科学前沿追踪计划""新世纪优秀人才支持计划"以及国家哲学社会科学基金重大项目（12&ZD025）的资助。

了相当深入的研究，对其中存在的问题也有所探讨。

时至今日，越来越多的学术期刊采用开放获取模式进行出版，世界各国对开放获取的重视程度显著提高。Eun-Ja Shin(2012)对韩国的学术期刊开放获取出版展开了详细讨论，通过对韩国 1437 种学术期刊及其出版商的类型与学科进行分类分析和研究，发现该国已有超过半数的科学、技术、医药期刊采纳了开放获取出版模式。Shin 解释了开放获取出版在韩国日益盛行的原因，即韩国的学术研究和学术交流活动更加追求自由共享，其出版理念也日益与国际接轨。同样，作为世界上最大的发展中国家，中国近几年的开放获取出版发展也较为迅速，从而引起了诸多学者的关注。Dehua Hu 等(2012)收集和分析了中国国家知识信息索引数据库(CNKI)中的 685 种开放获取期刊的有效数据，并结合这些开放获取期刊的内容、访问方式、期刊网站建设情况等诸多因素进行研究，最后得出结论：目前中国的学术期刊开放获取出版还相对不成熟，主要体现在出版机制和体制上，这些因素制约了开放获取出版的进一步发展。Wei Hong Cheng 等(2012)对数字出版大背景下的科技类核心期刊进行了针对性调查，指出中国现阶段的开放获取模式尚存在问题，其中很重要的一个方面就是版权问题尚未得到很好解决。在英国，学者们对本国开放获取出版的发展也极其重视，尤其对开放获取出版如何健康、持续发展这一问题格外关注。开放获取出版模式与传统出版模式存在许多不同，例如开放获取出版在一定程度上依赖外部资金的资助。针对这个现象，国外学者通过广泛的调查与案例分析展开了详细研究。Stephen Pinfield 等(2012)重点调查分析了英国各大高等教育机构如何通过建立中央基金(Central Funcs)来支付开放获取出版中的文章处理费(Article Processing Charges, APCs)。通过对一系列数据进行研究，得出了重要结论：2009—2011 年，中央基金只在少数院校得以设立，而此基金的设立会在很大程度上影响英国开放获取出版的长远发展。Pinfield 等特别指出诺丁汉大学(The University of Nottingham)在设置中央基金以推动开放获取出版发展方面作出了良好的示范。其中最重要的一点就是成立于 2006 年的诺丁汉大学开放获取中央基金在具体利用过程中始终坚持一条可持续发展的道路，因此多年来一直运营良好。

世界各国的大学、科研机构等越来越青睐开放获取学术交流模式，对此传统出版商感到了更多、更大的压力。Casey Brienza（2012）、Philip D. Lumb（2012）等指出，传统大型出版商面对发展日趋迅猛的开放获取运动，深感压力重重。著名的"学术之春"运动就让世界最大出版商爱思唯尔感觉如芒在背。Casey Brienza 指出，爱思唯尔等出版商应当认清形势，不要一味抵制开放获取运动，相反地，应更多思考如何应对现实状况，例如在价格制定上弹性是否可以更大、与高校或科研机构能否开展更多合作等。

不少学者对开放获取出版发展过程中存在的问题颇感兴趣。Alice Meadows 等（2012）重点谈到了开放获取出版中存在的一些问题。通过对欧盟（European Commission，EC）科学信息的调查，Alice Meadows 等指出，90%的受访者认为用于公共研究的出版物应当采用开放获取出版方式。同样，在对 ERA 相关受访者的调查中，也有约88%的受访者认为，出版物尤其是科技出版物应当积极采取开放获取模式进行出版。但是，学术期刊出版商的最终选择仍旧存在差异，原因值得人们关注。例如，有些研究机构一直以来只出版纸质期刊，并且已经形成了很大影响力，因此在一定程度上对开放获取出版持犹豫、观望态度。此外，通过对受访者的调查，Alice Meadows 发现在具体开放获取出版对策的制定方面，各大出版商或研究机构会对自身进行全面的评估（如技术、管理等因素），以此来决定是否确实有必要采取开放获取出版模式。Frances Pinter（2012）对学术出版物的开放获取问题进行了探讨，认为现阶段的开放获取出版虽然经历着史无前例的快速发展，但也面临着一些现实挑战。技术的变革使研究人员在科学交流途径上有了更大选择，但技术进步究竟怎样促使学术交流效率的提高，则是人们应当深思的课题。开放获取出版要持续、健康发展，出版商自身的作用一定要充分发挥，同样重要的一点是必须找到与图书馆、研究机构等的合作方式。当然，开放获取出版的发展并非毫无限制。David Beer（2012）从另一个视角来看待开放获取及学术出版中所需注意的问题，他指出开放获取出版的发展一定要从音乐产业的发展过程中汲取经验和教训。最重要的一点就是，开放获取不一定意味着内容创造者或其受众需要获得完全的授权，能任意处置、支配内容。此外，David Beer 还明确提出开放获取出版的确会带来积极影响，但是需加以谨慎对待，应当对其进行细心引导以确保不破坏其积极的作用。Mikael Laakso 等（2012）则从开放获取的纵向发展和内部结构来看待开放获取出版，指出其收费模式已经打破了传统科技与医学出版业的主流收费模式，从而在学术出版领域引起了巨大反响，但随之而来的问题是，开放存取出版今后如何采纳一些创新性的手段，实现在技术、管理层面的创新和突破，这是应当引起高度重视的问题。

论及开放获取，就不可能不涉及作者付费问题。Simon Thomson 等（2012）认为开放获取之钥（Open Access Key，OAK）是解决该问题的极佳途径。现今个体研究者、大学、出版商等多方都积极参与开放获取期刊的处理过程，并在费用管理方面发挥着各自的作用。但是 Simon Thomson 等特别指出，合理有效地处理作者付费问题是学术出版开放获取得以实现的关键所在。正是基于此，他们重点谈到了 OAK 公司这个极具开创性质的全球化公司，它最成功的一点在于能有效解决上述问题，因为它可以提供一个具有合理成本效益的解决方案，并能为涉及作者付费的各方提供有价值的参考。针对学术期刊的开放获取，定价机制（pricing principles）问题同样值得关注，Bo-Christer Bjork 等（2012A）对开放获取出版商如何运用定价机制展开了探讨。通过一系列数据的统计分析，Bo-Christer Bjork 等认为开放获取出版商应当考虑多方因素，依据更为灵活的定价原则积极尝试不同的定价机制，这对最终制定相对合理的价格十分有用。

对于开放获取出版的影响及发展前景，国外学者也有所研究。Inna Shingareva 等（2012）指出开放获取期刊近年来发展迅速，众多期刊被重要检索系统收录，而且较之传统纸质期刊引用优势明显，因此影响力日趋增长。Kuan-Teh Jeang（2012）认为开放获取出版模式在未来会变得更加自由、快速。尤其在科学界，开放获取的发展使得知识共享越来越现实、可靠；而即便是非科学工作者或非专家学者，开放获取同样能为其带来益处。Kuan-Teh Jeang 特别以《逆转录病毒学》(*Retrovirology*)期刊为例，指出开放获取出版模式非常有助于提高期刊影响力，对于提升期刊在科学界或学术界的地位极为关键。同样，Joseph Piven(2012)也谈到了开放获取出版对科学类期刊发展带来的巨大影响。Joseph Piven 指出《神经发育障碍》(*Journal of Neurodevelopmental Disorders*)期刊成为完全意义的开放获取期刊后，该领域内的科学交流日益频繁，更多学者能够体验到知识共享的愉悦感，期刊自身的影响力也有了很大提升。而 Christian Gumpenberger 等(2012)则通过科学的调查分析，详细论述了开放获取期刊(以金色 OA 为例)的巨大影响力。同时指出世界范围内的金色开放获取期刊的确数量较少，不过其总体影响力的日益提高却是不争的事实。而根据 Bo-Christer Bjork 等人(2012B)的研究结果，开放获取期刊的影响力与传统科学期刊已经不相上下，并且在未来极有可能超越后者。

总体来看，开放获取出版的发展虽然会遭遇一些挑战，但其优势与发展潜力有目共睹，这也是这么多年来众多学者高度关注它的重要原因。可以预见的是，在今后很长一段时间内，有关开放获取出版的研究一直会是学术出版研究的热点，我们也将持续跟踪下去。

6.2　数字教育出版研究

技术发展日新月异，数字教育出版也迎来了新的发展时机。事实上，数字出版技术的突飞猛进给出版业带来的不只是新概念或新工具那么简单，而是产生了实实在在的效用。进入 21 世纪以来，数字技术对各国教育行业的渗透是深刻、根本性和史无前例的。究竟如何面对数字技术给教育出版业带来的挑战，以及如何抓住数字时代的发展机遇，则是需要深思的问题。现阶段，数字化学习(digital learning)、电子化学习(electronic learning)、移动学习(mobil learning)方兴未艾，数字教育出版的相关研究近年来成为各国学者高度关注的热点。

对于数字教育出版而言，开放获取式教科书出版是一个很好的创新模式，也是改变传统教科书出版模式的典范。Meredith Morris-babb 等（2012）认为开放获取教科书将是改变教育领域的一大创举。现阶段，大多数商业电子教材还存在诸多不足，其往往是经简单升级后的电子教科书，访问和下载相关内容时会受到一定限制，而开放获取电子教材能有效解决这些问题。不过，这种"开放式"获取的教材并不意味着可以零成本生产。Meredith Morris-babb 等以佛罗里达大学出版社及佛罗里达大学数学系为实例，指出二者在开放获取教科书出版上做出了巨大努力。研究发现，这种新兴的数字出版模式带来的不仅是技术手段的创新，而且为教学及学习方式带来了巨大变革。Tony Burch 等研究者（2012）则深刻地认识到，现今教学和学习的物理空间或虚拟空间早已成为普遍现象，过去长时间占据主导地位的印刷书籍如今正遭受空前的挑战。在许多教育部门，随着更多数字化技术的运用，传统纸质书籍正面临着被边缘化的险境。Burch 等还特别指出，随着未来数字化教育资源的进一步丰富以及数字化书籍种类的进一步增多，教师教学、学生学习的方式也会呈现更加多元的趋势，数字教学、在线学习方式将会更深层次地影响教育的方方面面。Eve C. Elias 等（2012）通过大量的实验及数据分析发现，电子书确实存在许多潜能，也会给读者带来种种益处，但并不是所有学生或大学的各个学院都会立即采用电子书代替传统纸质书籍，学生究竟是采用电子书还是纸质书要依据自身需要而定，而采用电子书进行学习对于学生来说也是一个渐进的过程。越来越多的电子书进入课堂，使得依赖纸质书本进行教学的传统方式渐渐发生了改变，这种现象在很多发达国家已经较为普遍，一些发展中国家对此也有所尝试。但电子书作为课堂教材进入发展中国家的教室更需时日，它不仅与社会、经济、文化发展程度密不可分，还与人们的思想观念有待转变息息相关。Abd Mutalib Embong 等（2012）就谈到，将电子书作为教材投入使用的发展中国家并不多，即便投入使用也更多是局限在大学校园里。Embong 等通过研究指出电子书确实能给学生学习带来诸多帮助，但目前电子书尚存在诸多不足之处，必须针对这些缺陷制定对策，找出最合理的发展框架来推广电子书。

海量数字教育资源能否真正在世界各国得到推广和应用，还值得进一步研究。特别是 OER 能给全世界教育行业带来多大效用，能否有效解决教育平等、教育鸿沟等问题，都是相关学者研究的重点。Thomas Richter 等（2012）指出教育不仅是解决社会矛盾（例如贫困、饥饿、极端主义等）的极其重要的手段，更是国家间展开竞争的核心要素。特别是发展中国家在与西方发达国家展开竞争的过程中，更需要思考如何利用教育来提升国家竞争力。Thomas Richter 等提出要充分利用技术的进步来创新数字教育的学习内容、丰富教育情景，特别应通过开放教育资源来克服教育差距的弊端，最终实现教育公平。另外，David Wiley 等（2012）指出了开放教育资源的利用对于降低教育成本的重要性，认为国家非常有必要提供更多的 OER 给公众，政府应当在公共政策上提供积极支持，这样才能够创造出更多的教育资源。如此一来，学生在获取教学资源时可不再局限于传统模式，教与学都能借助数字技术的优势得以开展；广大公众也能更好地分享 OER 带来的益处。作为 OER 使用的重要一方，无论是教师还是学生，如何使用 OER、如何再利用 OER 以及如何评判 OER 的质量都是人们关注的焦点。K. I. Clements 等（2012）针对此问题展开了实证研究，结果表明 OER 的质量、再利用程度以及用户（以教师为主）对 OER 的信赖程度都会直接影响对 OER 的总体看法，并指出提高 OER 质量以及教师使用 OER 的能力非常有必要，只有这样才能真正发挥 OER 的作用。

谈及数字化教育，就不能不提到电子化学习、数字化学习、在线学习带来的巨大影响。尤其近年来众多学者高度关注的电子化学习，更是数字教育出版领域研究的重中之重。E. Ossiannilsson 和 L. Landgren（2012）通过模型来架构未来电子化学习如何开展、如何融入新元素（新技术等），使之充满灵活性、交互性，从而使内容获取更加方便。E. Ossiannilsson 等还指出，在现今的教育领域特别是高等教育领域，学生对获取知识的要求和期望逐步提高，传统方式已经渐渐不能适应现代社会的发展，这就要求我们从整体性的视角去思考如何在电子化学习中融入更多创新性元素；这些元素不仅涉及技术的创新，更涉及理念和思维的创新。从这点来看，电子化学习的发展将是一个漫长的过程。在高等院校，电子化学习的开展更为普遍，一些研究人员通过实验方法来探寻电子化学习究竟会带来哪些不同之处。Eunmo Sung 和 Richard E. Mayer(2012)通过对学生远程在线学习的跟踪研究，发现技术因素如信号设备辅助、导航设备辅助等的介入会对学习效果带来显著影响。与电子化学习相似，移动化学习也在一些国家逐渐开展起来。Nik Mastura 等(2012)对马来西亚的移动化学习现状做出分析，一方面，他们指出当今智能手机、掌上电脑等设备日益普及，尤其是无线网覆盖了越来越多的校园，因此马来西亚应当付出更大努力做好学习设备与网络的融合工作，为实现移动化学习战略作出贡献。另一方面，他们也重点提出在马来西亚移动化学习的战略实施过程中应当积极借鉴有关国家特别是发达国家的先进经验。新兴的电子化学习模式给人们带来的心理上的转变是另一些学者感兴趣的课题。Sarita Kumar 和 Ravi Toteja(2012)针对印度数字教育方式转变给学生带来的心理影响做了一项调查，发现在向电子化学习转型的过程中，学生的心理遭遇了不同程度的挑战。在缺乏基础设施和相关技术的情况下，学生在应对电子化学习的转型过程中会感到紧张、焦虑，特别是在对相关技术运用尚不熟练的情况下，此种情绪更加明显。所以，Sarita Kumar 等着重强调，针对学生应对技术变化的需要而采取培训和辅导是十分必要的；当然，持续的技术升级与设施完善也必不可少。只有这样，才能使学生更好地适应电子化学习的转型过程。

电子书的不断推广已经使得传统教育出版模式悄然发生改变。毋庸置疑，未来电子书将会更多地进入课堂教学，开放式教育资源使人们获取相关资源更加便捷，而其所提供的信息量也会呈爆炸式增长。可以这么认为，数字技术终将给数字教育出版带来变革。

6.3　电子书市场与用户行为研究

6.3.1　发展现状

2012 年 4 月鲍克研究机构发布的研究报告显示，全美电子书市场份额从 2010 年的 6.4% 快速上升至 2011 年的 20.2%。与此相对应，国际电子书市场却增长缓慢，包括德国、法国、意大利等欧洲国家的电子书市场份额仍在 1%~2% 徘徊，而以"金砖四国"为代表的新兴市场国家表现同样不尽如人意，数字内容的可获取性与电子设备的价格是其发展所面临的主要障碍（Joya Anthony，2012）。在许多欧洲国家，中小企业是出版市场的主体，Melanie Ramdarshan Bold（2012）的研究发现，苏格兰出版商并没有充分利用新技术和平台进行内容传播，它们依然习惯于原有的运作方式，这使其在面对全新的数字化环境时难以与国际出版巨头竞争。对此，他认为企业需要在数字出版和权利开发上进行必要的培训和交流，从而在知识经济时代得以立足。尽管面临诸多挑战，大部分出版商对未来几年电子书市场的兴起表示乐观。以西班牙为例，不仅亚马逊进入了该国市场，而且部分出版商已经开始尝试全新的动态定价方式，一些新创企业则针对数字内容开发探索新的商业模式（Joana Costa-Knufinke，2012）。

众多产品形态的涌现是人们对未来电子书市场充满信心的原因之一，电子书 App 便是其中之一。Lasse Korsemann Horne（2012）以儿童图书为例，具体介绍了 App 开发思路——出版商可以较低的成本讲述故事、设定情节并进行有限的互动。图书内容的跨媒体发布需要建立在内容结构化处理的基础上，这就涉及 XML 优先的工作流程。David Alan Rech（2012）认为，目前人们对 XML 存在较多误读：XML 本质上是对内容的定义和结构化，基于 XML 的工作流程可以借助微软的办公软件 Word 和 Adobe 公司的专业排版软件 InDesign 实现并应用在常规生产活动中，其中最关键的是建立与之相匹配的结构化流程方法。

6.3.2 电子书阅读与消费研究

数字化环境中的阅读行为受到学者们的普遍关注，英国的 CIBER 作为该领域的权威机构，近十年来一直专注于学术信息用户行为的研究。该机构研究发现，研究人员在深度阅读上所花的时间非常有限，数字化迁移使研究人员的信息搜寻和获取方式从垂直深度型向水平跳跃型转变，由此产生的更多是浏览行为而非阅读行为（David Nicholas，David Clark，2012）。2010年，圣地亚国家实验室的技术图书馆利用自己的数字资源开展了一项为期6个月的试验项目，以测试 Kindle、iPad、Nook 等6款电子阅读设备对 PDF 文档的兼容性以及研究人员的使用体验。实验结果显示，iPad 是唯一实现与 PDF 版学术期刊和专著兼容的设备，它能够对图表、插图、数学公式等非文字信息进行较好的呈现（Danielle E. Pollock，2012）。2011年，美国加州大学洛杉矶分校也开展了类似研究，研究者主要对阅读设备的用户满意度与可用性进行综合评价，接受测试的设备同样包括 Kindle、iPad 和 Nook。该实验针对该校信息学专业的81名研究生展开，主要了解学生拥有阅读设备的情况以及对不同设备的偏好，然后从被试者中挑选8位学生再分别试用相应的阅读设备。结果发现，被试者普遍对阅读器的导航功能和借阅功能表示不满，而对阅读器的便捷性和存储量较为满意，在所有阅读器中，Kindle 的接受度最高（John V. Richardson Jr，Khalid Mahmood，2012）。除了基本的功能需求以外，数字阅读最大的障碍在于阅读的视觉体验。Monika Pölönen 等（2012）设计了一项实验，87位受测者分别利用近眼显示设备、小屏幕设备和纸质图书进行阅读，随后研究者对阅读过程中视觉疲劳、晕动症状、视觉功能变化、用户体验和阅读设备的光学参数等数据进行记录和评估，结果表明纸质阅读具有最佳的阅读体验，所有近眼显示设备都会导致视觉疲劳和晕动症状，而用户使用不同设备所产生的视觉症状存在差异（见表6.1）。

与电子书阅读研究密切相关的是对读者消费和使用行为的研究。韩国拥有发达的电子书消费市场，Jaemin Jung 等（2012）针对该国电子书消费者展开调查，发现消费者对电子书阅读器的认知、兴趣和采纳意愿与年龄、教育水平、收入水平、对印刷媒体的感知需求、数字媒体拥有情况、个人创新性以及阅读器的感知属性等因素相关，其中人口统计学变量、个人创新性及对阅读器的感知属性

表 6.1   **两项电子书阅读实验研究**

研究者所在机构	受测设备	研究发现
美国圣地亚国家实验室的技术图书馆	1. Amazon's Kindle 2 2. Amazon' Kindle DX 3. Sony's Reader PRS300 Pocket Edition 4. Sony's Reader PRS900 Daily Edition 5. Barnes & Noble's Nook	1. 目前还没有任何一款电子设备可以完全满足用户的阅读需求。 2. 相对而言，iPad 能够实现与 PDF 版学术期刊和专著的兼容，对图表、插图、数学公式等非文字信息进行较好的呈现。
美国加州大学洛杉矶分校信息专业 巴基斯坦旁遮普大学	1. Amazon Kindle 2. Apple iPad MB292LL/A 3. Barnes & Noble's Nook BNRV100 4. Borders' Kobo Reader N647-BUS-S 5. Sony Digital Reader PRs-950	1. 读者最关注的阅读器特性包括便携性、集成性（同一款设备上存储多种电子书）、下载便利性和附带字典功能。 2. 读者并不在意阅读器对非罗马字符的支持和色彩功能，但对过高的定价以及导航和借阅等功能不满。 3. 在所有阅读器中，Kindle 的接受度最高。

是最重要的影响因素。Steven Chen 与 Neil Granitz（2012）则通过扎根理论等定性研究方法对消费者关于图书数字化的态度展开研究，主要关注图书形态的变化对消费者阅读的经验性和功利性价值所产生的影响，结果显示：接受电子图书的读者，功利性价值更加突出，而拒绝电子书的读者，经验性价值更加突出；而当经验性或功利性价值无法替换时，用户一般同时接受新旧两种图书形态。Colleen P. Kirk 等（2012）研究发现，在功利性阅读情境中，消费者更倾向于采用互动型电子书而非静态电子书；消费者从印刷类产品中获益越少，越有可能采用互动型电子书。值得注意的是，这两种

效应关系都受到年龄这一控制变量的调节作用，其中相对年长的消费者更倾向于使用静态电子书，而相对年轻的消费者则更接受互动型电子书。相比于其他新技术接受活动，读者使用电子书等新媒体技术还涉及相应的转换成本，Lan-Ying Huang 等（2012）通过实证研究发现，消费者接受行为除了受到相对优势、兼容性和复杂性等创新属性的直接影响，还受到不同转换成本的间接作用，其中流程和关系层面的转换成本对上述关系具有显著影响。

图书馆早期使用的数字资源主要是电子期刊，随着电子书资源的成熟与普及，围绕电子书的图书馆服务被提上议事日程。受安德鲁·梅隆基金的支持，三角研究图书馆网络（the Triangle Research Libraries Network，TRLN）召集图书馆界、出版界以及电子书供应商等机构进行了为期两天的会议，着重讨论未来电子书联合采购与分享机制问题，其中包括如何确定合理透明的定价机制和馆际互借模式等（Sarah Kalikman Lippincott et al.，2012）。针对上述挑战，Magdalini Vasileiou 等（2012）对英国 7 家学术图书馆的馆长、学科馆员、元数据工作人员、电子资源协调员进行访谈，拟定了图书馆电子书管理框架，该框架确定了电子书管理的关键步骤，包括馆藏发展政策、预算、资源发现、评价与筛选、许可谈判、编目与传输、推广与用户教育、监控和检查、续订和取消。图书馆电子书采购的合理性基础在于用户的使用，James Cory Tucker（2012）对 NetLibrary 和 Ebrary 两家图书馆的用户数据进行分析，比较两种图书馆采购模式的用户使用情况，其中 NetLibrary 采取的是一次性购买方式，Ebrary 采取的则是订阅方式。结果显示，Ebrary 的电子书使用量呈上升态势，NetLibrary 的使用量则出现下滑。另外，不同学科与出版商的电子书使用情况也存在较大差异：学科方面，健康科学与酒店专业的电子书使用量最高；出版商方面，麦格希、约翰·威利、劳特里奇、牛津大学出版社、国家学术出版社与剑桥大学出版社的电子书使用量相对较高。对于图书馆采购决策来说，除了电子书的整体借阅状况，具体到每一本电子书的浏览和使用情况，同样具有重要意义。Dana McKay 等（2012）利用墨尔本斯运伯恩科技大学图书馆的日志数据，对用户行为展开深度研究，结果发现读者最常阅读的部分是图书的扉页、章节标题、目录、首页以及图书概要这 5 个部分。读者平均每分钟阅读 5.3 页，其中浏览型读者的阅读速度（平均 7.1 页/分钟）比借阅型读者（5.7 页/分钟）要快。关于读者的阅读交互行为，研究者总结出三种模式，分别是线性发展模式、上下文确认模式和探索性评估模式。线性发展模式近似于纸质阅读，起初采用页面导航和滚动轴方式进行，然后通过目录跳转到相应章节，继续循序阅读。上下文确认模式中，读者首先跳至某章节首页，在阅读两三页之后跳回至上一章节的最后几页。这种阅读方式在纸质阅读中非常少见。读者可能是通过浏览上一章结尾部分内容，从而更好地理解目标章节内容。探索性评估模式中，读者采取大范围的前后跳跃阅读，这种方式最有可能通过滚动轴实现，也有可能通过搜索和输入页码的方式实现。三种模式中，传统的线性发展模式仍然占据主流。

6.4　数字版权保护研究

版权问题一直是学者和业界关注的一大焦点，其中绝大部分研究离不开版权保护这个议题。其中法律保护起到使人"不敢"侵权的作用，而技术保护使潜在侵权者"不能"实施侵权行为，两方面配合达到保护版权的目的。多数研究者认为版权的法律保护有所滥用，需强调使用者利益，以达到平衡状态；与此呼应，技术保护似有被弱化的趋势，强调便利使用者。这是总的态势。

6.4.1　数字版权法律保护研究

法律是维护权利的基石，但法律的制定又往往落后于技术的发展，特别是在飞速发展的数字时代。因此，完善版权法和相关法律，平衡各方利益，以有利于文化传播和促进创新，成为 2012 年的研究主题。具体来讲，需要平衡以下各方利益：①传统广播组织与互联网传输相关方的利益平衡。由于互联网传输与传统的广播有着较大区别，传统的广播权包括转播权都不应扩展到互联网传输领域；相反，所有互联网传输应该属于作者或所有者的权利（M.

Sakthivel，2012）。②版权所有者与P2P网络服务商的利益平衡。P2P网络技术的广泛应用为版权保护带来巨大挑战，如：澳大利亚的现行版权法对P2P网络服务商规定的责任和义务含糊且不充分，因此政府应该修订法律以平衡权利人和网络服务商的利益（Kathy Eivazi，2012）；而与此相反，Chunhsien Sung和Po-Hsian Huang（2012）则认为美国现行版权体制赋予了P2P网络服务商和使用者过多的责任和义务，不利于P2P网络甚至整个传媒产业的发展。③版权所有者与使用者的利益平衡。Evi Werkers（2012）认为，版权所有者与使用者之间的关系越来越紧张，如果欧洲版权法不能在版权、言论自由、信息权利和隐私权等方面达到协调、易于理解和平衡的程度，它们之间的鸿沟将不可能逾越。即使对于发展中国家来说，版权限制与例外也应以确保信息获取为目的，而在考虑三步检测法的开放性和适用范围时也应牢记，需平衡权利所有者和使用者之间的利益，而不是偏向版权所有者一方（T. G. Agitha，2012）。20世纪末曾有学者提议在版权法中增设获取权（the right of access），但该权利到底应属于版权所有者还是使用者，至今在欧盟法律或国际法律中都没有相关文献加以规定。但是《欧洲版权条例》（EU Copyright Directive）在专有权之外，规定了控制版权作品的可能性，且不能在版权限制情况下被使用者的获取权抵消，因此有必要通过立法重新恢复版权所有者与使用者之间的平衡，而对于获取权的限制应该遵循有利于文化传播这个最高原则（Marcella Favale，2012）。④版权所有者与内容消费者的利益平衡。消费者不同于使用者，他们还应受消费者权益保护法的保护。从维护数字内容消费者权利的角度出发，N. Helberger等（2012）认为数字内容的消费者在交易过程中用消费者权益保护法维护自身权益显然还有不少阻碍，比如很难界定数字内容到底是"产品"还是"服务"，同时对数字内容缺乏统一的评价标准。为了平衡版权所有者与消费者的利益，应从更广泛的社会背景和规范出发，而非孤立地看待版权法。从欧盟地区最近的法院判决来看，这已成为一种趋势。

仅仅制定或完善法律还不够，Reto M. Hilty和Sylvie Nérisson（2012）认为当使用者权利多数时候只存在于推测中，而对于使用者权利的限制则是白纸黑字的具体条文时，版权所有者与使用者的利益就已经处于不平衡状态。靠法官解释的三步检验法也显示出这种不平衡，在大多数案例中，法官多倾向于支持版权所有者一方。这种不平衡也许最有可能靠其他法律如人权法、竞争法和合同法来扭转。但除了合同法，求助于人权法或竞争法，成本与收益相差悬殊，难以为普通人采用。因此，人们必须寄望于法律制定者认真贯彻 TRIPS 协议第 7 款和第 8 款，以促进作者和使用者双方权利和义务的平衡，防止知识产权滥用。

技术发展是版权法演变的一大动因，而国家安全理论（securitisation theory）则提供了另一种视角。Benjamin Farrand 和 Helena Carrapico（2012）认为版权侵权问题已经从经济问题上升到国际安全问题的高度，并从民事责任领域转到刑事处罚领域。从国家安全理论的视角来看，这种演变主要是以国家、欧洲和国际层面的安全运动（securitisation moves）为动因。在美国，版权侵权已经有效地考虑了安全因素，但这并不代表版权侵权问题已经上升到国际层面。这一点即使在欧洲也存在不同意见。欧洲议会对于版权侵权特别是对于个人侵权施予刑事处罚还比较谨慎。同时也需要考虑，将网上的个体侵权者与组织犯罪联系起来是否恰当。退一步而言，在组织犯罪中大规模侵权是否应当采取刑事措施还需要更多证据，而由侵权造成的损害也还没有弄清楚。比如，德国的录音产业由于未经授权的数字复制的影响，录音制品销量下降不少，但是每年新推向市场的品种数却在增长，即使从长期来看，也处于上升趋势；同时，听众花在此类产品上的时间也未下降，由此可见，录音产业供给的产品质量并未受到版权侵权的明显影响（Christian Handke，2012）。在法国，Maya Bacache-Beauvallet 等（2012）对代表整个国家的 710 名专业音乐家的调查分析显示盗版对他们的影响取决于收入模式。如那些经常上台演出的音乐家与比较少参加此类活动的音乐家相比，对盗版的容忍度高；而自己发行唱片的音乐家对盗版行为的容忍度相对较低，因其切实影响了他们的收入；同时，那些没有唱片合约的音乐家对盗版容忍度更高，因为盗版提高了他们的知名度。如此看来，即使从保护版权所有者的角度出发，版权侵权影响也不能一概而论。

　　一国对于版权保护水平是否越高越好？也许未必。Kyoung-Joo Lee（2012）就通过共同进化理论考察了日本和韩国在移动音乐市场的发展状况，其发现，在日本，移动音乐产业仍主要由原来的唱片公司所占据，同时，整个产业处于传统线下 CD 销售的补充地位；相反，在韩国，网上音乐产业以移动终端商为主导，并且取代了线下销售。这种反差主要来源于日本严格而韩国宽松的版权保护体系。同时，文化差异对一个国家的知识产权保护水平有重要影响，比如崇尚人本主义和集体主义文化的国家对知识产权保护有消极影响，而不确定性规避和长期取向等指标对知识产权保护起着积极影响（Amanda Budde-Sung，2012）。

　　版权法的有效制定和执行，离不开对潜在侵权群体的了解。Kirsten Robertson 等人（2012）通过调查研究发现，在新西兰大学生群体中，相比没有非法下载过音乐的大学生来说，非法下载者较少关心法律和道德，或者参与过其他非法行为；如果没有被抓住的风险，他们更有可能去盗窃一张 CD。因此，通过各种途径加大他们对非法下载会被抓住的可能性感知不失为良策。与此不同的是，Hyoungkoo Khang 等人（2012）对韩国大学生的调查研究显示，道德义务（moral obligation）和主体规范（subjective norms）很大程度上决定了他们对网上盗版的态度；而道德义务和感知的行为控制（perceived behavioral control）以及态度是他们参与网上盗版的先决条件。可见，道德和主观规范对于网上盗版行为有着重要影响，但是研究者认为韩国处于一种规范和法律相对抗的状态。Stefan Larsson（2012）认为，在数字社会人们所理解的副本概念与法律意义上的副本概念相似，但是与现实中的现象却有着明显差异，主要区别在于具有不同的限制，包括复制成本、转移成本等。法律意义上的副本概念和对副本复制、分发的控制对习惯于分享副本的年轻一代来说，意义并不明显。合法或非法复制音频或视频文件的行为在很大程度上被社会所接受，在这样一种强大的社会规范下，采取更加严厉和打击范围扩大化的版权法，不仅会使人们对法律本身产生怀疑，还可能产生一些政治问题。当然，不可否认，至少在短期内，法律对于民众的行为还是有着很大影响。2011 年新西兰颁布了《版权修正案》，旨在当内容在互联网上被非法共享时为权利所有人提供法律援助。对此，Shane Alcock 和 Richard Nelson（2012）通过对比分析数字用户专线（DSL）的居民用户在法律生效前后的数据包信息，发现该法律生效后 DSL 用户对 P2P 应用软件的使用量显著下降，至少从短期来说，该法律对用户的行为矫正具有较强效果。

6.4.2　数字版权技术保护研究

在研究者提出版权法律保护应更强调保护权利所有者以外的利益相关者时，技术保护也有弱化的趋向。技术保护应由"限制性"向"授权性"转变，将消费者与朋友、家人之间的分享行为与商业规模的免费复制行为区别开来，并充分考虑消费者的使用感知。基于这种考虑，Sarah Blankfield 和 Iain Stevenson（2012）认为虽然数字权利管理即 DRM 暂时为出版商在新市场的运作提供了信心，但是从长远来看，DRM 存在的根本问题是消费者大多对其持否定看法。美国出版商比英国同行更反对 DRM。这有可能成为一种趋势。同时，DRM 系统需终身维护的特性，消费者要求保持工作的隐秘性，以及系统本身亦可被消费者移除等问题的存在使其难有长远价值。

就眼下来讲，Hasan A. Deveci（2012）认为虽然 DRM 的过度使用已经超出了版权法或合同法保护的范围，有疏远用户的危险，但它毕竟在一定程度上保护了数字作品，促进了超链接的免费使用，同时为商业模式创新提供了可能性。不过，研究者也意识到该系统给予消费者的消极感知，并建议在改进 DRM 系统时更加注重消费者的使用便利。Chih-Ta Yen 等人（2012）开发了为用户提供隐私保护、使用透明度和超级分发等功能的全方位数字版权保护系统，具有保护版权与便利用户的双重效果。Yi-Ming Chen 和 Wei-Chen Wu（2012）为 P2P 用户设计了由 GDH 协议衍生的匿名 DRM 系统，具有匿名认证、无须在线授权服务器、在线用户获取系统可调整、成本低等优点，有利于多媒体文档通过 P2P 网络得到合法且广泛的传播。Lei Lei Win 等（2012）提出了一项安全的可互操作的内容分发机制，解决了有些阅读设备只支持某些内容提供商嵌入而无法实现多介质分享或分发的局限。与此类似，Sangho Lee 等（2012）设计了基于文件系统层的 DRM 控制架构，可以有效地获取受 DRM 控制的内容的访问语义，在解决 DRM 仅支持某个特殊应用的局限性方面具有很好的实用性、可移植性和有效性。

比起 DRM，数字水印（digital watermarking）则友好得多。它允许购买者合理地与他人分享，一旦发生非法复制，则可通过水印追查非法分发者。随着其应用越来越普遍，数字水印技术亦成为数字版权领域的主要研究热点之一，研究课题涉及数字水印在版权注册、分发、验证、保护等多个方面的应用。Jianbo Liu 和 Cheng Yang（2012）提出了建立在数字水印基础上的版权自动注册和确证框架，为版权注册和确证的规模化运作提供了可能。Shiguo Lian 等（2012）开发出基于指针和水印混合技术的内容分发和版权授权系统，可用于图像、视频和音频内容领域，能明显提高版权信息的探测效果。Sanjay Rawat（2012）利用符号逻辑图和离散余弦转换（DCT）的特性，再加上数字签名和时间戳（time stamp）等技术生成的可验证的无损水印框架，不仅无须原图就可验证图像版权，还有很强的安全性和可靠性，能够强有力地保护版权。A. V. Subramanyam 和 Sabu Emmanuel（2012）提出了一项增强型图像水印技术，解决了在局部压缩及加密过程中，JPEG 图像质量降低且压缩率低的问题，有助于检测版权侵权行为。而对于未来的水印技术研究方向，Wang Xijin 和 Fan Linxiu（2012）指出讯息摘要 5（Message Digest 5）代码和数字水印技术的结合在信息加密领域具有重要应用价值，值得深入研究。

数字水印的稳定性和安全性一直是研究者关注的焦点。Li Xufang 和 Hu Min（2012）基于奇异值分解的良好数学特性、再混合二维小波分解、无序符号逻辑序列和模版置乱，提出了一种更具安全性和稳定性的数字水印技术，该技术可以广泛应用于电子服务领域。Malay Kishore Dutta 等（2012）提出了可以抵抗普通信号处理攻击的双重水印组合以保护数字音频。Goo-Rak Kwon 等（2012）提出了将水印和扰频混合的保护技术，该技术不仅要求用户以密钥获取

MP3 内容，更可以保护其不会在解扰后被非法复制，在复杂性、安全性和过度压缩方面取了很好的平衡效果，很适用于实时网上音频领域。Nidhi Taneja 等（2012）提出了新的水印加密联合框架，该框架在内容所有者和分发者一端分别利用奇异值分解技术（SVD）嵌入水印，而在用多级树集合分裂算法（SPIHT）压缩前加密。利用这种框架可以增强图像在面对压缩等各种处理程序时的稳定性，从而有效地证明内容的所有权，防止虚拟数据的非法分发。Hongyuan Chen 和 Yuesheng Zhu（2012）提出了建立在奇异值分解（SVD）和斜率嵌入（slope-based embedding）技术基础上的水印算法，以保护视频版权，该算法能抵御如加噪、降值、过滤等的攻击，具有很强的稳定性和实用性。Min-Jeong Lee 等（2012）提出了一项实用的、用以保护高清视频版权的水印技术，可以抵抗降低分辨率、改变帧速和转码等视频处理程序的攻击。针对视频转码处理攻击，Rohit Nair 等（2012）提出了一项主要针对应用广泛的 H. 264 编码器的抗转码处理水印技术，利用建立在内能（energy content）基础上的选择性宏块（selective macroblocks）技术，极大地增强了水印在转码处理过程中的稳定性。Yong-Gang Fu（2012）提出了包括公共水印和私属水印的非对称水印框架，在抗移除和图片压缩方面具有很好的稳定性。

　　除了 DRM 和数字水印技术，为保护视频版权，研究者还提出了不少其他技术手段。Yujie Zhang 和 Yuanyuan Zhang（2012）融合离散余弦转换（DCT）、离散小波转换算法和中央网络与数字水印技术，设计了专门的视频版权保护平台，不仅有效增强了视频流的稳定性，更极大地提高了视频版权保护的有效性。R. Ashok Kumar 和 Ganesan Kaliyaperumal（2012）提出了一项新的可以抗共谋的视频指纹识别架构，在现有的解决此问题的架构中具有最优性能，为利用 P2P 网络提供视频点播服务提供了安全保障。MyoungBeom Chung 和 IlJu Ko（2012）针对建立在内容检索方法基础上的视频特征比对方法存在的弱点，提出了新的可以在编码发生变化的情况下进行准确视频比对的算法，以防止盗版视频的上传。Xiangmin Zhou 等（2012）在大型视频数据库视频相似性对比检测技术中提出关键帧一致性匹配(consistent keyframe matching)办法，大大提高了检测效率，在版权检测中有重要应用价值。Gaobo Yang 等(2012)基于快速鲁棒特征(speeded up robust feature，SURF)和顺序度量(ordinal measure，OM)提出了稳定的散列算法，可以有效地保证视频版权检测的精确度和高效率。

随着版权保护技术的日益发展，不少研究者针对当前的热点问题开展了具体的应用研究，以提供版权的技术保护。其中，针对移动网络和设备的研究比较突出。Jutta Hämmerle-Uhl 等(2012)通过对比 6 种水印在可拓展的虚拟数据上的检测表现认为，在移动无线环境中，水印嵌入和可拓展模式需要经过仔细的调整，才能达到理想的水印检测效果。Sung Ryul Kim 等(2012)融合并稍加拓展了在线执行分类(Online Execution Class)和加密技术，用以保护安卓应用(Android Apps)的版权，在开发者的易控制性和用户使用体验两方面都有不错表现。同样是保护安卓应用版权，Sanghoon Choi 等(2012)发展了自我检测文档库(self-checking libraries)和声音取证标记(forensic mark)插入工具，可以有效地保护应用版权，促进智能手机应用市场的发展。Raffaele Pizzolante 和 Bruno Carpentieri(2012)开发了一套可在基于安卓系统的移动便携设备上为图片嵌入可视水印或隐藏水印的工具，从而保护移动设备上的图像版权。

除针对移动网络和设备的研究外，其他一些研究也紧跟热点问题。如 Jungjae Lee 和 Jongweon Kim(2012)提出了针对 P2P 软件 BT(Bit Torrent)的反盗版系统，该系统通过研究 BT 种子元数据文档可以追踪并保存侵权信息，并具有鉴定传输文件版权信息，阻止非法分发，引导下载者流向合法交易网站等功能，但其合法性还需进一步考虑。Didi Rosiyadi 等(2012)为保护电子政务文本和图像的合理使用和版权不受侵害，设计了混合离散余弦转换和奇异值分解技术的数字水印框架，具有很好的稳定性和安全性。

在电子书版权保护技术方面，Sarah Blankfield 和 Iain Stevenson(2012)还介绍了出版商协会版权侵权管理门户(Copyright Infringement Portal)系统，该系统于 2009 年由英国的几家主要出版商发起，供版权所有者或其授权机构，主要是出版商使用，要求侵权网站的所有者或网络服务供应商移除侵权产品。随着其功能不断增强，成本降低，该系统为出版商提供了解决版权侵权问题的有力工具；但该系统的维护耗时耗力，在面临 P2P 网络侵权时，更显乏力。为此，他们还提出了另外两条反盗版思路。第一，改造搜索引擎，使盗版网站难以被发现，甚至屏蔽盗版网站。第二，围绕版权问题与使用者充分沟通，包括三个步骤：①大多数出版商通过中间商分销，但是保留对终端用户的授权；②通过可读设备充分展示植入内容的各种权利信息；③保证授权许可过程合法、简便、低廉。开发者希望，通过这样一个简便标准的系统，避免不必要的侵权。

6.4.3　数字版权保护的其他制度安排

在这个全球化时代，版权跨国家、地区的有效开发和利用也引起了研究者的关注，其中的一个主要视角是成立集体管理组织。在英国，多起运动强调全球视野的版权保护，Ian Hargreaves 教授撰写报告呼吁建立数字版权交易所（Digital Copyright Exchange）；而要解决孤儿作品、公共领域作品的数字内容获取权以及国外授权许可等与版权相关的挑战，加强国际的多方合作以及建立集体管理组织是最好的方式（Tracey Armstrong，2012）。与此观点相似，Aurobinda Panda 和 Atul Patel（2012）认为，在音乐产业，版权与表演者权不应分离开来，而建立全球性集体管理组织可以有效地促进数字媒体的传播。但是，建立跨国甚至全球性集体管理组织仍将面临不少挑战，例如必将面临的利益纠葛，仅欧盟内部的版权补偿金收取标准（copyright levy）就很难达成一致。对此，Jin-Hyuk Kim（2012）通过一个简易模型量化研究了版权补偿标准一致时的收益和损失，发现当政策制定者较多依赖集体管理组织可自由支取的经费时，在标准协同一致的情形下，补偿标准倾向于增加，而整个社会福利将减少；当国与国之间存在较大差别时，有较大国外消费比重和更低效税收系统的国家在一致的标准体系下损失将更多。欧盟内部并未就标准达成一致的部分原因可归结为：虽然整个社会福利会增加，但有些政策制定者的境况会变糟，特别当一些国家占有较大决定权重时，更难达成一致。

（方卿 徐丽芳 湛青 丛挺 邵萍）

参考文献

[1] ANTHONY J. The challenge of e-book growth in international markets [J]. Publishing Research Quarterly, 2012, 28(4): 273-284.

[2] RAMDARSHAN B M. The rights and wrongs of operational practices in the scottish publishing industry [J]. Publishing Research Quarterly, 2012, 28: 345-358.

[3] COSTA-KNUFINKE J. Overview of the Spanish ebook market [J]. Publishing Research Quarterly, 2012, 28(2): 135-142.

[4] HORNE L K. Apps: a practical approach to trade and co-financed book apps [J]. Publishing Research Quarterly, 2012, 28(1): 17-22.

[5] RECH D A. Instituting an XML-First Workflow [J]. Publishing Research Quarterly, 2012, 28(3): 192-196.

[6] NICHOLAS D, CLARK D. "Reading" in the digital environment [J]. Learned Publishing, 2012, 25(2): 93-98.

[7] POLLOCK D E. E-readers, our readers, and electronic collections: a pilot study at a national laboratory library [J]. Serials Review, 2012, 38(3): 188-193.

[8] RICHARDSON Jr J V, MAHMOOD K. EBook readers: user satisfaction and usability issues [J]. Library Hi Tech, 2012, 30(1): 170-185.

[9] PÖLÖNEN M, JÄRVENPÄÄ T, HÄKKINEN J. Reading e-books on a near-to-eye display: comparison between a small-sized multimedia display and a hard copy [J]. Displays, 2012, 33(3): 157-167.

[10] JUNG J, CHAN-OLMSTED S, PARK B, et al. Factors affecting e-book reader awareness, interest, and intention to use [J]. New

Media & Society, 2012, 14(2): 204-224.

[11]CHEN S, GRANITZ N. Adoption, rejection, or convergence: consumer attitudes toward book digitization[J]. Journal of Business Research, 2012, 65(8): 1219-1225.

[12]KIRK C P, CHIAGOURIS L, GOPALAKRISHNA P. Some people just want to read: the roles of age, interactivity, and perceived usefulness of print in the consumption of digital information products[J]. Journal of Retailing and Consumer Services, 2012, 19(1): 168-178.

[13]HUANG L Y, HSIEH Y J. Consumer electronics acceptance based on innovation attributes and switching costs: the case of e-book readers [J]. Electronic Commerce Research and Applications, 2012, 11(3): 218-228.

[14]LIPPINCOTT S K, BROOKS S, HARVEY A, et al. Librarian, publisher, and vendor perspectives on consortial e-book purchasing: the experience of the TRLN beyond print summit[J]. Serials Review, 2012, 38(1): 3-11.

[15]VASILEIOU M, ROWLEY J, HARTLEY R. The e-book management framework: the management of e-books in academic libraries and its challenges [J]. Library & Information Science Research, 2012, 34(4): 282-291.

[16]CORY TUCKER J. Ebook collection analysis: subject and publisher trends[J]. Collection Building, 2012, 31(2): 40-47.

[17]MCKAY D, HINZE A, HEESE R, et al. An exploration of ebook selection behavior in academic library collections, Theory and Practice of Digital Libraries: Second International Conference, TPDL 2012, Paphos, Cyprus, September 23-27, 2012 [C]. Heidelberg: Springer, 2012: 13-24.

[18] SAKTHIVEL M. Indian Copyright Act and new communication technologies: a special focus on webcasting[J]. Computer Law & Security Review, 2012, 28(1): 77-82.

[19] EIVAZI K. Is termination of internet users' accounts by an ISP a proportionate response to copyright infringement[J]. Computer Law & Security Review, 2012, 28(4): 458-467.

[20] SUNG C, HUANG P H. Copyright infringement and users of P2P networks in multimedia applications: the case of the US copyright regime[J]. Peer-to-Peer Networking and Applications, 2014, 7: 31-40.

[21] AGITHA T G. International norms for compulsory licensing and the indian copyright law [J]. The Journal of World Intellectual Property, 2012, 15(1): 26-50.

[22] FAVALE M. The right of access in digital copyright: right of the owner or right of the user[J]. The Journal of World Intellectual Property, 2012, 15(1): 1-25.

[23] LOOS M, MAK C, GUIBAULT L, et al. Digital content contracts for consumers[J]. Journal of Consumer Policy, 2013, 36(1): 36-57.

[24] FARRAND B, CARRAPICO H. Copyright law as a matter of (inter) national security? The attempt to securitise commercial infringement and its spillover onto individual liability[J]. Crime, law and social change, 2012, 57: 373-401.

[25] HANDKE C. Digital copying and the supply of sound recordings [J]. Information Economics and Policy, 2012, 24(1): 15-29.

[26] BACACHE-BEAUVALLET M, BOURREAU M, MOREAU F. Piracy and creation: the case of the music industry[J]. European Journal of Law and Economics, 2015, 39: 245-262.

[27] LEE K J. The coevolution of IT innovation and copyright institutions: the development of the mobile music business in Japan and Korea [J]. The Journal of Strategic Information Systems, 2012, 21(3): 245-255.

[28] BUDDE-SUNG A. The invisible meets the intangible: culture's impact on intellectual property protection[J]. Journal of Business Ethics, 2013, 117: 345-359.

[29]ROBERTSON K, MCNEILL L, GREEN J, et al. Illegal downloading, ethical concern, and illegal behavior[J]. Journal of Business Ethics, 2012, 108: 215-227.

[30]KHANG H, KI E J, PARK I K, et al. Exploring antecedents of attitude and intention toward Internet piracy among college students in South Korea[J]. Asian Journal of Business Ethics, 2012, 1: 177-194.

[31]LARSSON S. Copy me happy: the metaphoric expansion of copyright in a digital society [J]. International Journal for the Semiotics of Law-Revue Internationale de Sémiotique Juridique, 2013, 26: 615-634.

[32]ALCOCK S, NELSON R. Measuring the impact of the copyright amendment act on New Zealand residential dsl users, 2012 Internet Measurement Conference, Boston, USA, November 14-16, 2012 [C].[S.l.]:Elsevier, 2012: 551-558.

[33]BLANKFIELD S, STEVENSON I. Towards a digital spine: the technological methods that UK and US publishers are using to tackle the growing challenge of e-book piracy [J]. Publishing Research Quarterly, 2012, 28: 79-92.

[34]DEVECI H A. Can hyperlinks and digital rights management secure affordable access to information[J]. Computer Law & Security Review, 2012, 28(6): 651-661.

[35]YEN C-T, LIAW H-T, LO N-W. Digital rights management system with user privacy, usage transparency, and superdistribution support [J]. International Journal of Communication Systems, 2014, 27(10): 1714-1730.

[36]CHEN Y M, WU W C. An anonymous DRM scheme for sharing multimedia files in P2P networks [J]. Multimedia Tools and Applications, 2014, 69(3): 1041-1065.

[37]WIN L L, THOMAS T, EMMANUEL S. Secure interoperable digital content distribution mechanisms in a multi-domain

architecture [J]. Multimedia Tools and Applications, 2012, 50 (1): 97-128.

[38] CHOI S, JANG J, JAE E. Android application's copyright protection technology based on forensic mark, 2012 ACM Research in Applied computation Symposium, New York, USA, October 23-26, 2012[C].Texas: Computing Machinery, 2012: 338-339.

[39] LIU J B, YANG C. Copyright self-registration and its secure authentication based on digital watermark [C]//KACPRZYK J. Advances in Intelligent and Soft Computing.Heidelberg: Springer, 2012: 233-244.

[40] LIAN S, CHEN X, WANG J. Content distribution and copyright authentication based on combined indexing and watermarking[J]. Multimedia Tools and Applications, 2012, 57(1): 49-66.

[41] SANJAY R, BALASUBRAMANIAN R. A publicly verifiable lossless watermarking scheme for copyright protection and ownership assertion [J]. AEU-International Journal of Electronics and Communications, 2012, 66(11):955-962.

[42] SUBRAMANYAM A V, EMMANUEL S. Partially compressed-encrypted domain robust JPEG image watermarking [J]. Multimedia tools and applications, 2014, 71(3): 1311-1331.

[43] WANG X J, FAN L X. The application research of MD5 encryption algorithm in DCT digital watermarking [J]. Physics Procedia, 2012, 25: 1264-1269.

[44] LI X F, HU M. Digital watermark based on W-SVD method in copyright protection of e-service[J]. Physics Procedia, 2012, 25: 743-748.

[45] DUTTA M K, GUPTA P, PATHAK V K. A perceptible watermarking algorithm for audio signals[J]. Multimedia Tools and Applications, 2014, 73(2): 691-713.

[46] KWON G R, WANG C, LIAN S, et al. Advanced partial encryption using watermarking and scrambling in MP3 [J].

Multimedia Tools and Applications, 2012, 59(3): 885-895.

[47] TANEJA N, BHATNAGAR G, RAMAN B, et al. Joint watermarking and encryption for still visual data[J]. Multimedia tools and applications, 2013, 67(3): 593-606.

[48] CHEN H Y, ZHU Y S. A robust video watermarking algorithm based on singular value decomposition and slope-based embedding technique[J]. Multimedia tools and applications, 2014, 71: 991-1012.

[49] LEE M J, IM D H, LEE H Y, et al. Real-time video watermarking system on the compressed domain for high-definition video contents: Practical issues[J]. Digital Signal Processing, 2012, 22(1): 190-198.

[50] NAIR R, VARADHARAJAN V, JOGLEKAR S, et al. Robust transcoding resistant watermarking for H. 264 standard [J]. Multimedia tools and applications, 2014, 73(2): 763-778.

[51] FU Y G. Asymmetric watermarking scheme based on shuffling[J]. Procedia Engineering, 2012, 29: 1640-1644.

[52] ZHANG Y J, ZHANG Y Y. Research on video copyright protection system, 2nd International conference on consumer electronics, Communications and Networks (CECNet), Yichang, China, April 21-23, 2012[C].[S.l.]:IEEE, 2012: 1277-1281.

[53] KUMAR R A, KALIYAPERUMAL G. Optimal fingerprint scheme for video on demand using block designs[J]. Multimedia Tools and Applications, 2012, 61: 389-418.

[54] CHUNG M B, KO I J. Intelligent copyright protection system using a matching video retrieval algorithm [J]. Multimedia Tools and Applications, 2012, 59(1): 383-401.

[55] ZHOU X M, ZHOU X F, CHEN L, et al. Efficient subsequence matching over large video databases[J]. The VLDB journal, 2012, 21(4): 489-508.

[56] YANG G B, CHEN N, JIANG Q. A robust hashing algorithm

based on SURF for video copy detection [J]. Computers & Security, 2012, 31(1): 33-39.

[57] HÄMMERLE-UHL J, RAAB K, UHL A. Watermarking scalability for copyright protection in wireless and mobile environments, 8th International wireless communications and mobile computing conference (IWCMC), Limassol, Cyprus, August 27-31, 2012 [C].[S.l.]:IEEE, 2012: 791-796.

[58] KIM S R, KIM J H, KIM H S. A hybrid design of online execution class and encryption-based copyright protection for android apps, ACM Research in applied computation symposium, San Antonio, Texas, October 23-26, 2012 [C]. New York: Association for Computing Machinery, 2012: 342-343.

[59] CHOI S H, JANG J Y, JAE E Y. Android application's copyright protection technology based on Forensic Mark, ACM Research in Applied Computation Symposium, San Antonio, Texas, October 23-26, 2012[C].New York: Association for Computing Machinery, 2012: 338-339.

[60] PIZZOLANTE R, CARPENTIERI B. Copyright protection for images on mobile devices, 6th International Conference on Innovative Mobile and Internet Services in Ubiquitous Computing, Palermo, Italy, July 04-06, 2012[C].[S.l.]:IEEE, 2012: 585-590.

[61] LEE J J, KIM J W. Modeling of a copyright protection system for the BitTorrent environment, Computer Applications for Security, Control and System Engineering: International Conferences, SecTech, CA, CES³, Jeju Island, Korea, November 28-December 2, 2012[C].Berlin: Springer, 2012: 46-53.

[62] ROSIYADI D, HORNG S J, FAN P, et al. Copyright protection for e-government document images[J]. IEEE MultiMedia, 2012, 19(3): 62-73.

[63] ARMSTRONG T. Steps to global licensing success[J]. Publishing Research Quarterly, 2012, 28(1): 23-26.

[64] PANDA A, PATEL A. Role of collective management organizations for protection of performers' right in music industry: in the era of digitalization [J]. The Journal of World Intellectual Property, 2012, 15(2): 155-170.

[65] KIM J H. A simple model of copyright levies: implications for harmonization [J]. International Tax and Public Finance, 2013, 20: 992-1013.

[66] SHIN E J. Scholarly journal publishing and open access in South Korea[J]. Serials Review, 2012, 38(2): 99-104.

[67] HU D, HUANG B, ZHOU W. Open access journals in China: the current situation and development strategies [J]. Serials Review, 2012, 38(2): 86-92.

[68] PINFIELD S, MIDDLETON C. Open access central funds in UK universities[J]. Learned Publishing, 2012, 25(2): 107-117.

[69] BRIENZA C. Opening the wrong gate? The academic spring and scholarly publishing in the humanities and social sciences [J]. Publishing Research Quarterly, 2012, 28(3): 159-171.

[70] MEADOWS A, CAMPBELL R, WEBSTER K. The access question[J]. Learned publishing, 2012, 25(3): 189-194.

[71] PINTER F. Open access for scholarly books [J]. Publishing Research Quarterly, 2012, 28(3): 183-191.

[72] JEANG K T. Open access, moving to the fore[J]. Retrovirology, 2012, 9(1): 1-2.

[73] PIVEN J. Journal of Neurodevelopmental Disorders is now a fully open access journal[J]. Journal of Neurodevelopmental Disorders, 2012, 4(1): 1-2.

[74] LAAKSO M, BJÖRK B C. Anatomy of open access publishing: a study of longitudinal development and internal structure[J]. BMC Medicine, 2012, 10: 1-9.

[75] LUMB P D. Open access publishing[J]. Journal of Critical Care, 2012, 27(6): 535-536.

[76] GUMPENBERGER C, OVALLE-PERANDONES M A, GORRAIZ J. On the impact of gold open access journals [J]. Scientometrics, 2013, 96: 221-238.

[77] BEER D. Open access and academic publishing: some lessons from music culture [J]. Political Geography, 2012, 8(31): 479-480.

[78] CHENG W H, REN S L, ROUSSEAU R. Digital publishing and China's core scientific journals: a position paper [J]. Scientometrics, 2014, 98(1): 11-22.

[79] BJÖRK B C, SOLOMON D. Pricing principles used by scholarly open access publishers [J]. Learned Publishing, 2012, 25(2): 132-137.

[80] SHINGAREVA I, LIZÁRRAGA-CELAYA C. Relevant changes in scientific publishing in mathematics and physics [J]. Publishing Research Quarterly, 2012, 28(4): 294-306.

[81] BJÖRK B C, SOLOMON D. Open access versus subscription journals: a comparison of scientific impact [J]. BMC Medicine, 2012, 10(1): 1-10.

[82] PHELPS L, FOX B A, MARINCOLA F M. Supporting the advancement of science: open access publishing and the role of mandates [J]. Journal of Translational Medicine, 2012, 10(1): 1-3.

[83] THOMSON S, KURN R. Open access key: a new system for managing author publication payments [J]. Learned Publishing, 2012, 25(3): 182-187.

[84] STANLEY A. Selling to the BRIC: China—understanding and improving your footprint [J]. Learned Publishing, 2012, 25(2): 119-131.

[85] MORRIS-BABB M, HENDERSON S. An experiment in open-access textbook publishing: changing the world one textbook at a time [J]. Journal of Scholarly Publishing, 2012, 43(2): 148-155.

[86] OSSIANNILSSON E, LANDGREN L. Quality in e-learning-a conceptual framework based on experiences from three international

benchmarking projects[J]. Journal of Computer Assisted Learning, 2012, 28(1): 42-51.

[87]SUNG E, MAYER R E. Affective impact of navigational and signaling aids to e-learning[J]. Computers in Human Behavior, 2012, 28(2): 473-483.

[88]EMBONG A M, NOOR A M, HASIM H M, et al. E-books as textbooks in the classroom[J]. Procedia-Social and Behavioral Sciences, 2012, 47: 1802-1809.

[89]ELIAS E C, PHILLIPS D C, LUECHTEFELD M E. E-books in the classroom: a survey of students and faculty at a school of pharmacy[J]. Currents in Pharmacy Teaching and Learning, 2012, 4(4): 262-266.

[90]AHMAD M A, TARMUDI S M. Generational differences in satisfaction with e-learning among higher learning institution staff [J]. Procedia-Social and Behavioral Sciences, 2012, 67: 304-311.

[91]MOHAMMAD N M N, MAMAT M N, ISA P M. M-learning in Malaysia: challenges and strategies[J]. Procedia-Social and Behavioral Sciences, 2012, 67: 393-401.

[92]KUMAR S, TOTEJA R. Print to digital: a study of students' psychosomatic cost in traditional and e-learning[J]. Procedia-Social and Behavioral Sciences, 2012, 67: 553-560.

[93]RICHTER T, MCPHERSON M. Open educational resources: education for the world[J]. Distance Education, 2012, 33(2): 201-219.

[94]WILEY D, GREEN C, SOARES L. Dramatically bringing down the cost of education with OER: how open education resources unlock the door to free learning[J]. Center for American Progress, 2012.

[95]CLEMENTS K I, PAWLOWSKI J M. User-oriented quality for OER: understanding teachers' views on re-use, quality, and trust [J]. Journal of Computer Assisted Learning, 2012, 28(1): 4-14.

第七章 2013年度数字出版研究综述*

2013年2月，美国白宫科学和技术政策办公室（White House Office of Science and Technology Policy）发布了初步指导原则，支持所有接受联邦资助的研究成果（包括数据在内）实现绿色开放获取。同年4月，在英国研究委员会（Research Council UK）出台政策支持金色开放获取出版之后，英国国会却建议选择较短禁止开放期的绿色开放获取模式。这种政策倾向上的转变和研究者对绿色开放获取关注的加强，再加上对金色开放获取作者付费模式的质疑，可能会对现有开放获取格局产生较大影响。在数字教育出版领域，电子课本的发展仍然受到用户使用习惯的影响，同时，其自身的功能和定价等方面也需要与用户需求对接；在线教育发展迅速，但是其平台管理及商业模式仍有待时间检验。电子书作为数字出版物的重要表现形式，包括代理制与批发制的探讨、电子书对纸质出版物的影响、电子书定价等经济问题成为研究热点；此外，研究者对电子期刊和移动出版物的相关问题也有所涉及。与此同时，针对这些数字出版物的用户研究成果丰富，主要集中于态度和行为研究。对用户研究的重视，在一定程度上标志着数字出版研究走向成熟。数字版权是数字出版研究绕不过去的主题，以前所提倡的技术和法律保护方式式微，以商业方式解决盗版问题的思路开始受到关注。

---

* 本章研究内容得到了武汉大学2013年度"海外人文社会科学前沿追踪计划"、自科基金项目（71373196）以及国家哲学社会科学基金重大项目（12&ZD025）的资助。

7.1 开放获取进展、模式与评价研究

2013 年，开放获取继续向前发展，但对开放获取缺乏深刻的认识仍是普遍问题，在发展中国家尤其如此。作为实现开放获取的两条路径，利用作者付费模式发展金色开放获取受到学者质疑，而绿色开放获取则得到越来越多的关注。

7.1.1 开放获取进展、模式与评价研究

开放获取运动自 2005 年起进入巩固阶段。经过这些年的发展，虽然作者在接受开放获取方面慢于狂热支持者的预期，但在某种程度上，对同行评审文献的开放获取已经实现，开放获取的议题已经转到在经济上可行的前提下如何保证文献质量的可持续发展模式上来（Thomas J. Liesegang，2013）。对于金色开放获取，学术评价体系仍然是主要障碍；绿色开放存取则仍然受到采用订阅模式的出版商制定的相关政策的影响。总体上，开放获取面临的障碍并没有得到显著改善（Bo-Christer Björk，2013）。

在开放获取运动中，发达国家仍然占据绝对主导地位。Tariq Ahmad Shah 和 Sumeer Gul（2013）对开放获取期刊目录，即 DOAJ 的调查显示，截至 2010 年 3 月，DOAJ 共收录 6280 种 OA 期刊。这些期刊来源于 109 个国家的 3388 家出版商，其中美国的 513 家出版商出版了 1199 种 OA 期刊，排名第一；巴西的 314 家出版商出版了 571 种 OA 期刊，排名第二；其后为西班牙、印度、英国、德国、加拿大、法国、土耳其和日本等。而从出版商所在国的收入来看，在 3388 家出版商当中，2006 家分布于 47 个高收入国家，1020 家分布于 27 个较高收入国家，319 家分布于 27 个中等收入国家，只有 43 家分布于 8 个低收入国家。可见，经济发展状况对开放获取的发展具有重要影响。但是，随着开放获取运动的深入，发展中国家也逐渐参与了进来，而且取得了不错成绩，但同时也面临着一系列问题。

相关人员对开放获取运动缺乏认识是全球范围内普遍存在的问

题，这种情况在发展中国家尤其明显。但这似乎并不能决定一国开放获取运动发展状况的好坏，政府或官方的推动可以比较有效地减少这种不利因素的影响。以开放获取发展状况良好的印度和马来西亚为例，在印度虽然有相当一部分研究人员对于开放获取出版、开放获取数据库和机构存储等完全缺乏认知，但他们参与开放获取运动的兴趣浓厚，再加上国家和私人机构对开放获取的大力支持，开放获取出版的地位日益突出（Surendra Kumar Sahu，Satish Kumar Arya，2013）；在马来西亚，在相关部门的支持下，80%的开放获取期刊为大学出版或主办，虽然还面临期刊元数据和索引不足以至于影响文章获取和使用的问题，但开放获取还是在不断发展（Sara Koleini，et al.，2013）。

与印度和马来西亚形成鲜明对比的是非洲的绝大部分国家，无论在高等教育机构、研究机构、组织，还是政府方面，人们对开放获取运动的认识都处在很低水平。除南非和埃及等少数国家外，开放获取在非洲其他国家进展十分缓慢。根据 DOAJ 的数据，在过去 10 年，非洲共有 384 种 OA 期刊，其中埃及 284 种、南非 43 种；51 种机构存储也主要分布于南非和埃及两国。Williams E. Nwagwu（2013）指出要改变这种状况，先要提高相关人员对开放获取运动的认识，特别是政府应该起到关键作用。与非洲国家类似，捷克共和国也缺少官方层面的推动，无论是大学还是研究机构的人员对开放获取运动都关注不够，仅仅依靠大学图书馆的支持，开放获取运动的发展情况并不理想（Ond řej Fabián，2013）。同时，对于众多发展中国家来说，由于缺少官方支持、经费和受过 ICT 训练的人员，绿色开放获取也依旧发展缓慢。要改善这种状况，提升大学管理者的意识、争取政府资助以及制定相关 OA 政策仍十分必要（Md. Anwarul Islam，2013）。另外，以全球视野来认识和理解开放获取运动，也会使发展中国家的相关利益方受益良多（Judith Mavodza，2013）。

Matteo Migheli 和 Giovanni B. Ramello（2013）以社会规范对人们认识和行为上的影响为理论指导对上述现象给出了解释，即每个学科领域都被一套它自己的本地规范所控制，这在一定程度上取决于

223

某个学术圈的交流范围，甚至是先前已经存在的当地实践。比如以意大利的法学研究者为例，对于他们来说，没有必要在当地的法学圈子以外进行更广泛的知识传播，更不用说与国外同行交流。另外一个例子是，即使教授们对开放获取持认可态度，但当他们作为同行晋升的评委时仍然倾向于给予传统期刊以更高的信任度。因此，要完成认识和规范的转换，需要人们更深刻、更广泛地转变思维模式。要实现这种转变，借助外在力量是一种有效的措施，就如美国国家卫生署对开放获取所做的强制命令一样。

7.1.2　金色开放获取

所谓金色开放获取，也即开放获取期刊，是实现开放获取的主要路径之一。由于开放获取期刊并不向读者收取费用，因此，在关于开放获取运动的争论中，可持续的发展模式就一直是大家关注的焦点。2013 年，超过 50 家支持作者付费模式的出版机构，包括爱思唯尔、自然出版集团、斯普林格等，呼吁建立可持续的开放获取出版模式。与此同时，政策制定者与研究资助机构也偏爱作者付费模式。在一定程度上，这是出版业界强烈游说的结果（Christian Fuchs，Marisol Sandoval，2013）。但是，作者付费模式并非如一些人士所宣称的那样重要。针对 DOAJ 收录期刊进行的调查显示，2010 年 3 月，在 6280 种期刊中，72. 56% 的期刊不向作者收取费用，20. 7% 的期刊收取费用，还有 6. 74% 的期刊不能确定是否收费（Tariq Ahmad Shah，Sumeer Gul，2013）。到了 2012 年，在 8493 种（去掉了少于 50 种期刊的主题）OA 期刊中，28% 的期刊向作者收取费用，66. 5% 的期刊不收取费用，3% 的期刊有条件地收取费用，2. 5% 的期刊无法获取信息。从学科分类角度，47% 的医学期刊和 43% 的自然科学期刊向作者收取费用，而人文和社会科学期刊向作者收费的比例在 14% 左右，艺术科学期刊不向作者收取费用（Marcin Kozak，James Hartley，2013）。而到了 2013 年 9 月，在 9891 种期刊中，32. % 的期刊向作者收取费用，66% 的期刊不收取费用，2% 的期刊无法获取信息（Peter Suber，2013）。从以上数据可见，虽然采纳作者付费模式的期刊比例逐年增长，但是并未成为主流。

为了解期刊收费水平，Tariq Ahmad Shah 和 Sumeer Gul(2013)选取了 1300 种期刊，以比较标准的 10 页长短论文的收费作为统计依据，调查显示 377 种期刊的收费在 500 美元以下，416 种在 500～1000 美元，159 种在 1000～1500 美元，308 种在 1500～2000 美元，40 种在 2000 美元以上。作者还考察了收费期刊与不收费期刊的差别。通过 Scopus 搜索为参考依据发现，在不收费期刊中，只有 14.35% 的期刊可以在 Scopus 中检索；在收费期刊中，21.15%的期刊可以被检索；而在不能确定是否收取费用的期刊中，26.71%的期刊可以被检索。

作者付费模式虽然受到政策制定者、资助机构和出版商的偏爱，但是也受到不少学者的怀疑甚至批评。Tariq Ahmad Shah 和 Sumeer Gul(2013)认为，作者付费模式有可能使得那些财务上并不宽裕的作者尊奉逃避主义哲学(philosophy of escapism)，从而导致越来越少的作者选择出版他们的研究成果。从全球学术传播的视角出发，作者付费模式虽然为读者提供了免费而便捷的渠道，但是，在某种程度上是以增加作者的经济负担，从而产生一系列伦理道德问题为代价。虽然有些作者可以获得资助，或者得到出版商的费用减免，但是仍然有相当一部分作者只能自掏腰包，或另作选择。因此，从短期来看，学术出版走商业化道路并非一种好的解决方式；从中长期来看，给予那些非商业性学术出版机构以资助，才是解决问题的关键(A. T. Peterson et al., 2013)。

开放获取期刊的质量是学者关注的另一核心问题。David J. Solomon 等(2013)以 Scopus 引文数据库为调查对象，发现到 2010 年为止那些向作者收取 ACPs 的开放获取期刊的两年平均引用率已经达到与订阅期刊相同的水平，而靠其他手段获得资助的期刊的两年平均引用率则远落后于前两者。对此，作者认为这并不能代表期刊质量的差距，而是由于引用率指标自身的局限以及期刊所在地和使用语言等方面的因素造成的。Gabriel M. Peterson(2013)以美国国家医学图书馆收录的生物学领域文献作为调查对象，通过引文和内容分析发现，开放获取文献与需付费阅读的文献相比，无论在影响因子、差错率还是在撤回后引用率上的变化方面都没有明显差别，在可靠性和完整性方面也十分相似。但是，如果从期刊接受率来考察期刊质量，结论似有所差别。Cassidy R. Sugimoto 等（2013）对比了卡贝尔网站（Cabell's）的 369 种开放期刊和 4465 种非开放期刊在 5 个学科领域的接受率，发现在全部 5 个学科领域，开放获取期刊的接受率都明显高于非开放获取期刊，而期刊接受率与期刊影响因子存在着负相关关系。可见，对开放获取期刊质量的研究结果在一定程度上受调查对象范围的影响，暂时还很难对开放获取期刊的整体质量得出令人信服的结论。

随着开放获取运动的发展，开放获取文献的下载和使用量快速增长，由此激发了替代性计量法（altmetrics）在评价文献质量方面的应用。这种计量方法主要通过计量用户网上行为来衡量文章本身的影响力，而较少考虑期刊及其论文的质量和影响。但这种评价方法还处于探索阶段，需要深入发掘和不断完善（Ross Mounce，2013）。

7.1.3 绿色开放获取

所谓绿色开放获取，即开放获取仓储（Open Access Repository）是实现开放存取的又一路径，主要包括主题仓储、机构仓储和电子预印本。机构仓储主要由大学图书馆运营，背后又有大学的强制性命令作为支撑，因此发展较快。根据 Bo-Christer Björk 等（2013）的调查，全球最具规模的 148 家研究机构中，82% 的机构提供机构存储服务，85% 的文章通过个人保存形式存储到各机构存储中。与此不同，主题仓储则需要达到一定的规模才能开办，其发展也主要依靠圈子里的口口相传。同时，许多出版商也对主题仓储持怀疑和否定态度。通常，出版商仅允许作者将文章的最终版保存到作者网页和机构仓储，而将主题仓储排除在外。对 2010 年全球 100 家最大出版商的版权协议进行的研究显示，对于同意出版的手稿，61% 的出版商允许个人立即保存到机构仓储，只有 21% 的出版商允许保存到主题仓储（Mikael Laakso，2013）。总体上，作者也偏爱机构仓储，但存在学科差异：物理和数学学科强烈倾向于主题仓储，而其他学科则更倾向于机构仓储（Valérie Spezi et al.，2013）。由此可见，主题仓储的发展主要靠少数已经形成规模的机构，因为它们已经成为学者出版行为的一部分；新建主题仓储虽然并非毫无发展机遇，但总的来说，其快速发展时代已经成为过去（Bo-Christer Björk，2013）。

无论是机构仓储还是主题仓储，研究者的认识和态度都至关重要。Valérie Spezi 等（2013）进行的较大规模调查研究显示，仍有大约一半研究者不会选择开放存储，即使 18 个月后的再次调查已显示，研究者对开放存储的认识并没有实质性提高。同时，他们对开放存储的论文版本的态度，取决于他们是作为作者还是读者的身份差异。总体来说，学科文化、规范和传统共同决定着研究者作为作者时的存储行为和作为读者时的使用行为。

在绿色 OA 之外，Bo-Christer Björk 和 Mikael Laakso（2013）这两位搭档还对延时开放获取进行了系统研究。2011 年的调查显示，延时开放获取期刊达 492 种，共出版了 111312 篇文献，这个数量是混合模式期刊出版的开放文献数量的 10 倍。其中，77.8% 的文献禁止开放期为 12 个月。从影响因子来看，延时开放获取期刊的平均影响因子是订阅期刊的 2 倍，是金色开放获取期刊的 3 倍。因此，无论在数量还是质量上，延时开放获取期刊都具有重要影响。开放获取的目的是促进学术传播，从这个角度讲，延时开放获取应该是开放获取运动的重要组成部分。因此，作者建议 DOAJ 应为延时开放获取期刊建立索引，以方便读者获取这类文献。

7.1.4 关于开放获取的争鸣

对于开放获取运动，Jeffrey Beall（2013）提出了激烈批评。他认为鼓吹开放获取运动者的真实动机并非是为了实现学术资源的开放获取，而是反对商业出版商参与学术出版。同时，开放获取运动也是一次失败的社会运动，一方面，它催生了大量仅以赚钱为目的的掠夺型出版商，带来了更多的学术不端，毒害了学术圈；另一方面，研究者与出版者之间的金钱交易带来了大规模腐败。同时，他认为金色开放获取和绿色开放获取都不是学术传播的最佳道路。

与这种否定性意见不同，不少学者对开放获取运动提出了一些比较有建设性的意见。将营利和非营利的、受资助和作者付费的期刊出版模式统一归类为金色开放获取，是学界普遍的分类方法，但Christian Fuchs 和 Marisol Sandoval（2013）提出了异议，认为这种统称模糊了营利和非营利模式的区别，使得人们特别是政策制定者简单地忘记了既不向作者也不向读者收取费用的非营利模式的存在，或将其排除在资助对象之外。Christian Fuchs 和 Marisol Sandoval 将"以非营利为目的的非商业性组织、协会，出版可供人们在线获取、允许非营利和非商业性再利用且不向作者和读者收取费用的数字格式作品"这种模式定义为"钻石开放获取"（Diamond Open Access），并且建议将那些以营利为目的的开放获取期刊更名为"法人开放获取"（Corporate Open Access）。在该模式中，"公司、组织或网络在线出版读者可免费获取的数字格式作品，但却以向作者收费或出售广告版面等方式获取货币利润"。据此，开放获取的类型就包括钻石开放获取、法人开放获取和绿色开放获取。Christian Fuchs 和 Marisol Sandoval 认为，钻石开放获取符合学术知识公益传播的本质，而且在实际上也是最重要的开放获取形式，但要促进其发展，还需要政策和物质层面的支持。David Solomon（2013）对 Scopus 索引的开放获取期刊的调查数据也为这个结论提供了支撑。调查显示，在专业出版商、大学出版社、学会出版商、政府、研究机构、其他组织六类出版商当中，大学和学会出版的期刊占 50%，出版的文章占 43%；而专业出版商只占期刊的 1/3，文章占 42%。

Jiří Kolman 和 Petr Kolman（2013）认为理想的开放获取模式应该包含五个要素，即公平、便捷的出版通道、高质量的研究成果、较短的出版周期、较低的出版成本。要使这些要素都得以实现，急需一个强大的协调组织。这种协调组织可以由强大的研究资助机构来承担。其主要承担两项职能：一是该组织要求其所资助的研究提交成果，并组织专家进行同行评审；二是如果符合出版标准，即通过在线平台出版。同时，该组织接受其他资助主体的赞助，并可根据协议，评审和出版其他资助机构所资助的研究成果。

开放获取运动的发展，使人们对未来订阅期刊模式的命运表示了担忧。Mark J. McCabe 等（2013）引入了经济学中的平台理论来给予解答。平台连接供求双方，同时控制产品和服务价格。从这种视角出发，期刊也是一种平台。研究者认为，从实证角度看，如果不存在外部命令或压力，订阅模式和 OA 模式将长期共存，即使 OA 模式大规模扩张，订阅模式仍将在每个学科领域的利基市场占据一席之地；从规范角度看，呼吁学术出版全部实行开放获取，会造成高额版面费，从而使一些高质量作品出版受阻，同时还缺乏效率。受此潜在危害最大的是读者，而不是作者。因此，以 OA 模式为主、订阅模式为辅的学术出版版图才对整个社会更加有益。在此生态中，商业学术出版商仍然扮演重要角色。Casey Brienza（2013）以一个研究出版产业的社会学家的视角总结到，商业学术出版商拥有两大优势：第一，它们更懂得如何生存；第二，它们更懂得如何为产品增加价值。因此，合作而不是竞争才能使学术得到更好发展。随意轻视出版商对学术出版的贡献，不仅达不到预期目的，还有可能威胁学术的健康发展。

7.2　电子课本与在线教育研究

数字教育出版是数字出版的重要组成部分，2013 年与数字教育出版相关的研究主要集中在电子课本和在线教育两个方面。电子课本方面主要是关于其功能、使用和效果的研究，而在线教育方面的研究主要集中在类似 MOOC 这样的视频平台、在线学习网站和基于游戏的学习模式等。

7.2.1　电子课本

在过去两年里已经有许多关于电子课本功能的调查和研究，研究者、出版实践工作者和教师对这一主题都非常感兴趣。

电子课本的功能是研究者最关注的主题之一。Toshiya Nakajima（2013）通过研究认为，ePub 格式电子课本的功能可以分为 7 大类：身份验证、版权保护、内容展示、相关信息提供、学习者可添加信息、学习支持、教材内容和平台限制。在此基础上，他对 6 种 ePub 格式的电子书平台进行评分，显示苹果 iPad 的 iBooks3 得分最高。实际上，相关研究普遍对 iBooks 评价很高，因其具有良好的视觉效果和交互显示功能，且其电子课本价格只相当于二手纸质课本的一部分，还有用户可用它所提供的类似 iBooks Author 这样的免费电子课本创建工具创建并出版自己的电子文本（Webster West，2013；Dana Encheff，2013）。目前 ePub 格式的电子课本格式多为 ePub2，不支持 HTML5、JavaScript 和 Web API；但是，应看到 ePub3 将是未来电子课本格式的标准。此外，电子课本《计算机辅助统计教材》（Computer-Assisted Statistics Textbook，CAST）受到了使用者的追捧（Doug Stirling，2013）。CAST 有一些特定功能，如它有约 450 幅动态图表以帮助学生学习，还可以定制内容。它的优点是通过交互图表将概念解释得更清楚，适合土木工程、生理学、气象学等不同学科的统计类课程教育需求。它的缺点是对于系统如何使用缺乏详细讲解，但这一缺点已经在 CAST 版本 3 中通过视频讲解得以解决。

研究者关注的另一个主题是电子课本的接受度。在电子课本接受度方面，相关研究显示会使用电脑的学生更倾向于购买、使用电子课本（Robert W. Stone，Lori J. Baker-Eveleth，2013）。但是电子课本远未受到所有学生和教师的喜爱，部分澳洲受访教师就表示了对传统课本的强烈偏好。大部分教师认同电子课本有利于内容的集成，并认为增强型电子课本对教学有潜在的重大影响（Debborah Smith et al.，2013）。研究者通过比较商科和非商科大学生对电子课本的接受度，发现后者对电子课本的接受度更高，且认为电子课本容易使用。还有研究发现，相对于商学院学生，非商科学生在未来更有可能再次使用电子课本（Mark Ciampa et al.，2013）。在电子课本阅读设备选择方面，大部分学生没有选择平板电脑和阅读器而是使用笔记本电脑（Aimee deNoyelles，Ryan Seilhamer，2013）。

学生选择电子课本的动机是多种多样的，例如因为可以频繁更新内容或花钱更少而购买。在使用电子课本的学生里，约有 50% 以上的学生的使用原因是其方便阅读和学习。在不强制使用电子课本的大学里，电子课本的使用并不广泛。学生们把成本列为是否选择电子课本的第一因素（Aimee deNoyelles，Ryan Seilhamer，2013）。

以电子课本为教学工具在发达国家和发展中国家都是一种新潮流。在学习效果方面，应用电子课本能提高学生应用信息技术的能力，增强自信和自我效能意识。通过对电子课本在课堂中的使用情况的观察，发现电子课本作为学生、教师的新工具有增强学习效果的作用（Abd Mutalib Embong，2013）。使用电子课本的大学生能更积极主动地学习，并且更喜爱学习（Amanda J. Rockinson-Szapkiw，2013）。也有研究者认为，实际上电子课本对学生学习的影响与传统课本并无不同，只是无论在实验室还是家中，阅读电子课本的学生都要比阅读传统课本的学生花费更多时间进行阅读（David B. Daniel，William Douglas Woody，2013）。另外，电子课本还出现了新的形式——移动电子课本。美国中南部的大学已经有关于移动电子课本的效果研究。研究记录了学生应用这种教学技术的体验，并得出结论：学生在使用中表现出他们的能力；学生在使用过程中表现出高效能感；他们很重视在学习过程中使用移动电子书；他们认为在学习中应用移动电子书是有个性的；增强了他们社会学习和情境学习的机会；学生和教师对于互动性课本的价值和效用有不同意见（Jeff S. Kissinger，2013）。

7.2.2 在线教育

2013 年在线教育方面的研究是围绕在线视频平台、在线学习、基于游戏的学习来展开的。在线视频平台主要有 MOOC（massive open online course）、YouTube EDU 等视频平台；在线学习主要是通过在线教育网站上的特定软件或工具来实现的；基于游戏的学习是一种基于游戏平台的新式教育工具。

（1）在线视频平台

在线视频平台是以 MOOC 为代表的数字视频上传、获取、分享、讨论平台。自 2008 年出现以来，MOOC 给教育界带来了一股革新风暴，因为它为"任何人、任何地点、任何时间"获取最好品质的高等教育在线课程创造了可能。MOOC 采取的是一些公司联合有知名度的大学推出网络在线课程，并免费向学生开放的模式。

目前采取 MOOC 模式运作的英美大型网络在线课程平台有 Coursera、edX、Udacity、Futurelearn 等。Thomas Clark（2013）认为，MOOC 没有过去大学远程教育的一些缺点，如课程质量难以保证、费用高、难以评估或鉴定学生成绩；它拥有知名学府提供的高品质产品，并具有相当大的潜在增长力，但是也面临其他在线学习课程同样需要解决的一些问题，如高退出率，如何对学生的学习进行评估，以及如何维持运营等。近年来学生对数字视频的使用呈大规模增长态势，但相关研究对教育领域数字视频的使用关注度还不够。Peter Tiernan（2013）关于在线教育视频的研究表明：视频为各种类型的学习偏好提供了有价值的学习机会，并且学生们希望未来在讲座中看到更广泛的视频内容集成，也希望用在线平台获取、分享、讨论学术视频内容。在其他在线视频平台方面，YouTube EDU 是 YouTube 开发的一个开放视频共享平台，主要使用对象是各高等院校。针对 YouTube EDU 对高等教育影响的研究表明，英语是 YouTube EDU 视频平台主要的视频语言。根据该平台 13 个不同学科访问量的多少，可将学科排序为：商业、教育、工程、美术设计、医药卫生、历史、人文、新闻传媒、法律、文学、数学、科学、社会科学。从 2010 年 8 月至 2011 年 7 月，YouTube EDU 单月的视频收看冠军是"公共关系"课程，全年总视频收视冠军是"学术研究"课程（Hsin-liang Chen，Sarah Burns Gilchrist，2013）。

从在线视频平台的研究可以看出：高校可以与视频平台进行合作，学生们可利用视频平台获取、分享、讨论学术成果，MOOC 等视频平台未来的发展前景广阔；但平台管理和成本收益问题是未来研究需要关注的方面。

（2）在线学习

在线课程在高等教育领域一直不断发展，全美国 2007 年秋天约有 400 万名学生学习了至少一门在线课程，约占高等教育学生总数的 20%。2013 年度关于在线学习的研究成果既有研究综述，也有关于在线学习与教育出版价值链之间关系的探讨，还有在线学习软件工具使用的讨论。

在文献综述方面，Chia-Wen Tsai 等（2013）对于 2003—2012 年数字学习方面的文章做了总结并探讨了研究趋势。研究以"meaningful learning""e-learning"和"online education"为关键词在 SSCI 数据库搜索十年间的文章。研究表明，关于在线学习的文献，有 28.95% 的主题是关于计算机课程的，21.05% 的主题是关于科学领域在线学习的，社会科学和语言学方面的主题各占 10.53%。此外，有 15.79% 的在线教育研究没有说明课程涉及的相关领域。在线学习研究最常用的研究方法是定量研究（42.11%），其后依次是定性研究（34.21%）、混合性方法（10.53%），还有 13.0% 是文献综述法。针对开放式定性问题和定量问题进行的研究表明，学生们认为在线课程灵活、方便（Kristy J. Lauver et al.，2013）。

Xuemei Tian 和 Bill Martin（2013）针对在线学习与教育出版价值链之间的关系做了相关研究，研究着眼于教育出版价值链对在线学习和教育出版在技术和组织变化方面的影响，调查了教育出版随着技术和市场变化而发生的潜在收益的变化，并应用最新事例回顾了在线学习和教育出版及它们之间的关系，提到了教育出版行业内对价值看法的转变。

在线学习课程需要使用一定的平台或工具，而 Weebly 是一种好用的网站建设工具。Chris Shaltry 和 Danah Henriksen（2013）的研究证明，即将工作的职前教师可以通过 Weebly 建设的在线网站进行课堂情景学习，并可以在网上设计自己的虚拟身份（是教师或是学生）。通过这种方式的在线学习，职前教师学会运用工具去设计短视频课程和电子档案袋；学会通过自我探索学习教育技术；学会利用社会媒体创建社区，并在在线社区中相互学习和合作。本科生在线学习课程项目帮助职前教师在虚拟环境下学习如何设计、探索创新性技术，使用社会媒体进行合作并将其延续到以后的专业实践中去。

（3）基于游戏的学习

Game Based Learning 简称 GBL，指基于游戏的学习方式，而 Game Based Science Learning 指基于游戏的科学学习，属于 GBL 的一个部分。Ming-Chaun Li 和 Chin-Chung Tsai（2013）通过在 Web of

Science 和 Scopus 查找相关文献进行研究，采用定性内容分析和技术分析对 GBL 和 GBSL 相关文献的研究目的、游戏设计与实现、理论背景进行了分析。研究者发现从 2006 年开始，关于 GBL 的研究开始明显增多，也有越来越多的实证研究开始关注本科生和中等职业学校学生使用 GBL 改善学习表现。特别在最近 5 年来，定量和混合研究方法开始越来越多地应用于 GBL 研究。

此外，还有相关文献对游戏在跨文化教育中的作用进行了研究。Soma Pillay 和 Reynold James（2013）探讨了游戏作为一种工具在跨文化交互教育中的积极影响。研究表明，参与者对游戏的反应非常好，认为游戏对于发展参与者的跨文化能力、团队合作、理性决策、自我意识都是首选的学习方式，有助于参与者在商业上的发展和培养企业家精神。

上述研究显示，基于游戏的学习方式作为数字教育的新方式，其相关研究在 21 世纪才刚刚开始。这种新的学习方式具有交互性，新颖灵活，学生接受度较高，而其局限性还需在未来研究中加以调查分析。

7.3 数字出版物研究

电子书和电子期刊作为传统出版转向数字出版后的主要产品形态，不断受到研究者关注，其中电子书的定价与电子书对纸质书的影响成为主要议题。同时，随着移动设备的广泛应用，以应用程序出版物为代表的移动出版物越来越受到产业界和学界的重视。

7.3.1 电子书

(1) 进展

2013 年 2 月，由 Rüdiger Wischenbart 等（2013）撰写的《2013 全球电子书报告：现状与未来展望》电子版发布，该报告试图以大量的数据辅以专家访谈等资料，描绘电子书市场的全球版图和未来发展方向。研究认为，在全球市场中阅读和分销平台以及出版商的积极参与都是推动电子书市场发展的主要力量；同时，从市场规模、税收和定价体制到文化选择等一系列本地因素的存在又决定了各地区电子书市场存在着独特的发展路径。总体来讲，美、英两国的电子书市场比较成熟。在欧洲，德国走在前列，但相比美、英两国还有不少差距。其他如澳大利亚、法国、意大利、波兰等国，随着各国最大的出版商开始广泛发行电子书，以及与电子书相关的配套软硬件环境的发展，这些国家的电子书市场蓄势待发。而在中国、巴西、印度以及阿拉伯国家等，独特的内部因素影响着电子书市场的发展，另外，不同于北美和欧洲国家，在这些国家，教育出版（而不是小说）是推动数字出版的主要动力。

以具体的国家为例，在丹麦，虽然电子书阅读人群所占比例不高，但是绝对数量不少，而且还在不断增加。再加上电子书阅读、发行平台和数字图书馆的发展，Stig Hjarvard 和 Rasmus Helles（2013）认为丹麦电子书市场即将迎来临界点，就如 2007 年 Kindle 引爆美国电子书市场那样。以创新扩散理论为视角，这个临界点的来临不仅需要外部推动和对技术感兴趣的革新消费者，还需要早期采用者（early adopters）和早期多数使用者（early majority）之间的社会互动。预示临界点的一个重要指标是技术兴趣与阅读兴趣结合的电子书阅读人群的增长。而在计算机技术高度发达并被广泛应用的韩国，电子书市场反而发展缓慢。大型出版商参与性不够，电子书内容供应不足，电子书标准格式和技术缺失，各种阅读设备的兼容性有待提高，专用电子书阅读器普及率低，政府对电子书市场的政策引导不足，DRM 等一系列问题都有待解决。要改善这一状况，急需政府和出版商紧密配合，共同促进电子书内容的供给和分发，提高电子书阅读器的使用率（Jin-Young Kim，Jong Oh Lee，2013）。

电子书市场的发展离不开分销商的参与，而全球电子书市场的发展则离不开以亚马逊、苹果等为代表的分销巨头的全球扩张。2013 年 7 月，亚马逊开始向中国发售电子书阅读器和 7 英寸平板电脑，这标志着亚马逊完全进入中国市场。Ya Lei（2013）认为亚马逊在中国将面临多方面的挑战：在政策方面，中国出版权并未向民营和国外资本完全放开，亚马逊涉及的很多出版业务在中国无法开展；在内容方面，亚马逊要想从数百家出版企业中获取足够的内容资源，将面临很大困难；同时盗版猖獗，读者付费意愿和能力不高，本地电子书市场价格战激烈等。因此，亚马逊既需要发挥其固有优势，也需要在某些方面"中国化"，这样才能避免步 eBay、MSN 等企业败走中国的后尘。

（2）电子书定价

2007 年，亚马逊发布 kindle 阅读器从而引爆了美国电子书市场，其中，海量电子书的低定价策略功不可没，但由此也引发了出版商的担忧。2010 年，苹果携西蒙与舒斯特、哈珀·科林斯等美国五大出版公司进入电子书市场，并规定出版商享有定价权。由此，批发制与代理制之争成为焦点。对此，Yan Li 和 Nan Liu（2013）从博弈论视角，以程序化的确定性需求模型为分析框架进行了研究。在这个模型中，需求取决于价格、替代程度和整个市场的潜在需求量。研究结果表明，在代理制模式下的电子书价格低于批发制模式下的价格；代理制模式不仅可以向消费者提供更低的价格，还对整个产业生态有利。同时，电子书和纸质书的替代程度以及读者对电子书的偏好都会影响价格以及利润在出版商和分销商之间的分配。Justin P. Johnson（2013）以更具产业实践性的视角对代理制和批发制模式进行了研究。与上一篇研究主要将电子书市场的替代性程度作为考察因素不同，作者将考察范围扩大为电子内容市场，虽然考虑了替代性程度因素，但同时也考虑了期间（短期和长期）因素和消费者黏性因素，并以产业竞争的视角对模型结果进行了分析。研究认为，当内容提供商之间差异化程度较大时，分销商更偏好代理制模式；反之，则更偏好批发制模式，原因在于产品差异化程度低，市场竞争将很激烈。当存在消费者黏性时，将由批发制模式转向代理制模式，价格上存在微妙反应：由于竞争因素，初期价格将提高但长期价格将下降。另外，无论是否存在消费者黏性，大部分消费者更偏向代理制模式。但是，当存在如内容提供商和分销商结盟等情况时，在代理制模式下，消费者利益就会受损。因此，相关利益方应谨慎评估代理制模式的影响。

除了对电子书定价模式的探讨，具体的定价策略及影响定价的因素也得到了研究者的关注。Jinxiang Pei 等（2013）对存在实体形式和数字形式的产品的最优定价策略进行研究后认为：数字产品的最优定价往往低于与之相对应的实体产品价格。同时，考虑到在互联网时代拥有同样产品的消费者对其他消费者的影响，消费者对某个产品的预期价格将会随时间而改变，这取决于先前已购买相同商品的人数。因此，随着时间流逝，产品提供者的最优价格将下降。从经济学角度出发，电子书的定价还应考虑到消费者对价格的敏感度，也即要考虑价格弹性。Eunkyoung Lee 和 Byungtae Lee（2013）利用大量的产业数据进行研究后发现，随着时间的变化，电子书的需求将会缺乏价格弹性，这是由于消费者通过个人经历建立起的参考价格所致。在这种情况下，出版商需要根据电子书阅读器的价格来制定最优的电子书价格策略。同时，还要考虑到电子书对纸质书的蚕食效应和扩张效应的影响。以 Kindle 为例，对出版商来说，如果 Kindle 的定价低，出版商最好为电子书设定一个较高价格以弥补纸质书市场受到蚕食的损失；如果 Kindle 的定价高，由于市场扩张效应超过蚕食效应，出版商设定一个相对较低的价格仍然可从电子书和纸质书销售中获利。而对于平台商来说，由于其收入来源于电子阅读器和电子书，而这两者的价格又存在交叉影响，因此，平台商需要权衡两者的收益（Hui Li，2013）。电子书定价既受电子书阅读器价格的影响，反过来也会影响硬件的定价和销量，同时影响消费者福利。Jin-Hyuk Kim 和 Tin Cheuk Leung（2013）用分层贝叶斯法评估了一个随机系数需求模型（a random coefficient demand model），显示电子书价格的提高将会增加 iPad 的市场份额，但这是以蚕食 Kindle 和 Nook 的市场份额为代价的；当 Kindle 和 Nook 的电子书价格提高50%，消费者福利将下降6%到10%。

(3) 对纸质书市场的影响

电子书销售会影响纸质书的销售，进而影响出版商的利润，这是很多国家的出版商不愿意提供电子书内容的关键原因。但是，实际情况可能并非如此简单。David Bounie 等（2013）运用计量经济学方法研究对比 2007 年 10 月至 2010 年 7 月亚马逊网站上的纸质版和电子版畅销书目录后发现，纸质书销量被电子书销售所蚕食的现象多半出现在知名作者创作的超级畅销书中。还有一部分并未出现在纸质畅销书目录中的畅销电子书，这部分电子书要么在纸质书市场表现平平，要么已经绝版或者只是以电子书形式出版，如果没有 Kindle 书店，它们不太可能畅销。因此，新的出版通道在一定程度上增加了纸质书的市场活力，扩大了图书市场。作者建议未来应更加重视长尾理论的研究，因为还有相当大一部分畅销书只具有一种形态，如果补齐另一种形态，整本书的市场潜力才会得到充分挖掘。Hui Li（2013）以 ComScore 收集的 2011 年度多达 200 万名美国网民的购书历史数据为基础，运用动态消费者购书模型量化评估电子书对纸质书市场的蚕食程度及为整个图书市场带来的扩张效应。设定图书的供应价格为外生给定变量，反拟法显示 2/3 的电子书销量来源于对纸质书销量的蚕食，1/3 的销量则纯粹得益于市场扩张效应。Yu（Jeffrey）和 Michael D. Smith（2013）采用自然实验法研究电子书的延迟发布对相应的纸质书销售的影响，通过对某家出版商的销售数据研究后发现，电子书的延迟发布会增加相应的纸质书的销量，虽然增加幅度不大，但在统计学意义上具有显著性。相应地，这会导致整个电子书销量的大幅减少。当然，这种影响在一定程度上又被消费者的品牌意识和对电子书的偏好所影响。比如当一本书的目标群体对电子书这一形式的偏好较弱时，推迟一本在读者心中具有较高品牌知名度的 Kindle 电子书的发行，则会大幅增加其纸质书的销量。

此外，电子书格式标准问题一直以来都是业界和学界关心的焦点问题之一。虽然在 2007 年国际数字出版论坛（IDPF）正式采用 EPUB 作为电子书标准格式，该格式随后被多数主流出版商和设备商所采用，但是全球两家主要电子书分销商亚马逊和苹果却在过去几年建立了封闭的电子书系统，各自采用不同的电子书格式：亚马逊采用 KF8；苹果采用固定设计的 EPUB（Fixed Layout

EPUB)或 ibooks，同时利用各种 DRM 措施防止本生态系统下的文档与其他生态系统下的文档互通。Christoph Bl 和 Franz Rothlauf（2013）通过对比这几种标准的核心特性，如元数据、文本显示和字体、文本布局、表格、封面、导航和目录等，以及多媒体和交互性，如文本转语音、交互性和动画等元素，认为 EPUB3 明显地超过了这些格式的表现能力，因此，很难从技术或功能上去解释亚马逊和苹果采用专有格式的原因。但是，即使电子书格式统一，如果不能在各开放系统之间交换 DRM 框架信息，互通仍然不能实现。从技术的角度，DRM 实现互操作性是可能的。不过，由于主要分销商的商业模式旨在加强顾客黏性，因此，要真正实现互通还需要一段时间。

7.3.2　电子期刊

传统期刊向数字期刊转型是不可改变的趋势，转型节奏有快有慢，有的已完全转型为电子期刊，有的则还在犹豫徘徊之中。Shamsudeen Ademola Sanni 等（2013）运用创新扩散理论对影响电子期刊出版采纳程度的因素进行了研究。该研究以马来西亚的 32 家期刊出版商为样本，探讨了转型意识、组织变量（出版规模、存续时间、出版商经验）、电子期刊因素（相对优势、兼容性、复杂性、可试用性和可观察性）对电子期刊出版采纳程度的影响。研究显示，电子期刊的复杂性和可试用性对电子期刊出版的采纳率具有显著影响，而三种组织变量更是具有决定性的影响，即出版规模更大、存续时间更长、出版商更有经验的期刊更有可能较早地采纳电子出版，以保持竞争力。

数字媒体改变了人们的生活，同时也改变了学术期刊的面貌。为了更加生动、便利地为读者提供信息，各类期刊都或多或少地将数字媒体应用到了学术期刊的呈现和传播过程中。以美国医学类期刊为例，在调查的 60 本期刊中，有 49 种为读者提供了数字媒体增强功能，有 36 种期刊提供不少于一种数字出版物特性。在 49 本提供数字媒体特性的期刊中，社交媒体和非社交媒体特性的应用平分秋色。在社交媒体中，Facebook（脸书）应用最频繁，Twitter（推特）

其次；在非社交媒体中，视频应用最频繁，电子邮件其次，移动网站应用最少(只有3本期刊使用)。但是，向用户提供快捷、界面友好的移动和在线网络信息是发展趋势(Samantha Collingsa et al.，2013)。

2012年谷歌推出了谷歌学术评价工具 (Google's Scholar Metrics，GSM)，作为一款免费的文献计量评价工具，它提供H指数(H-index)和其他计量指标，其中H指数更是得到广泛应用。但是它是否可以代替传统的文献计量评价产品还需进一步探讨。Emilio Delgado-López-Cózar 和 Álvaro Cabezas-Clavijo(2013)通过将其与两大传统评价产品即期刊引证报告(Journal Citation Reports，JCR)和Scimago期刊排名(Scimago Journal Rank，SJR)在期刊覆盖范围、索引政策、搜索和可视化、文献计量指标、结果分析选项、经济成本等方面进行比较，认为其在简单、可用性和免费模式方面优势明显，期刊评价的数据库也更具代表性，但是存在缺乏透明度、缺乏防止数据操纵的措施等缺陷。因此，如果从谷歌学术评价工具得到的结果与从那些付费评价产品得到的结果相似，很多机构都将考虑只采用谷歌的产品。如果谷歌能解决好现存的缺陷并不断强化其有用性，对于那些知名的期刊评价产品，谷歌学术评价工具将是极为有力的挑战者。

7.3.3 移动出版物

美国经济的不景气，新型技术设备的渗透，以及消费者阅读习惯的改变等因素使得杂志出版产业面临着创造利润和增加顾客群体的严峻挑战。特别是平板电脑和智能手机的普及，使得读者在这些移动设备上消费内容的时间越来越多。为了适应读者阅读习惯的改变，杂志出版业必须跟随消费者的脚步。在美国杂志媒体协会(The Association of Magazine Media)的杂志应用数据库里已经有多家杂志媒体公司生产的1300多种App，可见移动出版已经引起了大家的重视。但是，对于未来的市场是属于App的还是基于网络的HTML5的还存在争论。此外，采取何种盈利方式也是大家关注的焦点。目前，杂志产业已经出现了三种主要盈利方式，即售卖广告、订阅、售卖 App；其中相对于售卖形式，订阅形式正在加速发展。此外，Kelly Tomas（2013）认为杂志产业如果想在激烈的竞争中生存、发展，需要优先考虑移动出版策略，同时出版商不仅需要对移动技术进行投资，探索新的商业模式以增加收入来源，更需要将为读者创造优质内容放在首位。不可否认，移动出版是杂志产业发展的趋势，从传统出版转向数字移动出版具有提高盈利的潜力，但是却有很多挑战需要面对，包括怎样营销产品，如何将已有的纸质订阅用户转移到数字渠道等。要应对这些挑战，必须对订阅者需求和读者的阅读习惯进行深入研究，否则，盲目和激进地转向手机或平板电脑等移动数字平台，将面临着动摇顾客根基、损害品牌形象的风险（Alex Maxwell，2013）。

作为移动出版的主要形式，App 图书大致经历了三代：第一代主要以文档和插图叙述性地表现内容；第二代可以同时以演讲、插图、电影、交互式插图、声音和文档等形式呈现多层次内容，这种App 已经近似于游戏；第三代则近似于应用商店，这种 App 一般依靠强势品牌而建立，包含独立的游戏、电影、图书等各种元素，以免费获取和极富娱乐性的形式吸引用户。Lasse Korsemann Horne（2013）指出，如果出版商想进入小众市场或小出版商想进入 App 图书市场，最好是通过许可 App 软件、内容或整个 App 图书的方式，但前提是出版商最好从作者手中获取了图书所有数字权利的授权。

在大多数国家，移动互联网络的网速还有待提升，特别是对含视频的增强型电子书和包含精美图片、音频、视频的电子杂志来说，移动互联网更不能满足读者需求。另外，受 DRM 保护的内容解码也需要一定时长，这就更延长了用户的等待时间，影响读者的购买和阅读体验。为了缩短用户等待时间，Chen-Yuan Chuang 等（2013）设计了提前下载机制，在这种机制下，一小部分已经解码的内容被提前下载到缓冲区，读者在有意下载阅读时，可以快速开始阅读；同时，剩余内容开始解码下载，这样就可以缩短等待时间，提升阅读体验。

7.4 用 户 研 究

本年度关于用户研究的文章可以分为两个主题：用户态度，主要包括不同人群的用户态度和不同出版物的用户态度；用户行为，主要包括不同人群的用户行为和不同出版物的用户行为。

7.4.1 用户态度

用户态度研究表明小学教师和学生、大学生群体、电子书设备使用者都对数字出版物表达了不同的态度和观点；此外，不同类型的数字出版物的用户如电子书用户、电子期刊用户、移动用户等也对利用数字出版物抱有不同的态度。

(1) 不同群体的用户态度

此前，发展中国家小学教师和学生用户对电子书的态度是相关研究较匮乏的领域，但由于近两年马来西亚政府对小学电子书项目比较扶持，该国的相关研究开始增多。丁加奴州是马来西亚最早使用电子书的一个州，W. Roslina 等（2013）的研究显示该州小学生的IT 能力很高，87% 的学生能使用电脑，电子书在学校的使用率是53%，但电子书的潜力尚未被充分利用（40%）。相较于传统用纸笔写作业的方法，学生现在更希望采用电子书方式写家庭作业。另外，研究表明小学生对电子书的接受度与 IT 熟练程度、学生态度、学习独立性等变量有很大关系。研究还表明，同一州不同地区的小学教师对电子书的接受度有很大区别（Zalinawati Abdullah，2013）。Wan Muhamad Amir W Ahmad 等（2013）建议，丁加奴州教育部仍需提高电子书使用率并引导教师提高使用电子书的积极性；应对教师应用电子书的进程进行监控以随时发现并解决问题；同时对小学教师给予一定的电脑培训以提高其熟练程度；需要改善电子书课本材料，以符合马来西亚教育部对电子课本综合性、完整性、交互性的标准要求。

虽然电子书和电子书阅读器在休闲阅读中越来越受欢迎，但是学术用户对学术阅读的态度表明印刷书籍仍具有持续性价值。Timothy D. Lincon(2013)指出许多学者对纸质书有很深的感情：虽然根据 2012 年的报告，加拿大超过 15% 的图书和美国超过 20% 的图书都是电子书；但 2011 年美国《圣经》文学学会的一项研究发现，超过 70% 的学者认为自己将出版的著作是印刷书籍而不是电子书。另外，学生们在使用电子书学习和研究的过程中还面临很多尚待解决的问题，诸如在学术课程论文写作中不会使用电子书、文本搜索无效、导航工具不好用、阅读体验不愉快、界面不直观等(Laura Muir, Graeme Hawes, 2013)。

在高等教育领域，相关研究者测试了电子阅读器是否适合作为学术研究工具，测试表明：虽然电子出版物在学术界取得了进步，但从电子阅读器目前的功能看并不完全适用于学术用户在阅读中和阅读后的文本处理(Siegfried Schomisch, Maria Zens, 2013)。此外研究还表明，在学术研究中只有 11% 的大学生喜欢电子书，却有 54% 的大学生喜爱阅读纸质书(Arthur N. Olsen et al., 2013)。

在学术研究领域，电子书不仅有待改进，而且供应量不足。有研究比较了印度德里大学不同出版商出版的在不同课程中使用的电子书，并得出结论：不同出版商提供的印刷书中只有 17% 出版了同内容的电子书，只能满足 9%~15% 的课程要求(Ankur Pant, Suresh Jindal, 2013)。上述关于学术领域电子书的研究表明，电子书目前在学术领域的发展不如一般图书领域，还有待改进和提高。

2013 年关于电子书评价的文献主要是关于电子书设备的评价研究。对电子书设备的评价可从功能因素、材料因素、体验因素、情感因素四个方面反映用户体验。根据 Angus MacWilliam(2013)对苹果 iPad 2 的评估结果以及 iPad 2 的用户体验表明，在功能性方面，只有 33% 的被调查者认为电子书设备的功能是非常重要的；在材料方面，44% 的调查对象认为设备的美观是重要的；情感因素方面，有 56% 的对象认为电子设备的外观无法像传统纸质书一样带给他们情感共鸣。Sanpet Panusbordee(2013)针对泰国曼谷的消费者调查发现，其对产自美国、韩国、中国大陆、中国台湾、日本、泰国的电子书设备的质量评价，品质评级最高的是美国品牌，之后依次为韩国、日本、中国台湾、中国大陆、泰国品牌。这一发现表明，部分国家或地区对其他不同国家或地区的偏见会影响人们对不同品牌的质量感知。发达国家消费者倾向于购买发达国家原产的电子书设备，特别是从本国购买，而发展中国家消费者倾向于购买发达国家的相关设备。

从不同群体的用户态度可以看出，不同用户群体对电子书的评价和接受度是有很大区别的。小学教师和学生对电子书的接受度与其电脑熟练程度有一定关系；电子书目前在学术领域的发展不如一般图书；读者对电子书设备的评价注重其功能性、材料好坏、体验性和情感接受度。

（2）不同出版物的用户态度

大部分用户态度研究是关于电子书用户的，只有少部分文章涉及电子期刊用户和移动用户的态度。

电子书用户态度研究主要是关于用户接受度方面的。技术接受研究模型（Technology Acceptance Model，TAM）是研究电子书用户接受度的有用工具。TAM由Davis（1986）制定，目的是解释和预测用户对技术革新或信息系统的接受度。在该模型中，感知有用度（perceived usefulness，PU）和感知易用度（perceived ease of use，PEU）是预测技术接受度的两种重要指标。感知有用度用来判断技术革新能否有效提高使用者的工作效率和表现。感知易用度用来判断使用者是否用更少努力就能学会如何使用这项新技术。此外，TAM模型还有技术采用强度（简称ITU）、技术采用态度（简称ATT）等指数。西班牙的Carmen Antón等（2013）采用TAM模型对电子书的ATT、PU、PEU、感知愉快度（perceived enjoyment，简称PE）和自我形象一致性进行了分析。其研究发现，在对电子书阅读器形成积极态度和采纳意愿的过程中，感知愉快度以及与自我形象的一致性是感知有用性的重要补充；同时，感知有用性是态度形成的决定性因素，但是自我形象一致性则对电子书购买意愿具有更加直接的影响。在感知易用度和感知有用度的关系方面，感知易用度和感知有用度对于用户从否定态度到积极态度有着至关重要的预测作用。当开发者在考虑使用电子书新格式或让其成为学习材料时，感知有用度比感知易用度更重要（Malathi Letchumanan，Balakrishnan Muniandy，2013）。Jin Gerlach 和 Peter Buxmann（2013）则通过探讨价值观、技术感知和用户过去经验之间的关系指出：用户的心态和经验决定技术采用的信念和使用电子书的意图；电子书产品的采用取决于使用者的价值体系以及新技术是否与使用者的价值观一致。上述关于用户接受度的研究具有开创性意义，填补了过去这方面的空白。

对于消费者来说，由于目前提供电子信息的平台太多，很难搜索到他们真正想要的书籍或杂志。Hui-Yi Ho 等（2013）的研究显示，消费者将更加注重电子杂志的外观质量感知，特别是电子杂志的多媒体性能和创新性方面将会获得更多关注。在提高产品的功能和外观质量感知之后，消费者的质量感知和购买意愿就会提高。除了电子期刊的相关研究，移动环境下的阅读研究也是 2013 年相关研究的一个重要方面。Sungjoon Lee（2013）的研究是关于移动环境下电子书的集成模型，研究是什么因素影响了韩国移动电子书的采用。结果表明，个人创新性显著影响了感知有用度和感知易用度。而感知有用度和感知易用度主要受到"使用意愿"和"创新阻力"的影响。

7.4.2 用户行为

用户行为研究包括不同群体的用户行为研究和不同出版物的用户行为研究。

（1）不同群体的用户行为

用户态度和用户行为的区别在于，用户态度是指是否喜好电子书的态度或是对电子书的使用体验，而用户行为是指用户阅读习惯的差异。

对于大学生来说，电子书已经改变了他们过去的阅读经验和阅读习惯。这一群体是否选择电子书、选择电子书的决定因素、阅读电子书的目的都是研究者首要关注的对象。研究显示，有 62% 的学生表示他们喜爱阅读电子书。大部分受访对象（68%）认为电子书是方便得到的，绝大部分学生（81%）称主要是由于学术研究的需要才阅读电子书。此外，大部分学生（73%）首选的电子书格式是 PDF；而在电子书阅读媒介方面，60% 的学生使用电脑而不是平板电脑或阅读器来阅读（Gonca Cumaoglu et al.，2013）。Jon R. Miller 等（2013）的研究表明，更年轻、家庭收入更低的大学生更有可能使用电子课本。而且，面向技术领域专业的大学生更有可能使用电子课本。总体来看，学生信息技术能力的持续增长、大学教育成本的增加等因素都预示着电子课本未来的增长。而在使用电子书的同时，学生们对于传统纸质图书书香书味的怀旧气氛也在弥漫。无论是学生还是教授，在享受数字内容方便性的同时，也表达了对纸质书浪漫和怀旧的情绪（Phoebe Acheson et al.，2013）。

过去儿童图书都是纸质版本，儿童在阅读时也会与成年人一起。近年来交互式儿童电子书更为常见。关于儿童电子书阅读的研究都很有趣，研究角度也各不相同。Ely Kozminsky 和 Revital Asher-Sadon（2013）通过比较实验发现，传统纸质图书组的儿童在故事情节理解、词汇知识、音韵意识等方面优于电子书组的儿童。在儿童与成人的阅读互动方面，传统纸质图书组儿童同样优于电子书组儿童。Yueh-Min Huang 等（2013）对男孩和女孩的阅读行为进行比较研究，结果显示这两个群体在电子书阅读行为方面的性别差异明显。女孩对这种阅读方式有更高的满意度，显示出更好的阅读结果；相比之下男孩期待电子书有更多功能，阅读态度不如女孩积极，因此导致了较糟糕的阅读结果。Kathleen Schreurs（2013）则探讨了儿童电子书的发展历史和意义。其研究侧重于增强型和互动型电子书，回顾了儿童电子书发展历程并探讨如何使其更具互动性，如何促进家长与儿童一起阅读，并探讨提升阅读体验对于学者、图书馆员、家长和教师的重要意义。

图书馆用户作为非个体用户需要订阅电子资源为读者服务，因此电子书设备、图书馆机构和被访问的电子资源作为不同要素会产生一定的相互作用。Michael Artiles 等（2013）分析了美国国会图书馆的电子书发展对图书馆现有和潜在的影响，包括对预算、机构运作的影响，及对其巨量藏书数字化的需求。另外，在数字出版浪潮的影响下，图书馆用户对印刷版和网络版期刊的订阅也是一项重要研究内容。根据 CND Punchihewa(2013)对大学图书馆订阅印刷版和网络版期刊的成本比较，发现在线数据库的单次订阅成本是最低的，在线期刊加纸质期刊的订阅方法单次订阅成本最高。Alain R. Lamothe(2013)建议图书馆与学校部门保持密切的合作关系，增加对期刊用户的了解和服务意识，并且为用户提供远程材料的访问便利。此外，对电子书馆藏量与搜索量、查看量的研究表明，博士生的电子书使用量最大，相比之下本科生的电子书使用量最小。

(2) 不同出版物的用户行为

不同媒体格式对阅读行为是否具有不同影响呢？研究表明，纸质书、计算机电子书、使用阅读器阅读的电子书在用户理解或文本解释上并无明显差异，不同类型的电子书格式对阅读行为所起的作用是相同的(Sara J. Margolin et al., 2013)。从纸质书、计算机电子书、阅读器电子书、平板电脑电子书所处的市场层次来分析，纸质书是最具有市场潜力的，之后依次是阅读器电子书、平板电脑电子书和计算机电子书(Christi Cowan, 2013)。原因在于纸质媒体对于学习和吸收复杂、详细的文本来说仍然是最出众的媒体，而电子媒体更适合快速收集、传播、浏览信息。Judith Stoop 等(2013)指出，信息、知识的电子陈述要求文本结构相应地加以改变。此外，研究还表明，电子阅读器使用不同的阅读格式对用户阅读行为有一定影响。例如，文本阅读的横竖方向不同，屏幕尺寸、字符长度不同，都会影响到阅读感受和效果，还可能会引起视觉不适和疲劳。实验表明12级字体具有最优易读性，8级字体最适合6英寸屏幕，12级和14级字体最适合8.1英寸和9.7英寸屏幕，而字体太小是阅读疲劳的主因(Hsuan Lin et al., 2013)。这方面的研究文章不多但研究成果很有意义，且这些成果可以为电子书的更新和完善提供有益的借鉴。

其他用户行为主要是电子期刊和博客使用者的行为。Mohd Yahya Mohamed Ariffin 和 Arzmi Abu Bakar(2013)对公立大学讲师使用电子期刊的情况进行了调查。调查结果显示：公立大学应为教师和学生提供更多培训；提供网络利用的便利性；鼓励更多地共享电子期刊信息；鼓励电子期刊在教学和学习中的使用。韩国学者Youngim Jung 等（2013）对于电子期刊数据平台的研究相对比较深入。研究者在介绍了 KESLI 统计整合平台和 SUSHI 混合标准平台这两种电子期刊数据平台的基础上，对 2008—2011 年的用户数据进行了分析。在综合比较各种方法的优缺点以后，研究者提出了包括多种图形、图表的多层次全面统计模型，并指明下一步将研究统计数据生成、数据自动集成的方法以及解决机构识别方面的问题。

发布博客是数字出版的众多形式之一。Kang Zhao（2013）的研究表明，博客发布者分为两种类型：专家和通才。拥有不同局部影响力的博客使用者的表现行为是不同的。一般专家较之通才作出的贡献更多，专家在工作日的发布行为也更多，比如在上班时间发布，或定期发布。专家的发布行为也不相同，而且专家中只有一小部分人能拥有大的影响力，或输出大量的知识信息。

7.5　数字版权研究

版权一直是困扰出版业的核心问题，在数字出版时代，版权问题更加凸显。2012 年相关数字版权保护研究以平衡各方利益、弱化技术保护为趋向，2013 年这种趋向更加得到强化。同时，不少研究者倾向于将技术、法律和商业方式结合起来以解决数字版权问题，也有些更加推崇以商业方式来保护数字版权。

7.5.1　盗版的影响

绝大多数研究文献认为盗版会造成销量在统计学意义上的显著下降，尤其在数字传输渠道日益普遍的形势下情况更加严重。标准的经济理论也暗示盗版会减少内容创作者的收入，进而影响创作动机，从而减少整个社会的福利（Brett Danaher et al.，2013）。音乐产业的衰落就是最好的注脚。在 20 世纪 90 年代下半期，音乐产业的收入从顶点处下跌了 60%；当时正是音乐文档分享行为扩展到全球的阶段。如今，文档分享大约占到网络流量的 25%，但大部分文档涉嫌侵犯作者或相关者的权利。研究者认为音像和出版产业正在步入后尘，但损失可能会更加严重，因为它们并不像音乐产业那样具有现场表演等补充性收入（Yannis Maroudas，2013）。为了解文档分享行为的情况，Oscar F. Bustinza 等（2013）通过对美国、英国、加拿大和西班牙等 10 个国家 44000 名消费者的调查发现，28%的被调查者参与过非法文档分享，可见这种行为在各国都广泛存在，只是存在程度上的差别。如比例最低的德国，只有 14%的被调查者参与过非法文档分享；而在西班牙，这一比例达到 44%。同时，研究结果也显示非法文档分享行为会降低消费者对音乐产品的人均消费额。但是音乐产业收入下降并不能全归因于非法分档分享；商业模式从产品到服务模式的转变，将一部分消费者排除在市场之外，这是另一大诱因。有高达 50.7%的被调查者发现自己被排除在了合法市场之外，只有 28.2%的被调查者可能在法律打击盗版的情形下回到合法市场。因此，音乐市场不仅需要更严格的版权保护，也需要商业模式的创新。

但是，盗版也并非毫无积极作用。对于音乐产业，盗版就是一把双刃剑，一方面它降低了音乐的销售；另一方面它能增加互补品即播放终端的销量。以贝叶斯法建立的预测模型显示，盗版会导致音乐销售额降低 24%~42%，但能促进 iPod 的销售收入增加 12%。反向模拟法实验显示，如果音乐全部免费，苹果公司从 iPod 销售中取得的利润足以弥补音乐人的损失（Tin Cheuk Leung，2013）。

7.5.2　技术保护

由于媒体的数字化以及互联网的发展，传统的供应链生态系统已经发生了改变，盗版问题更加复杂。防止盗版的主要技术性措施 DRM，在相当程度上不仅没能够阻止盗版，反而影响了合法购买者的使用体验，增加了管理成本（Hasshi Sudler，2013）。在产业内部，越来越多的管理者开始转变观念，对 DRM 持否定态度。也有学者对放弃 DRM 是否可行进行了量化研究。Jin-Hyuk Kimy 和 Tin Cheuk Leungz（2013）对建立在数据基础上的需求模型进行研究，发现如果 Kindle 和 Nook 放弃 DRM 保护，它们的市场份额将会增加；如果所有的电子书阅读终端都放弃 DRM 保护，消费者福利将会增加 7%。因此，放弃 DRM 保护对于各方都是最有利的选择。在未来的几年内，这种针对 DRM 的分歧乃至争论估计仍将继续。

2012 年 5 月，印度国会通过了对 1957 年版权法的修正条款，以防止规避技术保护措施和权利管理信息的行为。对此，Fareed Ahmad Rafiqi 和 Iftikhar Hussian Bhat（2013）认为，为了维持利益相关者的权利平衡，反规避条款应该主要针对那些具有熟练技术的潜在规避者，以及为规避提供设备的制造商和发行商，而不是普通大众。Betsy Vinolia Rajasingh（2013）则认为，发达国家一开始引入 DRM 条款，就预示着利益天平已经开始向权利所有者一方倾斜。在版权法律保护方面，印度法律并不如美国和欧美法律那样严格，合理使用条款也不充分，反规避条款应该考虑到一些特殊人群的利益如残疾人等而予以责任豁免。而以印度为代表的发展中国家在诸如 DRM 等概念和措施正走向末路的时候将其引入，在很大程度上也没有必要。

7.5.3 法律保护

版权的演变与技术的发展紧密相连，数字计算机的发展已经从根本上改变了版权背后的一系列概念。随着版权经济在国民经济中的地位愈加突出，相关法律制度落后于技术发展的问题亟待解决。技术发展使得跨国版权侵权问题日益严峻，亟须无国界的版权保护（Fareed Ahmad Rafiqi，Iftikhar Hussian-Bhat，2013）。对于以中国为代表的新兴经济国家政府来说，在制定和实施相关网络版权保护政策的时候，既要互相学习、借鉴，也要充分听取各利益相关者的意见（Dexin Tian，Chin-Chung Chao，2013）。

版权法制定和实施的有效性，离不开对媒体产品用户群体的了解，特别是用户对法律的认知和态度。Katharina Steininger 和 David Rückel（2013）通过对澳大利亚 1134 名大学生的数据调查，用实证方法研究法律认知能力（legal literacy）、法律意识和法律态度对合法或非法行为的影响。结果显示，法律认知能力对合法行为具有负影响，法律态度对合法行为具有积极影响，而法律意识比法律认知能力在对法律态度的形成上具有更强的影响。虽然用户问题得到产业界和学界的关注，产生了一系列关于用户认知、态度和行为的观点，但是，这些观点却往往缺少来自用户自己的声音。各种运动集中于宣传法律，强调遵守法律是一种美德，以此寄希望于得到用户认可，但是版权的传播史以及版权政策面临的挑战证明，将用户定义为产业界和政策制定者的伙伴，才能更好地解决版权问题（Lee Edwards et al.，2013）。同时，这也显示了版权法各博弈方力量的转换。如今版权问题已经深入每个人的日常生活，即便是普通大众也被迫卷入这股洪流。同时，互联网通信的发展，使得大众能够很容易地联系起来，结成某种团体，在网上甚至在线下对法律表达某种呼声，以此影响法律的制定和修改（Katarzyna Gracz，2013）。比如，无论是在法国还是整个欧洲层面，更加严厉的知识产权保护规程都引起了强烈的集体抗议行为，这些有经验的抗议者在过去几年已经很明显地改变了数字版权领域的政策制定（Yana Breindl，François Briatte，2013）。用户对现有版权保护规范的不认可，反映出政策制定者和产业界也许犯了根本性的错误：他们常常只考虑管理效率，认为版权概念是理所当然的。因此，需将用户定位为法律正义的来源，而不是需要被教育或被起诉的对象（Lee Edwards et al.，2013）。

从社会学理论来讲，一个社会是否尊重现行法律，遵守特殊的法律规范，不仅取决于规范本身，还取决于社会对特定法律的认识，即社会对规范的认可。而目前社会规范明显偏离现行的版权保护框架，Katarzyna Gracz（2013）认为除了技术演进外，另一个重要原因是版权法的负面形象。版权法的负面形象的形成主要源于：第一，人们感知创作者从版权法体系消失，代之以控制和管理着无数作品的大公司，而分销者的利益无法获得大众的广泛支持；第二，版权保护的加强和全球化趋势，使得人们将其与美国的新殖民主义联系起来；第三，无论是涉及知识产权保护的国际协议，还是国内版权法的协商和制定过程都缺乏透明度；第四，在保护版权所有者的时候必然涉及与用户斗争的倾向性假设；第五，将知识产权保护由民法转向刑法管理，过度刑事化。因此，相关政策制定者要充分认识到，法律的程序正义和实质正义同等重要，在某些时候，更多程序正义规则的运用可以增加人们对法律实质正义的感知。

当社会规范和行为的转变还存在不确定性的时候，对个体侵权者采取法律手段，试图依靠法律来压制文档分享行为，有可能毁坏或改变互联网的良性发展轨道。在用经济计量的方式来考虑平衡各方利益时，更应该对所有利益相关者的收益和损失进行全面的考量，即同时也要将隐私、信任等社会福利隐含考虑在内。促进以合法方式获取内容，提高公众对法律的认识，以及采取新的方式为内容创作者提供补偿等，这些比起针对用户采取法律手段更有可能在保证各方利益的同时促进产业发展（Robin Mansell，W. Edward Steinmueller，2013）。

7.5.4 商业保护方式

在打击非法文档分享行为的过程中，以使用限制为代表的激进措施会触及公民自由和隐私等权利。在缺乏足够的法律透明度、合适的公众教育等情况下，容易造成大规模的公众抗议。而将个人下载行为上升到违法犯罪层面，缺乏可操作性，也许会产生更多的问题。因此，我们应该探求更具创造性和合理的商业性解决问题的方式（Wan Man Jason Fung，Avnita Lakhani，2013）。

用户是否做出盗版决策取决于对产品价值、成本、便利性和可获得性的认识（Hasshi Sudler，2013），因此，内容提供方可以将盗版视作竞争产品，将合法内容在便利性、可靠性和可用性等方面与盗版产品形成区分。同时，政府和产业的相关反盗版机构也应在降低盗版产品的便利性、可靠性和可实用性方面发挥作用，以此影响消费者的购买行为，减少盗版的影响（Brett Danaher et al.，2013）。

另外，数字产品提供商在考虑版权保护问题时应该以战略视角来看待个人版权侵权，并对用户的心理和行为有一定了解，以便有针对性地做出决策。Tunay I. Tunca 和 Qiong Wu（2013）的研究发现，当市场中存在非法复制数字产品并将其出售给消费者的商业性侵权行为时，如果能够采取个人侵权行为的用户较多，商业性侵权行为就会面临目标用户较少、价格竞争激烈等不利条件，此时，合法出版商可通过低价赢得市场份额，并增加盈利；如果对个人盗版行为进行更多的调查和起诉，反而会减少合法出版商的盈利。这种效应在实际市场中可观察到，其主要因素在于合法出版商对于产品定价的策略。Ignacio Redondo 和 Jean-Philippe Charron（2013）以三种普遍的付费方式划分电影和音乐下载群体，各群体都有比较显著的特点。从来不付费的群体对新事物持更加消极的态度，因此，对于这个群体要强调艺术创作活动的价值；总是付费的群体网龄比较短，因此，要鼓励他们对付费行为持之以恒；有时付费的群体倾向于参与更加广泛的网络活动，针对这个群体，可以说服他们改正不一致的行为。Bong-Keun Jeong 和 Moutaz Khouja（2013）用基于主体建模的方法来分析各种反盗版政策对唱片供应链上各主体的影响，研究显示：对于那些对反盗版策略持有抵触情绪的消费者，教育策略更加有效；同时，利用增值服务和低价策略能鼓励消费者购买合法产品。这两种策略相结合可以提高反盗版策略的有效性。而对于产业链上的各参与方，唱片公司如果更倾向于低成本策略，整个产业链参与者的境况都将得到改善。

（方卿　徐丽芳　邵萍　郭楠）

参考文献

［1］THOMAS J L. The continued movement for open access to peer-reviewed literature［J］. American Journal of Ophthalmology，2013，156(3)：423-432.

［2］BO-CHRISTER B. Open access-are the barriers to change rececing?［J］. Publications，2013，1(1)：5-15.

［3］SHAH T A，GUL S. Philosophy of escapism in the open access world：studying author pay model［J］. Library Review，2013，62(4/5)：224-236.

［4］SAHU S K，ARYA S K. Open access practices in India［J］. Library Hi Tech News，2013，30(4)：6-12.

[5]KOLEINI S, PARTO P, ARASTOOPOOR S, et. al. Malaysian scholarly Open access journals during 2005-2012: a survey [J]. International Journal of Information Science and Management (IJISM), 2013, 11(2): 91-103.

[6]NWAGWU W E. Open Access initiatives in Africa-structure, incentives and disincentives [J]. The Journal of Academic Librarianship, 2013, 39(1): 3-10.

[7]Fabián O. Open access in the Czech Republic: an overview[J]. Library Review, 2013, 62(4/5): 211-223.

[8]ISLAM M A, AKTER R. Institutional repositories and open access initiatives in Bangladesh: a new paradigm of scholarly communication[J]. Liber Quarterly, 2013, 23(1): 3-24.

[9]MAVODZA J. A Review of the open access concept in the UAE[J]. New Library World, 2013, 114(5/6): 259-266.

[10]MATTEO M, GIOVANNI B R. Open access, social norms and publication choice[J]. European Journal of Law and Economics, 2013, 35(2):149-167.

[11]FUCHS C, SANDOVAL M. The diamond model of open access publishing: why policy makers, sholars, universities, libraries, labour unions and the publishing world need to take non-commercial, non-profit open access serious [J]. Open Access Journal for a Global Sustainable Information Society, 2013, 11 (2): 428-443.

[12]KOZAK M, HARTLEY J. Publication fees for open access journals: different disciplines-different methods[J]. Journal of the American Society for Information Science and Technology, 2013, 64(12): 2591-2594.

[13]Peter Suber. A misleading survey [EB/OL]. [2024-01-22]. https://plus.google.com/+PeterSuber/posts/K1UE3XDk9E9.

[14]PETERSON A T, EMMETT A, GREENBERG M L. Open access and the author-pays problem: assuring access for readers and

authors in a global community of scholars [J]. Journal of Librarianship and Scholarly Communication, 2013, 1(3): 1-8.

[15] SOLOMON D J, LAAKSO M, BO-CHRISTER B. A longitudinal comparison of citation rates and growth among open access journals [J]. Journal of Informetrics, 2013, 7(3): 642-650.

[16] PETERSON G M. Characteristics of retracted open access biomedical literature: a bibliographic analysis [J]. Journal of the American Society for Information Science and Technology, 2013, 64(12):2428-2436.

[17] SUGIMOTO C R, LARIVIÈRE V, CRONIN B, et al. Journal acceptance rates: a cross-disciplinary analysis of variability and relationships with journal measures [J]. Journal of Informetrics, 2013, 7(4): 897-906.

[18] MOUNCE R. Open Access and altmetrics: distinct but complementary [J]. Bulletin of the American Society for Information Science and Technology, 2013, 39(4): 14-17.

[19] BO-CHRISTER B. Open access subject repositories: an overview [J]. Journal of the American Society for Information Science and Technology, 2013.

[20] SPEZI V, FRY J, CREASER C, et al. Researchers Green Open Access practice: a cross-disciplinary analysis [J]. Journal of Documentation, 2013, 69(3): 334-359.

[21] LAAKSO M, BO-CHRISTER B. Delayed open access: an overlooked high-impact category of openly available scientific literature [J]. Journal of the American Society for Information Science and Technology, 2013, 64(7): 1323-1329.

[22] BEALL J. The open-access movement is not really about open access [J]. Open Access Journal for a Global Sustainable Information Society, 2013, 11(2): 589-597.

[23] KOLMAN J, KOLMAN P. Open access publishing from the legal point of view. why freedom of information rules and other legal

principles matter. towards a new fair open access model[J]. Open Access Journal for A Global Sustainable Information Society, 2013, 11(2): 480-485.

[24]MCCABE M J, SNYDER C M, FAGIN A. Open access versus traditional journal pricing: using a simple "Platform Market" model to understand Which Will Win (and Which Should)[J]. The Journal of Academic Librarianship, 2013, 39(1): 11-19.

[25] BRIENZA C. What do publishers know? [J]. Open Access Journal for A Global Sustainable Information Society, 2013, 11 (2): 515-520.

[26]NAKAJIMA T, SHINOHARA S, TAMURA Y. Typical functions of e-textbook, implementation, and compatibility verification with use of EPub3 materials[J]. Computers & Education, 2013, 22: 1344-1353.

[27]WEST W. Textbooks2.0[J]. Technology Innovations in Statistics Education, 2013, 7(3):1-7.

[28]ENCHEFF D. Creating a science e-book with fifth grade students [J]. Tech Trends, 2013, 57(6): 61-72.

[29]STIRLING D. The future of textbooks and evolution of an e-book, statistics education for progress: youth and official statistics, IASE 2013 Satellite Conference, Macao, China, December 30, 2013 [C].[S. I]:JASE Statellite, 2013.

[30]STONE R W, BAKER-EVELETH L J. Students intension to purchase electronic textbook [J]. Journal Computer High Education, 2013, 25: 27-47.

[31]SMITH D, BRAND J, KINASH S. Turn on the book: using affordance theory to understand the adoption of digital textbooks by university lectures, The 30th Ascilite Conference, Sydney, Australia,December 1-4, 2013[C].Sydney:ASCILITE, 2013, 12 (1): 811-820.

[32]CIAMPA M, THRASHER E, MARSTON S, et al. Is acceptance of

e-textbooks discipline-dependent? Comparing business and non-business students' perceptions [J]. The International Journal of Management Education, 2013, 16(2) : 256-265.

[33] DENOYELLES A, SEILHAMER R. E-textbook access, usage, and beliefs : implications for adoption in higher education [J]. Journal of Applied Research in Higher Education, 2013, 5(2) : 189-201.

[34] EMBONG A M, NOOR A M, HASHIM H M, et al. E-books as textbooks in the classroom [J]. Social and Behavioral Sciences, 2012, 47 : 1802-1809.

[35] ROCKINSON-SZAPKIW A J. Electronic versus traditional print textbooks : a comparison study on the influence of university students learning [J]. Computers & Education, 2013, 63 : 259-266.

[36] DANIEL D B, WOODY W D. E-textbooks at what cost : performance and use of electronic v. print texts [J]. Computers & Education, 2013, 62 : 18-23.

[37] KISSINGER J S. The social & mobile learning experiences of students using mobile e-books [J]. Journal of Asynchronous Learning Networks, 2013, 17(1) : 155-170.

[38] CLARKE T. The advance of the MOOCs : the impending globalization of business education? [J]. Education + Training, 2013, 55(4) : 403-413.

[39] TIERNAN P. An inquiry into the current and future uses of digital video in university teaching [J]. Education Information Technologies, 2015, 20 : 75-90.

[40] CHEN H L, GILCHRIST S B. Online access to higher education on YouTube EDU [J]. New Library World, 2013, 114(3) : 99-109.

[41] TSAI C W, SHEN P D, CHIANG Y C. Research trends in meaningful learning research on e-learning and online education environments : a review of studies published in SSCI-indexed Journals from 2003 to 2012 [J]. British Journal of Educational

Technology, 2013, 44(6): 179-184.

[42] LAUVER K J, DRUM D M, WINDSOR J M, et al. Preference of education mode: examining the reasons for choosing and perspectives of courses delivered entirely online [J]. Journal of Applied Research in Higher Education, 2013, 5(1): 113-128.

[43] TIAN Xuemei, MARTIN B. Value chain adjustment in educational publishing[J]. Publishing Research Quarterly, 2013, 29: 12-25.

[44] SHALTRY C, HENRIKSEN D. Situated learning with online portfolios, classroom websites and facebook [J]. Tech Trends, 2013, 57(3): 20-25.

[45] TSAI C W, FAN Y T. Research trends in game-based learning research in online learning environment (2003-2012) [J]. British Journal of Educational Technology, 2013, 44(6): 179-184.

[46] LI M C, TSAI C C. Game-based learning in science education: a review of relevant research[J]. Journal of Science Education and Technology, 2013, 22: 877-898.

[47] PILLAY S, REYNOLD J. Gaming across cultures: experimenting with Alternate pedagogies[J]. Education+Training, 2013, 55(1): 7-22.

[48] WISCHENBART R. The global ebook market: current conditions & future projections[M]. O'Reilly Media, Inc., 2013.

[49] HJARVARD S, HELLES R. Digital books on the point of take-off? [J]. Academic Quarter, 2013, 07: 34-50.

[50] JIN-YOUNG K, OHLEE J. The e-book business in Korea: its present condition and prospect[J]. ASTL, 2013, 26: 135-140.

[51] LEI Y. Amazon's Day One in China: the role of Amazon's Kindle in China[J]. Publishing Research Quarterly, 2013, 29(4): 365-370.

[52] LI Y, LIU N. Pricing models of e-books when competing with p-books[J]. Mathematical Problems in Engineering, 2013.

[53] JOHNSON J P. The agency and wholesale models in electronic

content markets[J].International Journal of Industrial Organization, 2013, 69.

[54] PEI Jinxiang, KLABJAN D, KARAESMEN F. Pricing of digital goods vs. physical goods [EB/OL]. [2024-01-19]. https://dynresmanagement. com/uploads/3/5/2/7/35274584/pricing_digital_goods.pdf.

[55] LEE E, LEE B. Dynamics of price elasticity over time: evidence from the e-book industry[J]. PACIS 2013 Proceedings, 2013.

[56] LI Hui. The impact of ebooks on print book sales: cannibalization and market expansion [EB/OL]. [2024-01-19]. https://bepp. wharton.upenn.edu/bepp/assets/file/huili_ebook_feb15.pdf.

[57] BOUNIE D, EANG B, SIRBU M, et.al. Superstars and outsiders in online markets: an empirical analysis of electronic books[J]. Electronic Commerce Research and Applications, 2013, 12(1): 52-59.

[58] CHEN H, HU Y J, SMITH, M D. The impact of e-book distribution on print sales: analysis of a natural experiment[J]. Management Science, 2018.

[59] BLÄSI C, ROTHLAUF F. On the interoperability of eBook formats. European and international booksellers federation [EB/OL]. [2024-01-19]. https://download. uni-mainz. de/fb03-wi-isym/publikationen/InteroperabilityReportGutenbergfinal07052013.pdf.

[60] SANNI S A, NGAH Z A, ABDULLAH A, et al. Using the diffusion of innovation concept to explain the factors that contribute to the adoption rate of e-journal publishing[J]. Serials Review, 2013, 39(4): 250-257.

[61] COLLINGS S, THOMPSON G, CAIRNS A, et al. The evolution of journals from print to enriched media: an assessment of journal digital characteristics[J]. Current Medical Research and Opinion, 2013.

[62] LOPEZ-COZAR E D, CABEZAS-CLAVIJO A. Ranking journals:

could Google scholar metrics be an alternative to Journal Citation Reports and Scimago Journal Rank? ［J］. Learned Publishing, 2013, 26(2): 101-113.

[63] TOMAS K. Virtual reality: why magazines should adopt a mobile-first publishing strategy[J]. Publishing Research Quarterly, 2013, 29(4): 301-317.

[64] Maxwell A. The magazine industry is becoming mobile[J]. Digital Commons, 2013.

[65] ROSLINA W, FAHMY S, FARIHA Z, et al. The effect of e-book on students learning styles: a study in Terengganu, Malaysia, 2013 International Conference on Advanced ICT and Education, 2013 ［C］.［S.l.］: Atlantis Press, 2013.

[66] ABDULLAH Z. School teachers acceptance of e-book[J]. World Applied Science Journal, 2013, 23:1-7.

[67] AHMAD W, HALIM N B A, ALENG N A, et al. Quantitative analysis on the level of acceptance, usage and problems of e-books among school teachers in Terengganu[J]. The International Journal of Social Sciences, 2013, 7(1): 89-101.

[68] Lincoln T D. Reading and e-reading for academic work: patterns and preferences in theological studies and religion[J]. Theological Librarianship, 2013, 6(2): 34-52.

[69] Muir L, Hawes G. The case for e-book literacy: undergraduate students experience with e-books for course work[J]. The Journal of Academic Librarianship, 2013, 39: 260-274.

[70] SCHOMISCH S, ZENS M. Are e-readers suitable tools for scholarly work? Results from a user test[J]. Online Information Review, 2013, 37(3): 388-404.

[71] OLSEN A N, KLEIVSET B, LANGSETH H. E-book readers in higher education: student reading preferences and other data from surveys at the University of Agder[J]. SAGE Open, 2013.

[72] PANT A, JINDAL S. Availability of e-books in science: case study

of University of Delhi[J]. The Electronic Library, 2013, 31(3):
313-328.

[73]MACWILLIAM A. The engaged reader: a human-centred evaluation of e-book user experience [J]. Publishing Research Quarterly, 2013, 29: 1-11.

[74]PANUSBORDEE S. Quality perceptions of Thai consumers towards e-book devices made in different countries[J]. Publishing Research Quarterly, 2013, 29: 175-189.

[75]Anton C, CAMARERO C, RODRÍGUEZ J. Usefulness, enjoyment, and self-image congruence: the adoption of e-book readers [J]. Psychology and Marketing, 2013, 30(4): 372-384.

[76]LETCHUMANAN M, MUNIANDY B. Migrating to e-book: a study on perceived usefulness and ease of use [J]. Library Hi Tech News, 2013, 7:10-15.

[77]Gerlach J, BUXMANN P. Analyzing electronic book acceptance: a compatibility perspective, 2013 46th Hawaii International Conference on System Sciences (HICSS), Hawaii, America, 2013 [C]. [S.l.]: IEEE, 2013: 2813-2822.

[78]HO H Y, LU M H, LIN P C. The diverse perceived qualities and perceived values on app e-book and app e-magazine[J]. Pakistan Journal of Statistics, 2013,29(6): 1029-1048.

[79]LEE S. An integrated adoption model for e-books in a mobile environment: evidence from South Korea [J]. Telematics and Informatics, 2013, 30: 165-176.

[80]CUMAOGLU G, Sacici E, Torun K. E-book versus printed materials: preferences of university students [J]. Contemporary Education Technology, 2013, 4(2): 121-135.

[81]MILLER J R, NUTTING A W, BAKER-EVELETH L. The determinants of electronic textbook use among college students[J]. The American Economist, 2013, 58(1): 41-50.

[82]ACHESON P, BARRATT C C, BALTHAZOR R. Kindle in the

writing classroom [J]. Computers and Composition, 2013, 30: 283-296.

[83]KOZMINSKY E, ASHER-SADON E. Media type influences preschooler's literacy development: e-book versus printed book reading[J]. Interdisciplinary Journal of E-learning and Learning Objects, 2013, 9: 231-245.

[84]HUANG Y M, LIANG T H, CHIU C H. Gender differences in the reading of e-books: Investigating children's attitudes, reading behaviors and outcomes[J]. Educational Technology & Society, 2013, 16(4): 97-110.

[85]SCHREURS K. Children's e-books are born: how e-books for children are leading e-book development and redefining the reading experience[J]. The Canadian Journal of Library and Information Practice and Research, 2013, 8(2): 1-14.

[86]ARTILES M, BEAULIEU C, CAREY S, et al. The impact of e-readers and e-books on the library of congress and the US Copyright Office[J]. Journal of Scholarly Publishing, 2013, 45(1): 1-34.

[87]PUNCHIHEWA C. Comparison of the subscription cost of print & online periodicals and their usage at the University of Moratuwa Library[J]. Journal of the University Librarians Association, 2012, 16(1): 1-18.

[88]LANMOTHE A R. Factors influencing the usage of an electronic book collection: size of the e-book collection, the student population and the faculty population [J]. College & Research Libraries, 2013, 1: 39-59.

[89]MARGOLIN S J, DRISCOLL C, TOLAND M J, et al. E-readers, computer screens, or paper: does reading comprehension change across media platform? [J]. Applied Cognitive Psychology, 2013, 27: 512-519.

[90]COWAN C. Printed books versus e-book formats: a study using Niche Gratification Theory [J]. University of Alabama Libraries,

2013.

[91]STOOP J, KREUTZER P, KIRCZ J. Reading and learning from screens versus print: a study in changing habits (part1-reading long information rich texts) [J]. New Library World, 2013, 114 (7): 284-300.

[92]LIN H, WU F G, CHENG Y Y. Legibility and visual fatigue affected by text direction, screen size and character size on color LCD e-reader[J]. Displays, 2013, 34: 49-58.

[93]ARIFFIN M Y M, BAKAR A A. The challenges in the usage of e-journal amongst lecturers at a public university [J]. Social and Behavioral Sciences, 2013, 103: 975-981.

[94]JUNG Y, KIM J, KIM H. STM e-journal use analysis by utilizing KESL usage statistic consolidation platform[J]. Collnet Journal of Scientometrics and Information Management, 2013, 7(2): 204-215.

[95]ZHAO K, KUMAR A. Who blogs what: understanding the publishing behavior of bloggers[J]. World Wide Web, 2013, 16: 621-644.

[96]DANAHER B, SMITH M D, TELANG R. Piracy and copyright enforcement mechanisms[J]. Innovation Policy and the Economy, 2013, 14.

[97]YANNIS MAROUDAS. File sharing and copyright: a response to Oberholzer-Gee and Strumpf [J/OL]. SSRN. [2024-01-22]. https://papers.ssrn.com/sol3/papers.cfm? abstract_id=2354526.

[98]BUSTINZA O F, VENDRELL-HERRERO F, PARRY G, et al. Music business models and piracy[J]. Industrial Management & Data Systems, 2013, 113(1): 4-22.

[99]LEUNG T C. Music piracy: bad for record sales but good for the iPod? [J]. Information Economics and Policy, 2015, 31: 1-12.

[100]SUDLER H. Effectiveness of anti-piracy technology: finding appropriate solutions for evolving online piracy [J]. Business

Horizons, 2013, 56(2): 149-157.

[101] RAFIQI F A, BHAT I H. Copyright protection in digital environment: emerging issues [J]. International Journal of Humanities and Social Science Invention, 2013, 4(2):6-15.

[102] RAJASINGH B V. India enacts laws to protect copyright over digital content [J]. Journal of Intellectual Property Law & Practice, 2013, 8(4): 265-267.

[103] TIAN D, CHAO C-C. Online copyright protection and innovation: international experiences and implications to China[J]. Journal of Knowledge-based Innovation in China, 2013, 5(2): 111-128.

[104] STEININGER K, RUCKEL D. Legal literacy and users awareness of privacy, data protection and copyright legislation in the web 2.0 era, 11th International Conference on Wirtschaftsinformatik, Leipzig, Germany, 2013[C].[S.l.]: AIS eLibrary, 2013.

[105] EDWARDS L, KLEIN B, LEE D, et al. Framing the consumer: copyright regulation and the public[J]. SAGE Journals, 2013, 19 (1): 9-24.

[106] GRACZ K. Bridging the gaps between social and legal norms concerning protection of intellectual and artistic creations: on the crisis of copyright law in the digital era[J]. The Journal of World Intellectual Property, 2013, 16(1-2): 39-57.

[107] BREINDL Y, BRIATTE F. Digital protest skills and online activism against copyright reform in France and the European Union[J]. Policy & Internet, 2013, 5(1): 27-55.

[108] MANSELL R, STEINMUELLER W E. Copyright infringement online: the case of the digital economy act judicial review in the United Kingdom[J]. New Media & Society, 2013, 15(8): 1312-1328.

[109] FUNG W M J, LAKHANI A. Combatting peer-to-peer file sharing of copyrighted material via anti-piracy laws: issues, trends, and solutions[J]. Computer Law &Security Review, 2013, 29: 382-

402.

[110] TUNCA T I, WU Q. Fighting fire with fire: commercial piracy and the role of file sharing on copyright protection policy for digital goods[J]. Information Systems Research, 2013, 24(2): 436-453.

[111] REDONDO I, CHARRON J-P. The payment dilemma in movie and music downloads: an explanation through cognitive dissonance theory[J]. Computers in Human Behavior, 2013, 29(5): 2037-2046.

[112] JEONG B-K, KHOUJA M. Analysis of the effectiveness of preventive and deterrent piracy control strategies: agent-based modeling approach[J]. Computers in Human Behavior, 2013, 29(6): 2744-2755.

第八章　2015 年海外数字出版研究进展[*]

　　数字技术的发展不断地给出版产业乃至整个内容产业带来颠覆性影响，范围所及涵盖出版理念、产业布局、业务模式、组织结构和新兴产品等各个方面。2015 年，海外数字出版在上述发力点上有了明显演进，并体现在英语研究文献中。

　　2016 年 1 月 22—26 日，笔者用 digital publishing、academic publishing、electronic publishing、ebook、digital journal、digital reading、reading media、reader、open access、scientific communication 等关键词在科学网（web of science）的"主题"域中检索 2015 年文献，加上数字出版领域最重要的国际会议论文集收录的文章，得到有效文献 797 篇。其中：数字出版论 282 篇，其中数字出版（digital publishing/publication）和学术出版（academic publishing）相关文章最多；有关数字出版生产方式和理念的文章 38 篇，主要分布在语义出版（semantic publishing）和自出版（self-publishing）研究领域；产品形态相关的论文 102 篇，主要涉及电子书（ebook）、电子教材（e-textbook）、数字期刊（digital journal/magazine）等主题；数字阅读相关文献 188 篇，主要集中在数字阅读（digital reading）、读者（readers）和用户领域（users）；学术交流相关论文 59 篇；开放获取研究论文 165 篇；涉及技术与标准的文献 75 篇；与出版法律、

　　* 本章研究内容为国家自科基金项目"科技信息用户价值模型构建与实证研究"（71373196）成果之一。

266

法规相关的论文 21 篇，主要涉及版权、学术规范和数据管理等问题。另外，从亚马逊平台检索到 2015 年出版数字出版相关的图书 10 本。人工排除与数字出版领域相关度不高及重复的文献，最终获得 148 篇高相关有效文献。从研究内容看，数据出版、互动出版、电子教材、数字阅读、数字出版技术和标准、开放获取是业界和学界关注的焦点。

8.1　数字出版：理念、生产与开发制作

随着媒介、技术等出版要素的发展，2015 年数字出版理念和方式也发生了较大变化，比如产品设计更人性化、数据交流更加流行、质量控制更科学以及数字出版生态系统得到优化等，这些变化无疑会带动整个数字出版产业迈上新台阶。

8.1.1　主体和形式变化

数字出版的发展似乎带动了出版主体的泛化趋势，图书馆和作者成为新型出版主体。图书馆主导的出版是期刊出版，尤其是开放获取出版的新方式之一，而且在过去 1 年得到了飞速增长。早在 2010 年，博物馆与图书馆服务协会(Institute of Museum and Library Services，IMLS)调查发现 55%的受访者(美国不同类型和规模的学术图书馆)表示他们正在实行和开发出版项目。这些图书馆主导的数字出版项目旨在向大学研究人员和教学人员提供低成本甚至零成本的出版服务，以解决传统出版不能有效满足需求的现状。图书馆主导的比较成功的数字期刊出版项目主要包括 4 类：①新兴学科领域内无法负担出版费用的期刊；②不再印刷出版的小型学会期刊；③超越传统期刊版式的学会出版物；④拥有轮值编辑委员会(revolving editorial board)的学生期刊(Busher C et al.，2015)。图书馆日益将数字出版服务作为他们工作的组成部分，并在此过程中同时考虑、兼顾对出版内容的责任与义务。除了数字出版技术、人员等直接相关的问题，图书馆还必须考虑社群作者的需求和期望以及对文化记忆保存的责任和义务，从一开始就进行小心和系统的规

划，并在后续工作中坚持下去（Moulaison H L et al.，2015）。

而随着自出版（Self Publishing）兴起，作者在出版过程中拥有了更大话语权，已经能够并且乐意负责自己作品的出版工作。自出版的兴起极大地扩展了作者的出版渠道，他们相信在自由标准集团（Free Standards Group，FSG）出版一本小说与在自出版平台iUniverse 出版一本小说没有什么区别。但从自出版作者身处的环境看，这一主体的生存情况似乎不容乐观。首先，作者自出版的作品质量饱受公众质疑。在公众的刻板印象中，自出版平台是黄色书刊、狂热思想和不成熟诗歌、散文的集散地，而且这些作品很可能模糊了合法出版物和非法出版物之间的界限。在负面刻板印象的笼罩下，这些作品的市场很小，很多作品往往是由作者自己认购（Jeffrey R，2015）。其次，自出版平台数量逐渐减少。一开始，小规模学会和协会依靠建立网站展示内容来维持生存。后来，为了利益，他们将平台卖给图书馆和订阅机构。当个人订阅者发现他们可以通过订阅机构获取这些内容后，纷纷放弃自出版平台，转向从订阅机构获取内容。这样自出版平台蕴含的经济价值也随之转移。因此，一些小型出版商停止了自出版期刊，转而与大学或商业出版社结盟为合作伙伴（Selzer B，2015）。作为新兴出版主体，不管是图书馆还是自出版作者，都面临不小的挑战，但是随着媒介、技术、观念等要素的发展，数字出版主体泛化的趋势不会改变。他们会一直呈螺旋式上升，在曲折中前进。

在数字出版形式方面，一些期刊尝试丰富纯在线网络出版的内容和形态。如自 2016 年 1 月起，《天文学和天体物理学》（*Astronomy and Astrophysics*）将仅通过网络出版期刊，以便将 3D 图像、视频以及 ePub 格式文件等添加到文章中（Lub J，2015）。《自然气候变化》（*Nature Climate Change*）将期刊论文中超过 3000 字的研究方法部分仅以 PDF 格式呈现，或收录在电子版论文全文中（2015）。但是，一些作者对于在线出版还存在很大偏见，特别是考虑到期刊认同及职业晋升等事宜（Fleming et al.，2015）。因此，有作者建议出版机构建立数字生态系统，内容能通过纸质期刊、网络、社交网络平台、APP 等多种渠道传播。同时，也要让读者更加有效地使用网站内容，能够与数字图书持续交互，以培养读者社群(Mrva，2015)。

8.1.2 数据出版与共享

目前，包括出版社在内的很多机构存有大量数据。这些数据对学术透明化和数据再利用有着重要意义，对推动经济、技术及学术发展也有显著效果。公众对出版及共享这些数据的呼声日益强烈，学者们对此问题也颇为关注。

(1)数据出版

数据出版是科学结果再现和正确评价的重要工具，也是数据集正式共享的一种新方式。随着语义网技术发展和开放链接数据(Linked Open Data)的流行，一些国家已经开展了数据出版实践。俄罗斯就是其中的代表。针对丰富的文化遗产数据，俄罗斯通过可搜索的可视化系统实现语义出版。这个系统以开发语义应用程序的知识图表平台(Knowledge Graph Workbench)的数据为基础，结合CIDOC概念参考模型(CIDOC-Conceptual Reference Model，CIDCC-CRM)本体和英国博物馆知识库的扩展主题词表一起使用。CIDOC概念参考模型本体能定义文化遗产领域明确的(explicit)或模糊(implicit)的概念，并描述概念间的关系。数据富集工作(data enrichment)由软件DBpedia完成。俄罗斯已经把该系统作为建立俄罗斯关联文化云(Russian Linked Culture Cloud)的第一步(Mouromtsev D et al.，2015)。

要成功实现数据出版并发挥功用，还存在一些问题和挑战。在实验地理学领域，数据出版不仅要解决工作流文档、数据存储、元数据一致等问题，还面临数据重复、质量控制、数据独特性和缩放比例(scaling)的挑战(Hsu L et al.，2015)。数据出版作为数据共享的一种特殊形式，面临无法归类、缺少奖励、引用模糊以及缺少数据共享文化等问题。最近，数据期刊正逐渐克服这些障碍。它们倡议科学家和作者自愿出版研究数据，而不是依靠强迫手段；强调作者在设计数据论文时需要关注数据的附加值，并将它们与增强型出版物联系起来（Leonardo Candela，2015）。至于建立出版文献和数据集之间的链接这一挑战，目前的解决方案是依靠出版商和数据中心之间专门的双边协议。研究数据联盟（Research Data Alliance）出版数据服务工作组（PDS-WG）首先通过团结不同利益相关者以开发和使用共同标准，然后将不同资源链接起来，建立通用、开放的数据集，并共享这些链接服务——数据文献链接服务（the Data-Literature Interlinking Service）。这项服务提供大量来自主要数据中心、出版商和研究机构的文献数据集链接，未来能共享近 100 万条链接。PDS-WG 将继续精练该服务数据模型和交换格式以建立通用、跨平台的交叉学科解决方案（Burton A et al.，2015）。此外，为了让数据在出版过程中能够被机器读取以及被应用软件共享，目前的受控词表（Controlled Vocabulary）还需要重新检验（Ribeiro C J S et al.，2015）。

（2）数据共享

从研究结果看，大部分研究者对共享研究数据持积极态度（Linde P et al.，2015）。这种积极的态度与学科层面的期刊发表压力和规范压力有关。个人感知事业利益、学术利他程度与数据共享行为也有显著的正相关关系，感知努力程度则与数据共享行为呈负相关关系（Kim Y et al.，2015）。

但是，也有一些研究者忽略了数据共享在增强研究结果可见性方面的价值，而仅仅将之视为负担（Abbà S et al.，2015）。这主要是因为数据共享作为新兴的数据交流行为，还有很多不够完善之处：首先，缺乏数据共享政策。研究数据期刊项目（Journal of Research Data Project，JoRD Project）发现大量期刊并没有数据共享政策，能追踪到的一些共享政策也是前后矛盾的。这种状况让不少作者心生疑惑，如是否应该共享数据，应该在哪里共享，如何共享等（Sturges P et al.，2015）。其次，数据共享行为缺少训练、信任、责任和数据获取控制。其中，信任是最大的问题。数据自身还存在数据质量、数据描述、所有权和控制问题（Kirsty Williamson，2015）。再次，缺乏互操作电子基础设施。这些设施本应允许研究者管理整个科学信息数据的生命周期，管理利益相关者检索和利用这些数据。不过，目前业界对制定数据管理计划还缺少经验(Abbà S et al.，2015；Linde P，2015)。

针对数据共享中存在的问题，有期刊出版商和研究者提出了解决措施。如 *PLoS* 期刊计划对先前出版和以后发表论文的作者提出数据共享建议，将数据共享作为出版不可分割的一部分。它们将研讨数据共享政策，支持更加有效的数据共享方式，监管研究者的数据共享行为(Fear K，2015)。Kitchin J R(2015)设计了辅助信息文件(supporting information files)，它可以嵌入到 PDF 数据文件中，整合简单的 PDF 文件信息，并被提取和再用。而且在大部分情况下，人机均可阅读访问，便于再用和共享(Kitchin J R，2015)。

有研究者主张，未来学术出版应该将数据置于开放网络平台的核心，改变目前的学术出版文化，利用网络极强的交互性构建适合共享的数据集、元数据以及数据集的元数据，被利用语义为数据集共享服务(MARYDEE OJALA，2015)。

8.1.3 互动出版

技术进步给人们的阅读方式带来了改变。在教育领域，技术已经在很大程度上延伸了价值链，增强了用户体验。教育出版中，学生与学习内容之间的关系也趋向于互动关系(Broich A，2015)。在在线学习环境中，用户对游戏化数字课本和系统非常感兴趣，但目前此类出版物比较缺乏。Heyvaert P(2015)开发了使用链接数据和 ePub 格式的游戏化框架(Gamification for EPUB using Linked Data，GEL)。GEL 允许将游戏化概念融入数字课本中，同时创立了表示游戏化概念的本体(Gamification Ontology，GO)和 JavaScript 库，用户不仅能够及时发现其他游戏化图书，还可以在应用中分享游戏理念。

互动也体现在其他类型的数字出版中。新颖的"混合图书(Hybrid Book)"就是典型应用之一。它是一种交互式数字叙述(Interactive Digital Narrative，IDN)产品，要求内容和智能设备之间无缝合作，将故事实体和真实世界的要素结合起来。首先，它将故事中的数据提取出来作为链接数据(Linked Data),然后以资源描述框架(Resource Description Framework, RDF)形式和开放标准传播,各种智能设备均可以接收和处理这些数据。用户在翻页时能获得更加愉悦的阅读体验(Sigarchian H G et al., 2015)。图书应用程序也具有多媒体元素丰富和交互等特点。研究发现,图书 App 中与图书中心主题相关的动画和交互式数字内容,可以让用户更加沉浸其中。因此,设计儿童图书时,增强型图画书可以作为有价值的文化工具(Sargeant B, 2015)。同样地,知识库平台使用的互操作(Interoperability)技术也可以帮助研究者实现地区、国家和国际上利益相关者之间的互动,实现研究社群之间的持续对话(Shearer K et al., 2015)。

为了设计交互式数字产品,一些新工具或工具的新功能应运而生。Tableau Public 就是其中之一,它允许作者添加交互数据到任何一篇文章中,也允许实现可视化数字叙事。Tableau Public 易用的可视化创作方式,能够让使用者创作出最高级的图表图形来让读者沉浸其中。这些有趣、交互的可视化数据也能为复杂的文章带来丰富性和活力(Ashley Ohmann, 2015)。另外,ePub3.0 标准和 KF8.0 格式正从仅支持单一阅读模式向支持交互阅读模式转变。EPUB 格式还在将开放格式视频、图像和声音直接转换成电子书格式中取得了重大进步(Rowberry S, 2015)。

随着竞争加剧,在科技与医学出版及教育出版领域,竞争赢家往往是那些除了拥有世界级内容和技术,还能将用户体验放在核心位置的出版商。麦克米伦(Macmillan)出版公司就是如此,它将消费者需求作为思考核心,如读者需要什么内容、为什么需要、如何使用内容、在什么场景下使用等(Michaels K, 2015)。学术图书出版中要更好地理解产品的终端用户,可以从外部信源如特殊群体研究,及内部信息如公司顾客和销售数据、客户问卷和访谈出发(Dodds F, 2015)。在科技与医学出版中,读者研究是技术流付诸实践前的一个新步骤。数字学术出版正在朝着整合读者评论的方向改变,它允许读者为出版物的知识生产作贡献,并且基于数字文本建立读者社区(Sheffield J P, 2015)。目前,在线图书评论已经可以反映一本书的知名度，当学术图书的文化和教育价值难以评价时，可以考虑使用基于在线图书评论的度量方法（Kousha K et al.，2015）。

在大众数字出版中，同人小说和自出版领域作者与读者关系最为密切。活跃的读者在这些出版过程中关注文本主题的发展和作品宣传，能发挥同行评议和批评功能，并贯穿创作、出版过程及后期，能协力支持作者和出版者。他们在出版过程中是活性剂，推动读者和作者之间增强联系（Pecoskie J et al.，2015）。但是在年轻的同人小说创作和出版领域，作者与读者的良好关系并未完全建立。从 FanFiction. net 和 Figment. com 网站可以看出，对读者留下的评论意见，出版商和作者大多没有提出明确的反馈意见（Magnifico A M et al.，2015）。

为了评估用户和数字内容共创者之间的交互水平，Väljataga T 提出了一种读者与作者共创程度（Levels of Co-Authorship，LoCA）分析架构，从创建、修改、扩展、提交、控制、注释、消费 7 个层次进行评价（Väljataga T et al.，2015）。未来学界除了研究作者与读者的互动关系，还应该考虑出版主体与其他群体（如数字出版主体相互之间、与编辑或评议专家之间等）的互动关系，并考虑建立激励机制以鼓励相关群体积极参与。

8.1.4　质量控制

最近十几年，随着开放获取运动兴起，学术期刊数量呈爆发式增长，这一方面促进了学术繁荣，另一方面也不无增加"垃圾科学"出版之虞。同时，新进入的学术人员被欺骗的现象也有所增加，特别是那些来自非英语国家、对出版过程不熟悉的年轻研究者（McKercher B et al.，2015）。医学出版领域也是如此，印刷和在线产品呈指数级增长，这种增长会威胁质量控制吗？准确性、复现性、普适性，还有公平和透明的原则能否坚持（Laux J A，2015）？一些开放获取期刊在同行评议和出版费用方面已经背负了不诚实的名声（Xia J et al.，2015）。

（1）同行评议：作者最为信任的机制

目前，数字出版质量控制的主要方式是同行评议，它被认为是决定学术质量最重要的因素和最可信任的方式（Tenopir C et al.，2015）。正因为同行评议仍然是最值得信赖的方式，所以学者们对开放获取即 OA 期刊并不太放心，尤其是年长的研究者对 OA 期刊的热情远没有印刷版期刊高。他们觉得 OA 期刊没有经过同行评议或者没有自身的评议系统，期刊质量难免会存在问题（Anthony Watkinson，2015）。因此，虽然很多期刊收缩预算，或实行编辑外包服务，但是应坚持向作者提供独立真实的同行评议和可行的修改建议（Mosser G F et al.，2015）。科技发展和日益增大的出版压力正在扩展同行评议的功能。同行评议不仅是评判作品能否发表的"工具"，而且也是一种评判作品能在何处出版的系统（Peres，2015）。尽管同行评议有着近乎神圣的地位，但是随着时间和环境的改变，同行评议不一定是唯一可靠的黄金标准。对出版者而言，同行评议是过程不是结果。学者们虽熟悉同行评议，但是通常对出版范围内更广泛的质量检查机制还很无知（Baverstock A，2015）。

（2）同行评议的新变化

未来技术进步将不会消除同行评议，但是同行评议过程中的评价参数、伦理道德和公共资金优化方案等很多方面将会发生一些改变（Peres，2015）。

①应该招募更加合适的评议者。日益增多的评议增加了专家库的负担，导致评议质量降低，出版延迟，甚至为虚假评议带来可能。找到合适评议者虽有挑战，但是它对确保公平健康的学术评议过程是非常重要的。研究表明，鼓励高质量研究、回馈研究社群、找出新颖研究是评议专家最普遍的动机；评议内容与评议者专长相关是专家接受评议请求的最强动机；性别和评议经验显著影响评议动机；学习欲望和为更大的评议角色做准备，也对学者是否愿意作为评议专家有影响（Nobarany S et al.，2015）。

②评议过程应更加开放、透明。大部分实行匿名同行评议的科

学期刊很难证明目前的同行评议是正当合理的，主要因为他们向作者保密了评议者身份。这种读者不知道具体内容的同行评议更像是"黑箱操作"。开放度和透明度对于科学期刊和研究者都至关重要。开放度主要表现在开放同行评审的实施过程中，读者意见或许也应成为期刊选稿时的重要参考。OA 出版商哥白尼（Copernicus）有两本姊妹期刊《大气测量技术》（*Atmospheric Measurement Techniques*，*AMT*）与《大气测量技术讨论》（*Atmospheric Measurement Techniques Discussions*，*AMTD*）。稿件经初步审查后会发布在 *AMTD* 上，吸引读者对稿件进行评论并提出反馈意见。数月之后，经过相应的推荐人、作者的修改，满足条件的论文最终将出版在 *AMT* 上（Björk B C，2015）。透明度则表现在评审信息和评审报告的公开。学术期刊应该透露论文同行评议者的身份，并且向作者公布更多信息。一些期刊，如开放获取期刊《皮肤医学》（*Dermatology*）不仅公布同行评审专家，还公布评审内容、作者的回应以及所有修改版本等出版前的历史资料（Gjersvik P，2015）。一些 OA 出版商选择将期刊的评审周期、采纳率等关键指标发布在网上，如德福出版社（Dove Press）、公共科学图书馆（PLoS）等。此外，还有出版商提供评审报告原文的阅读与下载，如生物医学中心（BMC）等（Björk，Hedlund，2015）。虽然开放评议可能不是所有期刊的选择，但有些研究者主张，作为最低限度，同行评议者身份应该向作者披露（Gjersvik P，2015）。

③同行评议覆盖的学科将更加广泛。电影研究致力于在电影学这一特定学科提出新知识和新理论。但是目前，电影研究的数字出版领域还缺少同行评议，这非常不利于电影研究的发展（Baptiste A K，2015）。

④注重研究方法的评审。这主要是由巨型期刊（megajournal）的发展所引起的。巨型期刊是学科定位宽泛、出版体量庞大的 OA 期刊，典型代表如 *PLoS ONE*，它在 2014 年出版了 30054 篇论文。巨型期刊在同行评审过程中不再看重研究成果的贡献程度，而只看重研究方法的可靠性（soundness）（Björk，2015）。

⑤同行评审的效率得到提升。一些期刊在选择审稿人的过程中，通过算法进行自动匹配，替代了原有的编辑决策流程。以 OA

出版商欣达维（Hindawi）旗下的"科学研究提效网络"（The Improvement Science Research Network，ISRN）系列期刊为例，算法通过比较稿件的参考文献列表与编委会人员的论文发表记录，匹配出 5 位最合适的审稿人选（排除合作发表论文的情况），然后自动发送审稿邀请（Björk，Hedlund，2015）。其他提效机制也被设计出来。典型代表如 OA 出版商生物医学中心实施的级联评审（cascade review）：在征得作者同意后，被拒稿件的评审报告可以与正文一起提交给新期刊，从而减少重复评审活动（Ware M et al.，2015）。

除了算法，辅助评议工具和评议模型标准也得到开发。美国地球物理联盟（American Geophysical Union）和《电子生活科学》（*eLife Sciences*）已经开始探索将注释作为新的开放网络工具，以新的介入方式和数据链接形式重构同行评议。通过注释选定文献的词句、图画和片段，评议者可提供更多的细节评论，与编辑、作者之间可以更加专注地讨论著作细节问题。随着新模式应用到实践中，建立描述型和可理解的同行评议机制日益重要。由政府信息研究标准推进联盟（Consortia Advancing Standards in Research Administration Information，CASRAI）支持的同行评议服务工作组创建了同行评议活动数据模型和引用标准，开发了标准的评议引用结构，包括数据字段、描述符等，它在提升效率的同时，也能使评议活动得到更多认可（Paglione L D et al.，2015）。

（3）质量控制的新方法

除了同行评议，还有一些新的评议方法产生，如期刊评议级联系统（review cascade systems）、协作评议方法（collaborative peer review approaches）、解耦同行评议（decoupled peer review）等。一些非正式的评议处理过程也得到开发，比如出版后评议、印前手稿评议等，而且标注工具的发展方便评议者添加更多详细标记（Paglione L D，2015）。其中，随着社交媒体的兴起，出版后同行评议（Post-Publication Peer Review，PPPR）在学术科学交流和公众科学交流中的重要性日益增加。出版后评议相当于放弃了出版商作为把关人的职责，它的成功取决于在线讨论是否能够顾及、融入整个研究活动的组织架构中。编辑们期待以一种健康的方式拥抱出版后同行评议，但出版后评议到底应该是透明的还是匿名的，尚未得到解答（Philip Hunter，2015；Marydee Ojala，2015）。此外，尽管科学家们认为出版后同行评议可以延长文章出版后的生命，获得更多的读者和更广泛的宣传，但是对许多人来说，出版后同行评议是以牺牲科学诚信为代价的。PPPR 是新的出版文化不可避免的一部分，但是它使得开放学术和科学理论有逃避严格审查、判断、思考和评价标准的危险，而这些标准（如可靠性、有效性和复制性）却是科学真理和科学客观的基础（Blackman L，2015）。

不管是出版前评议还是出版后评议，对作品质量的评价在学术交流中是不可或缺的。随着语义技术的兴起，基于语义出版的关联数据（linked data）技术评价模式得到开发，成为提升学术出版水平的新方法。它主要从非语义出版物中提取信息，将这些信息与已有的数据集关联并进行评价。但是，语义出版评价的最大挑战在于这些数据价值链接的建立（Di Iorio A et al.，2015）。

8.2　数字出版产品研究

随着数字出版的发展，其产品形态也在不断发生变化。研究者们从多个方面对电子书阅读设备进行了研究，并探索了电子书内容的增强与发现路径，还探讨了电子书与纸质书的互动关系，以及对电子教科书的实践与理论进行了研究和展望。

8.2.1　电子书阅读设备

近几年，专用电子书阅读器受欢迎的程度显著下降。根据市场研究机构 IHS iSuppli 的统计，2011 年全球电子书阅读器出货量为2320 万台，2015 年已下滑到 780 万台。① 电子书阅读器从设备角

---

① 华夏经纬网. 数据显示电子书在全球销量锐减，业内：需改弦易张［EB/OL］.［2016-02-18］. http：//www. huaxia. com/zhwh/whxx/2016/02/4730189. html.

度来说或许算不上成功，但它以 App 方式获得了用户青睐。其功能被可以免费下载到平板、笔记本、手机等移动设备上的 App 所替代和优化。因此，生产商即便努力降低阅读器价格，为其增加额外功能（如 Kindle Fire），销售仍然不理想。此外，用户对设备复杂性的担心，电子书阅读器以及对纸质书的情感依恋阻碍了他们对电子书阅读器的购买（Shim et al.，2015；Waheed et al.，2015）。2015年，美国皮尤研究中心调查了 1907 位拥有电子书阅读器的成人后发现，在调查涉及的 7 种设备（电子书阅读器、移动手机、便携式游戏设备、电脑、MP3 播放器、平板电脑和游戏机）中，移动手机用户的比例高达 92%，位列 7 种设备之首，电子书阅读器居第 6位，用户比例为 19%，仅领先于便携式游戏设备 5 个百分点。①

　　移动阅读的普及改变了阅读习惯，人们在移动应用上的阅读速度（Optimal Reading Speed，ORS）比在传统纸质书上更快（Kingsnorth，Wolffsohn，2015）。同时移动阅读也更容易引起眼干、眼疲劳、复视、头疼等不适症状（Gerhart et al.，2015）。针对这种转变，为了让我们在捕获所需信息的同时加快信息消费速度，文本的展示方式成为一个新问题。Kochurova 等人（2015）建议，应当在电子屏幕上采用 2×文本大小规则。即文本显示大小应至少是人眼视觉灵敏度（人眼能够识别的最小文本）的两倍。另外，根据移动设备的屏幕阅读特性，近来已经很多适合安卓和苹果平台的基于快速视觉呈现技术（rapid serial visual presentation，RSVP）的商业应用被开发出来（譬如 A Faster Reader、Balto Speed Reading、RapidRead、Speed Book Reader、Speed Reader Spritzer、Speed Reading、Speedy-Speed Reading、Spree、Spritz、Velocity）。RSVP技术的主要特点是设备按顺序一次显示一个或多个单词，从而最大限度地减少跳词和眨眼。根据 RSVP 应用 Spritz 的开发者，减少眼睛跳行可以减少视觉疲劳，增强理解。然而实验结果却恰恰相反，

---

①　中国出版传媒商报. 美国行业调查：电子书阅读设备持有者数量减少［EB/OL］.［2015-11-19］. http：//www. chuban. cc/gjcb/201511/t20151109_170873. html.

Spritz 抑制了视觉处理和回退阅读(返回重读一些文字),不利于读者对文本的理解,而减少眨眼则会增加视觉疲劳(Benedetto, et al.,2015)。

除了文本展示,不同年龄层的用户对阅读的照明条件和阅读器亮度都有不同偏好。总体来说,照明条件较好时,各个年龄层的用户都更偏好纸质书;在光照条件不好的情况下,则偏好发光的电子书(Ishii et al., 2015)。但睡前在发光的电子设备上阅读电子书会对人的身体产生负面影响:与阅读纸质书相比,读者需要更长时间才能入睡,晚上困倦程度降低,褪黑素分泌减少,生物钟推迟(Chang, et al., 2015)。

8.2.2 电子书内容

许多电子书,尤其是学术类或非虚构类电子书,仍然是线性内容,遵循传统编辑实践规范,视觉设计也是由纸质出版范式迁移而来,是网络环境中的"纸质书",是一种"传统数字化"(Tradigital)(Mrva-montoya, 2015;Ingle, 2015)。Gary Hall 认为:数字出版的发展至少应该有可能让我们将一本书看作某种不是完全固定、稳定和统一的,有着明确限制和清晰材料边缘的东西,而是一种流动、有生命的系统,打开后就被不断地、协作地编写、编辑、注释、批判、更新、分享、补充、修改、重复、重新排序、重新想象。因此,许多学者们开始探索增强型、超媒体电子书的模式和架构。Bartalesi 和 Leporini(2015)制作了一种综合多项技术的 ePub 电子书;Aamri 和 Greuter(2015)设计了一个强调互动和参与的交互式阅读应用"故事树"(Trees of Tales);Figueiredo 和 Bidarra(2015)借助Unity 3D 平台开发了一本非线性游戏书(gamebook);Kumnuansin和 Khlaisang(2015)根据读者反馈理论(reader-response theory)建立了一个泰国文学的超媒体电子书模型。Wu(2015)设计了一个英语阅读电子书(English-reading e-book)系统。翻译、发音、朗读、注释等多种功能都被整合起来以满足英语学习者的需要。该系统还具有阅读指导机制,根据学生学习特点和学习能力,推荐难度适当的文章。研究结果显示,这类系统有效地帮助学生提高了阅读能力。

随着电子书数量不断增长，数字内容发现成为学者关注的一个话题。如果说"内容为王"，那么没有了内容发现，再好的内容也只是一个孤独的国王。在美国一项针对2～15岁儿童的调查中，约有60%的受访者表示他们在找自己想要的内容时遇到了困难（Kleeman，2016）。目前，许多推荐系统需要在内容得到用户明确评价之后才能判断用户的喜好，这就需要用户时不时地对内容进行评分。为了应对这一问题，推荐系统应当将用户的行为、偏好和阅读背景考虑进来，根据用户先前所提供的个性信息，协助其找到心仪的内容。Núñez-Valdez等（2015）则根据电子书用户的行为构建了一个电子书推荐平台，并证明了通过分析和转化用户行为来确定用户的兴趣是可行的。

8.2.3 电子教科书

电子教科书用于教学和学习，通常是课程的有机组成部分。韩国教育学术情报院（The Korea Education and Research Information Service，KERIS）将电子教科书定义为"未来的教科书，提供各种交互功能，同时包含了参考书、工具书、学习字典、笔记本和现有教科书，让学习无处不在"。电子教科书有三个层次（Jeong & Kim，2015）。第一，教科书内容，不仅包括教科书本身，还包括引用参考书（工具书），多媒体内容（包括视频、动画、虚拟现实），以及其他学习资源，比如字典和超链接。第二，电子教科书为学生提供了一个学习管理系统，包括评估工具、学习管理工具、监督工具。这种学习管理系统通过收集、分析单个学生的表现信息（比如测试结果、教师评价等），使个别化学习成为可能。同样，老师也可以通过学习管理系统，根据不同学生的水平、兴趣和学习方式提供相对应的学习材料，安排适合学生的学习进度。第三，电子教科书支持扩展学习功能，例如可以提供学校之外的学习资源，从而让学生实现自主学习（self-directed learning），自主添加内容，这样他们不仅是知识的接受者也成为知识的创造者。

在电子教科书的出版和使用实践中，韩国走在前列。作为"智能教育"（smart education）计划的一部分，韩国政府启动了数字教科书(digital textbook，DT)项目，宣布将在 2015 年前将所有纸质教科书全部替换为电子教科书。Jang 等 (2015) 使用元分析 (meta-analysis)方法，对 2008—2014 年研究韩国电子教科书的论文进行了再分析，从而对韩国学生使用电子教科书的学习效果有了更加全面的了解。研究结果表明，电子教科书明显提高了学生的学习动机。这说明电子教科书可以激发学生的阅读兴趣，提供新鲜的阅读体验，是一个增强学生学习动机的有效工具(Dobler，2015；Korat，Segal-Drori，2015；Union et al.，2015；Ciampa，2015)。此外，研究也表明电子教科书在提高实际成绩方面的效果尚不显著。尽管电子教科书有其优势，但其普及尚有两个需要解决的问题。首先是设备采购面临的挑战——要营造一个电子学习环境需要购买大量昂贵的设备，这些设备又需要良好的维护。随着技术进步，设备的淘汰率也在增加，学校购买的设备面临着短时间内就会技术过时的风险。其次，还有内容方面的挑战。电子教科书发展刚刚起步，内容和教学方式等方面都还有很大的改进空间，在推广电子教科书的同时结合线下教育可能会更好(Jeong，Kim，2015)。

在研究电子教科书接受和选择行为时，TAM 模型被普遍应用于预测和解释。Hsiao 等(2015)对台湾大学生电子教科书的使用情况进行了调查，发现对用户态度影响最大的是感知娱乐性，这说明在使用电子教科书时，用户有较强的娱乐动机。Hsiao 和 Chen (2015) 在 TAM 模型的基础上加入了技术任务适配模型 (task-technology fit，TTF)。他们认为 TTF 对学生电子阅读意愿的影响最大，是理解电子教科书使用的关键。当学生意识到自己的任务(学习和呈现材料)和技术(电子教材)相匹配时，他们才会意识到使用技术的价值以及使用得当会带来更好的收益。这种匹配性越好，学生使用电子教科书的意愿就越强；如果没有感知到 TTF 就不会使用，也不会对电子教科书的使用抱有期待 (Gerhart，2015；Naumann，2015)。

尽管面临诸多挑战和问题，电子教科书的前景仍十分光明，它可以改变和发展现有的教育范式，促进一个更加以学生为中心的教育模式的形成。但是也应当避免技术决定论，因为应用这些技术本身并不会保证这些改变。同时，电子教科书的发展还需要有持续的技术支持、维护，以及必要的教师训练。

8.3　用户偏好与行为研究

用户行为方面，研究者对电子书和纸质书的用户偏好进行了深入探讨，并对两种载体的未来发展进行了预测和展望。同时，学者们也关注并考查了用户阅读电子书时的行为表现。

8.3.1　电子书读者与纸质书读者

2016 年，美利坚大学语言学教授内奥米·巴伦（Naomi Baron）调查了美国、日本、德国和斯洛伐克 300 多名大学生的阅读偏好。当他让这些学生从纸质图书和电子书阅读器两者中二选一时，92%的学生选择了前者。2015 年美国纸质书销售回暖也在一定程度上反映了读者的偏好。总的来说，大部分读者更偏好纸质书。（Yalman，2015；Zabukovec，Vilar，2015；Mizrachi，2015）

诸多原因影响了读者实际的载体选择，这些原因包括：第一，阅读目的和阅读内容。比如对学生的调查发现纸质书更容易让其集中注意力，更方便标注和注释，适合深入阅读和学习，电子版则适合休闲性和非学术性阅读（Terra，2015）。Srivastava（2015）对印度读者选择数字报纸和纸质报纸的动机进行了研究，发现当读者追求最新信息时会选择数字报纸，而把读新闻作为娱乐和日常习惯的用户则不愿意选择电子书。此外，不同环境下，如在班级中、通勤途中、家中、独自一人还是和他人在一起，读者的阅读目的也不尽相同（Farinosi et al.，2016）。第二，阅读体验。纸质书相比于电子书阅读时更少出现眼干、眼疲劳等情况。文本长度对读者载体选择的影响十分明显，当文本在 7 页以上时，大部分读者喜欢阅读纸质书；当文本少于 7 页时，读者对纸质书的偏好则不是很明显（Terra，2015）。同时，纸质书的触感也是电子书难以比拟的。第三，获得便利性。这种影响在学术文章阅读中尤为突出。过去的十几年中，学者获得信息的来源和阅读的文件格式变化非常大。2000

年和 2003 年，41% 的阅读材料是电子形式的，到了 2012 年 76.4%
的文章是电子来源；图书馆订阅的文献中，94.5% 的文章都是电子
版本，超过半数(51.1%)的文章都是在电脑或移动屏幕上阅读的
(Tenopir et al.，2015)。第四，习惯。读者使用电子书越多，就越
偏好电子书；反之亦然(Gueval，2015；Larson，2015)。第五，技
术因素。电子书使用技能、电子书使用环境的缺乏都会导致用户更
加偏向选择纸质书(Yalman，2015)，而有良好技术环境的读者，
比如技术相关专业的学生则更喜爱使用电子书(Kortelainen，
2015)。第六，生态环境因素。许多读者选择电子书是因为其环保
的宣传，但只有当数字阅读率达到一个非常高的比率，才会对环境
有所助益，因为制造电子书阅读器的过程对环境具有较大的负面影
响。在使用率较低时，电子书阅读器并不比传统纸质书更加环境友
好(Jeswani，Azapagic，2015)。此外，还有价格和时间因素等。

因此，尽管读者更喜欢纸质书，但他们仍然会阅读电子书。在
对芬兰学生的研究中，只有不到半数的人希望他们阅读的所有材料
都是纸质版(Kortelainen，2015)。Nossek 等(2015)检视读者载体选
择时将读者分为 4 类：轻度读者是最大的一类，大约占 3/4，其阅
读特征是不专注于某种特定的阅读，阅读时间(每天 77 分钟)几乎
平均地分给纸质阅读和数字阅读；非读者，占比大概为 12%；而
重度纸质书读者和重度电子书读者的比率非常小。事实上，在线和
线下媒体的用户有着很大重叠。例如，44% 的 *telegraaf. nl* 在线新闻
读者同时也阅读纸质版 *De Telegraaf as*(Trilling，Schoenbach，
2015)。

这说明，不同媒介满足不同的心理需求。电子书和纸质书之间
的差异让它们产生互补效应，而不是替代关系。这是一种新的出版
物职能分工的进化。典型的例子有，在巴西电子书销量的快速增长
并没有伴随纸质书的下降；相反，两个市场同时得到了成长
(Sehn，Fragoso，2015)。

8.3.2 数字阅读行为

用户一些无意识地与文本互动的行为在阅读中发挥了重要作

用，特别是在主动阅读（active reading）中。这是一种知识密集型阅读，不仅包括阅读行为本身，还包括标注文本、注释、在文本中寻找信息以及对文本内容的总结。

读者和纸质版文本互动的方式有两种：与纸的互动和与内容的互动。前者包括前后翻页等，后者则包括注释（下划线、标注符号、做笔记）和无意识的文本触摸。比如，人们用手指指向某个词时可以加强对这个词的印象，同时帮助集中注意力；当用手或笔指向不同的文字或句子时，则方便读者进行对比，此时手和笔起到了定位作用；当用手指划过句子时，读者能在阅读的同时专注于句子中的每个词，同时能控制自己的阅读速度和节奏，避免跳词或跳行。实验证明，通过不停地触碰文本，读者可以持续集中注意力，提高阅读表现。而可触摸的电子设备不太支持用户和文本之间的这种无意识互动。在屏幕上，文本可能会因用户的触碰移动、变大变小、翻页等。因而用户会在避免触碰屏幕的情况下阅读。研究者让测试者在有限的时间内校对纸上和屏幕上文本中的语义错误，结果发现在屏幕上人们的触摸行为更少，阅读表现更不理想（Shibata et al.，2015）。尽管电子书具有替代性的标亮功能，但标亮行为并不像在纸质书上画线一样自然，也不能提升阅读效果（Li et al.，2016）。对学生的调查发现，在数字阅读中一小部分学生大量使用电子书标记高亮功能，大部分学生则很少使用；另外，大部分学生不使用笔记或书签功能（Terra，2015；Peng et al.，2015）。

由于数字设备和 LTE 网络服务环境的发展，读者的数字阅读媒介也会发生改变。Kim M C（2015）指出，未来电子书（eBook）会边缘化，出版领域注定会朝着移动阅读方向发展。他之所以得出这种论断，基于三个方面原因：第一，移动电话屏幕越来越大，可以浏览网页、看电影和电子书，且便于携带，这使得电子书阅读器销量大幅下降；第二，读者们倾向于从移动信息平台获取经过加工整理的短内容，而对通过电子书平台获取电子书的兴趣大减；第三，多媒体内容是读者的兴趣点，而电子书与视频和游戏相比并没有那么强的视觉吸引力。当前，图书应用程序是移动阅读环境中媒介开发的重点方向。这是因为应用程序不仅能够通过融入读写机制和游戏机制来提高复杂文本的个人参与程度，还可以像网络一样提供动漫、音视频等多媒体内容，提供注释、笔记等个性化交互工具。目前，它主要应用于教育出版和儿童文学出版领域（Rowberry S，2015；Mrva，2015）。但是在移动阅读媒介和图书应用程序开发过程中也面临一些问题。比如数字时代多元的开发工具和格式，促使业界缺少多方共同议定的标准以及缺少指导数字图书设计和生产的最佳实践范本（Jeanette Zwart，2015）。

8.4 开放获取发展现状研究

关于开放获取的争鸣已经从"该不该开放获取"转向"如何让开放获取在实践中起作用"（Pinfield，2015）。在这一基调下，研究者对开放获取的发展现状进行了深入探究。

8.4.1 开放获取发展模式

金色 OA 与绿色 OA 是开放获取发展的两条主要路径。前者是指开放获取期刊，后者则是指开放获取仓储。尽管学者在优先发展何种模式上一直争论不休，但如何实现发展的可持续性是当前两者共同面临的更为重大的挑战。

（1）金色 OA

金色 OA 通过向作者收取 APCs 维持日常运营，能否有稳健的财务水平成为期刊能否存活的关键。关于作者付费模式的发展现状、存在问题以及可能的替代方法，研究者都进行了深入探究。

总体来看，不同期刊的付费水平存在巨大差异。Morrison 等（2015）针对开放获取期刊目录的调查显示，仅 26% 的纯 OA 期刊收取 APCs。在 1373 个收费样本中，有九成期刊采用多重定价方式。例如，为中低等收入国家的作者提供折扣，按照文章类型差别定价、针对语言编辑服务增收费用，等等。Lawson（2015）对 OA 期刊的费用减免政策进行了更全面的分析。以 32 家大型付费出版商和 OA 出版商作为样本进行的研究显示，提供减免优惠的占总样本的

68.8%。通过比较期刊的收费水平与引文率，研究发现开放获取期刊的价格与质量之间存在一定的相关关系。按照期刊水平计算出的相关系数为0.40，按文章水平为0.67（Björk，Solomon，2015）。原因可能是，高质量期刊有着更高的拒稿率和更严格的编辑标准，这些都推高了生产成本（Pinfield，2015）。

对于付费出版，学术界也有自己的担忧。付费出版背后的争议焦点之一是：出版的文章越多，出版商的收入就越高。因此，如何保证出版社重视学术价值甚于经济利益？有学者提到了白金开放获取（Platinum OA）模式，即由公共机构等赞助方来承担OA费用，不再向作者收费。白金OA的典型案例是《电子生命》（eLife）杂志，这是一本由英国惠康信托基金（the Wellcome Trust）、德国马普学会（the Max Planck Society）以及美国霍华德·休医学研究所（the Howard Hughes Medical Institute）支持的生命科学期刊（Aguzzi，2015）。付费出版的另一个争议焦点——两处受薪（double dipping）问题，也受到了外界的关注。两处受薪是指出版商通过收取APCs与订阅费，从同一个顾客那儿获得更高收入的情形。此举引发了大学的不满，认为出版商既然从APCs中获益，就要相应地下调期刊的订阅费用。为此，Pinfield等（2015）调查了2007—2014年23所英国高校的"总出版成本"，即订阅费、APCs以及由此产生的行政成本的总和。研究发现，APCs已经成为机构支出的重要组成部分，2013年占总出版成本的10%（剔除行政成本），且可能继续上涨。此外，相较其他OA期刊，混合出版模式下的APCs要昂贵许多，导致大部分APCs最终流向了传统的商业出版商。单纯就行政成本而言，不同的OA路径间也存在巨大差异。Johnson等（2015）以29所英国高校及科研机构为样本，发现相关人员处理金色OA的时间成本比绿色OA高2.5倍多，前者从决策制定到实施，一篇文章的作业流程需花费134分钟，后者仅为45分钟。在备受指责的"两处受薪"面前，部分出版商做了相应调整，例如剑桥大学出版社就下调了混合OA期刊的订阅费，在定价时只涵盖非OA内容的收费（LaGuardia，2015）。

上述争议推动了付费方式的变革。一个新的趋势是图书馆将购买期刊资源的"大宗交易"与开放获取出版活动结合起来。以荷兰大学联盟(VSNU)为例，它与斯普林格等出版商达成一项协议，在打包订阅期刊资源后，联盟作者以通讯作者身份在出版商的 OA 期刊上发表论文时，无须再支付任何费用。一项更激进、彻底的尝试发生在高能物理领域。高能物理开放出版计划(SCOAP³)正试图将该领域内的核心期刊转化为 OA 期刊。SCOAP³ 的做法是，将各机构订阅相关期刊的费用集中起来，统一支付给出版商。最终这些期刊不仅全部向读者免费开放，而且作者投稿时也无须付费。不过这种方法也不无缺陷，一方面它能够覆盖到的期刊数量有限；另一方面，资金的可持续性也成问题(Bulock，2015)。

一些小众的付费方式也持续受到了研究者的关注，譬如向公众募捐。Reinsfelder(2015)调查了 1133 种在美国出版的开放获取期刊，结果显示仅 54 种(4.8%)期刊呼吁并接受读者捐款。这些通常是由大学、学会等非营利机构义务运营的出版物，捐款所得仅占资金来源非常微小的一部分。

付费出版模式还带来了新的学术出版理念。有学者指出，在作者支付出版费用的情况下，论文审稿不应该再是免费的服务，而应该将部分收入授予审稿人。加州大学出版社涵盖生命科学与生物医学、生态与环境科学、行为与社会科学 3 个学科领域的开放获取期刊《克莱博拉》(*Collabra*)就尝试了这一做法(Kamat，2015)。

(2)绿色 OA

同金色 OA 一样，绿色 OA 的资金问题同样不容忽视。Kitchin 等(2015)系统梳理了 14 种开放获取仓储的资金来源，并将其划分为 6 类，分别是机构、慈善、研究、受众、服务与志愿者。另外，绿色 OA 如何积累人气、满足研究者的需求，也成为日益凸显的问题。

绿色 OA 的效果分析通常基于对文章可获得性的检验。Lee 等(2015)以美国佛罗里达州立大学的机构仓储为调查对象，在对其 100 篇样本文章的检索中，全文获取的成功率为 96%。整体上，机构仓储对于文章的可获得性有积极贡献，但也存在少许问题。譬如，仓储版本由于不是最终的出版版本，中途可能会发生内容变动的情形。在 Lee 等人的检索中，就出现了文章标题改动甚至作者变动等极端现象。

在推动绿色 OA 的进程中，强制政策(mandates)一直被视为有力的工具。绿色 OA 的强力支持者 Harnad(2015)表示："实现绿色OA 在全球普及的方式就是，科研单位和资助机构都要求所资助的研究在手稿一经采纳后便立即存档。"然而，在 Borrego(2015)对西班牙强制政策落实情况的调查中，得到的结果却是强制政策的影响微乎其微，样本中按照政策要求实施绿色 OA 的文章比例仅为22%。由此作者提出，更严格的强制政策、对研究者的培训与支持以及对 OA 出版的激励，是今后应注意的方面。

作者通过社交媒体平台进行自存档的行为也受到了研究者的关注。研究发现，即使在拥有机构仓储的情况下，作者似乎更偏爱通过个人网页、社交网络平台来传播文章。一方面，作者可以避免跟图书馆等中间方接洽，不至于延误时间，同时也不用严格地遵守出版商的存档政策。另一方面，作者可能还没有意识到机构仓储的存在(Borrego，2015)。Kingsley 等(2015)指出，类似 Academia.edu、ResearchGate 等科研文章分享平台的崛起，提示现有的开放获取仓储存在设计上的不足。应该开发具有 Web2.0 特征的功能，如提供按学科分类或跨学科的社交网络，以更好地服务于研究者的实际需要。

8.4.2 开放获取的引用优势

与传统出版方式相比，开放获取出版是否具备引用优势(citation advantage)？研究者就该问题展开了丰富的实证研究，尚未达成统一意见。引用优势之所以受到关注，是因为这是将科研人员对 OA 的热情转化为实际行动的重要催化剂。对于青年科学家来说，出于迅速建立职业声望的目的，引用优势显得更为重要(Pontika，2015)。

一些研究结果表明，引用优势的确存在。Atchison 等(2015)对政治学核心期刊的 OA 文章与 TA 即付费获取文章的被引频次进行了比较，结果证明开放获取具有显著的引用优势。文章还发现，许多人违反和出版商的版权协议将出版商版本的 PDF 文件上传，可能也是出于提升引用量的目的，因为学术界很少引用非正式出版的内容。不同期刊、学科在引用优势上存在强弱之分。根据 Watson 等（2015）对美国法学期刊的调查，精英期刊借由开放获取获得的引用优势相对较低。作者猜测，高声望期刊不论是否开放都会获得极高的关注，因此留给 OA 出版的施展空间相对较小。Sotudeh 等（2015）考察了斯普林格和爱思唯尔旗下开放获取期刊文章的篇均被引频次（Citation Per Paper），结果发现 OA 文章在自然科学（35.95%）、健康科学（33.29%）领域具有更强的引用优势，在生命科学（8.26%）、人文与社会科学（3.14%）领域则相对较低。

从影响因子入手对 OA 期刊进行评价，也是验证引用优势的重要手段。在对科技与医学出版即 STM 期刊的考察中，Barbaro 等（2015）发现整体上开放获取期刊的影响因子稍低于平均水平，原因可能是开放获取期刊成立的时间更短。但在大多数 STM 领域，至少都有一本高影响力的 OA 期刊。

8.4.3 开放获取接受度分析

研究者同时身兼读者与作者的双重身份，在开放获取的发展进程中扮演着重要角色。不同地域、学科的研究人员对于开放获取的认知、态度和参与行为成为研究热点。

从许多调查研究结果来看，被调查者普遍听说过"开放获取"这一概念，且对其背后代表的价值理念深感认同。以美国爱达荷大学教员的调查结果为例，有 72% 的人表示熟悉"开放获取"这一术语，41% 的受访者有过在 OA 期刊发表论文的经验。研究者在情感上认同 OA 出版的价值，认为向公众开放研究成果十分重要。然而这种价值上的认同并不能打消研究者内心的疑虑。受访者对 OA 出版的同行评审质量、可能带来的对职业晋升的影响持保守意见，仅44% 的人表示更偏爱 OA 出版方式（Gaines，2015）。科研人员为何采纳或不采纳开放获取的出版方式，成为研究者关注的一个重点。更高的显示度是 OA 获得认可的主要原因。Masrek 等（2015）考察了影响研究者向 OA 期刊投稿的 6 个因素，分别是感知期刊声望、感知显示度优势、感知出版速度、感知职业收益、感知主题相关以及熟悉程度。通过分析 114 名马来西亚多媒体大学教员的问卷数据，结果表明研究者有较强的 OA 期刊采纳意愿，且该意愿与感知能见优势、感知职业收益及熟悉程度存在显著相关。在与传统期刊的较量中，引用优势被视为开放获取的重要筹码，那么科研人员是否相信这一说法？在针对美国爱达荷大学教员的研究中，尽管有 67% 的人认为 OA 期刊有助于提升文章的显示度，但具体到引用优势，仅 31% 的人表示相信，不认可的人占 69%（Gaines，2015）。Peekhaus 等（2015）也得到了否定的结果，受访的北美图书情报学教员中仅 18% 的人相信这一结论，47% 的人表示不确定，32% 的人表示不相信。其中，非终身教职人员（27%）比终身教职人员更相信（14%）存在引用优势。那些自认为对开放获取熟悉的人，或是可能在未来一年内向 OA 期刊投稿的人，也都更认同引用优势的存在。可见，开放获取的引用优势尚待进一步验证。

　　此外，研究者的学科背景、职称身份也对 OA 出版的采纳施加了一定影响。Eger 等（2015）在德国调查了 2151 名研究人员后发现，不同学科的研究人员在开放获取的参与度上存在显著差异。例如，在大学样本中，54% 的健康科学学者至少出版过一篇 OA 期刊论文，生命科学学者的这一占比为 52%，而商业与经济学学者的这一占比为 22%，技术与工程学者的这一占比为 23%。总体而言，相较于其他学科，OA 期刊在自然科学领域内发挥着更重要的作用。在仓储行为上，学科差异同样存在。自存档在数学与统计学、物理与天文学领域更盛行。因此作者提出，许多 OA 政策中对各学科采取"一刀切"的做法并不合适。职称评审政策对 OA 采纳意愿的影响主要与各机构内部的晋升体系有关。在观念上，青年研究者倾向于对 OA 出版方式给予更高评价；但在实际使用中，资深研究者却显示出更高的采纳意愿。这是因为待转正的教员通常会感知到更高的职业风险，因此在没有得到稳定的终身教职前，通常不愿意在 OA 期刊上发表论文（Peekhaus et al.，2015）。

　　不使用开放获取的原因则多种多样。开放存取期刊、自存档在学科内的声望有限，是学者拒绝开放获取的重要原因。以期刊为例，仅少数学科如生命科学、物理与天文学拥有高声望的 OA 期刊，其他许多学科的学者没有动力为影响力有限的开放获取期刊付出时间与精力（Eger et al.，2015）。付费出版的特征也浇灭了一部分人的热情。一方面，有学者从原则上就反对进行付费出版；另一方面，缺乏资金来支付 OA 出版费用也十分常见（Peekhaus et al.，2015）。对发展中国家而言，资金限制成了更大的挑战。以印度庞迪治里大学（Pondicherry University）教员的调查为例，71% 的人不同意由作者来承担出版费用。进一步询问得知，55% 的人支持由研究资助机构付费，28% 的人支持由大学付费（Singson et al.，2015）。

8.4.4 开放获取新领域

科研产出的表现形式并非只有论文一种。随着开放获取运动的发展，学术专著与科研数据的开放获取问题也日益受到关注。

学术专著的开放获取较论文而言更为复杂、艰难。2015 年 1 月，伦敦大学的 Geoffrey Crossick 教授发布其受英国高等教育基金委员会（HEFCE）委托的关于专著开放获取的研究报告。报告认为，对学术专著来说，OA 意味着向数字出版及开放获取转变的双重挑战。从许可到版权，从商业模式到质量控制，有许多棘手的问题亟待解决。例如，谁为 OA 专著的出版买单？一方面，专著的体量庞大，且经常涉及第三方的版权内容，进一步推高了生产成本。另一方面，在专著盛行的艺术、人文科学与社会科学领域却少有项目资金的赞助。而显然，开放获取专著的出版成本是许多学者个人无力承担的（Crossick，2015）。一种解决方案是由大学承担更多责任。美国埃默里大学的专家小组经过 6 个月的讨论，表示支持由校方资助的 OA 专著出版模式。在该模式下，大学承担主要的出版费用，大学出版社负责生产高质量、开放获取的数字图书，同时通过按需印刷向读者出售纸质版本；并强调该类出版项目应该向所有教员开放，而不局限于资深学者（Elliott，2015）。

OA 专著的可发现性也得到了研究者的重视。Dhanavandan 等（2015）以开放获取图书目录即 DOAB 中收录的图书情报学（LIS）著作为例，考察了 OA 图书的作者、出版时间、页数、语言、出版社以及许可条款的分布状况。作者认为，学术出版商应致力于完善 OA 图书的元数据并加入 DOAB 索引，从而提升作品的显示度与影响力。持类似观点的还有 Snijder（2015）。通过持续跟踪图书集成平台 OAPEN Library 上的下载数据，Snijder 试图探究开放许可如知识共享协议（Creative Commons，CC）对 OA 图书的下载是否有促进作用。作者在对比 OAPEN Library 在 DOAB 上线之前、之后的下载量后发现，开放许可并不会直接推高图书的下载量，相比之下，DOAB 对图书下载量有较大的正面影响。

与论文、图书等正式出版物相比，科研数据的开放共享对学术出版提出了更大挑战。[①] 开放数据旨在提升科研成果的可验证性与可重用性，由于相关操作规范缺乏，很可能产生新的问题。Silva 等（2015）就提出了"数据盗用"（data theft）的风险。研究者认为"窃取"开放获取的数据文件，据此创建新的数据集，乃至于产出更"原汁原味"的研究论文并不难；尤其在数据经过修饰后，更难被期刊所发现。为此，出版商必须防患于未然，增强安全防护措施，例如数据文件仅提供只读模式、要求密钥访问，等等。抛开潜在的风险不谈，如何切实推进开放数据的实施成为研究者关注的重点。Labastida（2015）指出大学作为重要的研究力量，急需在数据管理和开放上有所作为。首要问题是成立工作小组，制定出科研数据管理的战略部署，存储何种数据、保存期限多长、如何向公众开放以及基础设施建设、宣传推广、法律问题等都要考虑在内。同科研论文的开放获取一样，开放数据也面临着资金缺乏的难题（Kitchin，et al.，2015）。

8.5 出版新技术研究

技术与内容的联姻是推动出版业向前发展的动力。在激烈的竞争之下，最后的胜者当属"将世界级的内容与世界级的技术"合二

---

① 开放数据出版与共享的其他相关论述参见本章 8.1.2。

为一的人(Michaels，2015)。研究者就新技术在出版业的应用展开了热烈讨论。

8.5.1 增强现实技术

在增强现实技术(Augmented Reality，AR)的辅助下，数字出版物的疆域已经拓展到三维空间。通过在真实世界中叠加虚拟影像，能为观者营造立体的视觉效果。AR 技术能提升教学材料的有用性，因此在教育领域内的应用较为普遍。这一看法得到了诸多研究人员的支持。以解剖学为例，电脑在识别 AR 专用卡片后会显示相应的三维图像，学生通过自由移动卡片，能观察到不同角度下的人体构造。相关实验表明，AR 学习方式下学生的注意力控制、学习积极性以及对内容的理解程度均显著高于对照组(Ferrer-Torregrosa，et al.，2015)。Alhumaidan 等(2015)总结了开发 AR 功能教科书的一般流程：一是原型设计，确定 AR 图书的关键概念与设计方向；二是可用性评估，收集参与者对初始模型的反馈与建议；三是成品效果检验，让目标学生为使用体验打分；四是焦点小组讨论，了解学生打出最高(低)分的理由。整个开发流程需要集中学生、老师、教育家以及人际交互专家的智慧。

随着智能手机、平板电脑等终端设备的普及，AR 应用在内容市场有了更大的发挥空间。日本工学院大学的 Zhang 等(2015)介绍了与小学馆合作的 AR 童书项目。通过 App 的辅助，用户可以看到 3D 效果的故事角色从纸本上方出现，并支持多角度移动。实验表明，较文本而言，在 AR 阅读模式下儿童的理解力、愉悦度、感知有趣程度、精神集中程度都有相应提升。除了对 AR 应用进行效果分析外，如何在操作层面推动 AR 技术的普及也成了研究者关心的问题。不同于从头开始进行 AR 项目的设计，Gazcón 等(2015)开发了一种为已出版的图书添加 AR 交互功能的增强现实图书系统(Augmented Reality Book System，ARBS)。用户可以通过 ARBS 为已有图书创建 AR 内容，也可以通过该平台查看、利用他人的作品。实验证明，该系统的使用难度并不高，即使没有技术背景的人，也能容易地操作。

8.5.2　屏幕阅读技术

数字阅读以屏幕为载体，其用户体验是硬件与软件共同作用的效果。随着技术的不断发展，研究者不再单纯追求对纸张效果的简单复制，而是竭力探索新的可能性。

阅读终端的多样性是数字环境下的常态，这对内容的适应性提出了更高要求。Chebib（2015）认为必须考虑不同设备的特征进行灵活设计，同时保证内容在不同硬件上的可延展性。在小屏幕设备（智能手机、智能手表等）盛行之下，传统阅读方式受到了挑战，新型阅读技术引起了研究者的关注。Dingler 等（2015）对两类阅读辅助手段展开了实证研究：一是快速视觉呈现技术。屏幕每次仅闪现一个单词，单词核心字母的位置保持固定，并且用特殊颜色予以标记。① 二是动态提示技术。文本下方有实时移动的下划线来提示读者当前的阅读位置。结果显示，在技术的辅助下，当阅读速度提升至个人正常阅读速度的 1.5 倍时，读者仍然能取得较稳定的理解效果。根据读者反馈，快速视觉呈现技术更适合短文本、小屏幕的阅读，动态提示技术更适合长文本、大屏幕的阅读。作者认为，未来的数字设备将有能力监测读者的阅读水平，并据此进行内容呈现的实时优化。

选择合适的视觉元素也成为数字内容设计的重要准则。研究者试图通过定量手段来研究数字阅读背后的规律，从而为实践应用提供指导。以字体为例，Kaspar 等（2015）比较了在线阅读情况下，衬线体、无衬线体对论文摘要阅读效果的影响。结果显示，衬线体条件下人们的阅读速度更低，但是对内容的总体感知质量、理解程度更优。"不能仅靠经验来进行决策"是研究者对出版业从业人员提出的忠告。

屏幕不仅是承载内容的容器，更代表着无限互动的可能。触屏技术带来的阅读效果优势，在一些研究中得到了证实。Lee（2015）针对 56 名大学生的阅读实验显示，与屏幕的互动提升了学生对所

---

① 快速视觉呈现技术的其他相关讨论参见本章 8.2.1。

学内容的理解。即使在阅读纸质文本时，用手指向文本的简单交互动作也能提升阅读效果（Shibata et al.，2015）。为此，数字阅读产品的设计更应重视交互功能的建设。

8.5.3 平台和工具开发

平台和工具是数字出版的中坚力量。由洛桑大学（University of Lausanne）开发的 eTalks 是一个新型数字多媒体编辑平台。这个应用程序由一个易用的编辑界面来创建和编辑原始内容。它允许生产者将图片、声音和带链接的文本材料全部连接在一起，使相关信息更加丰富。它不仅适应多元读写能力（plural literacies），还能实现内容的可引用性（citability）：演讲的每一部分都可以被精确定位，通过专门的 URL 进行索引，并用特定的标识符引用（Schmidt B et al.，2015）。另外，由于出版学教材很少或完全不能与学生和老师互动，错失了将技术融入教材带来的学习良机。因此，为了增强学生和老师的学习体验，弥补纸质教材的不足，David Embidge（2015）正在建立出版研究数据库，将反映全球出版实践的阅读材料、照片、音频、视频、互动练习、逻辑解析等全部纳入统一的数据库平台，用户可以从大型学术出版商处订阅使用。这样学生可以在平台上亲自动手制定学习计划，教授则可以从该平台下载教学工具。随着大数据在商业中变得越来越重要，数字出版产业也开始采用合适的大数据平台以实现自己的目标。英国新闻出版组织中已经得到使用并确认的出版产业大数据平台的架构值得借鉴和采纳。该平台以作者、内容、数据提供者、市场和营销、读者/消费者等为主要组成部分，功能层次包括数据挖掘、数据存储、数据处理、微服务、集成服务、分析和可视化等（Kumaresan A，2015）。

除了开发平台，数字出版开发软件也得到了发展。Markdown 是适应混合出版（hybrid publishing）方式的在线软件工具包，主要以 ePub3.0 作为电子出版物格式。Markdown 允许用户用一种易于阅读和写作的简单文本格式，将内容转换为结构化的 XHTML（或 HTML）文档。它同样提供定义列表的标签、嵌入式图片和链接。扩展版 Multi-Markdown 进一步支持附注、表格、数学公式、交叉引用、参考文献和定义列表。用户使用简单的开放资源转换应用程序如 Pandoc，就可以将格式化的 Markdown 文本自动地转换成结构化的 HTML、ePub、PDF、RTF 或其他文件格式，而不需要手动调整（RASCH M et al.，2015）。另外，在 InDesign CC 文件中添加动画和用 OpenGL 实现大型 2D 和 3D 数据集的可视化也得到了人们的关注（Cohen S，2015；Lo R C H et al.，2015）。在生物医学数字出版中，有的文章并不提供可获取的图像，为此与生物医学图像相关的替代文本显得非常重要。"图像文本替代决策树"（image text alternatives decision tree）和"内容说明检查表"（checklist for the content of caption）就是两个创建图像替代文本的工具（Emblidge D，2015）。在游戏开发中，基于 Cocos2D 软件和虚幻引擎（Unreal Engine）的 IOS 游戏创建方式得到了较多关注（Feronato E，2015；Muhammad A，2015）。

（方卿　徐丽芳　徐志武　王钰　贺钰滢）

参考文献

[1] AAMRI F A, GREUTER S. Mise-en-scene：playful interactive mechanics to enhance children's digital books ［J］. Springer International Publishing，2015：211-222.

[2] ABBÀ S, BIRELLO G, VALLINO M, et al. Shall we share? A repository for open research data in agriculture and environmental sciences ［J］. EPPO Bulletin，2015，45（2）：311-316.

[3] ADRIANO A. Scientific publishing in the times of open access ［J/OL］. Swiss medical weekly，2015. ［2024-01-20］. https://www.zora.uzh.ch/id/eprint/110764/1/smw-2015-14118.pdf.

[4] ALHUMAIDAN H, LO K P Y, SELBY A. Co-design of augmented reality book for collaborative learning experience in primary education, SAI Intelligent Systems Conference（IntelliSys），2015 ［C］. ［S.l.］: IEEE，2015：427-430.

[5] WATKINSON A. Peer review：still king in the digital age ［J］.

Learned Publishing, 2015(1): 14-22.

[6] OHMANN A. Creating data stories with Tableau Public [M]. Birmingham: Packt Publishing Ltd, 2015.

[7] ATCHISON A, BULL J. Will open access get me cited? An analysis of the efficacy of open access publishing in political science[J]. PS: Political Science & Politics, 2015, 48(1): 129-137.

[8] BAPTISTE A K. Can a research film be considered a stand-alone academic publication? An assessment of the film climate change, voices of the vulnerable: the fishers' plight[J]. Area, 2016, 48 (4): 463-471.

[9] BARBARO A, ZEDDA M, GENTILI D, et al. The presence of high-impact factor open access journals in Science, Technology, Engineering and Medicine (STEM) disciplines[J]. Italian Journal of Library, Archives and Information Science, 2015, 6(3): 57-75.

[10] BARTALESI V, LEPORINI B. An enriched ePub eBook for screen reader users, universal access in human-computer interaction, Access to Today's Technologies: 9th International Conference, UAHCI 2015, Los Angeles, USA, August 2-7, 2015[C].[S.l.]: Springer, 2015: 375-386.

[11] BAVERSTOCK A. Is peer review still the content industry's upper house? [J]. Learned Publishing, 2015.

[12] BENEDETTO S, CARBONE A, PEDROTTI M, et al. Rapid serial visual presentation in reading: the case of Spritz[J]. Computers in Human Behavior, 2015, 45(45): 352-358.

[13] BJÖRK B C, HEDLUND T. Emerging new methods of peer review in scholarly journals[J]. Learned Publishing, 2015, 28(2): 85-91.

[14] BJÖRK B C, SOLOMON D. Article processing charges in OA journals: relationship between price and quality[J]. Scientometrics, 2015, 103: 373-385.

[15] BJÖRK B C. Have the "Mega-Journals" reached the limits to

growth？［J］．PeerJ，2015，3：e981．

［16］BLACKMAN L. Social media and the politics of small data：post publication peer review and academic value［J］．Theory，Culture & Society，2016，33（4）：3-26．

［17］BORREGO Á. Measuring compliance with a Spanish Government open access mandate［J］．Journal of the Association for Information Science and Technology，2016，67（4）：757-764．

［18］BROICH A. Not like other media：digital technology and the transformation of educational publishing［J］．Publishing Research Quarterly，2015，31（4）：237-243．

［19］BULOCK C. Open access and the big deal sharing space in the Netherlands［J］．Serials Review，2015，41（4）：266-268．

［20］BURTON A，KOERS H，MANGHI P，et al. On bridging data centers and publishers：the data-literature interlinking service，Metadata and Semantics Research：9th Research Conference，MTSR 2015，Manchester，UK，September 9-11，2015［C］．［S.l.］：Springer International Publishing，2015：324-335．

［21］BUSHER C，KAMOTSKY I. Stories and statistics from library-led publishing［J］．Learned Publishing，2015，28（1）：64-68．

［22］CHANG A M，AESCHBACH D，DUFFY J F，et al. Evening use of light-emitting eReaders negatively affects sleep，circadian timing，and next-morning alertness［J］．Proceedings of the National Academy of Sciences of the United States of America，2015，112（4）：1232-1237．

［23］CHEBIB L. Transforming the digital textbook：a modified Delphi study［D］．University of Phoenix，2015．

［24］CIAMPA K. Motivating Grade 1 children to read：exploring the role of choice，curiosity，and challenge in mobile ebooks［J］．Reading Psychology，2015：1-41．

［25］COHEN S. Creating animations in Adobe InDesign CC one step at a time［M］．［S.l.］：Adobe Press，2015．

[26] CROSSICK G. Monographsand open access a report to HEFCE [EB/OL]. [2024-01-20]. http://www.hefce.ac.uk/media/hefce/content/pubs/indirreports/2015/Monographs, and, open, access/2014_monographs.pdf.

[27] DHANAVANDAN S, TAMIZHCHELVAN M. Open access books for library and information science: a study based on DOAB[J]. Indian Journal of Science, 2015, 21(73): 428-436.

[28] DIMOU A, DI I A, LANGE C, et al. Semantic publishing challenge-assessing the quality of scientific output in its ecosystem, Semantic Web Challenges: Third SemWebEval Challenge at ESWC 2016, Greece, Heraklion, Crete, May 29-June 2, 2016[C]. [S.l.]: Springer International Publishing, 2016: 243-254.

[29] DINGLER T, SHIRAZI A S, KUNZE K, et al. Assessment of stimuli for supporting speed reading on electronic devices, 6th Augmented Human International Conference, Singapore, March 9-11, 2015[C]. New York: Association for Computing Machinery, 2015: 117-124.

[30] DOBLER E. E-textbooks: a personalized learning experience or a digital distraction? [J]. Journal of Adolescent & Adult Literacy, 2015, 58: 482-491.

[31] DODDS F. Understanding end-users in academic book publishing [J]. Learned Publishing, 2015, 28(3): 205-214.

[32] EGER T, SCHEUFEN M, MEIERRIEKS D. The determinants of open access publishing: survey evidence from Germany [J]. European Journal of Law and Economics, 2015, 39(3): 475-503.

[33] ELLIOTT M A. The future of the monograph in the digital era: a report to the Andrew W. Mellon Foundation [J]. Journal of Electronic Publishing, 2015, 18(4).

[34] EMBLIDGE D. A publishing studies online academic database: in-progress research project [J]. Publishing Research Quarterly, 2015, 31(3): 178-182.

[35]FARINOSI M, LIM C, ROLL J. Book or screen, pen or keyboard? A cross-cultural sociological analysis of writing and reading habits basing on Germany, Italy and the UK [J]. Telematics & Informatics, 2016, 33(2): 410-421.

[36]FEAR K. Building outreach on assessment: researcher compliance with journal policies for data sharing[J]. Bulletin of the American Society for Information Science and Technology, 2015, 41(6): 18-21.

[37]FERONATO E. Learning Cocos2d-JS game development [M]. Birmingham: Packt Publishing Ltd, 2015.

[38]FERRER-TORREGROSA J, TORRALBA J, JIMENEZ M A, et al. ARBOOK: development and assessment of a tool based on augmented reality for anatomy[J]. Journal of Science Education and Technology, 2015, 24(1): 119-124.

[39]FIGUEIREDO M, BIDARRA J. The development of a Gamebook for education[J]. Procedia Computer Science, 2015, 67: 322-331.

[40]FLEMING-MAY R A, GREEN H. Digital innovations in poetry: practices of creative writing faculty in online literary publishing[J]. Journal of the Association for Information Science and Technology, 2015.

[41]GAINES A. From concerned to cautiously optimistic: assessing faculty perceptions and knowledge of open access in a campus-wide study[J]. Journal of Librarianship and Scholarly Communication, 2015, 3(1): 1-40.

[42]HALL G, The unbound book: academic publishing in the age of the infinite archive[J]. Journal of Visual Culture, 2015, 12(3): 490-507, 491.

[43]GAZCÓN N, CASTRO S. ARBS: an interactive and collaborative system for augmented reality books, Augmented and Virtual Reality: Second International Conference, AVR 2015, Lecce,

Italy, August 31-September 3, 2015 [C]. [S. l.]: Springer International Publishing, 2015: 89-108.

[44] GERHART N, PEAK D A, PRYBUTOK V R. Searching for new answers: the application of task-technology fit to e-textbook usage [J]. Decision Sciences Journal of Innovative Education, 2015, 13 (1): 91-111.

[45] GJERSVIK P. Conflicts of interest in medical publishing: it's all about trustworthiness [J]. British Journal of Dermatology, 2015, 173(5): 1255-1257.

[46] GUEVAL J, TARNOW K, KUMM S. Implementing e-books: faculty and student experiences [J]. Teaching & Learning in Nursing, 2015, 10(4): 181-185.

[47] HARNAD S. Optimizing open access policy [J]. The Serials Librarian, 2015, 69(2): 133-141.

[48] HEYVAERT P, VERBORGH R, MANNENS E, et al. Linked data-enabled gamification in EPUB 3 for educational digital textbooks, Design for Teaching and Learning in a Networked World: 10th European Conference on Technology Enhanced Learning, EC-TEL 2015, Toledo, Spain, September 15-18, 2015 [C]. [S.l.]: Springer International Publishing, 2015: 587-591.

[49] HSIAO C-H, TANG K-Y, LIN C-H. Exploring college students' intention to adopt e-textbooks: a modified technology acceptance model[J]. Libri, 2015, 65(2): 119-128.

[50] HSIAO K-L, CHEN C-C. How do we inspire children to learn with e-readers? [J]. Library Hi Tech, 2015, 33(4): 584-596.

[51] HSU L, MARTIN R L, MCELROY B, et al. Data management, sharing, and reuse in experimental geomorphology: challenges, strategies, and scientific opportunities[J]. Geomorphology, 2015, 244: 180-189.

[52] INGLE S. What's going on with embedded indexing? Ebooks and the future of indexing(---ers) [J]. Key Words, 2015, 23(11):

137-138.

[53]ISHII Y, KOIZUKA T, IWATA K, et al. Comparison of age groups on the readability of an e-reader with a built-in light, universal access in human-computer interaction, Access to Today's Technologies: 9th International Conference, UAHCI 2015, Los Angeles, USA, August 2-7, 2015[C].[S. l.]: Springer, 2015: 449-454.

[54]JANG D-H, YI P, SHIN I-S. Examining the effectiveness of digital textbook use on students learning outcomes in South Korea: a meta-analysis[J]. The Asia-Pacific Education Researcher, 2015: 1-12.

[55]ZWART J. BISG's field guide to fixed layout for ebooks[J]. Publishing Research Quarterly, 2015, 31(1): 84-86.

[56]DI LEO J R. American book review[M]. Victoria: University of Houston, 2015.

[57]JEONG H, Kim A. The digital textbook in South Korea: opportunities and challenges[J]. Springer Singapore, 2015: 77-91.

[58]JESWANI H K, Azapagic A. Is e-reading environmentally more sustainable than conventional reading? [J]. Clean Technologies & Environmental Policy, 2015, 17(3): 803-809.

[59]JOHNSON R, Pinfield S, Fosci M. Business process costs of implementing "Gold" and "Green" open access in institutional andnational contexts[J]. Journal of the Association for Information Science and Technology, 2015.

[60]KAMAT P V. Open access debate: on the flip side[J]. The Journal of Physical Chemistry Letters, 2015, 6(7): 1238-1239.

[61]KASPAR K, WEHLITZ T, Von K S, et al. A matter of font type: the effect of serifs on the evaluation of scientific abstracts[J]. International Journal of Psychology, 2015, 50(5): 372-378.

[62]KIM M C. Current eBook markets and digital publishing in South Korea[J]. Publishing Research Quarterly, 2015, 31(1): 9-11.

[63]KIM Y, STANTON J M. Institutional and individual factors

affecting scientists data-sharing behaviors: a multilevel analysis [J]. Journal of the Association for Information Science and Technology, 2015.

[64] KINGSLEY D A, KENNAN M A. Open access: the whipping boy for problems in scholarly publishing [J]. Communications of the Association for Information Systems, 2015, 37(1): 14.

[65] WILLIAMSON K, Kennan M A, JOHANSON G, et al. Data sharing for the advancement of science: overcoming barriers for citizen scientists [J]. Journal of the Association for Information Science and Technology, 2016, 67(10): 2392-2403.

[66] KITCHIN J R. Examples of effective data sharing in scientific publishing[J]. ACS Catalysis, 2015, 5(6): 3894-3899.

[67] KITCHIN R, COLLINS S, FROST D. Funding models for open access digital data repositories [J]. Online Information Review, 2015, 39(5): 664-681.

[68] KLEEMAN D. Books and reading are powerful with kids, but content discovery is challenging[J]. Publishing Research Quarterly, 2016, 1: 1-6.

[69] KOCHUROVA O, PORTELLO J K, ROSENFIELD M. Is the 3× reading rule appropriate for computer users? [J]. Displays, 2015, 38: 38-43.

[70] KORAT O, SEGAL-DRORI O. E-book and printed book reading in different contexts as emergent literacy facilitator [J]. Early Education and Development, 2016, 27(4): 532-550.

[71] KORTELAINEN T. Reading format preferences of Finnish University students[J]. Springer International Publishing Switzerland, 2015: 446-454.

[72] KOUSHA K, THELWALL M. Can Amazon. com reviews help to assess the wider impacts of books? [J]. Journal of the Association for Information Science and Technology, 2015.

[73] KUMARESAN A. Framework for building a big data platform for

publishing industry [M]. Knowledge Management in Organizations. Springer International Publishing, 2015: 377-388.

[74] KUMNUANSIN J, KHLAISANG J. Development of a model of Thai literature hypermedia electronic books with social media based on the reader-response theory to enhance reading comprehension of elementary school students [J]. Procedia-Social and Behavioral Sciences, 2015, 174(25): 1700-1706.

[75] LABASTIDA I. The time has come for managing and sharing research data in universities [J]. JCOM: Journal of Science Communication, 2015, 14(4): 1-8.

[76] LAGUARDIA C. An interview with Peter Suber on open access[J]. Library Journal, 2015, 140(18): 18-19.

[77] LARSON L C. E-Books and audiobooks: extending the digital reading experience[J]. Reading Teacher, 2015, 69: 169-171.

[78] LAUX J A. Senior Scholars: is the brave new world of on-line publishing for us? [J]. Contemporary Issues in Education Research (Online), 2015, 8(2): 103.

[79] LAWSON S. Fee waivers for open access journals[J]. Publications, 2015, 3(3): 155-167.

[80] LEE H W. Does touch-based interaction in learning with interactive images improve students learning? [J]. The Asia-Pacific Education Researcher, 2015, 24(4): 731-735.

[81] LEE J, BURNETT G, VANDEGRIFT M, et al. Availability and accessibility in an open access institutional repository: a case study [J]. Information Research: An International Electronic Journal, 2015, 20(1).

[82] LEONARDO Candela. Data Journals: a survey[J]. Journal of the Association for Information Science and Technology, 2015, 66 (9): 1747-1762.

[83] LI L-Y, TSENG S-T, Chen G-D. Effect of hypertext highlighting onbrowsing, reading, and navigational performance[J]. Computers

in Human Behavior,2016, 54: 318-325.

[84] LINDE P, NORLING E, PETTERSSON A, et al. Researchers and open data-attitudes and culture at Blekinge Institute of Technology [J]. IOS Press, 2015: 173.

[85] LO R C H, LO W C Y. OpenGL data visualization cookbook[M]. Birminghan: Packt Publishing Ltd, 2015.

[86] LUB J. Astronomy and astrophysics will move to online-only publication at the start of 2016[J]. Astronomy & Astrophysics, 2015, 581: E1.

[87] MAGNIFICO A M, CURWOOD J S, LAMMERS J C. Words on the screen: broadening analyses of interactions among fanfiction writers and reviewers[J]. Literacy, 2015, 49(3): 158-166.

[88] MARYDEE O. The road ahead for academic publishing [J]. Information Today, 2015(3): 11-12.

[89] MARYDEE O. Academic publishing gets 10 to 25 [J]. Online Searcher, 2015(4).

[90] MASREK M N, YAAKUB M S. Intention to Publish in open access journal: the case of Multimedia University Malaysia[J]. Procedia-Social and Behavioral Sciences, 2015, 174: 3420-3427.

[91] MCKERCHER B, TUNG V. Publishing in tourism and hospitality journals: is the past a prelude to the future? [J]. Tourism Management, 2015, 50: 306-315.

[92] MICHAELS K. The evolving challenges and opportunities in global publishing[J]. Publishing Research Quarterly, 2015, 31(1): 1-8.

[93] MIZRACHI D. Undergraduates academic reading format preferences and behaviors[J]. The Journal of Academic Librarianship, 2015, 41(3): 301-311.

[94] MORRISON H, SALHAB J, CALVÉ-GENEST A, et al. Open access article processing charges: DOAJ survey May 2014 [J]. Publications, 2015, 3(1): 1-16.

[95]MOSSER G F, WOHL H, FINE G A. Alone in publand: leaving academics to themselves[J]. The American Sociologist, 2015: 1-15.

[96]MOULAISON H L, MILLION A J. E-publishing in libraries: the "digital" preservation imperative[J]. OCLC Systems & Services: International Digital Library Perspectives, 2015, 31(2): 87-98.

[97]MOUROMTSEV D, HAASE P, CHERNY E, et al. Towards the Russian linked culture cloud: data enrichment and publishing, The Semantic Web: 12th European Semantic Web Conference, ESWC 2015, Slovenia, Portoroz, May 31-June 4, 2015[C]. [S. l.]: Springer, 2015: 637-651.

[98]MRVA-MONTOYA A. Beyond the monograph: publishing research for multimedia and multiplatform delivery[J]. Journal of Scholarly Publishing, 2015, 46: 321-342.

[99]LEE J. Learning unreal engine game development[M].Birmingham: Packt Publishing Ltd, 2016.

[100]NAUMANN J. A model of online reading engagement: linking engagement, navigation, and performance in digital reading[J]. Computers in Human Behavior, 2015, 53: 263-277.

[101]NICHOLAS D, WATKINSON A, JAMALI H R, et al. Peer review: still king in the digital age [J]. Learned Publishing, 2015, 28(1): 15-21.

[102]NOBARANY S, BOOTH K S, HSIEH G. What motivates people to review articles? The case of the human-computer interaction community[J]. Journal of the Association for Information Science and Technology, 2015.

[103]NOSSEK H, ADONI H, NIMROD G. Is print really dying? The state of print media use in Europe[J]. International Journal of Communication, 2015, 9: 365-385.

[104]NÚÑEZ-VALDEZ E R, LOVELLE J M C, HERNÁNDEZ G I, et al. Creating recommendations on electronic books: a collaborative

learning implicit approach [J]. Computers in Human Behavior, 2015, 51: 1320-1330.

[105] PAGLIONE L D, LAWRENCE R N. Data exchange standards to support and acknowledge peer-review activity [J]. Learned Publishing, 2015, 28(4): 309-316.

[106] PECOSKIE J, HILL H. Beyond traditional publishing models: an examination of the relationships between authors, readers, and publishers[J]. Journal of Documentation, 2015, 71(3): 609-626.

[107] PEEKHAUS W, PROFERES N. How library and information science faculty perceive and engage with open access[J]. Journal of Information Science, 2015, 41(5): 640-661.

[108] PENG W, RATAN R, KHAN L. Ebook uses and class performance in a college course [J]. Hawaii International Conference on System Sciences, 2015: 63-71.

[109] PERES-NETO P R. Will technology trample peer review in ecology? Ongoing issues and potential solutions[J]. Oikos, 2015, 125(1): 3-9.

[110] HUNTER P. Web 2.0 and academic debate: social media challenges traditions in scientific publishing[J]. EMBO Reports, 2015, 16(7): 787-790.

[111] PINFIELD S, SALTER J, BATH P A. The "total cost of publication" in a hybrid open-access environment: institutional approaches to funding journal article-processing charges in combination with subscriptions[J]. Journal of the Association for Information Science and Technology, 2015.

[112] PINFIELD S. Making open access work: the "state-of-the-art" in providing open Access to scholarly literature [J]. Online Information Review, 2015, 39(5): 604-636.

[113] PONTIKA N. Open access: what's in it for me as an early career researcher? [J]. JCOM: Journal of Science Communication,

2015, 14(4): 1-12.

[114] RASCH M, CRAMER F. From print to ebooks: a hybrid publishing toolkit for the arts [M]. Amsterdam: Institute of Network Culture, 2015:47.

[115] REINSFELDER T. Donations as a source of income for open access journals: an option to consider? [J]. Journal of Electronic Publishing, 2015, 18(3).

[116] RIBEIRO C J S, PEREIRA D V. The publication of open government data: a proposal for the revision of class in social security regarding the controlled vocabulary of the electronic goverment[J].Transinformacao, 2015, 24(2): 82-73.

[117] SARGEANT B. What is an ebook? What is a book app? And why should we care? An analysis of contemporary digital picture books [J]. Children's Literature in Education, 2015, 46(4): 454-466.

[118] SCHILIT B N, GOLOVCHINSKY G, PRICE M N. Beyond paper: supporting active reading with free form digital ink annotations, International Conference on Human Factors in Computing Systems, California, US, April 18-23,1998[C]. New York: Association for Computing Machinery, 1998:249-256.

[119] SCHMIDT B, DOBREVA M. A New platform for editing digital multimedia: the eTalks, 19th International Conference on Electronic Publishing, Valetta, September 1-3, 2015[C]. [S.l.]: IOS Press, 2015: 156.

[120] SEHN T C M, FRAGOSO S. The synergy between eBooks and printed books in Brazil[J]. Online Information Review, 2015, 39 (3): 401-415.

[121] SELZER B. Thriving among giants: self-publishing in the digital age[J]. American journal of public health, 2015, 105 (10): 1956.

[122] SHEARER K, MUELLER K, GOTTSCHLING M. Reaching out to global interoperability through aligning repository networks[M].

Amsterdam: IOS Press, 2015: 165.

[123] SHEFFIELD J P. Digital scholarship and interactivity: a study of commenting features in networked books [J]. Computers and Composition, 2015, 37: 166-181.

[124] SHIBATA H, TAKANO K, TANO S. Text touching effects in active reading: the impact of the use of a touch-based tablet device [M]. [S. l.]: Springer International Publishing, 2015: 559-576.

[125] SHIM D, KIM J G, ALTMANN J. Identifying key drivers and bottlenecks in the adoption of e-book readers in Korea [J]. Telematics and Informatics, 2015, 33: 860-871.

[126] SIGARCHIAN H G, DE M B, SALLIAU F, et al. Hybrid books for interactive digital storytelling: connecting story entities and emotions to smart environments [M]. [S.l.]: Springer International Publishing, 2015: 105-116.

[127] TEIXEIRA DA SILVA J A, DOBRÁNSZKI J. Potential dangers with open access data files in the expanding open data movement [J]. Publishing Research Quarterly, 2015, 31: 298-305.

[128] SINGSON M, JOY M G, THIYAGARAJAN S, et al. Perceptions of open access publishing by faculty at Pondicherry University: a survey [J]. International Information & Library Review, 2015, 47 (1-2): 1-10.

[129] SNIJDER R. Better sharing through licenses? Measuring the influence of creative commonslicenses on the usage of open access monographs [J]. Journal of Librarianship and Scholarly Communication, 2015, 3 (1): 1-21.

[130] SOTUDEH H, GHASEMPOUR Z, YAGHTIN M. The citation advantage of author-pays model: the case of Springer and Elsevier OA journals [J]. Scientometrics, 2015, 104(2): 581-608.

[131] SRIVASTAVA B, SRIVASTAVA A. Electronic versus print newspaper: an Indian readers approach [J]. Bvimr Management

Edge, 2015, 8(1): 57-65.

[132]STURGES P, BAMKIN M, ANDERS J H S, et al. Research data sharing: developing a stakeholder-driven model for journal policies[J]. Journal of the Association for Information Science and Technology, 2015, 66(12): 2445-2455.

[133]TENOPIR C, KING D W, CHRISTIAN L, VOLENTINE R. Scholarly article seeking, reading, and use: a continuing evolution from print to electronic in the sciences and social sciences[J]. Learned Publishing, 2015, 28(2): 93-105.

[134]TENOPIR C, LEVINE K, ALLARD S, et al. Trustworthiness and authority of scholarly information in a digital age: results of an international questionnaire [J]. Journal of the Association for Information Science and Technology, 2015.

[135]TERRA A L. Students' reading behavior: digital vs. print preferences in portuguese context [J]. Springer International Publishing Switzerland,2015: 436-445.

[136]The Methods section of primary research papers are now being published online only[J].Nature Climate Change,2015(7):486-487.

[137]TRILLING D, SCHOENBACH K. Investigating people's news diets: how online users use offline news[J]. Communications, 2015, 40(1): 67-91.

[138]UNION C D, UNION L W, GREEN T D. The use of eReaders in the classroom and at home to help third-grade students improve their reading and english/ language arts standardized test scores [J]. Techtrends Linking Research & Practice to Improve Learning, 2015, 59(5): 71-84.

[139]TERJE V, SEBASTIAN H D, LAANPERE M. Re-thinking digital textbooks: students as co-authors[M].[S.l.]: Springer International Publishing, 2015: 143-151.

[140]WAHEED M, KAUR K, AIN N, et al. Emotional attachment and

multidimensional self-efficacy: extension of innovation diffusion theory in the context of eBook reader [J]. Behaviour & Information Technology, 2015, 34(12): 1147-1159.

[141] WARE M, MABE M. The STM report: an overview of scientific and scholarly journal publishing, STM Association [EB/OL]. [2024-01-21]. http://www.stm-assoc.org/2015_02_20_STM_Report_2015.pdf.

[142] WATSON C A, DONOVAN J M, OSBORNE C. The open access advantage for American law reviews [EB/OL]. [2024-01-21]. http://digitalcommonS.l.aw.uga.edu/fac_artchop/989.

[143] WU T T. A learning log analysis of an English-reading e-book system combined with a guidance mechanism [J]. Interactive Learning Environments, 2015: 1-19.

[144] XIA J, HARMON J L, CONNOLLY K G, et al. Who publishes in "predatory" journals? [J]. Journal of the Association for Information Science and Technology, 2015, 66(7): 1406-1417.

[145] YALMAN M. Preservice teachers' views about e-book and their levels ofuse of e-books [J]. Procedia-Social and Behavioral Sciences, 2015, 176: 255-262.

[146] ZABUKOVEC V, VILAR P. Paper or electronic: preferences of Slovenia students[J]. SpringerInternational Publishing Switzerland, 2015: 427-435.

[147] ZHANG J, SASAKI Y, TSURUNO T, et al. Investigation of Kansei added value in book publishing filed by using AR contents [J]. International Journal of Affective Engineering, 2015, 14 (3): 151-155.

第九章　2016—2018 年海外数字出版研究进展

随着互联网技术的深入发展和用户数字阅读习惯的日益形成，数字出版已进入迅速发展阶段。与此同时，相关研究也呈现蓬勃之势。2016—2018 年在数字学术出版领域，开放获取出版依旧是学者关注的重点。其中，焦点主要集中在发展中国家和地区的开放获取现状、开放获取引用优势、掠夺性期刊出版等研究主题。在教育出版领域，数字教材和开放教材在高校的试点及其效果成为研究人员关心的热点问题。此外，在电子书、用户行为、数字出版技术、版权技术与法律保护等领域，研究工作也不断地随实践发展而深入。

9.1　开放获取现状、优势与质量控制研究

自 1987 年迈克尔·艾林豪斯（Michael Ehringhaus）创办免费的同行评议电子期刊《成人教育新视野》（*New Horizons in Adult Education*）以来，开放获取已走过 30 多年历程，目前仍然是学术出版领域活跃的研究领域之一。

9.1.1　欠发达国家和地区 OA 出版

在网络传播环境中诞生的开放获取，自问世以来就以促进全球范围内的学术交流和科学研究为宗旨。近 3 年来，开放获取领域英、美以外国家和地区作者的相关成果增多，并且获得了国际学术界的广泛关注和接纳。其中，发展中国家特别是非洲国家的开放获取问题成为新的研究热点。

开放获取近些年在发展中国家受到重视，发展迅速，相应研究也呈现繁荣之貌。Ghane(2016)①调查了2000—2014年孟加拉国、埃及、印度尼西亚、伊朗、马来西亚、尼日利亚、巴基斯坦和土耳其8个发展中国家被"开放获取期刊名录"(DOAJ)和"期刊引证报告"(JCR)编入索引的1407种开放获取期刊(OAJ)的影响因子(JIF)、SCImago期刊排名(SCImago Journal Rank, SJR②)和篇均来源期刊标准影响(Source Normalized Impact per Paper, SNIP③)情况。研究结果表明，在此期间内这些国家的OAJ占DOAJ期刊总量的13.8%。但是，其中仅有4.3%的OAJ被收入JCR，平均JIF是0.476；仅有25.2%的OAJ被收入Scopus，平均SJR是0.197，平均SNIP是0.418。这表明DOAJ尤其是JCR收录的发展中国家OAJ较少。究其原因，可能与发展中国家OA文章及OAJ数量和质量不足有关。对南非OAJ发展的研究也得出类似结果，OAJ从2011年到2015年仅增加4.3%，其中1.7%由订阅期刊(Closed Journal)转化而来，2.7%由混合期刊(Hybrid Journal)转化而来(Raju et al., 2017),④ 而且没有新的OAJ问世。OAJ在这些国家发展较缓，一

---

① MOHAMMAD REZA G, MOHAMMAN REZA N. Current status of open access journals published in D8 countries and registered in the Directory of Open Access Journals (pre-2000 to 2014) [J]. The Electronic Library, 2016, 34(5): 740-756.

② SJR是西班牙Scimago Group团队Félix de Moya教授等提出的一种衡量学术期刊科学影响力的指标。该指标既包括期刊被引用的数量，也包括被引用期刊的重要性或声誉。与IF相比，其突破在于对期刊间的引用给予不同的权重，即被声望高的期刊所引用，对声望的提升较被一般期刊引用显著。

③ SNIP是2010年荷兰科学家Moed等人提出的期刊评价新指标。计算方法是SNIP=RIP/RDCP。其中，RIP(Raw Impact per Paper)指粗计量篇均影响，为期刊在统计年前3年间发表论文在统计年的篇均被印频次；RDCP(Relative Database Citation Potential)是数据库相对引用潜力，具体指Scopus数据库的学科引用潜力。

④ RAJU R, CLASSEEN J, MOLL E, et al. Researchers adapting to open access journal publishing: the case of the University of Cape Town[J]. South African Journal of Libraries and Information Science, 2017, 82(2): 34-45.

方面固然可能是因为学界和业界对 OA 持谨慎态度，但更大的可能性是其包括图书馆员、科研工作者在内的利益相关者尚未充分、正确地认识 OA 这一新事物及其作用。Chilimo（2017）①针对肯尼亚 57 个机构中 335 名学术图书馆员（academic librarians）对 OAJ 出版行为和态度的调查表明，90.1% 的受访者表示知道金色 OA，92.8% 的受访者知道绿色 OA，但 98.8% 不知道钻石 OA②，且仅有 46% 的受访者在 OAJ 上发表过文章。Bosah（2017）③等的研究也得出了相似结论。数据显示，90.8% 的图书馆员表示知道金色 OA，80.6% 的图书馆员知道绿色 OA，74.6% 的图书馆员不知道钻石 OA，且 49% 的图书馆员没有在 OAJ 上发表过文章或仅发表过 1 篇文章，3.9% 的图书馆员在 OAJ 上发表过 8 篇或 9 篇文章。总体来看，非洲国家研究人员对绿色 OA 和金色 OA 的认知度较高，对钻石 OA 的认知度较低，在 OAJ 上发文并未成为多数科研人员的选择。这种较低的 OA 发展水平是多种力量综合作用的结果，如作者收费、互联网连接不稳定、期刊影响因子较低、版权控制等。

除本土学者外，英美学者也对发展中国家的 OAJ 出版及其与发达国家的对比研究展现出浓厚兴趣。Ellers 等人（2017）④对 2011—2015 年大型期刊（mega-journals）上发展中国家作者的付费情况进行研究，发现越来越多的 OA 文章来自发展中国家，如：2015 年中国在《公共科学图书馆·综合》（*PLoS ONE*）中的发文量占该刊

---

① CHILIMO W, ADEM A, OTIENO A N W, et al. Adoption of open access publishing by academic researchers in Kenya[J]. Journal of Scholarly Publishing, 2017, 49(1): 103-122.

② 此处钻石 OA 被解释为文章被免费阅读、作者免费出版的同行评议期刊。

③ BOSAH G, OKEJI C C, BARO E E. Perceptions, preferences of scholarly publishing in Open Access journals: a survey of academic librarians in Africa[J/OL]. Digital Library Perspectives, 2017, 33(4): 378-394. [2022-11-11]. https://doi.org/10.1108/DLP-03-2017-0011.

④ ELLERS J, CROWTHER T W, HARVEY J A, et al. Gold open access publishing in mega-journals: developing countries pay the price of western premium academic output[J]. Journal of Scholarly Publishing, 2017, 49(1): 89-102.

全年总发文量的19%,《科学报告》(*Scientific Reports*)期刊也有近40%的文章源自中国学者。这表明近10年来中国和英美等国家的学术生产力差距正在逐步缩小。然而,与在大型期刊中所占比例越来越高相反,中国并没有在精品期刊(premium journals)上取得主导地位。在诸如 *PLoS* 等精品期刊中,欧洲和北美的优势地位依然存在。因为巨大的发文量,发展中国家机构和研究人员承担越来越多的 APCs。考虑到这些论文较少刊发在精品期刊上。从这个层面上讲金色 OA 出版正在加剧两个世界间的不平等,违背了 OA 追求的平等原则。

9.1.2 引用优势

自2001年 OA 一词首次出现在学术文献中以来,关于 OA 文章是否具有引用优势的争论一直困扰着出版商和研究者。到目前为止,这个问题依旧没有明确答案(Lewis,2018)①,而与此相关的研究也一直没有中断。

就近3年关于开放获取引用优势(Open Access Citation Advantage,OACA)的研究来看,大部分学者承认 OACA 在不同学科不同程度地存在。Tang(2017)②在剔除订阅期刊和金色 OA 后,在影响因子排名前60的生态学期刊中选取了46种混合期刊为样本,并随机对1篇 OA 文章和1篇非 OA 文章进行分析。研究发现,在生态学领域 OA 文章的被引量要明显高于非 OA 文章,平均每年每篇文章被引次数约为1次,且文章发表后被引次数随时间推移呈递增趋势。Sullo(2016)③分析了施普林格和爱思唯尔上作者支付

① LEWIS C L. The open access citation advantage: does it exist and what does it mean for libraries? [J]. Information Technology and Libraries, 2018, 37 (3): 50-65.

② TANG M, BEVER J D, YU F H, et al. Open access increases citations of papers in ecology[J]. Ecosphere, 2017, 8(7).

③ SULLO E. Open access papers have a greater citation advantage in the author-pays model compared to toll access papers in Springer and Elsevier open access journals [J]. Evidence Based Library and Information Practice, 2016, 11 (1): 60-62.

APCs 的 18654 篇 OA 文章和付费期刊即 TA 上的文章。结果显示，在学科分布上，除生命科学外其他学科都普遍存在 OACA。如在健康科学领域，引用率最高的 OA 文章，引用频次是 1501，是引用率最高的付费期刊上文章的 1.2 倍；自然科学领域引用频次（1736次）最高的 OA 文章是引用频次最高的 TA 文章的 2.52 倍。和上述观点类似，Sotudeh（2018）[①]认为在健康科学和生命科学领域，OA 文章和 TA 文章的被引增长比（Percent of Citation growth，PCG）[②]存在显著差异，其中 OA 文章 PCG 高于 TA 文章，且引用差距随着时间推移而增加。

除了从学科角度验证 OACA 存在外，还有学者从期刊甚至性别角度进行验证性研究。Clements（2017）[③]分析了影响因子相近的3 种海洋生态领域的混合期刊，发现在《海洋科学杂志》（*ICES Journal of Marine Science*，*ICES JMS*）、《海洋生态学进展丛刊》（*Marine Ecology Progress Series*，*MEPS*）和《海洋生物学》（*Marine Biology*，*MB*）中，OA 文章相对于非 OA 文章增加了 56.7%、37.5%和 24.4%的引用率。这说明在同一时期，以 OA 方式发表的文章在混合海洋生态学期刊上被引次数多于非 OA 方式发表的文章。从性别层面来看，通常在政治学等领域由男性学者享有的性别引用效应（Gender Citation Effect，GCE）在 OA 文章引用方面并不显著（Amy，2017）。[④]

---

① SOTUDEH H，ESTAKHR Z. Sustainability of open access citation advantage：the case of Elsevier's author-pays hybrid open access journals［J］. Scientometrics，2018，115（1）：563-576.

② 被引增长比 PGC =［（CIT2016-CIT2013）/CIT2013］×100。CIT2016 是指给定文章自出版以来到 2016 年的引文数，CIT2013 是同一篇文章自出版以来到 2013 年的引文量。

③ CLEMENTS，J. C. Open access articles receive more citations in hybrid marine ecology journals［J］. Facets，2017，2（1）：1-14.

④ ATCHISON A L. Negating the gender citation advantage in political science［J］. PS：Political Science & Politics，2017，50（2）：448-455.

也有部分学者对 OACA 持相反看法。Wray（2016）①对 2015 年 Sotudeh 发表在《科学计量学》（*Scientometrics*）上的一篇声称在施普林格和爱思唯尔金色 OAJ 上发表的文章具有 OACA 的论文的研究结果进行了反驳。其认为尽管 Sotudeh 对生命科学、健康科学和自然科学的研究结果很有说服力，但如果删掉社会科学与人文领域引用次数最多的 1 篇文章，社会科学与人文领域 OA 文章平均被引次数就会低于非 OA 文章。因此，社会科学与人文领域 OACA 的存在有待于进一步验证。Dortagonzalez（2017）②以 2019 年和 2014 年科学网（Web of Science，WoS）核心合集（Core Collection）收录的所有期刊和文章为样本，以 2009 年 WoS 划分的 249 个科学学科为学科分类依据，对金色 OA 是否具有普遍 OACA 进行了分析。研究发现，在生殖生物学、宗教学等大部分学科类别中 OA 和非 OA 的平均引用比都小于 1，同时也存在 OA 文章数量占比较高但 JIF 较低，或者 OA 数量文章占比较低但 JIF 较高的期刊，因而也认为无论是在文章水平还是期刊水平上，都不存在普遍的金色开放获取期刊引用优势。

9.1.3 质量控制

2017 年 4 月，施普林格旗下 OA 期刊《肿瘤生物学》（*Tumor Biology*）撤销 107 篇中国医学论文。同年 7 月，因论文同行评议流程问题，《肿瘤生物学》被美国 SCI 除名。③ OA 期刊质量控制问题引发热议。

---

① WRAY K B. No new evidence for a citation benefit for Author-Pay Open Access Publications in the social sciences and humanities[J]. Scientometrics, 2016, 106(3): 1031-1035.

② DORTA-GONZÁLEZ P, GONZÁLEZ-BETANCOR S M, DORTA-GONZÁLEZ M I. Reconsidering the gold open access citation advantage postulate in a multidisciplinary context: an analysis of the subject categories in the Web of Science database 2009—2014[J]. Scientometrics, 2017, 112(2): 877-901.

③ Biolbool. Why is Tumor Biology removed from the SCI[EB/OL]. [2019-01-10]. https://www.biobool.com/news/103.html.

　　"掠夺性出版商"（predatory publishers）这一术语由揭露欺诈性
OA 出版的专家 Jeffrey Beall 提出，用以描述倾向或意图伤害或剥削
他人从而谋取个人利益或利润的出版商（Betz，2016）。① 掠夺性期
刊的创建旨在迎合日益增长的论文发表需求，其中初级研究人员的
出版压力在发展中国家表现尤为明显，但其又缺乏对该类期刊的了
解和正确判断（Roberts，2016）。② Gopalakrishnan 等（2016）③研究
了 480 名印度研究人员对掠夺性期刊的认知，发现 57%的受访者不
知道何为掠夺性期刊。Erfanmanesh 等（2017）④对伊朗研究人员在
掠夺性 OA 期刊上发表文章的情况进行分析。研究调查了 2014 年
Jeffrey Beall 公布的掠夺性期刊列表中 265 家期刊上发表的 21817 篇
文章，结果显示伊朗研究人员共发表了 1449 篇论文。这使伊朗成
为仅次于印度的第二大贡献国。同时 Erfanmanesh 还列出了潜在掠
夺性期刊的 18 个常见特征，供发展中国家研究人员投稿时参考：
用具有攻击性的垃圾邮件"轰炸"目标研究人员群体；在没有同行
评审或质量控制的情况下接受稿件；在不提供任何出版服务和编辑
的情况下收取 APCs；声称在西方国家开展业务；利用虚假期刊影
响因子和误导性指标作为价值指标；在没有得到允许的情况下将知
名学者列为编委会成员；声称期刊文章被 Scopus 等索引；模仿知
名期刊的名字、标识、设计或特征；使用"国际""美国""欧洲"等
文字作为期刊名称；发表文章所涉学科广泛以吸引更多人；承诺出

---

　　① BETZ C L. Authors beware: open access predatory journals[J]. Journal of
Pediatric Nursing, 2016, 31(3): 233-234.

　　② ROBERTS J. Predatory journals: illegitimate publishing and its threat to
all readers and authors[J]. The Journal of Sexual Medicine, 2016, 13(12): 1830-
1833.

　　③ SEETHAPATHY G S, SANTHOSH KUMAR J-U, HAREESHA A S.
India's scientific publication in predatory journals: need for regulating quality of
Indian science and education[J]. Curr Sci, 2016, 111(11): 1759-64.

　　④ ERFANMANESH M, POURHOSSEIN R. Publishing in predatory open
access journals: a case of Iran[J]. Publishing Research Quarterly, 2017, 33(4):
433-444.

版周期短；期刊网站上有很多拼写和语法错误；校对质量较差；提供不准确或不完整的联系方式并隐藏期刊的所有者和地址；试图吸引更多文章提交以获得利润；通过电子邮件接收稿件而不通过诸如Scholar One 等稿件提交系统；声称是世界医学编辑协会（World Association of Medical Editors，WAME）、出版伦理委员会（Committee on Publication Ethics，COPE）等的成员；在没有任何通知的情况下突然消失或撤回网址等。

不仅发展中国家学者深受掠夺性出版之害，发达国家研究人员现在也受到其困扰。有调查称，在 2000 篇掠夺性期刊文章样本中超过半数（57%）来自高收入国家，美国（15%）在掠夺性期刊上发表的文章数量仅次于印度（27%）。① 掠夺性出版现象可以被视为一种"传染病"，从没有意识到掠夺性出版问题的研究者虽然意识到存在问题，但被其声称的能快速出版等条件诱惑而选择出版的研究者都受到了这种"传染病"的影响。② 掠夺性期刊问题现已成为全球问题，全世界许多研究者深受其害并越来越意识到问题的严重性。为解决上述问题，学者们给出了建议：①高校可在本科生和研究生课程中包含检查期刊真实性、指标可信性以及期刊是否被MEDLINE、PubMed 或 WoS 等知名数据库编入索引（Mihiretu et al.，2017）③等教学内容；②期刊编辑和审稿人有责任对源自掠夺性期刊的引用保持警惕（Betz et al.，2016）④；③学者可集体努力，让同

① Predatory journals: Not just a problem in developing world countries, says new Nature paper [EB/OL]. [2019-02-18]. https://retractionwatch.com/2017/09/06/predatory-journals-not-just-developing-world-countries-says-new-nature-paper/.

② MANCA A, CUGUSI L, DRAGONE D, et al. Predatory journals: prevention better than cure? [J]. Journal of the Neurological Sciences, 2016, 370: 161.

③ KEBEDE M, SCHMAUS-KLUGHAMMER A E, TESFAYE B T. Manuscript submission invitations from "predatory journals": what should authors do? [J]. Journal of Korean Medical Science, 2017, 32(5): 709-712.

④ BETZ C L. Authors beware: open access predatory journals [J]. Journal of Pediatric Nursing, 2016, 31(3): 233-234.

事和学生获得避免在掠夺性期刊上发表文章所需的信息(Betz et al., 2016)①, 如列举掠夺性 OA 出版商和期刊名单等(Storebo, 2017); ④作者可从编辑委员会的质量、审查程序、征稿时间和出版收费等因素判断期刊是否为掠夺性的(Maddy et al., 2017)。②

总的来说, 要想解决掠夺性期刊的出版问题, 需要以提高科学共同体问题意识、制定和传播识别掠夺性期刊的策略、开展出版伦理和文化教育运动为基础, 制定涉及所有利益相关者的战略和行动纲领。

9.2 数字教材与开放教材研究

正如开放获取思潮和实践在学术出版领域产生了广泛影响一样, 数字教材、开放教材等新理念、新产品和新实践也在相当程度上影响着教育出版的走向, 围绕相关问题的研究已经蓬勃展开。

9.2.1 数字教材研究

目前国外数字教材的开发和使用仍处于起步阶段, 但随着信息技术的深入发展和信息化环境的不断完善, 数字教材的开发与应用前景可期, 而且已经成为当前相关学界和业界研究人员关注的热点。

教材出版商、供应商和技术提供商, 数字教材使用群体, 政府、学校等公共权威部门, 以及社会群体是数字教材社会技术体系中常见的 4 类行动者(Pata et al., 2016)③。而新技术和用户需求的不断变化使得教材出版的利益相关者及其关系正发生变化。过去由

---

① BETZ C L. Authors beware: open access predatory journals[J]. Journal of Pediatric Nursing, 2016, 31(3): 233-234.

② MADDY A J, TOSTI A. Predatory journals in dermatology[J]. British Journal of Dermatology, 2017, 177(1): 307-309.

③ PATA K, VALJATAGA T. A framework for mapping e-textbooks as a socio-technical regime[C]//International conference on web-based learning, 2016: 215-224.

于价格高昂和新版本频繁发行，一些高校图书馆弱化了在教材出版和供应中的角色(Hendrix et al.，2016)。① 但近年来，图书馆与高校出版社频繁展开教材领域的合作，联合起来与营利性教材出版商角力。图书馆在教材出版中的角色逐渐凸显。高校图书馆进入高教教材市场有着天然优势，因为其中的大部分有管理从印刷版图书到电子版图书的经验，有与学术出版商合作的丰富经历，且日常提供数以千计的非教材电子书借阅服务。图书馆经常将现有的电子书集合作为潜在的课程材料提供给学生，或者从诸如 MERLOT(Multimedia Educational Resource for Learning and Online Teaching)等开放教育资源平台以及与高校的开放教材图书馆等网站挖掘和推广教育资源。

数字教材已经在英美等发达国家和地区频繁展开试点工作，但其是否发挥了效果却值得进一步探究。2013 年春夏，美国布法罗大学图书馆实施了一个学生使用数字教材的试点项目，目标是评估人们对高校电子教科书不断变化的态度，并探索可持续的数字教材实施模式。Dean(2016)②选择使用了这些电子教科书的课程的 314 名学生为样本，并借助 CourseSmart 分析工具获取其所访问的电子教科书的国际标准书号(International Standard Book Number，ISBN)、书名、学生访问次数和长度、浏览页面数量、笔记、高亮部分和书签数量等信息。经过分析，发现 303 人(96%)在试点期间至少阅读了 1 本电子教科书，学生平均在平台上停留近 19 小时。82%的学生表示电子教科书有价值，74%的学生将书推荐给其他学生，对数字教材的使用普遍持积极态度。为了评估将这一计划从试点项目开始进行推广的可行性，研究人员询问参与者是否愿意支付费用以便在未来参与类似项目。近一半参与者(45%)表示不会支

---

① HENDRIX D, LYONS C, ARONOFF N. The library as textbook provider：administering and assessing a student-based e-textbook pilot [J]. College & Undergraduate Libraries，2016，23(3)：265-294.

② HENDRIX D, LYONS C, ARONOFF N. The library as textbook provider：administering and assessing a student-based e-textbook pilot [J]. College & Undergraduate Libraries，2016，23(3)：265-294.

付费用，而 50% 的参与者表示只要费用低于 200 美元就会支付。显然，尽管学生对数字教材普遍持积极态度，但书价依旧是影响学生数字教材购买决策的重要因素之一。2014 年 4 月，JISC 资助来自利物浦大学、诺丁汉、伦敦大学学院、苏格兰等地的 4 个小组制作了 8 本电子教科书。各小组按照各自选定的学科和主题，使用不同的制作方法、商业和许可模式、分销和销售渠道，各自委托、编写和出版 2 本教科书。2 年后，JISC 项目经理 WARD（2016）①试图对效果进行评估，但是因为将课程材料转化为结构合理、流畅的教学材料并辅以正确的教学标识所需的时间比预期的要长，项目进度被打乱，故而短暂的发行时间使得用销售数量和销售额来判断教材效果失去说服力。

9.2.2　开放教材

对于数字教材的冲击，英美等国教育出版商一直保持乐观态度。这源于大型教育出版商很早就进入了数字出版领域，而且他们在教育出版领域的垄断地位似乎是无可替代的。但是，传统营利性教育出版的"危机"或者"机遇"却以他们意想不到的形式——开放教材甚至 OER 形式进入了出版领域。目前多所高校开展了开放教材的试点工作，如美国明尼苏达大学开放文本图书馆（Open Text Library）、英国莱斯大学非营利教育技术项目 OpenStax、中国香港公开大学官方开放教材发展项目等。

开放教材在高校的试点是否取得了效果，直接关系到开放教材能否在世界各国推广和利用。作为开放教材实施者的教师和作为开放教材接受者的学生对开放教材的评价成为当前该领域相关学者研究的重点。Lane Fischer（2017）②邀请了来自美国和加拿大的教师，

①　WARD V. Research in progress：the institution as e-textbook publisher project[J]. Insights：The UKSG Journal，2016，29（3）：273-279.

②　FISCHER L，ERNST D，MASON S L. Rating the quality of open textbooks：how reviewer and text characteristics predict ratings [J]. International Review of Research in Open and Distributed Learning，2017，18（4）：142-154.

借助 5 级李克特量表对明尼苏达大学开放文本图书馆的 210 本开放教材从全面性(Comprehensiveness)、准确性(Accuracy)、相关性或长度(Relevance/Longevity)、清晰性(Clarity)、一致性(Consistency)、模块性(Modularity)、组织(Organization)、交互(Interface)、语法(Grammar)和文化相关性(Cultural Relevance)等方面进行评估。结果显示,教师使用后整体评价良好,中位数评级为 4.5。但这些评级仅反映了教师对于这些开放教材的评价,而教材质量并不仅仅由教师判定,其主要使用者学生的学习成绩也是判断教材质量好坏的主要标准之一。而 Ozdemir(2017)[1]的研究恰好在这个维度上做了补充。其研究发现,39%左右的教师通过查看考试、作业或课程成绩等发现学生学习成绩有所提高,28%的教师表示退课率保持不变或有所降低。

在北美采用开放教材近 10 年后,2012 年香港公开大学的 Cheung(2016)[2]及其课题小组在香港赛马会慈善信托基金(Hong Kong Jockey Club Charities Trust)的资助下自主研发了"香港开放教材发展项目"(Project for Developing Open Textbooks in Hong Kong)。香港第一个官方开放教材平台上线,涵盖小学、中学、专上(post-secondary)以及大学等教育层次。该在线平台允许用户根据具体的学习需求定制合适的教材内容,且用户可以下载、修改、混合和上传已修改或混合的内容,同时也可以在线向印刷厂提出印刷要求。香港开放教材发展项目同样涉及质量控制问题。为保证质量,对于小学及中学开放教材,项目谨遵政府制定的课程指引(curriculum guide)类文件;对于专科以上(包括大学)程度的开放教材,则由相关学科或领域的专家担任同行评议的评审员,同时允许公开和公众评论。除此之外,项目组也会定期进行开放教材学习效果和用户体

① OZDEMIR O, HENDRICKS C. Instructor and student experiences with open textbooks, from the California open online library for education (Cool4Ed)[J]. Journal of Computing in Higher Education, 2017, 29(1): 98-113.

② CHEUNG S K S. The open textbooks for Hong Kong: from conceptualization to implementation[J]. Blended Learning: Aligning Theory with Practices, 2016, 11: 150-156.

验的评估研究。香港开放教材目前仍处于孵化阶段（incubation stage），亟待发展。

总体来看，开放教材项目大多以个别大学和教育机构为主导来制作 OER，大学图书馆在开放教材出版领域扮演着重要角色。另外，除发达国家和地区外，开放教材在发展中国家也获得了关注和支持。随着实践的深入，关于开放教材的研究深度和广度有待于进一步提高。除聚焦于开放教材质量和试点效果外，开放教材与实践的结合、与教育创新的关系等同样应该受到广泛关注。

9.3 电子书与自出版图书研究

近年来电子书作为新兴阅读产品越来越受到学者关注，其中电子书制作、终端与格式、定价与发行等成为主要的研究议题。

9.3.1 电子书制作

随着电子信息技术的发展，个人制作电子书或提出电子书优化方案成为现实。近些年，学者们不断尝试个人制作电子书并增添新的功能。

电子书制作涉及电子书制作平台的选择、电子书内容材料的选取、格式的选定、制作过程、文献著录等问题，不一而足。哪些教材适合电子书出版？哪类出版商擅长出版哪一类型电子书？电子书用户主要是哪些群体？诸如此类问题也是电子书制作者动手之前需要考虑的问题。Cheung L(2018)[①]领导的研究小组以电子书形式出版了为内科住院医生编写的学习材料。为了寻找适合出版的教育材料，研究小组对诊治肺部旋转(Pulmonary Rotation)的内科住院医生进行调查，以使电子书包含诊断和治疗肺部疾病等临床杂症的资料；为选择合适的在线出版商，研究小组就编辑和写作、出版格式、发行渠道、图书定价和作者版税、广告和促销服务、出版成本

---

① CHEUNG L. Advancing scholarship by publishing curriculum as an e-book [J]. Education and Health, 2018, 31(2): 130-133.

等比较了 Lulu publishing、iUniverse、FastPencil、Outskirts Press、Smashwords 和 CreateSpace 等自助出版商；为满足国际读者的阅读需求，小组尽量不提当地医院的名称，并将药品的行业通用名称替换成商标名称；同时，为了让电子书适应智能手机、平板电脑以及个人电脑等屏幕，小组成员和出版商提供的插画师再次修改了包括图、表和图像在内的其他材料，确保即使被缩小或放大，电子书内容都可以清晰显示。

随着制作工具的普及，对普通人来说电子书制作已成为简单的事。如何增加电子书的趣味性、实用性和个性化成为现在学者和行业内人士更为关心的话题。为此，Chen(2018)[①]提出在电子书界面上增加思维导图和问答机制的设想，Yoo(2016)[②]提出可增加电子书的社会标签功能并给出了具体步骤。除作者、插画师和多媒体应用程序设计师等关键的利益相关者可以制作电子书外，Long 等(2018)[③]开发了一个儿童电子书设计和出版的 Q-Tales 教学框架，允许儿童登录系统创建自己的电子书。同时，为禁止未成年人访问有害内容，Lee(2018)[④]建议使用标志通信各方身份信息的 X.509 证书的数字签名来确定用户年龄。

9.3.2 电子书终端与格式

目前电子书市场上电脑、平板、手机、电子书阅读器等各种终

① CHEN G D, CHANG C K, WANG C Y, et al. Development and evaluation of a novel e-book interface for scaffolding thinking context to learn from writing examples[J]. Interactive Learning Environments, 2018, 26(7): 970-988.

② YOO H S, KIM S W. ESOTAG: e-book evolution using collaborative social tagging by readers[J]. Multimedia Tools and Applications, 2016, 75(20): 12795-12813.

③ THOMPSON LONG B, HALL T, HOGAN M, et al. Enhancing children's literacy skills: designing the Q-Tales ecosystem for children's e-book design and publication[J]. Literacy, 2018, 52(3): 171-179.

④ LEE J, JEON I, KWON H, et al. Real-time adult authentication scheme for digital contents using X.509 certificate in ubiquitous Web environment[J]. Journal of Real-Time Image Processing, 2018, 14(1): 237-244.

端设备既互补又竞争，对出版物的生产和使用两端都发生了深刻影响。

利用电子书阅读终端进行的阅读行为成为当前实践者和研究者关注的热点问题。为了探究电子书格式和阅读设备对用户阅读体验的影响，Zeng 等（2016）①对一组研究生的阅读速度和理解能力进行了考察。参与者被要求在 4 种常见的电子书阅读终端——笔记本电脑、平板电脑、专用电子阅读器和智能手机阅读设备上阅读同一篇专著两种格式的相同章节，即固定布局格式文件（PDF）和流式文件（EPUB），同时记录和比较他们的阅读过程、速度和理解能力。研究结果显示，一般而言，人们阅读 EPUB 文件的速度要快于 PDF 文件。如 86.7%的参与者使用 iPhone 和 Kindle 阅读 EPUB 文档的速度快于 PDF 文档；60%的参与者使用 iPad 阅读 EPUB 文档的速度快于阅读 PDF 文档。而参与者在智能手机、专用电子阅读器和平板电脑上阅读 EPUB 文件时，比在笔记本电脑上阅读时答题正确率更高。也就是说，移动电子书终端更有利于用户理解电子书内容。至于上述结论是否适用于专业学习，Sharma 等（2017）②调查了印度北方邦中央大学学生在日常生活中使用移动设备的情况，以及他们对移动设备在学术用途上的实用性和有效性的看法。研究显示，大多数受访者通过移动设备访问图书馆网站，但只有 1.96%的受访者通过移动设备访问电子书。网络覆盖率低、数据计划收费高、加载时间长等是使用移动设备学习的主要障碍。此外，长时间在电子书终端上阅读可能会引起过度刺激和眼睛疲劳，但目前诱发

---

① ZENG Y, BAI X, XU J, et al. The influence of e-book format and reading device on users' reading experience: a case study of graduate students [J]. Publishing Research Quarterly, 2016, 32(4): 319-330.

② SHARMA R, MADHUSUDHAN M. Use of mobile devices by library and information science students in central universities of uttar Pradesh[J]. DESIDOC Journal of Library & Information Technology, 2017, 37(4): 293-302.

因素和成因仍不清楚，潜在补救措施也不确定（Maducdoc et al.，2017）。①

随着用户对电子书可读性和可访问性越来越重视，文件格式的兼容性被提上议程。EPUB 格式具有内容可共享和重用，呈现基于 Web 技术的多媒体、交互式教学内容，调整布局以适应小屏幕设备，离线使用所有资源，兼容性强等优势；但是，也存在支持的媒体类型有限等劣势（Chang et al.，2018）。② 如今市场上电子书阅读器和阅读软件在格式上的不统一已然导致资源重复开发严重、读者阅读障碍增加等问题，电子书各种格式的相互转换和互操作性问题成为业界和学界关注的焦点。为减少电子书内容制作上的困难和成本，Chang（2018）③ 比较了可共享内容对象参考模型（Shareable Content Object Reference Model，SCORM）④ 和 EPUB 的内容呈现、元数据和内容包，并在此基础上设计了一套将 SCORM 内容包转换为 EPUB 数字出版物的系统。SCORM 转换为 EPUB 的流程包括：①上传并解压符合 SCORM 标准的文件；②将 SCORM 的内容页面（HTML）转为 EPUB 的内容文档（XHTML），生成后缀为 .opf 的强制性程序包文档文件（mandatory package document file）；③将 SCORM 的课程导航结构转码到 EPUB 目录中并生成 TOC.xml 强制

① MADUCDOC M M, HAIDER A, NALBANDIAN A, et al. Visual consequences of electronic reader use: a pilot study [J]. International Ophthalmology, 2017, 37(2): 433-439.

② CHANG H P, HUNG J C. Comparison of the Features of EPUB E-Book and SCORM E-Learning Content Model [J]. International Journal of Distance Education Technologies (IJDET), 2018, 16(2): 1-17.

③ CHANG H P. An Implementation of Digital Content Model Conversion System-From SCORM to EPUB [J]. Journal of Applied Science and Engineering, 2018, 21(2): 271-278.

④ 可共享内容对象参考模型（Shareable Content Object Reference Model，SCORM）由美国国防部高级分布式学习（Advanced Distributed Learning，ADL）组织所制定的标准，是基于网络的电子学习的标准和规范的集合。该标准不仅明确了电子学习模型的特点，还解释了如何构建其运行时的环境，设置了学生学习顺序。

性文件；④将 SCORM 元数据转换为 EPUB 元数据；⑤复制所有学习资源并将 EPUB 包压缩为 .zip 文件；⑥将文件扩展名 .zip 更改为 .EPUB。

不同企业出于保护自身商业利益的考虑而为其开发的电子阅读器硬件与软件中配置了不同格式的电子书。目前，国内外电子书格式有数十种之多。除了推行电子书标准以外，上述这种借助某一系统将一种格式转化为另一种格式的方式，不失为一种解决格式不兼容性和互操作性的备选方法。

9.3.3 电子书定价与发行

目前国外电子书主要采用批发制定价模式和代理制定价模式，并形成了以采用批发制定价模式的亚马逊和采用代理制定价模式的苹果为中心的双寡头垄断格局。近 3 年，电子书定价领域的研究重点也主要集中于对这两种模式的探讨。

在批发模式下，出版商以批发价格批量向零售商销售电子书，零售商设定零售价格向消费者销售电子书（Santos et al.，2017）。①而在代理模式下，出版商直接设定零售价格，零售商仅仅是出版商的代理人，零售商每卖出一本电子书就会得到一笔佣金（Santos, et al.，2017）。②也就是说，代理模式下的电子书出版商才是整个电子书产业链的主导者，而电子书零售商仅仅是销售商，和出版商依据签订的协议分成。对于出版商而言，在批发模式下能获得的利润高于在代理模式下的利润。Zhu（2018）③从价格、利润和盈余 3 个方面比较了电子图书行业的批发模式和代理模式。结果表明，对于消费者而言，当电子书非常相似或完全同质时，消费者在批发

---

① DE LOS SANTOS B, WILDENBEEST M R. E-book pricing and vertical restraints[J]. Qme-quantitative Marketing and Economics，2017，15（2）：85-122.

② DE LOS SANTOS B, WILDENBEEST M R. E-book pricing and vertical restraints[J]. Qme-quantitative Marketing and Economics，2017，15（2）：85-122.

③ ZHU C, YAO Z. Comparison between the agency and wholesale model under the e-book duopoly market[J]. Electronic Commerce Research，2018，18（2）：313-337.

模式下会获得更大剩余；当电子书非常或完全不同时，消费者在代理模式下会获得更大剩余。当批发价格较低时，批发模式下的消费者剩余普遍高于代理模式下的消费者剩余；而批发价格低、可替代性差或者批发价格高、可替代性相对高时批发模式下的社会福利较好。

电子书对纸质书的影响在近 3 年同样受到了学者们的关注。Lu（2018）①构建了一个由作者、出版商、实体书店（p-bookstore）和电子书店（e-bookstore）组成的供应链模型，并运用博弈论（Game Theory）方法比较了批发制定价模式和代理制定价模式 2 种电子书定价模式，以及分散渠道（实体书店和电子书店是独立的）和水平集中渠道（书店同时销售纸质书和电子书）2 种常见的销售渠道。研究发现，在分散渠道中始终存在一个帕累托区域。在该区域，出版商设定较低的电子书零售价格，导致供应链中图书总需求和电子书销量增加。也就是说，在帕累托区域竞争产品的价格弹性不大或纸质书的单位批发价格不低时，出版商和实体书店可以协商分成，以寻求利润的最大化。研究还表明，在代理模式下电子书销售的收益大于纸质书销售的损失。在分散渠道中，当代理费超过一个临界点时，出版商就会把消费者推向对前者来说更有利可图的纸质书，而零售商可能最终在电子书市场上损失惨重，总体利润下降（Kim et al.，2018）。② 作为互相替代性产品，电子书价格总是会波及纸质书价格，并最终影响市场主体对定价模式的选择。

鉴于电子书销售对纸质书销售的影响，出版商正在寻找合适的方式来降低电子书和纸质书同时争夺市场而造成的利润流失，以达到出版商利润的最大化。目前出版商常用的 3 种发行策略主要是延迟电子书的发行、延迟实体书的发行以及同步发行，但电子书和实

---

① LU Q, SHI V, HUANG J, et al. Who benefit from agency model: a strategic analysis of pricing models in distribution channels of physical books and e-books[J]. European Journal of Operational Research, 2018, 264(3): 1074-1091.

② KIM A. Doubly-bound relationship between publisher and retailer: the curious mix of wholesale and agency models[J]. Journal of Management Information Systems, 2018, 35(3): 840-865.

体书之间的强替代效应使得其更偏向于延迟策略。而且，由于电子书的边际成本低于实体书，因此推迟实体书发行的策略更受欢迎（Li et al.，2019）。① 当只有 1 家零售商提供电子书借阅服务时，当品牌认知度和网络效应存在巨大差异时，纸质书的需求就会被蚕食；当 2 家零售商都提供电子书借阅服务时，就会引发电子书和纸质书的相互蚕食效应（cannibalization effect）；当 1 个垄断零售商同时发行纸质书和电子书，并推出电子书借阅计划时，部分纸质书的销售将会被蚕食，因此对电子书收取更高价格将是一种可行和可预测的策略。电子书和纸质书的发行顺序决定了蚕食效应的高低，零售商先发行纸质书的蚕食效应较低，先发行电子书的蚕食效应较强（Chen et al.，2017）。②

9.3.4　自出版图书

自出版图书结合了自出版快速、低成本和低门槛的优势与数字出版几乎没有印刷、库存和退货成本的优势，驱使越来越多的作者绕开传统出版商，选择在自出版平台上独立完成作品出版的全过程或分包服务。2016—2018 年，自出版市场发展突飞猛进。2018 年 4 月有报道指出：2017 年超过 1000 名独立作家通过"Kindle 直接出版"（Kindle Direct Publishing，KDP）获得超过 10 万美元的版税。超级独立小说家马克·道森（Mark Dawson）曾表示，2018 年他仅凭 KDP 作家版税就赚取了 100 余万美元。但与市场表现相反，国外自出版研究成果数量较少且呈下降趋势。③ 其中，图书馆学和信息

① LI F, LI S, GU J, et al. Whether to delay the release of ebooks or not? An analysis of optimal publishing strategies for book publishers［J］. Journal of Theoretical and Applied Electronic Commerce Research，2019，14(2)：124-137.

② CHEN L, KING R C. To lend is to own：a game theoretic analysis of the e-book lending market［J］. International Journal of Electronic Commerce，2017，21(3)：334-362.

③ MANGAS-VEGA A, GÓMEZ-DÍAZ R, CORDÓN-GARCÍA J A. Approach to self-publishing with a combination of bibliometric study and social network analysis techniques［J］. Electronic Library，2016，34(6)：902-914.

科学是研究自出版的主要学科(Almudena,2016)。

在大众出版领域,自出版打破了传统出版商的垄断地位,实现了写作的民主化和社会化,出现了一大批"平民作家"。而网络社交平台的出现使出版变得更加透明化、合作化,具有更强的可塑造性和针对性。① 特别是借助 Wattpad 这样的社交阅读和写作平台,"平民作家"不仅能够自主创作和发表,还能够与目标读者进行交流和共同创作。自出版模式主要分为 3 种:一是独立自助出版,即作者负责图书制作和销售的各个方面,其余部分外包给第三方;二是与公司合作的自出版,作者付费,由公司负责出版的全过程;三是按需印刷(Print On Demand,POD)。3 种模式并不相排斥,可根据作者及其作品的特性加以选择(Heather,2018)。②

自出版市场的发展对传统出版产业链产生冲击,致使出版商和发行商也开始重视自出版,并尝试为作者推出自出版服务。Amazon 利用自出版模式解决图书长尾问题。而以 Smashwords、Lulu 为代表的平台帮助"平民作家"编辑、排版、营销和销售自出版图书。这样既可以绕过传统出版机制,与承担所有编辑出版工作相比,又可以减轻作家的经济负担。Johnson(2017)③指出,"平民作家"的崛起本质上是出版产业权力的转移:作者获得了出版活动的掌控权,且随着在线社交平台的发展,"平民作家"群体将会扩大。当然,出版商也并非处于被动地位。相比第三方自出版平台,传统出版商拥有更稳定和声誉更高的作家队伍和读者资源。他们可以利用自身优势来开发新市场。

---

① RAMDARSHAN BOLD M. The return of the social author: negotiating authority and influence on Wattpad[J]. Convergence: The International Journal of Research into New Media Technologies, 2018, 24(2): 117-136.

② SANDY H M, MATTERN J B. Academic library-based publishing: a state of the evolving art[J]. Library Trends, 2018, 67(2): 337-357.

③ JOHNSON M J. The rise of the citizen author: writing within social media [J]. Publishing Research Quarterly, 2017, 33(2): 131-146.

在教育出版领域，自出版电子教材的灵活性和教学适用性为高价教材问题提供了新的解决方案。教师可以通过自出版来提升教材和教学实践活动的质量。而且，自出版教材的价格往往低于传统教材，可以极大地减轻学生的购买压力，因而这类受众针对性极高的教材销售率达到 70%（Leah，2017）。①

对学术出版来说，自出版模式满足了数字化背景下的个性化出版需求，同时解决了短版书出版的困扰。例如，德国按需图书公司（Books On Demand，BoD）为学者和学术机构建立了自助出版平台 PubliQation，使得个人自出版的作品可在全球范围内立即获取，实现了小众出版物的流通（Heiko，2017）。②

自出版模式也为图书馆带来了新动力。在数字阅读时代，图书馆对电子书的采购需求不断增强。电子书自出版有利于图书馆打破传统采购渠道，直接从作者处低价采购低版权限制的电子书，以最大程度地满足用户需求。而作者也可以借助图书馆的电子借阅服务，在广大用户中推广作品，以获取经济利益和提高知名度。公共图书馆最先开始接受自出版图书，且大部分为虚构类图书。随后部分图书馆创建了"自出版作品基地"，例如加州洛斯加托斯（Los Gatos）公共图书馆与电子书出版发行平台 Smashwords 合作创建"本地独立出版"（Local Indie）系列自出版作品，其中包括当地电影制作人提供的本地音乐 CD 和 DVD。随着自出版数量和质量的提升，学术图书馆也开始接受自出版作品。为解决自出版图书缺乏馆藏检索系统所需书目数据和同行评审等问题，有的图书馆自发组建评审团队或作者考核机制来评测自出版图书质量（Alexis Linoski，2017）。③

---

① SCHULTZ L A. Navigating the minefield of self-publishing e-textbooks[J]. Information Systems Education Journal，2017，15(5)：15-21.

② HARTMANN H. Academic publishing in the humanities：current trends in Germany[J]. Logos，2017，28(2)：11-26.

③ LINOSKI A. Self-publishing and collection development：opportunities and challenges for libraries[J]. Journal of Academic Librarianship，2017，43(1)：19.

9.4 数字阅读与学术社交行为研究

伴随移动互联网的不断发展和社会化媒介技术的更新迭代，传统纸质阅读方式不断受到数字阅读的冲击，而阅读习惯的改变也影响着用户信息交流与传播的方式。业界和学界越来越重视对用户数字阅读行为和基于网络的学术交流行为的跟踪与分析，探讨用户在社会化媒体时代信息资源获取、互动、分享和社交等行为模式。

9.4.1 数字阅读行为

数字阅读已成为一种重要的阅读方式融入用户的阅读生活。学者们持续关注用户的纸电阅读偏好，并着重从年龄维度加以剖析，尤其关注儿童与青少年群体的阅读效果。由于电子书文本形式的丰富性与动态性（Kaman，Ertem，2018[①]；Strouse，Ganea，2017[②]），儿童阅读电子书时的注意力比阅读纸质书时更集中，阅读态度与效果也更积极。此类研究结果有助于降低家长对电子书的不信任感，增加电子书在儿童阅读中的比重。研究还发现，幼儿时期的识字活动与青少年时期的信息性在线阅读之间存在正相关关系，并且这种联系在各个国家都相当稳定地得到验证。Notten 和 Becher（2017）[③]从文化与社会再生产理论、数字鸿沟的视角对这些发现进行了探讨。但是，青少年群体在可以自主选择阅读载体的情况下，并没有

---

① KAMAN S, ERTEM I S. The effect of digital texts on primary students' comprehension, fluency, and attitude[J]. Eurasian Journal of Educational Research, 2018, 76: 147-164.

② STROUSE G A, GANEA P A. Parent-toddler behavior and language differ when reading electronic and print picture books[J]. Frontiers in Psychology, 2017, 8: 677.

③ NOTTEN N, BECKER B. Early home literacy and adolescents' online reading behavior in comparative perspective[J]. International Journal of Comparative Sociology, 2017, 58(6): 475-493.

显示出明确的倾向性,① 载体形式对学生的理解能力和阅读效果也未产生明显影响。②

也有研究发现读者的阅读行为与心理偏好并不相匹配:虽然读者更偏爱纸质阅读,但实际阅读时间却更多用在数字读物上(Kurata,2017)。③ 对大学图书馆借阅情况的分析也表明,图书馆实地访问和借阅量呈下降趋势,而数字访问和借阅量呈上升趋势。值得注意的是,虽然大学生对电子书的需求明显增加,但图书馆的电子资源利用率仍然非常低(Rao,2018)。④ 学者们对用户数字阅读行为的影响因素进行探讨,发现功能服务(functional service)、移动性(mobility)、便利性(convenience)和搜索任务(searching task)等都会影响用户阅读电子书的意愿和效果(Huang et al.,2017)。⑤ 其中,电子书携带和使用的便利性有助于学生随处学习(Kocak et al.,2016);⑥ 清晰的图形说明能有效提高学生的阅读速度和学习效率,辅助课程学习;但是,在电脑或互联网上阅读困难

---

① ERICKSON P A. An examination on the use of the survey of adolescent reading attitude (SARA) as a predictor of students' time spent reading e-Books and print for self-selected reading[D]. United States:Holy Family University, 2016:1810-1950.

② GIBBS J K. Electronic readers in the classroom[D]. United States:Eastern Oregon University, 2016:1801-1862.

③ KURATA K, ISHITA E, MIYATA Y, et al. Print or digital? Reading behavior and preferences in Japan[J]. Journal of the Association for Information Science and Technology, 2017, 68(4):884-894.

④ KONDAMUDI N R, KUMAR S, TRIPATHI M. Users' perceptions of e-books at Jawaharlal Nehru University, New Delhi:a case study[J]. Journal of Library & Information Technology, 2018, 38(4):231-237.

⑤ HUANG L, SHIAU W L, LIN Y, et al. What factors satisfy e-book store customers? Development of a model to evaluate e-book user behavior and satisfaction[J]. Internet Research, 2017, 27(3):563-585.

⑥ KOCAK Ö, YILDIRIM O, KURSUN E, et al. Investigating the status of tablet computers and e-books use of open education faculty students:a case study[J]. International Journal of Distance Education Technologies, 2016, 14(2):49-63.

以及电子书阅读器的成本较高仍是电子书阅读的阻碍因素（Adeyinka et al.，2018）。① 另外，平板电脑上电子书的可发现性（discoverability）和获取流程对其购买意愿有正向影响，阅读体验的复杂性对其购买意愿有负向影响，故而设计师和出版公司一般生产静态电子书以增加销量（Hsiuli，2016）。② 相较于印刷文本的线性阅读方式，电子书的非线性表达方式对读者的认知能力和认知资源提出了很高要求，进而影响最终的文本理解与阅读效果；而且，读者自身的记忆更新能力与认知加工能力在阅读数字文本时会发挥更大作用（Hahnel，2017）。③ 对于互动性触摸屏的阅读情况而言，触摸屏互动水平对阅读理解程度无显著影响，但在高度互动的触摸屏条件下，读者投入更积极的情绪（Ross et al.，2016）。④ 对于诸如手机等移动设备电子书的阅读行为，研究则表明其更多地表现为一种休闲式的碎片阅读，具有明显的潮汐特征，即主要发生在早晨和夜晚，满足一般幂次法则（Power Law）和长尾效应，呈现出一种注意力高度集中的认知特征。因此，在设计移动阅读 App 时，应当为用户提供更多控制力及灵活性，允许用户根据自己的喜好或阅读内容自主选择并组合阅读环境和阅读功能，同时应当最大程度地减

① TELLA A, OSENI D, OGUNTAYO S A, et al. Perception and usage pattern of e-books among library and information science students in selected universities in Nigeria[J]. Journal of Library & Information Technology, 2018, 38（2）：132-140.

② HSIULI L. The effect of presentation types and flow on e-Book purchase intention[J]. Eurasia Journal Of Mathematics, Science and Technology Education, 2016, 12（3）：669-686.

③ HAHNEL C, GOLDHAMMER F, KRÖHNE U, et al. Reading digital text involves working memory updating based on task characteristics and reader behavior[J]. Learning and Individual Differences, 2017, 59：149-157.

④ ROSS K M, PYE R E, RANDELL J. Reading touch screen storybooks with mothers negatively affects 7-year-old readers' comprehension but enriches emotional engagement[J]. Frontiers in Psychology, 2016, 7：1728.

少认知负荷，方便用户获得阅读的沉浸效果（Wang et al.，2018）。①

伴随科技进步，电子书产业在内容、形式和传播渠道上都展现出强劲优势。不仅如此，Amasawa 等（2018）②在美国为期 3 个月的社会实验表明，在整体阅读量保持不变的情况下，阅读等量电子书比仅仅阅读纸质书籍更能降低全球升温潜能值（Global Warming Potential，GWP）。但纸质书具有的触觉体验、收藏价值和仪式感等优势则是电子书无法替代的，因而读者们对电子书的态度仍然有所保留；并且对于专深的学术内容，读者认为纸质书的可信度更高。③ Rabaud（2018）的研究表明，读者的阅读态度和阅读选择主要受 6 个方面影响，即娱乐性与重要性（entertaining and important）、兴趣（lack of interest）、数字阅读的便利性（convenience of digital reading）、功利性（utilitarian purposes）、阅读文本获取的难度（difficult access to reading materials）和强制性阅读（compulsory aspect）。④ 从皮尤研究中心、美国出版商协会等机构的近期报告，以及《纽约时报》等媒体对"电子书衰落"这一图书市场热点问题的关注中可以发现，图书媒介形式与读者阅读体验的博弈是近年来电子书销量增长放缓的重要原因。纸质书的回归、有声读物的飞速增长，说明在电子文化快速传播的现代社会，读者的阅读体验仍是数字出版业发展的关键因素。多项调查显示纸、电阅读的相互补充更

① WANG X, CHENG H, LIU J, et al. How do people read ebooks on mobile devices？Implication for digital reading environment design［C］//Proceedings of the 18th ACM/IEEE on Joint Conference on Digital Libraries，ACM，2018：393-394.

② AMASAWA E, IHARA T, HANAKI K. Role of e-reader adoption in life cycle greenhouse gas emissions of book reading activities［J］. The International Journal of Life Cycle Assessment，2018，23（9）：1874-1887.

③ ZHANG T, NIU X, PROMANN M. Assessing the user experience of e-books in academic libraries［J］. College & Research Libraries，2017，78（5）：578.

④ RABAUD C, MAMODE KHAN N, RAMPAT S. Independent and digital reading among undergraduates：the case of the University of Mauritius［J］. Journal of Applied Research in Higher Education，2018，10（3）：296-310.

加受到读者欢迎。因此，出版单位与图书馆等数字阅读内容的创造者与推广者需要提升用户阅读电子书的时间和机会，这样才有可能培养其数字阅读习惯，从而进一步打开数字出版和阅读市场（Chou，2016）。①

　　从整体来看，纸、电共存发展和互相促进的效应日渐明显。在未来相当长的时期内，传统与新兴阅读方式可以在新的文化环境中以共轭方式提供新的知识获取途径。而数字出版主体需要以媒介体验作为媒介形式的核心问题，找出促使用户媒介选择变化的原因，才能找到适合现代人的阅读体验和方式。

9.4.2　基于网络的学术社交行为

　　科学交流是深刻影响人类现代文明进程的社会活动。自 1665 年英国《皇家哲学汇刊》创刊以来，学术期刊逐渐成为最重要的科学交流渠道。300 多年来，学术期刊、学术著作、学术数据库等不同信息传播方式为科学交流、学术传播与传承作出了巨大贡献。随着现代信息技术发展，"开放科学"（Open Science）的概念迅速兴起，E-mail、博客、开放获取仓储、在线学术社交等非正式交流方式风起云涌，对传统科学交流模式产生巨大冲击。早在 2000 年，国外学术界就尝试建立专门针对研究人员的专业社交网络，如 SciLinks、Scientist Solutions、Nature Network 等都为研究人员的在线交流提供基本服务。随着面向大众的社交网络不断发展，Facebook、Twitter 等知名社交网站也开始尝试为研究人员搭建学术交流平台，但其学术服务的专业性受到一些学者的质疑。2008 年，国外出现了以 ResearchGate、Mendeley 为代表的学术社交网站（Academic Social Network Sites，ASNS）。它们融入了开放获取与社交网络的理念，不仅可以帮助研究人员发现同一领域的学者并为他们提供在线服务，还能为研究人员提供获取大量有价值的知识资源

---

①　CHOU I C. Reading for the purpose of responding to literature：EFL students' perceptions of e-books［J］. Computer Assisted Language Learning, 2016, 29（1）：1-20.

的渠道。

　　作为研究人员聚集的专业性网络社区，学术社交网络的基本功能、用户行为、服务模式都具有特殊属性。学者们对此展开了广泛研究，探索其在促进非正式学术交流与学术创新中发挥的作用。Manca 等学者(2017)①试图通过复杂的技术文化系统来重新定义数字学术，并在概念基础上制定适用于学术社交平台的用户行为框架，即用户使用平台的目的与方式，而后又从社会技术的角度将学术社交网络划分为 3 个层面，各个层面与元素紧密相关：①社会经济层面，包括所有权(商业性和非营利性)、管理模式(协议和规则)、商业模式(订阅)；②技术层面，包括技术相关组件、用户使用和内容；③网络学者层面，包括网络协作、知识共享和身份建立。在用户的使用动机及影响因素方面，学术社交网站方便易用、即时获取、海量数据、免费公开的特点极易形成用户黏度，使学术研究过程和学术信息交流过程深度融合，同时增加科研成果的曝光率，扩大研究成果的传播范围，② 提高科研机构的知名度，方便研究者识别潜在合作者(Baro et al., 2018③；Stvilia et al., 2018④；

---

　　① 　MANCA S. An analysis of ResearchGate and Academia. edu as socio-technical systems for scholars, networked learning: a multilevel framework proposal [J]. Italian Journal of Educational Technology, 2018, 25(3): 20-34. MANCA S, RAFFAGHELLI J E. Towards a multilevel framework for analysing academic social network sites: A networked socio-Technical perspective[C]//Proceedings of the 4th European Conference on Social Media-ECSM, 2017: 193-201.

　　② 　SUGIYAMA K, KAN M Y. A comprehensive evaluation of scholarly paper recommendation using potential citation papers[J]. International Journal on Digital Libraries, 2015, 16(2): 91-109.

　　③ 　BARO E E, TRALAGBA E C, EBIAGBE E J. Knowledge and use of self-archiving options among academic librarians working in universities in Africa[J]. Information and Learning Science, 2018, 119(3/4): 145-160.

　　④ 　STVILIA B, WU S, LEE D J. Researchers' uses of and disincentives for sharing their research identity information in research information management systems[J]. Journal of the Association for Information Science and Technology, 2018, 69(8): 1035-1045.

Djonov, Van Leeuwen, 2018①)。不同学科背景和科研习惯的学者对学术社交网站的接受度各不相同,甚至存在显著差异。例如在 Academia. edu 上,博士后群体对建立关系网络、关注热点文章和参与问题讨论表现出积极兴趣;教师群体则更注重个人履历的完善和更新;一般研究人员则对新兴课题发现、前沿理论探索、最新成果展示更感兴趣;也有用户担心公开个人资料会产生负面影响,并损害他们职业生涯的发展(Greifeneder et al., 2018)。②

学术科研人员将线下人际网络迁移至线上,通过发帖、留言、评论、关注、转发等行为讨论学术话题、传递科学文献和数据,从根本上改变传统的学术传播思维甚至学术研究思维。这引起了图书馆学③和信息科学领域④的极大关注,其中 ResearchGate⑤、Mendeley⑥、Academia. edu⑦ 常常被学者作为代表性案例加以研究。

---

① DJONOV E, VAN LEEUWEN T. Social media as semiotic technology and social practice: the case of ResearchGate's design and its potential to transform social practice[J]. Social Semiotics, 2018, 28(5): 641-664.

② GREIFENEDER E, PONTIS S, BLANDFORD A, et al. Researchers' attitudes towards the use of social networking sites[J]. Journal of documentation, 2018, 74(1): 119-136.

③ KJELLBERG S, HAIDER J, SUNDIN O. Researchers' use of social network sites: a scoping review[J]. Library & Information Science Research, 2016, 38(3): 224-234. RIBEIRO R A, OLIVEIRA L, FURTADO C. A rede social acadêmica researchgate como mecanismo de visibilidade e internacionalização da produção científica brasileira e portuguesa na área de Biblioteconomia e Ciência da Informação[J]. Perspectivas Em Ciência Da Informação, 2017, 22(4): 177-207.

④ WILLIAMS A E, WOODACRE M A. The possibilities and perils of academic social networking sites[J]. Online Information Review, 2016, 40(2): 282-294.

⑤ COPIELLO S, BONIFACI P. A few remarks on ResearchGate score and academic reputation[J]. Scientometrics, 2017.

⑥ ZAHEDI Z, VAN ECK N J. Exploring topics of interest of Mendeley users[J]. Journal of Altmetrics, 2018, 1(1).

⑦ PUSVITA V. SisNasLitbang academic social network features recomendation with user centric approach[J]. Pekommas, 2018, 3(2).

研究人员重点关注其学者声誉提升机制、替代计量系统和科研成果传播能力等。其中，专注于 ResearchGate 的研究数量是 Academia. edu 的 2 倍多。① 对 ResearchGate 平台的作者评价指标 RG 指数（RG Score）进行调查，发现作者在社交网络中的活跃度对 RG 得分有很大影响，并且可以战略性和有选择地影响评分结果（Meier，Tunger，2018）。② 对 Google Scholar Citations、ResearcherID、ResearchGate、Mendeley 和 Twitter 的替代计量指标进行比较，发现 Google Scholar Citations 提供的引文相关数据来源最全面，而 Twitter 在与链接相关的指标中脱颖而出（Martín et al.，2018）。③ 基于 Mendeley 的 H 指数——H men，与 Scopus 和 Web of Science 的 H 指数显著相关（Askeridis，2018）。④ 种种研究表明，基于学术社交网络的替代计量指标能在一定程度上建立并维护学者的声誉和知名度，但是有效的数字学术档案管理需耗费学者大量的时间、精力，因此甚至有学者在个人主页展示错误或虚假的成果数据，造成学术诚信危机（da Silva，2018）。⑤

学术社交网站与学术期刊作为学术信息交流的两种渠道各有所长。学术社交网站能够帮助科研人员加强彼此的沟通联系，分享最新的研究论文，将研究成果惠及更多人。学术期刊出版能对研究成

① MANCA S. ResearchGate and Academia. edu as networked socio-technical systems for scholarly communication: a literature review[J]. Research in Learning Technology, 2018, 26.

② MEIER A, TUNGER D. Investigating the transparency and influenceability of altmetrics using the example of the RG score and the ResearchGate platform[J]. Information Services & Use, 2018, 1: 1-11.

③ MARTÍN-MARTÍN A, ORDUNA-MALEA E, LÓPEZ-CÓZAR E D. Author-level metrics in the new academic profile platforms: the online behaviour of the Bibliometrics community[J]. Journal of Informetrics, 2018, 12(2): 494-509.

④ ASKERIDIS J M. An h index for Mendeley: comparison of citation-based h indices and a readership-based h men index for 29 authors[J]. Scientometrics, 2018, 117(1): 615-624.

⑤ TEIXEIRA DA SILVA J A. The Google Scholar h-index: useful but burdensome metric[J]. Scientometrics, 2018, 117(1): 631-635.

果进行权威认证，更有利于研究成果的管理、回溯、长期保存和多次利用。经同行评审由正规学术出版机构出版的论文，通过学术社交网站的传播，能够扩大影响范围，引起更多同行关注，弥补传统学术出版传播周期长、出版难度大这两大缺陷。事实证明，只要认清并不断发展各自的核心竞争力，学术社交网站与学术出版就能够相互补充、和谐共存、共同发展，为科学事业的前进助力。

9.5 数字出版新技术应用研究

以大数据、云计算、虚拟现实、语义出版、区块链等技术为代表的新一代信息技术在数字出版领域得到广泛应用，相应的研究成果集中在技术应用的框架设计和产品使用效果层面，并为提升产品的用户体验建言献策。

9.5.1 AR/VR 技术应用研究

VR 是指利用计算机模拟生成逼真的三维虚拟世界，提供使用者关于视觉、听觉、触觉等感官的模拟，让用户自然地对虚拟世界进行体验和交互，从而产生临场感。[①] AR 技术是一种借助计算机图形技术和可视化技术产生物理世界中不存在的虚拟对象，并将其准确放置在物理世界中的现代技术。近些年来，VR/AR 技术被广泛地运用在游戏、医学、影视、教育教学等众多领域，数字出版机构也进行了有益尝试。学者们对 VR/AR 技术在出版领域的应用进行理论研究，为出版业的技术应用提供思路和经验。其中，AR 出版物的研发主要集中在儿童读物和教材出版领域；VR 则以互动小说、叙事游戏为主。出版社除了利用 AR/VR 作为图书的有益补充，还结合各自资源特色开发数字出版产品，其中尤以提高用户沉浸感的互动游戏以及虚拟现实教学系统居多。

---

① LANIER J. Virtual reality: the promise of the future [J]. Interactive Learning International, 1992, 8(4): 275-79.

(1) AR/VR 技术在出版中的应用

AR 技术主要应用于儿童出版中的科普类和教材类图书，如科技出版①和地图出版②，或者将儿童阅读与增强现实故事库相连。③通过基于视觉的 AR/VR 技术，童书上单调的文字内容可以更加形象生动地展示出来。如此可以激发儿童的学习动机和想象力，极大地提升儿童阅读的趣味性。同时，AR/VR 技术允许与纸质书籍相关联的内容不断更新，扩大和延长了纸质书籍的内容表达空间及服务周期。其他实证调查也发现，相对于传统普通出版物，儿童更喜欢 AR 读物。④ 通过增强现实技术在儿童三维互动书籍中的应用研究，发现 AR 技术在儿童读物中的应用不仅可以实现寓教于乐的目的，也有助于提高学龄前儿童的认知和听力技能；⑤ 同时，还能促进出版产业的转型升级（Dong，Si，2017）。⑥ 早在 2015 年，迪士尼便将 AR 技术和色彩图书项目相结合，当孩子在空白书上对图像颜色进行捕捉时，智能设备会根据颜色和形状创建相应的 3D 模

① WOLLE P，MüLLER M P，RAUH D. Augmented reality in scientific publications—taking the visualization of 3D structures to the next level[Z]. 2018.

② LIN P H，HUANG Y M，CHEN C C. Exploring imaginative capability and learning motivation difference through picture e-book[J]. IEEE Access，2018，6：63416-63425. YE H，SHI R，LI S. Status and tendency of augmented expression for paper map [M]//Applied Sciences in Graphic Communication and Packaging. Singapore：Springer，2018：221-231.

③ CHANLIN L J. Bridging children's reading with an augmented reality story library[J]. Libri，2018，68(3)：219-229.

④ HUNG Y H，CHEN C H，HUANG S W. Applying augmented reality to enhance learning：a study of different teaching materials[J]. Journal of Computer Assisted Learning，2017，33(3)：252-266.

⑤ YILMAZ R M，KUCUK S，GOKTAS Y. Are augmented reality picture books magic or real for preschool children aged five to six? [J]. British Journal of Educational Technology，2017，48(3)：824-841.

⑥ DONG C，SI Z. The research and application of augmented reality in 3D interactive books for children[M]//Applied Sciences in Graphic Communication and Packaging. Springer，Singapore，2018：293-299.

型，孩子们可以通过智能设备实时观察该模型。然而，学者 Xujin-E(2017)①认为在实际的 AR 出版设计过程中仍面临诸多问题，如：当前 AR 图书只是简单的图像识别，未实现真正的 AR 功能，导致读者兴趣不高，阻碍 AR 童书的市场推广；内容同质化明显；AR 内容与图书内容分离，交互能力有限；线上与线下营销困难。对此，作者建议出版社应建立专业的研发团队来完善内容；掌握优质内容，结合畅销书籍进行 IP 孵化；改善 AR 和书籍内容之间的分离与组合；构建统一的 AR 内容标准体系。

将 AR/VR 技术融入教材与其他教学辅助工具是一种重要的应用方向。这些出版物构建教学环境中的 AR/VR 叙事框架，让学生在虚拟环境中与教学内容互动，解决传统课堂中互动性、情境性、沉浸性不强等问题。② 在正式课堂教学环境中，Parong 等学者(2018)③比较了沉浸式 VR 与桌面幻灯片作为科学知识教学媒体的教学效果，并检验了在 VR 课程中添加生成式学习策略的效果，结果证明在沉浸式虚拟现实环境中生成学习策略的价值更高。也有研究指出 AR 比 VR 更适用于在线学习领域(Abre，Almeida，2018)。④ 幼儿教师群体认为，AR 技术在支持学生使用的同时，将学生的注意力吸引到课堂上(Ozdamli，Karagozlu，2018)。⑤ 一项在西班牙小

---

① CHEN M. Application of AR technology in children's publishing Optimization Strategy[J]. Probe-Media and Communication Studies, 2018, 1(1).

② HABGOOD J, MOORE D, ALAPONT S, et al. The REVEAL educational environmental narrative framework for PlayStation VR[C]//ECGBL 2018 12th European Conference on Game-Based Learning, Academic Conferences and publishing limited, 2018: 175-183.

③ Parong J, Mayer R E. Learning science in immersive virtual reality[J]. Journal of Educational Psychology, 2018, 110(6): 785.

④ ABREU R, ALMEIDA F. E-learning in mixed reality landscape: emerging issues and key trends in scientific research[C]//12th International Technology, Education and Development Conference, IATED, 2018: 6181-6187.

⑤ OZDAMLI F, KARAGOZLU D. Preschool teachers' opinions on the use of augmented reality application in preschool science education[J]. Croatian Journal of Education: Hrvatski časopis za odgoj i obrazovanje, 2018, 20(1): 43-74.

学课堂开展的实验表明，AR 作为一种辅助教学工具能够有效提高学生成绩，并且有助于实现激励式的教学氛围。[①] 关于家长对 AR 学习的态度，Cheng(2017)[②]发现持有内聚概念的家长，如通过 AR 深入理解、强化学习的家长，倾向于将生活经历与书中的内容联系起来进行深入阅读。作者在此基础上提出了一种适用于亲子共享阅读的交互式 AR 图书系统框架。墨西哥的国家教科书出版计划将 AR 技术纳入教科书中，通过增强现实为图书内容提供有趣的数字学习体验。实验结果显示，AR 技术在提高学生读写与认知能力方面有很大潜力，并对整体学习效率产生积极影响。[③] Nguyen(2017)[④]设计了一种在教科书中插入隐藏条形码从而形成单一立体图像的方法，以提高学生的学习体验：学生可以通过手持增强现实设备进行观察，页面中会显示 3D 虚拟模型。Lytridis 等(2018)[⑤]开发了 ARTutor 平台，使教育工作者能够方便地为现有教材创建 AR 内容。

除此之外，AR 技术在学术出版中的应用也受到关注。在学术出版物中添加 3D 模型，可以使读者更好地理解作者的思想。Wolle

①　TOLEDO-MORALES P，SANCHEZ-GARCIA J M. Use of augmented reality in social sciences as educational research[J]. Turkish Online Journal of Distance Education，2018，19(3)：38-52.

②　CHENG K H. Exploring parents' conceptions of augmented reality learning and approaches to learning by augmented reality with their children[J]. Journal of Educational Computing Research，2017，55(6)：820-843.

③　GARCIA-SANCHEZ J C. Augmenting reality in books：a tool for enhancing reading skills in Mexico[J]. Publishing Research Quarterly，2017，33(1)：19-27.

④　LE H，NGUYEN M. Enhancing textbook study experiences with pictorial bar-codes and augmented reality [C]//International Conference on Computer Analysis of Images and Patterns，Springer，Cham，2017：139-150.

⑤　LYTRIDIS C，TSINAKOS A，KAZANIDIS I. ARTutor—An augmented reality platform for interactive distance learning[J]. Education Sciences，2018，8(1)：6-7.

等(2018)①基于这种理念概述了通过 AR 技术将 3D 模型融入科学出版物、书籍、海报等的方法。

(2) VR 出版物的互动叙事研究

互动叙事是 VR 产品的重要功能。该领域的研究主题可以分为理论框架与产品设计两大方向。关于互动叙事理论，大部分学者热衷于提出和分析基于叙事理论和游戏学的模型与框架。② 近年来，许多学者开始关注用户对互动性的感知，即用户在互动叙事过程中的心理和行为，如用户在操纵虚拟世界时出现的情感与行为之间的悖论。③ 其中，Mosselaer(2018)提出：电子游戏不同于传统虚拟媒体，它允许玩家以虚拟代理的形式进入虚拟世界，并赋予玩家在这个世界中的代理权。④ 作为互动小说，电子游戏揭示了小说、情感和行为之间关系的新元素，而这些元素之前由于对文学、戏剧和电

① WOLLE P，MÜLLER M P，RAUH D. Augmented reality in scientific publications—taking the visualization of 3D structures to the next level[Z]. 2018.

② WOOD H. Dynamic syuzhets：writing and design methods for playable stories[C]//International Conference on Interactive Digital Storytelling，Springer，Cham，2017：24-37. CYCHOSZ M，GORDON A S，ODIMEGWU O. et al. Effective scenario designs for free-text interactive fiction [C]//International Conference on Interactive Digital Storytelling，Springer，Cham，2017：12-23. CARSTENSDOTTIR E，KLEINMAN E，EL-NASR M S. Towards an interaction model for interactive narratives[C]//International Conference on Interactive Digital Storytelling，Springer，Cham，2017：274-277. KOENITZ H，ROTH C，DUBBELMAN T，et al. What is a convention in interactive narrative design? [C]//International Conference on Interactive Digital Storytelling，Springer，Cham，2017：295-298.

③ ALLINGTON D. Linguistic capital and development capital in a network of cultural producers：Mutually valuing peer groups in the "Interactive fiction" retrogaming scene[J]. Cultural Sociology，2016，10(2)：267-286. ROBSON J，MESKIN A. Video games as self-involving interactive fictions[J]. The Journal of Aesthetics and Art Criticism，2016，74(2)：165-177.

④ MOSSELAER N V. How Can We Be Moved to Shoot Zombies? A Paradox of Fictional Emotions and Actions in Interactive Fiction[J]. Journal of Literary Theory，2018，12(2)：279-299.

影等非互动文本的关注而被忽视。研究表明，虚构的对象及情感不仅可以引起行为，而且可以是这些行为的意向对象（Intentional Objects）。也有学者关注读者/玩家的反应对叙事发展的影响，包括认同、移情和反感等，① 并对用户的动机和决策进行探讨，② 以分析用户如何感知互动以及其行为如何对叙事产生影响。还有学者探讨虚拟现实技术应用于视觉小说的可能性，③ VR/AR 叙事效果和叙事设计的影响因素如使用经验、沉浸感等。④

　　还有一个领域是对互动叙事实践中的产品形态、潜在价值进行研究。互动小说和超文本因其潜在的叙事能力在 20 世纪末吸引了人们的注意，但也因其叙事能力薄弱而受到批评。VR 技术和应用程序的出现，为儿童书籍、游戏、电视、流媒体内容、超级漫画和视觉小说等领域提供了新的发展机会。市场上出现了 Twine（https：//twinery. org/）、Ren'Py（www. renpy. org）等免费软件辅助程序员、作家、艺术家和开发人员开发现代互动小说（Interactive

① CLARK L. That's not how it should end：the effect of reader/player response on the development of narrative [C]//International Conference on Interactive Digital Storytelling, Springer, Cham, 2017：355-358. JAKOBSEN M, Christensen D S, Bruni L E. How knowledge of the player character's alignment affect decision making in an interactive narrative[C]//International Conference on Interactive Digital Storytelling, Springer, Cham, 2017：193-205. WAKE P. Life and death in the second person：identification, empathy, and antipathy in the adventure gamebook[J]. Narrative, 2016, 24(2)：190-210.

② TAVINOR G. What's my motivation? video games and interpretative performance[J]. The Journal of Aesthetics and Art Criticism, 2017, 75(1)：23-33.

③ NAKEVSKA M, VAN DER SANDEN A, FUNK M, et al. Interactive storytelling in a mixed reality environment：the effects of interactivity on user experiences[J]. Entertainment Computing, 2017, 21：97-104.

④ MARSH T, GALBRAITH D, JENSEN N. Experimental serious games：short form narrative in augmented reality dioramas [C]//Joint International Conference on Serious Games, Springer, Cham, 2017：235-244. ROUSE R, BARBA E. Design for emerging media：how MR designers think about storytelling, process, and defining the field[C]//International Conference on Interactive Digital Storytelling, Springer, Cham, 2017：245-258.

Fiction，IF），如基于文本和图像的动漫小说《天使与半人神》。互动小说的设计、潜在的应用领域与应用效果等问题成为学术研究热点。Crawford 与 Chen（2017）认为"开发者要想开发 VR 视觉小说，其表现形式需要更加灵活，不应该依赖于动画和静态背景极其有限的 2D 画面，而应该更开放地面向 3D 世界和动画角色，就像数字漫画从纸质版转向网络漫画或漫画应用一样，如果他们做不到这一点，就像 IF 和超文本一样，将被其他成功适应技术进步的游戏所取代"①。值得一提的是，互动小说被认为具有应用于教学和职业培训的可能性。如针对宗教学教学设计的互动小说;② 利用互动小说教授实习儿科医生有关儿童虐待的知识;③ 评估文字游戏在鼓励年轻一代改善阅读行为习惯方面的可能性,④ 等等。叙事游戏则往往与严肃游戏结合起来，同样被认为可以作为教学辅助材料，如Troyer 等（2017）⑤探讨如何将严肃游戏的互动叙事与教学设计结合起来。

---

① CRAWFORD R，CHEN Y. From hypertext to hyperdimension neptunia：The future of VR visual novels：The potentials of new technologies for branching-path narrative games ［C］//Virtual System & Multimedia （VSMM），2017 23rd International Conference on，IEEE，2017：1-7.

② LESTER G B. What IF? Building interactive fiction for teaching and learning religious studies［J］. Teaching Theology & Religion，2018，21（4）：260-273.

③ CHRISTMAN G P，SCHRAGER S M，CALLAHAN K. Using interactive Fiction to Teach Pediatricians-in-Training About Child Abuse［C］//International Conference on Interactive Digital Storytelling，Springer，Cham，2017：278-281.

④ MANUABA I B K. Text-based games as potential media for improving reading behaviour in indonesia［J］. Procedia Computer Science，2017，116：214-221. MAINE F. The bothersome crow people and the silent princess：exploring the orientations of children as they play a digital narrative game［J］. Literacy，2017，51（3）：138-146.

⑤ DE TROYER O，VAN BROECKHOVEN F，VLIEGHE J. Linking serious game narratives with pedagogical theories and pedagogical design strategies［J］. Journal of Computing in Higher Education，2017，29（3）：549-573.

9.5.2　语义出版技术的应用

数字网络环境下，作为数字出版、复合出版的高级形态，语义网在内容资源从数字化向语义化和智能化转型升级的过程中发挥着重要作用。尤其在科学、技术和医学等领域进行一系列试验并逐步推出正式服务后，语义出版成为学术期刊的最新出版形式，其研究成果也日益丰富。

语义出版是一个新兴的跨学科研究领域。学者们对语义出版的技术和理论探讨有助于促进语义网和信息组织的发展，同时也能在实践层面评估语义平台的功能性。2016—2018 年，语义出版的研究热点集中于"本体"（Ontology）、"关联数据"（Linked Data）和"语义网"（Semantic Web）等。其中，学术出版是主要的研究和应用领域。2015 年，施普林格赞助并发起了"语义出版挑战项目"（Semantic Publishing Challenge，SemPub）。SemPub 项目发展至今，大部分研究集中在根据不同标准研发和比较语义出版工具。例如，Alexandru 等（2016）①提出了一种文档组件本体（DoCO）。它提供文档元素的通用结构化词汇表，能够用于描述 RDF 中的结构和修辞文档组件。Bahar 等（2016）②介绍了一种支持语义出版研究和实验的开源工作流程，能够将自然语言文件转换为符合关联数据库（LOD）要求的知识库。Maria（2017）③提出了利用语义技术评价开放获取期刊的方法。Jung④设计了面向科学论文的语义标注框架，

---

① CONSTANTIN A, PERONI S, PETTIFER S, et al. The Document Components Ontology (DOCO)[J]. Semantic Web, 2016, 7(2)：167-181.

② SATELI B, WITTE R. From papers to triples：an open source workflow for semantic publishing experiments [C]//International Workshop on Semantic, Analytics, Visualization, Springer, Cham, 2016：39-44.

③ HALLO M, LUJÁN-MORA S, MATÉ A. Evaluating open access journals using semantic web technologies and scorecards[J]. Journal of Information Science, 2017, 43(1)：3-16.

④ JUNG Y. A semantic annotation framework for scientific publications[J]. Quality& Quantity, 2017, 51：1-17.

并利用有监督学习技术，对科学论文内容语义识别进行了初步探索。

利用深度学习方法实现对科学文献内容的语义分割与识别也逐渐受到学者关注。Waard 等(2017)①针对语句层次的科学文献内容组件及其组成结构，使用循环神经网络(Recurrent Neural Network，RNN)和长短期记忆网络(Long Short Term Memory，LSTM)构建用以识别科学实验各个过程的模型。语义出版的研究目标之一是以最小成本建立科学数据价值链，以此来为一些科研服务赋能，比如根据新的指标来评估科学产出质量。其关键思想在于鼓励人们从异构资源中提取数据，将处理好的关联数据集发表在学术出版物上，而这些关联数据集本身就可以为科学社区所使用(Sahar，2016)。②关联数据在实践中可以作为技术和组织集成层，影响现有工作流程，并推出新产品和业务模式。如出版商可以利用关联数据技术进行数据协作管理以及跨部门合作，将内部资源扩展到新市场，还能改善现有资源生产和分配的成本结构(Pellegrini et al.，2017)。③

语义出版技术在出版业中的应用越来越广泛。研究人员开发了一定数量的开放数据集、语义出版物模型、知识库与应用系统、纳米出版物，并形成了一定影响力。也有学术出版机构开始利用本体、关联数据、知识图谱等语义技术构建更加新颖的科学知识图谱。Santarem 等(2017)④在 VIVO 平台上对科学出版物进行测试和

①　DASIGI P, BURNS G A P C, HOVY E, et al. Experiment segmentation in scientific discourse as clause-level structured prediction using recurrent neural networks[J]. arXiv preprint arXiv: 1702. 05398, 2017.

②　VAHDATI S, DIMOU A, LANGE C, et al. Semantic publishing challenge: bootstrapping a value chain for scientific data [C]// International Workshop on Semantic, Analytics, Visualization, Springer, Cham, 2016: 73-89.

③　PELLEGRINI T. Semantic metadata in the publishing industry-technological achievements and economic implications [J]. Electronic Markets, 2017, 27(1): 9-20.

④　SANTAREM SEGUNDE J E, CONEGLIAN C S, OLIVEIRA LUCAS E R. Concepts and technologies of the semantic web for academic-scientific cooperation: a study within the vivo platform[J]. Transinformação, 2017, 29(3): 297-309.

分析，结果表明期刊出版非常依赖语义网技术来组织系统和用户之间的交互，并在结构化数据检索语言的协助下创建新的语义关系；同时也发现语义网可以在学术、科研环境的多个层面特别是科学合作、度量研究和信息组织领域推动进步。

其中，纳米出版物模型已经在多个领域的科研项目中得到应用。在生命科学领域，Euretos① 利用纳米出版物对科研数据及相关引文、贡献信息等进行了重新表示与存储，解决了单一科研数据的可操作性问题。BEL2nanopub② 使用已有的主题词表及本体规范统一资源标识符（Uniform Resource Identifier，URI），提供了将生物表达语言（Biological Expression Language，BEL）文档转化为纳米出版物的机制。在人文社会科学领域，早期现代思想在线（Early Modern Thought Online，EMTO③）利用纳米出版物模型对近现代历史、哲学事实进行表示；增强型音乐符号定位（Enhancing Music Notation Addressability，EMA④）使用音乐领域的结构化标准（Music Encoding Initiative，MEI），利用纳米出版物对音频文件、文本等多模态知识资源进行细粒度语义组织，构建了适用于音乐领域语义检索与知识发现的知识库。目前，这些项目均取得了一定成果，积累了丰富的结构化数据，可以用来支撑生物医学、数字人文等领域的知识发现与知识服务。

科学知识图谱是科学领域智慧数据的表现形式之一，更是新型知识服务的数据基础，因此受到斯普林格、微软等知名出版集

① EURETOS Euretos［EB/OL］.［2019-02-19］. http：//www. phortosconsultants. com/index. php/euretos.

② GitHub Bel2nanopub［EB/OL］.［2019-02-19］. https：//github. com/ tkuhn/bel2nanopub.

③ EMTO Emto Nanopub［EB/OL］.［2019-02-19］. http：//emto-nanopub. referata. com/wiki/EMTO_Nanopub.

④ MEI. Enhancing music notation addressability［EB/OL］.［2019-02-19］. http：//mith. umd. edu/research/enhancingmusic-notation-addressability/.

团和互联网公司的重视。SciGraph①、Microsoft Acdaemic Graph（MAG②）、Aminer③ 等新型知识图谱项目在 2017 年陆续得以开展。斯普林格·自然集团的科学知识图谱 SciGraph 关联集成了科学论文内容信息、作者信息、题录信息、会议信息等，能够满足科研工作者对科学知识语义检索、查询结果可视化等的需求。MAG 由微软公司研发，关联集成了包括科学论文、作者、机构、会议及相关领域的数据，向科研用户提供精确的文献检索服务。④

9.5.3 区块链技术的应用

数字权利管理即 DRM 技术一直受到出版商的密切关注，以区块链为代表的新型技术为数字权利管理带来了新的突破口。区块链技术首先在学术出版领域引起广泛讨论，其在智能合同、微支付、版权管理与许可授权等方面的可能性为数字权利管理领域注入了新活力。

区块链技术可用于内容加密和支付认证。例如利用无密钥签名基础设施(Keyless Signature Infrastructure，KSI)为用户提供一种每秒为文档加时间戳以防止盗版的服务(Jamthagen，Christopher，2016)。⑤ 也有学者提出了一种为学术出版提供加密货币的区块链模型，通过建立一种分布式总账模式，完善语义网期刊的同行评审工作流程

---

① GitHub SciGraph[EB/OL].［2019-02-19］. http：//www. springernature. com/cn/researchers/scigraph.

② Microsoft Microsoft Academic Graph[EB/OL].［2019-02-19］. https：//www. microsoft. com/en-us/research/project/microsoft-academic-graph/.

③ Aminer. Aminer[EB/OL].［2019-02-19］. https：//www. aminer. cn.

④ 王晓光，宋宁远. 延续与突破：2017 年语义出版研究与实践回顾[J]. 科技与出版，2018(2)：33-38.

⑤ JÄMTHAGEN C，HELL M. Blockchain-based publishing layer for the keyless signing infrastructure［C］//2016 Intl IEEE Conferences on Ubiquitous Intelligence & Computing，Advanced and Trusted Computing，Scalable Computing and Communications，Cloud and Big Data Computing，Internet of People，and Smart World Congress （UIC/ATC/ScalCom/CBDCom/IoP/SmartWorld），IEEE，2016：374-381.

（Janowicz et al.，2018）。① 此外，区块链技术还可以有效实现版权交易与即时微支付。O'Dair（2017）②认为，区块链可以提高版权数据的准确性和可用性，促进版权使用费的即时小额支付，显著提高出版价值链的透明度。

基于此，不少学者开始着手研究区块链技术在出版领域的具体应用框架。如 Xu 等（2017）③针对传统数字权利管理技术无法有效解决的版权保护、营利模式等问题，设计了一种基于区块链的网络媒体数字权利管理方案。但在实际应用中，区块链在出版产业的设计开发中也存在很大不足，需要引入一些特殊条款提高用户对软件提供商授权的信任，并明确受保护作品的使用权，此外必须将加密货币交易和智能合约合法化。Alexander（2018）④认为数字出版主体需要仔细考虑区块链版权管理系统的经济性，以确保它们具有必要的网络效应。

9.5.4　其他技术研究

流媒体、大数据、云计算、机器学习、人工智能等新技术对出版业的影响同样值得关注。部分学者开始使用这些新技术设计、开发程序与平台，为其在出版行业的应用做出尝试。如

① JANOWICZ K, REGALIA B, HITZLER P, et al. On the prospects of blockchain and distributed ledger technologies for open science and academic publishing[J]. Semantic Web, 2018, 9(5): 545-555.

② O'DAIR M, BEAVEN Z. The networked record industry: how blockchain technology could transform the record industry[J]. Strategic Change, 2017, 26(5): 471-480.

③ XU R, ZHANG L, ZHAO H, et al. Design of network media's digital rights management scheme based on blockchain technology[C]//2017 IEEE 13th International Symposium on Autonomous Decentralized System (ISADS), IEEE, 2017: 128-133.

④ SAVELYEV A. Copyright in the blockchain era: promises and challenges [J]. Computer Law & Security Review, 2018, 34(3): 550-561.

Liu 等（2016）①基于机器学习、数据挖掘技术开发了一种智能微信公众平台文章推荐算法，通过对作者和文章本身潜力的分析，对发表文章进行排序、筛选和过滤信息，以节省用户时间、提升用户体验。Guan 和 Li（2016）②认为协同理论、大数据、云计算、移动互联网等先进的管理理念和技术有助于传统出版业转型升级，因此可利用移动互联网技术、面向服务的云计算架构、大数据分析技术，构建智能云出版平台。

但新技术的应用并非一帆风顺，在其广泛推行之前尚有许多问题亟待解决。Ye 等（2016）③综述了近年来关于大数据安全与隐私的研究，认为这种技术将对信息安全和隐私产生重大影响，并研究了对大数据安全性的各种看法以及未来数据的应用问题，指出在大数据技术大规模应用之前，安全和隐私问题应作为原则性问题得到充分讨论和研究。Andrini（2018）④指出，人工智能技术的应用会给现有版权法框架带来许多挑战，核心问题之一是人工智能可以独立创作出符合著作权法要求的作品如歌曲、音乐、绘画等，而学者们对于是否应该赋予人工智能创作作品以版权持有不同看法。

---

① LIU T, LIU Z. A prediction recommendation algorithm research toward to the latest published article［C］//2nd International Conference on Electronics, Network and Computer Engineering（ICENCE 2016）. Atlantis Press, 2016：757-762.

② GUAN X, LI M. Modelling of intelligent publishing cloud platform based on internet +［C］//2016 International Conference on Logistics, Informatics and Service Sciences（LISS）. IEEE, 2016：1-5.

③ YE H, CHENG X, YUAN M, et al. A survey of security and privacy in big data［C］//2016 16th international symposium on communications and information technologies（iscit）. IEEE, 2016：268-272.

④ ANDRINI L. Redesigning indonesia copyright act to accommodate autonomous intelligent system：status quo and room for improvement［J］. Asian Journal of Law and Economics, 2018, 9（3）：1-9.

9.6 版权保护技术与法律研究

在数字出版方兴未艾的大背景下，传统的版权保护手段已经滞后于现代技术的发展。数字出版在技术和法律两个层面对版权保护提出了新要求，以便在保障用户访问、使用数字内容的自由与版权所有者的合法利益间找到新的平衡点。

9.6.1 新技术为版权保护带来新突破

随着互联网特别是移动互联网的普及，多媒体内容的网络共享面临更加严峻的版权管理问题。传统数字权利管理技术已经无法适应现状，因此研究重点在于 DRM 技术的完善，探究移动互联网环境下数字文本、音频、视频等产品的版权保护措施。传统 DRM 系统通常根据数字水印来确认内容创建者、购买者、传送隐秘信息或者判断载体是否被篡改，但是在解密过程中需要临时公开原始数字内容，而在用户系统内没有水印信息。因此，用户可以在未经内容提供商许可的情况下，将泄露的原始内容复制到系统内并通过网络非法重新分发。除前述基于区块链技术的权利管理方案，Ta Minh Thanh 等（2016）[1]提出了一种新的 DRM 系统方案，即采用脆弱水印和置换代码进行网络图像分发。Rajpal 等（2018）[2]使用双向极限学习机（B-ELM）开发了一种用于 MPEG-4 AVC（高级视频编码）编码视频的新颖水印方案。它通过基于阈值的操作实现新开发的模糊算法，来识别要加水印的相关帧，再利用转置密码加密的二进制水印，用于确保安全性的增强。数字出版中版权保护面临的另一个问

---

[1] THANH T M, IWAKIRI M. Fragile watermarking with permutation code for content-leakage in digital rights management system[J]. Multimedia Systems, 2016, 22(5): 603-615.

[2] RAJPAL A, MISHRA A, BALA R. A Novel fuzzy frame selection based watermarking scheme for Mpeg-4 videos using Bi-directional extreme learning machine[J]. Applied Soft Computing, 2018, 74: 603-620.

题是内容认证。Mao 等(2016)①提出了一种基于场景帧指纹识别视频真实性的创新方法，在实际应用中能够有效地实时监测视频的真实性。

虽然现有 DRM 系统能在一定程度上保障内容提供商的利益，但过度严密的保护措施不利于消费者对产品和服务的获取和需求的满足。而且数字权利保护技术仅从"术"的方面解决侵权问题，其过度应用在终端层面限制了人们使用和消费数字内容的自由。因此，未来开发 DRM 的趋势是要平衡用户友好性和提供商收入保证之间的关系(Chen，2018)。② Ma(2017)③则持更加激进的看法，认为数字内容消费的未来发展趋势是不用 DRM 模式，而是依靠法律、自由和道德意志来保护版权。

9.6.2 完善版权法，扩大数字内容保护范围

随着技术的创新，数字内容呈现多样化和爆发式增长，数字音乐、视频、网络广告、游戏等形式的数字内容产品超越了传统版权保护范围。互联网环境一方面促进了数字内容的传播，另一方面也加大了数字内容侵权现象的隐患，对传统版权保护法律体系造成冲击。

在此背景下，不少国家都对现有版权保护法律法规进行了修改。例如中国完善了版权法中"作品"的概念，增加了新的类型如视听作品，计算机程序和应用艺术作品(Zhang，2017)。④ 在西班

---

① MAO J, XIAO G, SHENG W, et al. A method for video authenticity based on the fingerprint of scene frame[J]. Neurocomputing, 2016, 173: 2022-2032.

② CHEN H B, LEE W B, CHEN T H. A novel DRM scheme for accommodating expectations of personal use[J]. Multimedia Tools and Applications, 2018, 77(18): 23099-23114.

③ MA Z F. Digital rights management: model, technology and application [J]. China Communications, 2017, 14(6): 156-167.

④ ZHANG C G. What are works? Copyright law subject matter in the transition to the digital era: perspectives on the Third Amendment to the Chinese Copyright Act[J]. Queen Mary Journal of Intellectual Property, 2017, 7(4): 468-484.

牙，通过互联网获取和消费智力作品变得更容易和更广泛，版权和相关权利持有者与其他社会行为者之间的紧张关系加剧。为解决这些冲突，西班牙实施法律改革以加强版权保护。① 2016 年，英国也对版权法进行了修正，主要涉及版权侵权背景下"实质性部分"的定义、公平交易条款与《欧盟信息社会版权指令》之间的相互作用，版权执法与竞争法之间的关系，国家版权损害赔偿立法与执法指令之间的相互作用，以及法律条款的选择对其他司法管辖区版权法所赋予法定权利的影响。②

此外，人工智能在新闻、音乐、美术等领域的应用日渐广泛，在为人类提供更便捷生活的同时，其创作作品的版权归属问题亦逐渐呈现，给现有法律框架带来诸多挑战。国家在完善版权法时开始考虑人工智能作品对现行版权制度的挑战以及如何进行制度回应，包括在版权归属上如何进行权利配置。在著作权法领域，最根本的问题在于人工智能能够独立创作出具有著作权的作品，如歌曲、音乐、绘画甚至是烹饪书。Andrini（2018）③对于自主智能系统 AIS 是否应该被赋予版权进行了发人深省的讨论，认为印度尼西亚版权法的重新设计需要考虑以下问题：AIS 作品的著作权性；赋予 AIS 的道德权利和经济权利；如认可 AIS 是版权拥有人，其作品版权受保护的期限。

但也有学者持不同意见，Robert（2017）④指出：现有研究忽略

----

① ÁLVAREZ E G, BERGARA S S, SINTAS J L. Regulating copyright in the digital age in Spain：the Sinde law［J］. Queen Mary Journal of Intellectual Property，2016，6（2）：236-247.

② LEE Y H. United Kingdom copyright decisions and legislative developments 2016［J］. Iic-international Review of Intellectual Property And Competition Law，2017，48（2）：184-194.

③ ANDRINI L. Redesigning indonesia copyright act to accommodate autonomous intelligent system：status quo and room for improvement［J］. Asian Journal of Law and Economics，2018，9（3）：1-9.

④ YU R. The machine author：what level of copyright protection is appropriate for fully independent computer-generated works［J］. University of Pennsylvania Law Review，2017，165（5）：1245-1270.

了一个基本问题，即将著作权保护延伸到非人类作者创作的作品中，究竟是遵循还是违背了版权法的初衷。版权法的不灵活造成了"贡献/权利"悖论。AIS 作品的人类参与者获得的经济激励很少，因此从社会政策角度来看，将保护扩展到完全独立的计算机生成作品是不合适的。

综上所述，2016—2018 年数字出版领域的研究热点主要集中在开放获取、数字教材、电子书、用户行为和新技术应用等方面。学者们普遍关注欠发达国家和地区的 OA 出版，并就日益产业链化的掠夺性期刊出版给出评论和建议。数字教材和开放教材在高校的试点和应用效果问题是目前教育出版领域较受关注的话题，电子书方案优化及分销策略优劣则是传统关注话题的延续。除此之外，学者们关注数字时代用户数字阅读行为与基于网络的学术社交行为，探索适合现代人数字阅读的服务模式，并对数字出版新技术的应用方案、使用效果和发展前景展开讨论。新的版权保护技术与法律层面的实践和研究与时俱进，在各个国家获得广泛关注和深入探讨。显然，关注国际数字出版研究动态，借鉴国际数字出版先进理念和实践经验，有助于推动我国数字出版业的发展，提升我国数字出版研究的水平与国际影响力。

（方卿　徐丽芳　严玲艳　赵雨婷）

参考文献

[1] MOHAMMAD REZA G, MOHAMMAD REZA N. Current status of open access journals published in D8 countries and registered in the Directory of Open Access Journals（pre-2000 to 2014）[J]. The Electronic Library, 2016, 34(5): 740-756.

[2] RAJU R, CLAASSEN J, MOLL E. Researchers adapting to open access journal publishing: the case of the University of Cape Town [J]. South African Journal of Libraries and Information Science, 2016, 82(2): 34-45.

[3] CHILIMO W, ADEM A, OTIENO A N W, et al. Adoption of open

access publishing by academic researchers in Kenya[J]. Journal of Scholarly Publishing, 2017, 49(1): 103-122.

[4]BOSAH G, OKEJI C C, BARO E E. Perceptions, preferences of scholarly publishing in open access journals: a survey of academic librarians in Africa[J]. Digital Library Perspectives, 2017, 33(4): 378-394.

[5]ELLERS J, CROWTHER T W, HARVEY J A. Gold open access publishing in mega-journals: Developing countries pay the price of western premium academic output [J]. Journal of Scholarly Publishing, 2017, 49(1): 89-102.

[6]LEWIS C L. The open access citation advantage: does it exist and what does it mean for libraries? [J]. Information Technology and Libraries, 2018, 37(3): 50-65.

[7]TANG M, BEVER J D, YU F H. Open access increases citations of papers in ecology[J]. Ecosphere, 2017, 8(7): e01887.

[8]SULLO E. Open access papers have a greater citation advantage in the author-pays model compared to toll access papers in Springer and Elsevier open access journals [J]. Evidence Based Library and Information Practice, 2016, 11(1): 60-62.

[9]SOTUDEH H, ESTAKHR Z. Sustainability of open access citation advantage: the case of Elsevier's author-pays hybrid open access journals[J]. Scientometrics, 2018, 115(5): 563-576.

[10]CLEMENTS J C. Open access articles receive more citations in hybrid marine ecology journals[J]. Facets, 2017, 2(1): 1-14.

[11]ATCHISON A L. Negating the gender citation advantage in political science[J]. PS: Political Science & Politics, 2017, 50(2): 448-455.

[12]WRAY K B. No new evidence for a citation benefit for Author-Pay open access publications in the social sciences and humanities[J]. Scientometrics, 2016, 106(3): 1031-1035.

[13]DORTA-GONZÁLEZ P, GONZÁLEZ-BETANCOR S M, DORTA-

GONZÁLEZ M I. Reconsidering the gold open access citation advantage postulate in a multidisciplinary context: an analysis of the subject categories in the Web of Science database 2009-2014 [J]. Scientometrics, 2017, 112(2): 877-901.

[14] Biobool. Why is Tumor Biology removed from the SCI? [EB/OL]. [2024-01-21]. https://www.biobool.com/news/103.html.

[15] BETZ C L. Authors beware: open access predatory journals[J]. Journal of Pediatric Nursing, 2016, 3(31): 233-234.

[16] ROBERTS J. Predatory journals: Illegitimate publishing and its threat to all readers and authors [J]. The Journal of Sexual Medicine, 2016, 13(12): 1830-1833.

[17] SEETHAPATHY G S, KUMAR J U S, HAREESHA A S. India's scientific publication in predatory journals: need for regulating quality of Indian science and education [J]. Current Science, 2016, 111(11): 1759-1764.

[18] ERFANMANESH M, POURHOSSEIN R. Publishing in predatory open access journals: a case of Iran [J]. Publishing Research Quarterly, 2017, 33(4): 433-444.

[19] MOHER D. Predatory journals: not just a problem in developing world countries, says new Nature paper[EB/OL]. [2024-01-21]. https://retractionwatch. com/2017/09/06/predatory-journals-not-just-developing-world-countries-says-new-nature-paper/.

[20] MANCA A, CUGUSI L, DRAGONE D, et al. Predatory journals: prevention better than cure? [J]. Journal of the Neurological Sciences, 2016, 370: 161.

[21] KEBEDE M, SCHMAUS-KLUGHAMMER A E, TEKLE B T. Manuscript submission invitations from "predatory journals": what should authors do? [J]. Journal of Korean Medical Science, 2017, 32(5): 709-712.

[22] MADDY A J, TOSTI A. Predatory journals in dermatology [J]. British Journal of Dermatology, 2017, 177(1): 307-309.

[23] PATA K, VÄLJATAGA T. A framework for mapping e-textbooks as a socio-technical regime [C]//International Conference on Web-Based Leaming, 2016: 215-224.

[24] HENDRIX D, LYONS C, ARONOFF N. The library as textbook provider: administering and assessing a student-based e-textbook pilot [J]. College & Undergraduate Libraries, 2016, 23(3): 265-294.

[25] WARD V. Research in progress: the institution as e-textbook publisher project [J]. Insights: The UKSG Journal, 2016, 29(3): 273-280.

[26] FISCHER L, ERNST D, MASON S L. Rating the quality of open textbooks: how reviewer and text characteristics predict ratings [J]. International Review of Research in Open and Distributed Learning, 2017, 18(4): 142-154.

[27] OZDEMIR O, HENDRICKS C. Instructor and student experiences with open textbooks, from the California open online library for education (Cool4Ed) [J]. Journal of Computing in Higher Education, 2017, 29(1): 98-113.

[28] CHEUNG S K S. The open textbooks for Hong Kong: from conceptualization to implementation [J]. Blended Learning: Aligning Theory with Practices, 2016: 150-160.

[29] CHEUNG L. Advancing scholarship by publishing curriculum as an e-book [J]. Education for Health: Change in Learning & Practice, 2018, 31(2): 130-133.

[30] CHEN G D, CHANG C K, WANG C Y, et al. Development and evaluation of a novel e-book interface for scaffolding thinking context to learn from writing examples [J]. Interactive Learning Environments, 2018, 26(7): 970-988.

[31] YOO H S, KIM S W. ESOTAG: e-book evolution using collaborative social tagging by readers [J]. Multimedia Tools and Applications, 2016, 75(20): 12795-12813.

[32] THOMPSON LONG B, HALL T, HOGAN M, et al. Enhancing children's literacy skills: designing the Q-Tales ecosystem for children's e-book design and publication[J]. Literacy, 2018, 52 (3): 171-179.

[33] LEE J, JEON I, KWON H, et al. Real-time adult authentication scheme for digital contents using X. 509 certificate in ubiquitous Web environment[J]. Journal of Real-Time Image Processing, 2018, 14(4): 237-244.

[34] ZENG Y, BAI X, XU J, et al. The influence of e-book format and reading device on users' reading experience: a case study of graduate students[J]. Publishing Research Quarterly, 2016, 32 (4): 319-330

[35] SHARMA R, MADHUSUDHAN M. Use of mobile devices by library and information science students in central universities of Uttar Pradesh[J]. DESIDOC Journal of Library & Information Technology, 2017, 37(4): 287-296.

[36] MADUCDOC M M, HAIDER A, NALBANDIAN A, et al. Visual consequences of electronic reader use: a pilot study [J]. International Ophthalmology, 2017, 37: 433-439.

[37] CHANG H P, HUNG J C. Comparison of the features of EPUB e-book and SCORM e-learning content model [J]. International Journal of Distance Education Technologies (IJDET), 2018, 16 (2): 1-17.

[38] CHANG H P. An implementation of digital content model conversion system-from SCORM to EPUB[J]. Journal of Applied Science and Engineering, 2018, 21(2): 271-278.

[39] DE LOS SANTOS B, WILDENBEEST M R. E-book pricing and vertical restraints[J]. Quantitative Marketing and Economics, 2017, 15(2): 85-122.

[40] ZHU C, YAO Z. Comparison between the agency and wholesale model under the e-book duopoly market[J]. Electronic Commerce

Research, 2018, 18(2): 313-337.

[41] LU Q, SHI V, HUANG J. Who benefit from agency model: a strategic analysis of pricing models in distribution channels of physical books and e-books[J]. European Journal of Operational Research, 2018, 264(3): 1074-1091.

[42] KIM A. Doubly-bound relationship between publisher and retailer: the curious mix of wholesale and agency models[J]. Journal of Management Information Systems, 2018, 35(3): 840-865.

[43] LI F, LI S, GU J. Whether to delay the release of ebooks or not? An analysis of optimal publishing strategies for book publishers[J]. Journal of Theoretical and Applied Electronic Commerce Research, 2019, 14(2): 124-137.

[44] CHEN L, KING R C. To lend is to own: a game theoretic analysis of the e-book lending market [J]. International Journal of Electronic Commerce, 2017, 21(3): 334-362.

[45] MANGAS-VEGA A, GÓMEZ-DÍAZ R, CORDÓN-GARCÍA J A. Approach to self-publishing with a combination of bibliometric study and social network analysis techniques[J]. The Electronic Library, 2016, 34(6): 902-914.

[46] RAMDARSHAN BOLD M. The return of the social author: negotiating authority and influence on Wattpad[J]. Convergence, 2018, 24(2): 117-136.

[47] SANDY H M, MATTERN J B. Academic library-based publishing: a state of the evolving art[J]. Library Trends, 2018, 67(2): 337-357.

[48] JOHNSON M J. The rise of the citizen author: writing within social media[J]. Publishing Research Quarterly, 2017, 33(2): 131-146.

[49] SCHULTZ L A. Navigating the minefield of self-publishing e-textbooks[J]. Information Systems Education Journal, 2017, 15(5): 15-21.

[50] HARTMANN H. Academic publishing in the humanities: current trends in Germany[J]. Logos, 2017, 28(2): 11-26.

[51] LINOSKI A. Self-publishing and collection development: opportunities and challenges for libraries[J]. Journal of Academic Librarianship, 2017, 43(1): 19.

[52] KAMAN S, ERTEM I S. The effect of digital texts on primary students' comprehension, fluency, and attitude [J]. Eurasian Journal of Educational Research, 2018, 18(76): 147-164.

[53] STROUSE G A, GANEA P A. Parent-toddler behavior and language differ when reading electronic and print picture books[J]. Frontiers in Psychology, 2017, 8: 677.

[54] NOTTEN N, BECKER B. Early home literacy and adolescents' online reading behavior in comparative perspective[J]. International Journal of Comparative Sociology, 2017, 58(6): 475-493.

[55] ERICKSON P A. An examination on the use of the survey of adolescent reading attitude (SARA) as a predictor of students' time spent reading e-books and print for self-selected reading [D]. United States: Holy Family University, 2016.

[56] GIBBS J K. Electronic Readers in the Classroom [D]. United States: Eastern Oregon University, 2016.

[57] KURATA K, ISHITA E, MIYATA Y, et al. Print or digital? Reading behavior and preferences in Japan [J]. Journal of the Association for Information Science and Technology, 2017, 68(4): 884-894.

[58] KONDAMUDI N R, KUMAR S, TRIPATHI M. Users' perceptions of e-books at Jawaharlal Nehru University, New Delhi: a case study[J]. DESIDOC Journal of Library & Information Technology, 2018, 38(4): 231-237.

[59] HUANG L C, SHIAU W L, LIN Y H. What factors satisfy e-book store customers? Development of a model to evaluate e-book user behavior and satisfaction[J]. Internet Research, 2017, 27(3):

563-585.

[60] KOÇAK Ö, YILDIRIM Ö, KURŞUN E, et al. Investigating the status of tablet computers and e-books use of open education faculty students: a case study [J]. International Journal of Distance Education Technologies (IJDET), 2016, 14(2): 49-63.

[61] TELLA A, OSENI D, OGUNTAYO S A, et al. Perception and usage pattern of e-books among library and information science students in selected universities in Nigeria[J]. Journal of Library & Information Technology, 2018, 38(2): 132-140.

[62] HSIULI L. The effect of presentation types and flow on e-book purchase intention[J]. EURASIA Journal of Mathematics, Science and Technology Education, 2016, 12(3): 669-686.

[63] HAHNEL C, GOLDHAMMER F, KRÖHNE U, et al. Reading digital text involves working memory updating based on task characteristics and Reader Behavior[J]. Learning and individual differences, 2017, 59: 149-157.

[64] ROSS K M, PYE R E, RANDELL J. Reading touch screen storybooks with mothers negatively affects 7-year-old readers' comprehension but enriches emotional engagement[J]. Frontiers in Psychology, 2016, 7: 1728.

[65] WANG X, CHENG H, LIU J, et al. How do people read ebooks on mobile devices? Implication for digital reading environment design [C]//Proceeding of the 18th ACM/IEEE on Joint Conference on Digital Libraries, USA, 2018: 393-394.

[66] AMASAWA E, IHARA T, HANAKI K. Role of e-reader adoption in life cycle greenhouse gas emissions of book reading activities [J]. The International Journal of Life Cycle Assessment, 2018, 23 (9): 1874-1887.

[67] ZHANG T, NIU X, PROMANN M. Assessing the user experience of e-books in academic libraries[J]. College & Research Libraries, 2017, 78(5): 578-601.

[68]RABAUD C, MAMODE KHAN N, RAMPAT S. Independent and digital reading among undergraduates: the case of the University of Mauritius[J]. Journal of Applied Research in Higher Education, 2018, 10(3): 296-310.

[69]CHOU I C. Reading for the purpose of responding to literature: EFL students' perceptions of e-books [J]. Computer Assisted Language Learning, 2016, 29(1): 1-20.

[70]MANCA S. An analysis of Research Gate and Academia. edu as socio-technical systems for scholars' networked learning: a multilevel framework proposal[J]. Italian Journal of Educational Technology, 2017, 25(3): 20-34.

[71]MANCA S, RAFFAGHELLI J E. Towards a multilevel framework for analysing academic social network sites: a networked socio-technical perspective [C]//Proceedings of the 4th European Conference on Social Media-ECSM, 2017: 193-201.

[72]SUGIYAMA K, KAN M Y. A comprehensive evaluation of scholarly paper recommendation using potential citation papers[J]. International Journal on Digital Libraries, 2015, 16(2): 91-109.

[73]BARO E E, TRALAGBA E C, EBIAGBE E J. Knowledge and use of self-archiving options among academic librarians working in universities in Africa[J]. Information and Learning Science, 2018, 119(3/4): 145-160.

[74]STVILIA B, WU S, LEE D J. Researchers' uses of and disincentives for sharing their research identity information in research information management systems [J]. Journal of the Association for Information Science and Technology, 2018, 69(8): 1035-1045.

[75] DJONOV E, VAN LEEUWEN T. Social media as semiotic technology and social practice: the case of ResearchGate's design and its potential to transform social practice[J]. Social Semiotics, 2018, 28(5): 641-664.

[76]GREIFENEDER E, PONTIS S, BLANDFORD A, et al. Researchers' attitudes towards the use of social networking sites [J]. Journal of Documentation, 2018, 74(1): 119-136.

[77]KJELLBERG S, HAIDER J, SUNDIN O. Researchers' use of social network sites: a scoping review[J]. Library & Information Science Research, 2016, 38(3): 224-234.

[78]RIBEIRO R A, OLIVEIRA L, FURTADO C. A rede social acadêmica researchgate como mecanismo de visibilidade e internacionalização da produção científica brasileira e portuguesa na área de Biblioteconomia e Ciência da Informação[J]. Perspectivas em Ciência da Informação, 2017, 22: 177-207.

[79]WILLIAMS A E, WOODACRE M A. The possibilities and perils of academic social networking sites[J]. Online Information Review, 2016, 40(2): 282-294.

[80]COPIELLO S, BONIFACI P. A few remarks on ResearchGate score and academic reputation[J]. Scientometrics, 2018, 114(1): 301-306.

[81]ZAHEDI Z, VAN ECK N J. Exploring topics of interest of Mendeley users[J]. Journal of Altmetrics, 2018, 1(1): 5-16.

[82]PUSVITA V. SisNasLitbang academic social network features recomendation with user centric approach[J]. Pekommas, 2018, 3 (2): 127-136.

[83]MANCA S. ResearchGate and Academia. edu as networked socio-technical systems for scholarly communication: a literature review [J]. Research in Learning Technology, 2018, 26: 1-16.

[84]MEIER A, TUNGER D. Investigating the transparency and influenceability of altmetrics using the example of the RG score and the ResearchGate platform[J]. Information Services & Use, 2018, 38(1-2): 99-110.

[85]MARTÍN-MARTÍN A, ORDUÑA-MALEA E, LÓPEZ-CÓZAR E D. Author-level metrics in the new academic profile platforms: the

online behaviour of the Bibliometrics community [J]. Journal of informetrics, 2018, 12(2): 494-509.

[86] ASKERIDIS J M. An h index for Mendeley: comparison of citation-based h indices and a readership-based h men index for 29 authors [J]. Scientometrics, 2018, 117(1): 615-624.

[87] TEIXEIRA DA SILVA J A. The Google Scholar h-index: useful but burdensome metric [J]. Scientometrics, 2018, 117(1): 631-635.

[88] LANIER J. Virtual reality: the promise of the future [J]. Interactive Learning International, 1992, 8(4): 275-79.

[89] WOLLE P, MÜLLER M P, RAUH D. Augmented reality in scientific publications-taking the visualization of 3D structures to the next level [J]. ACS Chemical Biology, 2018, 13(3): 496-499.

[90] LIN P H, HUANG Y M, CHEN C C. Exploring imaginative capability and learning motivation difference through picture e-book [J]. IEEE Access, 2018, 6: 63416-63425.

[91] YE H, SHI R, LI S. Status and tendency of augmented expression for paper map, 49th Conference of the International Circle of Educational Institutes for Graphic Arts Technology and Management & 8th China Academic Conference on Printing and Packaging, Beijing, China, May 14-16, 2017 [C]. Singapore: Springer, 2018: 221-231.

[92] CHANLIN L J. Bridging children's reading with an augmented reality story library [J]. Libri, 2018, 68(3): 219-229.

[93] HUNG Y H, CHEN C H, HUANG S W. Applying augmented reality to enhance learning: a study of different teaching materials [J]. Journal of Computer Assisted Learning, 2017, 33(3): 252-266.

[94] YILMAZ R M, KUCUK S, GOKTAS Y. Are augmented reality picture books magic or real for preschool children aged five to six? [J]. British Journal of Educational Technology, 2017, 48(3):

824-841.

[95]DONG C, SI Z. The research and application of augmented reality in 3D interactive books for children, 49th Conference of the International Circle of Educational Institutes for Graphic Arts Technology and Management & 8th China Academic Conference on Printing and Packaging, Beijing, China, May 14-16, 2017[C]. Singapore: Springer, 2018: 293-299.

[96]CHEN M. Application of AR technology in children's publishing optimization strategy [J]. Probe-Media and Communication Studies, 2018, 1(1).

[97]HABGOOD J, MOORE D, ALAPONT S, et al. The REVEAL educational environmental narrative framework for PlayStation VR, 12th European Conference on Game-Based Learning, Sophia Antipolis, France, October 4-5, 2018[C]. UK: Academic Conferences Ltd, 2018: 175-183.

[98]PARONG J, MAYER R E. Learning science in immersive virtual reality[J]. Journal of Educational Psychology, 2018, 110(6): 785.

[99]ABREU R, ALMEIDA F. E-learning in mixed reality landscape: emerging issues and key trends in scientific research, 12th International Technology, Education and Development Conference, Valencia, Spain, March 5-7, 2018[C].[S.l.]: INTED, 2018: 6181-6187.

[100]OZDAMLI F, KARAGOZLU D. Preschool teachers' opinions on the use of augmented reality application in preschool science education[J]. Croatian Journal Educational/Hrvatski Casopis za Odgoj I Obrazovanje, 2018, 20(1): 43-74.

[101]TOLEDO-MORALES P, SANCHEZ-GARCIA J M. Use of augmented reality in social sciences as educational resource[J]. Turkish Online Journal of Distance Education, 2018, 19(3): 38-52.

[102] CHENG K H. Exploring parents' conceptions of augmented reality learning and approaches to learning by augmented reality with their children [J]. Journal of Educational Computing Research, 2017, 55(6): 820-843.

[103] GARCIA-SANCHEZ J C. Augmenting reality in books: a tool for enhancing reading skills in Mexico [J]. Publishing Research Quarterly, 2017, 33(1): 19-27.

[104] LE H, NGUYEN M. Enhancing textbook study experiences with pictorial bar-codes and augmented reality, Computer Analysis of Images and Patterns: 17th International Conference, Ystad, Sweden, August 22-24, 2017 [C]. Cham: Springer, 2017: 139-150.

[105] LYTRIDIS C, TSINAKOS A, KAZANIDIS I. ARTutor-an augmented reality platform for interactive distance learning [J]. Education Sciences, 2018, 8(1): 6-17.

[106] WOOD H. Dynamic syuzhets: writing and design methods for playable stories, Interactive Storytelling: 10th International Conference on Interactive Digital Storytelling, ICIDS 2017 Funchal, Madeira, Portugal, November 14-17, 2017 [C]. Cham: Springer, 2017: 24-37.

[107] CYCHOSZ M, GORDON A S, ODIMEGWU O, et al. Effective scenario designs for free-text interactive fiction, Interactive Storytelling: 10th International Conference on Interactive Digital Storytelling, ICIDS 2017 Funchal, Madeira, Portugal, November 14-17, 2017 [C]. Cham: Springer, 2017: 12-23.

[108] CARSTENSDOTTIR E, KLEINMAN E, EL-NASR M S. Towards an interaction model for interactive narratives, Interactive Storytelling: 10th International Conference on Interactive Digital Storytelling, ICIDS 2017 Funchal, Madeira, Portugal, November 14-17, 2017 [C]. Cham: Springer, 2017: 274-277.

[109] KOENITZ H, ROTH C, DUBBELMAN T, et al. What is a

convention in interactive narrative design? Interactive Storytelling: 10th International Conference on Interactive Digital Storytelling, ICIDS 2017 Funchal, Madeira, Portugal, November 14-17, 2017 [C].Cham: Springer, 2017: 295-298.

[110]ALLINGTON D. Linguistic capital and development capital in a network of cultural producers: mutually valuing peer groups in the "Interactive fiction" retrogaming scene[J]. Cultural Sociology, 2016, 10(2): 267-286.

[111]ROBSON J, MESKIN A. Video games as self-involving interactive fictions[J]. The Journal of Aesthetics and Art Criticism, 2016, 74(2): 165-177.

[112]MOSSELAER N V. How can we be moved to shoot zombies? A paradox of fictional emotions and actions in interactive fiction[J]. Journal of Literary Theory, 2018, 12(2): 279-299.

[113] CLARK L. That's not how it should end: the effect of reader/player response on the development of narrative, Interactive Storytelling: 10th International Conference on Interactive Digital Storytelling, ICIDS 2017 Funchal, Madeira, Portugal, November 14-17, 2017[C].Cham: Springer, 2017: 355-358.

[114]JAKOBSEN M, CHRISTENSEN D S, BRUNI L E. How knowledge of the player character's alignment affect decision making in an interactive narrative, Interactive Storytelling: 10th International Conference on Interactive Digital Storytelling, ICIDS 2017 Funchal, Madeira, Portugal, November 14-17, 2017[C]. Cham: Springer, 2017: 193-205.

[115] WAKE P. Life and death in the second person: identification, empathy, and antipathy in the adventure gamebook[J]. Narrative, 2016, 24(2): 190-210.

[116]TAVINOR G. What's my motivation? Video games and interpretative performance[J]. The Journal of Aesthetics and Art Criticism, 2017, 75(1): 23-33.

[117] NAKEVSKA M, VAN DER SANDEN A, FUNK M, et al. Interactive storytelling in a mixed reality environment: the effects of interactivity on user experiences[J]. Entertainment computing, 2017, 21: 97-104.

[118] MARSH T, GALBRAITH D, JENSEN N. Experimental serious games: short form narrative in augmented reality dioramas, Serious Games: Third Joint International Conference, JCSG 2017, Valencia, Spain, November 23-24, 2017 [C]. Cham: Springer, 2017: 235-244.

[119] ROUSE R, BARBA E. Design for emerging media: how MR designers think about storytelling, process, and defining the field, Interactive Storytelling: 10th International Conference on Interactive Digital Storytelling, ICIDS 2017 Funchal, Madeira, Portugal, November 14-17, 2017 [C]. Cham: Springer, 2017: 245-258.

[120] CRAWFORD R, CHEN Y. From hypertext to hyperdimension Neptunia: the future of VR visual novels: the potentials of new technologies for branching-path narrative games, 23rd International Conference on Virtual System & Multimedia. IEEE, Dublin, Ireland, October 31- November 04, 2017[C].[S. l.]: IEEE, 2018: 1-7.

[121] LESTER G B. What IF? Building interactive fiction for teaching and learning religious studies[J]. Teaching Theology & Religion, 2018, 21(4): 260-273.

[122] CHRISTMAN G P, SCHRAGER S M, CALLAHAN K. Using interactive fiction to teach pediatricians-in-training about child abuse, Interactive Storytelling: 10th International Conference on Interactive Digital Storytelling, ICIDS 2017 Funchal, Madeira, Portugal, November 14-17, 2017 [C]. Cham: Springer, 2017: 278-281.

[123] MANUABA I B K. Text-based games as potential media for

improving reading behaviour in indonesia[J]. Procedia Computer Science, 2017, 116: 214-221.

[124]MAINE F. The bothersome crow people and the silent princess: exploring the orientations of children as they play a digital narrative game[J]. Literacy, 2017, 51(3): 138-146.

[125]DE TROYER O, VAN BROECKHOVEN F, VLIEGHE J. Linking serious game narratives with pedagogical theories and pedagogical design strategies[J]. Journal of Computing in Higher Education, 2017, 29(3): 549-573.

[126]CONSTANTIN A, PERONI S, PETTIFER S, et al. The document components ontology (DoCO)[J]. Semantic Web, 2016, 7(2): 167-181.

[127]SATELI B, WITTE R. From papers to triples: an open source workflow for semantic publishing experiments, Semantics, Analytics, Visualization. Enhancing Scholarly Data: Second International Workshop, SAVE-SD 2016, Montreal, QC, Canada, April 11, 2016[C].Cham: Springer, 2016: 39-44.

[128]HALLO M, LUJÁN-MORA S, MATÉ A. Evaluating open access journals using Semantic Web technologies and scorecards[J]. Journal of Information Science, 2017, 43(1): 3-16.

[129]JUNG Y. A semantic annotation framework for scientific publications[J]. Quality & Quantity, 2017, 51(3): 1009-1025.

[130]DASIGI P, BURNS G A P C, HOVY E, et al. Experiment segmentation in scientific discourse as clause-level structured prediction using recurrent neural networks [J/OL]. arXiv preprint, 2017. [2024-01-22]. https://arxiv. org/abs/1702. 05398.

[131]VAHDATI S, DIMOU A, LANGE C, et al. Semantic publishing challenge: bootstrapping a value chain for scientific data, Semantics, Analytics, Visualization. Enhancing Scholarly Data: Second International Workshop, SAVE-SD 2016, Montreal, QC,

Canada, April 11, 2016[C].Cham: Springer, 2016: 73-89.

[132]PELLEGRINI T. Semantic metadata in the publishing industry-technological achievements and economic implications [J]. Electronic Markets, 2017, 27: 9-20.

[133]SANTAREM SEGUNDO J E, CONEGLIAN C S, OLIVEIRA LUCAS E R. Concepts and technologies of the semantic Web for academic-scientific cooperation: a study within the Vivo platform [J]. Transinformação, 2017: 297-309.

[134]EURETOS. Euretos [EB/OL]. [2019-02-19]. https://www. euretos.com/home.

[135]GitHub. Bel2nanopub[EB/OL]. [2019-02-19]. https://github. com/tkuhn/bel2nanopub.

[136]EMTO. Emto Nanopub[EB/OL]. [2019-02-19]. https://emto-blog. tumblr. com/post/27837095978/emto-nanopub-an-infrastructure-for-collecting.

[137]MEI. Enhancing Music Notation Addressability[EB/OL]. [2024-01-22]. https://music-encoding.org/projects/ema.html.

[138]GitHub. SciGraph [EB/OL]. [2019-02-19]. https://github. com/SciGraph/SciGraph.

[139]Microsoft. Microsoft Academic Graph[EB/OL]. [2024-01-22]. https://www. microsoft. com/en-us/research/project/microsoft-academic-graph/.

[140]Aminer. Aminer[EB/OL]. [2019-02-19]. http://www.arnetminer. org/.

[141]王晓光, 宋宁远. 延续与突破: 2017 年语义出版研究与实践回顾[J]. 科技与出版, 2018(2): 33-38.

[142]JÄMTHAGEN C, HELL M. Blockchain-based publishing layer for the Keyless Signing Infrastructure, 2016 Intl IEEE Conferences on Ubiquitous Intelligence & Computing, Advanced and Trusted Computing, Scalable Computing and Communications, Cloud and Big Data Computing, Internet of People, and Smart World

Congress, Toulouse, France, July 18-21, 2016 [C]. [S. l.]: IEEE, 2016: 374-381.

[143]JANOWICZ K, REGALIA B, HITZLER P, et al. On the prospects of blockchain and distributed ledger technologies for open science and academic publishing[J]. Semantic web, 2018, 9(5): 545-555.

[144] O'DAIR M, BEAVEN Z. The networked record industry: how blockchain technology could transform the record industry [J]. Strategic Change, 2017, 26(5): 471-480.

[145] XU R, ZHANG L, ZHAO H, et al. Design of network media's digital rights management scheme based on blockchain technology, 13th international symposium on autonomous decentralized system (ISADS), Bangkok, Thailand, March 22-24, 2017[C].[S.l.]:IEEE, 2017: 128-133.

[146] SAVELYEV A. Copyright in the blockchain era: promises and challenges[J]. Computer Law & Security Review, 2018, 34(3): 550-561.

[147] LIU T, LIU Z. A prediction recommendation algorithm research toward to the latest published article, 2nd International Conference on Electronics, Network and Computer Engineering (ICENCE 2016), Yinchuan, China, August 13-14, 2016[C]. [S.l.]:Atlantis Press, 2016: 757-762.

[148]GUAN X, LI M. Modelling of intelligent publishing cloud platform based on internet+, 2016 International Conference on Logistics, Informatics and Service Sciences (LISS), Sydney, Australia, July 24-27, 2016[C].[S.l.]:IEEE, 2016: 1-5.

[149]YE H, CHENG X, YUAN M, et al. A survey of security and privacy in big data, 16th international symposium on communications and information technologies (iscit), Qingdao, China, September 26-28, 2016[C].[S.l.]:IEEE, 2016: 268-272.

[150]ANDRINI L. Redesigning Indonesia copyright act to accommodate

autonomous intelligent system: status Quo and room for improvement[J]. Asian Journal of Law and Economics, 2018, 9 (3): 1-9.

[151]THANH T M, IWAKIRI M. Fragile watermarking with permutation code for content-leakage in digital rights management system[J]. Multimedia Systems, 2016, 22(5): 603-615.

[152]RAJPAL A, MISHRA A, BALA R. A novel fuzzy frame selection based watermarking scheme for MPEG-4 videos using bi-directional extreme learning machine [J]. Applied Soft Computing, 2019, 74: 603-620.

[153]MAO J, XIAO G, SHENG W, et al. A method for video authenticity based on the fingerprint of scene frame [J]. Neurocomputing, 2016, 173(3): 2022-2032.

[154]CHEN H-B, LEE W B, CHEN T H. A novel DRM scheme for accommodating expectations of personal use[J]. Multimedia Tools and Applications, 2018, 77(18): 23099-23114.

[155]MA Z F. Digital rights management: model, technology and application[J]. China Communications, 2017, 14(6): 156-167.

[156]ZHANG C C. What are works? Copyright law subject matter in the transition to the digital era: perspectives on the Third Amendment to the Chinese Copyright Act [J]. Queen Mary Journal of Intellectual Property, 2017, 7(4): 468-484.

[157]ÁLVAREZ E G, BERGARA S S, SINTAS J L. Regulating copyright in the digital age in Spain: the Sinde law[J]. Queen Mary Journal of Intellectual Property, 2016, 6(2): 236-247

[158]LEE Y H. United Kingdom copyright decisions and legislative developments 2016 [J]. IIC-International Review of Intellectual Property and Competition Law, 2017, 48(2): 184-194.

[159]ANDRINI L. Redesigning Indonesia copyright act to accommodate autonomous intelligent system: status Quo and room for improvement[J]. Asian Journal of Law and Economics, 2018, 9

（3）：1-9.

[160] YU R. The machine author: what level of copyright protection is appropriate for fully independent computer generated works [J]. University of Pennsylvania Law Review, 2017, 165（5）: 1245-1270.

第十章　2019—2023 年海外科技期刊出版动态研究[*]

　　新的研究建立在以往研究成果的基础上，只有在所有研究成果都向科学界公开的情况下，新的科学研究才能以最佳方式运行。①随着科学研究和交流的深入，开放科学(Open Science，OS)运动逐渐成为 21 世纪科学交流系统的优先发展事项。在 2019—2023 年五年间，实现科学知识全面且迅速的开放已经成为不可逆转的全球趋势。在此背景下，海外科技出版的生态环境正在经历一场复杂且深刻的变革。科技期刊向 OA 出版加速过渡，OA 出版模式也在出版商、图书馆、资助机构等利益相关方的共同努力下不断取得突破，可选模式日益多元化，为开放机制的变革注入新活力。随着科研论文大规模涌现，预印本、巨型期刊、Overlay 期刊、透明同行评议等质量控制新模式及其联合使用也越来越多地被讨论、实践，有望成为平衡科技论文出版"质""量"偏倚的新途径。同时，数据密集型研究范式的兴起与人工智能等技术的革新，使布局数据出版、整合前沿技术、改善出版流程甚至创新科技出版商业模式成为未来科技出版需要持续面临的考验。以上种种正在重塑全球科技出版产业

　　* 文章部分内容来自《攻守之间的嬗变：2019 海外科技期刊出版动态研究》《战"疫"·开放·包容——2020 海外科技期刊出版动态研究》《开敞·平衡·拓界：2021 年海外科技期刊出版动态研究》《在博弈中迈向开放科学：2022 年海外科技期刊出版与数据出版盘点》《理念革新与技术驱动：2023 年海外科技期刊出版的挑战与新思路》。

　　① cOAlition S. Towards responsible publishing [R/OL]. [2024-03-06]. https://www. coalition-s. org/wp-content/uploads/2023/10/Towards _ Responsible _ Publishing_web.pdf.

和科学交流的格局，共同将科学交流乃至科学研究本身推向新的发展阶段。

10.1 开放科学的兴起及其影响

开放科学运动最早可以追溯到 17 世纪的启蒙运动时期，但"开放科学"这个术语直到 1998 年才被史蒂夫·曼提出，当时他注册了域名 openscience. com 和 openscience. org，这标志着开放科学开始步入人们的视野。① 随着科学探索成本的不断增高与知识鸿沟的不断加剧，学术交流危机挑战科学与知识生产公共价值，② 开放科学作为一种对应的解决方案，开始在全球范围内得到更广泛的支持。

10.1.1 作为背景的开放科学及其影响

开放科学源于对学术公平、研究可重复性和科学创新等原则的追求，它致力于通过推动数据、信息和知识更广泛地开放共享，打造一个更加公开、透明的科学研究环境。根据联合国教科文组织即UNESCO 发布的《开放科学建议书》，开放科学主要建基于开放式科学知识、开放科学基础设施(Open Science Infrastructures)、社会行为者的开放式参与、与其他知识体系的开放式对话 4 个支柱之上。③ 其中，开放式科学知识包括科学出版物、研究数据、教育资源、硬件、软件和源代码的开放，近年来如火如荼的开放获取运动主要针对出版物，开放数据(Open Data)运动主要针对研究数据等。2019—2023 年，开放科学运动在各方持续推动下逐渐走向成熟，在开放获取、开放数据、开放科学基础设施等方面都取得了长足进

---

① 潘小多，李新，冉有华，等. 开放科学背景下的科学数据开放共享：国家青藏高原科学数据中心的实践[J]. 大数据，2022，8(1)：113-120.

② 陈传夫. 开放科学的价值观与制度逻辑[J]. 武汉大学学报(哲学社会科学版)，2023，76(6)：173-184.

③ 联合国教科文组织. 开放科学建议书[R]. 巴黎：联合国教育、科学及文化组织，2022：7.

步，拥抱开放科学已经成为科学界的共识。

2019 年，科技出版价值链中的利益相关者展开新一轮攻守博弈，合力将科学交流提升至新的开放高度。科研基金、政府等资助主体以强制政策的形式表示对包括 S 计划(Plan S)在内的 OA 运动的大力支持，研究机构、高校图书馆、研究协会等学术共同体道过创建和发展大学刊、巨刊、OA 仓储等积极响应 OA 运动。在这种形势下，出版商一方面对自身商业模式进行变革，采用转换协议(Transformative Agreements，TAs)尽可能满足用户对开放学术内容资源的需求，同时力保高价值旗舰期刊不受影响；另一方面，对外通过同行联盟与上下游合作抢占用户资源，增强用户黏性，从而在新型开放的学术出版和科学交流生态中占据有利地位，扩大影响力。

2020 年，全球科技期刊出版的最大背景是抗击新冠疫情及其作为"黑天鹅"事件对开放科学运动的急剧推进。这场公共卫生危机促使全球科学界和科技出版领域展开了前所未有的多边合作，科研成果和研究数据被快速共享，预印本、开放数据和其他在线共享成为新常态。同年，UNESCO 为制定开放科学标准化文件启动全球性磋商，倡导以"参与、包容、分享、合作、公开、透明"作为未来开放科学建议书和相关工作的共同原则和价值观，以更快达成国际开放科学共识。①

2021 年，从 E-Science 到 Science 2.0，从开放获取到开放数据，各种运动都汇聚到开放科学的旗下。② 尽管开放科学实践尚未全面铺开，但一种由多元主体参与，以开放政策，开放基础设施、工具、平台，以及相关评估和激励标准等配套支持的开放科学生态正在逐步形成。③ 11 月，UNESCO 大会第 41 届会议审议通过《开放

---

① 易志军，庄岩，江丽辉. 拟定全球"开放科学"准则：促进后疫情时代的国际科学合作[J]. 科学观察，2020，15(5)：63-67.

② 顾立平. 全球开放科学发展的比较研究：包容性与标准化的路径[J]. 数字图书馆论坛，2021(3)：32-39.

③ AYRIS P, BERNAL I, CAVALLI V, Dorch, et al. LIBER open science roadmap[EB/OL]. [2024-03-06]. https://doi.org/10.5281/zenodo.1303002

科学建议书》，标志着开放科学进入了全球共识的新阶段。而科技期刊出版作为科学交流的重要支撑系统，成为开放科学运动中备受瞩目的领域。

2022 年，开放科学的实践和探索蔚然成风。各国政府、研究机构、出版商、图书情报机构、学会/协会等利益相关主体在协商、争论、冲突和合作中，稳步推进科技期刊的开放获取，除了收取 APCs 的金色 OA，绿色 OA 和钻石 OA 等模式在 2022 年受到了更广泛的关注；有关科学数据开放共享的政策、倡议、举措等纷纷启动和实施，并进一步夯实开放科学基础设施建设。

2023 年，全球科技期刊出版经历重大变革。随着 S 计划进入下半场，高昂的 APCs 屡遭声讨。如果说订阅时代昂贵的期刊订阅费将很多科技文献的读者拒之门外；开放获取时代，昂贵的 APCs 则将许多研究者挡在了门外。从 2010 年到 2019 年，APCs 提高了 50%，并且主要出版商的价格仍在上涨；① 似乎基于 APCs 的 OA 出版正在成为更加有利可图的商业模式。究竟是维持现有商业性 OA 出版模式还是探索新的路径，成为横亘在全面、立即开放获取面前的一道难题。

总体而言，开放科学近年来正逐渐被纳入越来越多国家的发展战略中，并由此获得大量人力、物力与财政投入，开放科学已经从科学界"小圈子"的美好设想成为人类社会的发展前景。持续推进开放科学，不仅对学术出版生态的系统重塑和传统科研范式的深刻变革有着重要意义，而且有助于实现让科学惠及社会、惠及人类福祉的目标。②

10.1.2 开放科学基础设施发展

开放科学基础设施是开放科学的重要支柱之一，指开放科学知

---

① MORRISON H. 2010—2019 APC update [EB/OL]. [2024-03-06]. https://sustainingknowledgecommons.org/2019/11/26/2010-2019-apc-update/.

② 中国科学技术协会. 中国科技期刊发展蓝皮书（2021）[M]. 北京：科学出版社，2021.

识的收集、存储、组织、访问、共享和评估所依赖的服务、协议、标准、软件等。它们为科学界提供了脱离传统科技出版模式的工具，是数字科学信息共建共享的保障体系。① 欧盟已经将科技信息资源的开放共享与长期保存列为开放科学的战略规划重点，并相当重视基础设施对开放科学的支撑作用，启动了欧洲网格基础设施（European Grid Infrastructure，EGI）与欧洲科研开放获取基础设施（Open Access Infrastructure for Research in Europe，OpenAIRE）等一系列相关项目。与此同时，一些学术机构和出版商也在积极支持开放科学基础设施的建设，如 Amigos 图书馆服务联盟（Amigos Library Services）2021 年 3 月与 DOAJ 签署协议，支持其在开放科学基础设施方面的建设。然而，开放科学基础设施建设领域当前还面临缺乏统一的功能分类标准、非营利性基础设施缺乏资金支持等问题。② 为了解决这些问题，基金会、研究机构、技术提供商等多方主体开始开展合作、投资、集成、建立或扩展当前和新兴的开放基础设施计划。

建立在庞大引文数据基础上的信息计量研究能更好地识别科学研究趋势与新兴研究方向等，在科学研究的整个生命周期都发挥着不可替代的作用。③ 因此，可以认为引文数据是科技出版乃至科学研究活动的重要基础设施。但引文内容和数据曾长期被封闭在商业出版商的"付费墙"之内，这就使得开放引文具有了重要意义。在开放引文倡议（Initiative for Open Citations，I4OC）的推动下，全球开放引文行动取得了重要进展。例如，非营利性开放学术基础设施

---

① WEST J. Seeking open infrastructure：contrasting open standards，open source and open innovation[J]. First Monday，2007，12(6).

② OA content up 40% across Springer Nature's transformative journals[EB/OL]. [2024-03-06]. https://www.webwire.com/ViewPressRel.asp?aId = 289884#:~:text=Data%20released%20today%20shows%20that%20in%202021%20Springer，those%20from%20all%20other%20TJ%20publishers%20put%20together.

③ CHAWLA D S. Five-year campaign breaks science's citation paywall[EB/OL]. [2024-03-06]. https://www.nature.com/articles/d41586-022-02926-y.

组织"开放引用"（Open Citations，OC）在2022年以开放引文数据为基础构建了开放引文索引（Open Citations Index，OCI），通过语义网技术发布开放书目和引文数据以推动开放科学的发展。再如，Crossref 2022年8月宣布公开其数据库中超过6000万篇期刊文章的DOI-DOI引用数据。迄今为止，开放引文数据覆盖范围已经可与来自WoS、Scopus等订阅渠道的引文数据相媲美，这将有助于提高在开放和可重复基础上构建替代性学术评价体系的可能性。①

评估标准和激励机制同样是推动开放科学实践的重要基础设施。新兴的开放科学范式如果没有相应的评估标准与激励机制，将导致科研人员等利益相关者参与的内驱力不足。因此，一些机构已经开始建立相关标准，并设立奖项来表彰对开放科学作出贡献者。如荷兰乌特勒支大学（Utrecht University）2021年6月宣布将对开放科学的贡献纳入科研人员招聘、晋升评价指标体系；芬兰赫尔辛基大学（University of Helsinki）自2017年起每年颁发开放科学奖，以表彰科研人员在促进开放科学中做出的重要工作。同时，一些科研资助机构也在验收或遴选科研项目时，将开放科学实践列为获得资助的条件之一。如2021年1月，经济合作与发展组织采用新修订的《公共财政资助科学数据获取建议》（Council Recommendation on Access to Research Data from Public Funding），进一步扩大受资助研究成果的开放范围，要求受资助方不仅要开放科学数据本身，而且要开放对相关元数据以及对元数据解释至关重要的算法、工作流程、模型和软件（包括代码）。② 当前，诸多利益相关者已经充分认识到评估标准与激励机制在开放科学基础设施中的重要性和必要性，并积极参与。

---

① SHOTTON D. Coverage of open citation data approaches parity with Web of Science and Scopus[EB/OL]. [2024-03-06]. http://www.thinkepi.net/anuarios/2021/martin.pdf.

② OECD. Recommendation of the OECD Council concerning access to research data from public funding[EB/OL]. [2023-03-06]. https://www.oecd.org/science/inno/recommendation-access-to-research-data-from-public-funding.htm.

10.2 开放获取出版进展

在科学交流系统各利益相关方的博弈中，全球 OA 出版市场 2019—2023 年呈现出扩张与深化趋势，有力推进着研究成果的广泛共享，并在提升知识传播与扩散效率、支撑科学界知识创新等方面发挥着重要作用。

10.2.1 预印本发展动态

预印本被视为科学研究成果在正式出版或同行评议前的发布形式，① 目前已经成为科学交流系统的重要组成部分。20 世纪 60 年代末，斯坦福公共信息检索系统（Stanford Public Information Retrieval System，SPIRES）这样的预印本信息检索系统开始出现，有效地促进了高能物理领域科研成果的分享和交流。20 世纪 90 年代以后，arXiv、RePEc 和 CogPrints 等电子预印本服务器开始为全球读者提供免费、快速的科研成果获取途径。自 2016 年以来，预印本服务器数量飞速增长，出现了所谓的"预印本第二波浪潮"；根据 ASAPbio 预印本列表的信息，截至 2023 年年底，全球预印本平台数量已超过 60 个，而在 2016 年这一数量仅约 35 个。这种增长的原因主要有三个方面：一是预印本可以解决正式出版的时滞问题，加快科学交流速度；二是论文预印本的互动和反馈活跃，提升了科研成果的用户价值；三是对于正式发表成果有限的年轻研究者而言，将论文预印本列入简历或基金申请书无疑能提升其研究能力和水平的可信度和说服力。

随着预印本在科学交流系统中的地位日益提高，出版商与预印本的合作也开始不断加深。2020 年全球新冠疫情蔓延，科研人员对科研成果和科研数据的即时需求与同行评议耗时太久之间的时间冲突，使得预印本特别是医学卫生领域的预印本呈现爆发性增长。

---

① 徐丽芳. 数字科学信息交流研究［M］. 武汉：武汉大学出版社，2008：111.

这种快速增长对传统科学出版机构施加了巨大压力，也吸引了大型出版商对预印本平台的投资。到2021年，预印本的发展与现有出版流程的整合进一步加速。尽管根据施普林格·自然集团（Springer Nature Group，SNG）2021年发布的调查报告，83%的受访者更喜欢阅读和引用期刊论文，仅有2%的受访者更喜欢预印本论文，[①] 预印本短期内可能无法取代期刊的地位，但大型出版商仍纷纷布局预印本出版，并推动其与传统期刊的联动。如爱思唯尔2021年9月收购预印本平台SSRN，随后推出"First Look"服务，允许作者向合作期刊提交稿件的同时上传预印本至SSRN。SNG、约翰·威立父子出版公司（John Wiley & Sons, Inc., Wiley）、泰勒-弗朗西斯出版集团（Taylor & Francis Group，T & F）等则通过建设自有预印本平台来加强与其传统期刊业务的整合。

此外，按照一定质量标准从一个或多个学科仓储或机构仓储中筛选内容，经同行评议后以OA期刊形式向用户提供内容和服务的Overlay期刊，[②] 由于所筛选内容通常来自预印本服务器，于是，近些年其在预印本快速增长的推动下也得到了更大发展。和一般期刊不同的是，Overlay期刊不负责存储和发布文章全部内容，其主要功能在于为科研人员筛选和过滤内容并提供文献在仓储中的链接。对用户而言，Overlay期刊在文章质量保证、有效发现和获取等方面发挥着积极作用，在国际科学编辑理事会（Council of Science Editors，CSE）2021年年会的"Overlay期刊、Overlay评议时代终于到来了吗？"分会场上，科研服务平台Delta Think、加州大学伯克利分校等组织的专家便肯定了这一点。尽管Overlay期刊的可持续发展仍面临组织管理、经费来源、运行机制与知识产权等挑战，但这并不妨碍它正逐渐成为科学出版和交流系统的重要补充。

---

① LUCRAFT M，BATT I，ALLIN K. Exploring researcher preference for the VOR by Springer Nature［R/OL］.［2024-03-06］. https://www.springernature.com/gp/open-research/version-of-record.

② PLoS. Moyle M，Polydoratou P. Investigating overlay journals：introducing the RIOJA Project［J］. D-Lib Magazine，2007.

10.2.2 巨刊发展动态

开放获取巨刊(Open Access Megajournals, OAMJs)自 2006 年出现以来, 便引发了学界的广泛关注和热烈讨论。巨刊通常被定义为以金色 OA 模式发表广泛主题论文的高产出期刊, 通常收取 APCs 进行技术或科学可靠性评议。① 与传统科技期刊不同, 每种巨刊涵盖的学科范围更广, 年载文量比传统期刊高出 1 个甚至几个数量级, 一般采用特别的评议方式以便文章快速出版。老牌巨刊一般践行后评价理念, 即不主张由编辑或同行来评审研究成果, 认为论文发表之后可由时间来检验其价值; 也有些巨刊, 只要审稿人认为研究成果在技术上满足科学可靠性要求即可发表, 不需要关于成果新颖性或重要性程度的认定。凭借宽松的论文筛选机制, 巨刊达成了论文数量和质量之间的某种"平衡"。

在过去的 2019—2023 年, 尽管巨刊发文量仍在增长, 但者如 *PLoS ONE*、*Scientific Reports* 等重要巨刊已走出高速增长阶段, 未来或呈现缓慢衰退趋势。② 另外, 在巨刊发展过程中还出现了两种新形态: 一种是 OA 出版商围绕品牌创办的系列期刊, 如"Frontiers in"系列或"BMC"系列;③ 另一种是以 F1000 Research 为代表的开放学术出版平台。④ 这两种新形态的出现以及巨刊数量的增长共同加剧了巨刊领域的竞争。随着竞争的加剧, 许多国家开始建立和完

---

① BJÖRK B-C. Have the "mega-journals" reached the limits to growth? [J]. PeerJ, 2015, 3(4): 981.

② CHRISTOS P. Guest post—the megajournal lifecycle [EB/OL]. [2024-03-06]. https://scholarlykitchen.sspnet.org/2020/05/07/guest-post-the-megajournal-lifecycle/.

③ BINFIELD P. Open access megajournals-have they changed everything? [EB/OL]. [2024-03-06]. https://www.tohatoha.org.nz/2013/10/open-access-megajournals-have-they-changed-everything/.

④ PINFIELD S. Mega-journals: the future, a stepping stone to it or a leap into the abyss? [EB/OL]. [2024-03-06]. https://www.timeshighereducation.com/blog/mega-journals-future-stepping-stone-it-or-leap-abyss.

善科技期刊管理和预警制度；作为应对之策，一些巨刊决定将重心放在提高文章质量上。如 *PLoS ONE* 2021 年 12 月声明其当前优先事项是寻找使评审过程更加高效的新方法，并表示将与其他出版商合作开展便携式同行评议以及探索开放同行评议等质量控制方式。

10.2.3 S 计划与转换协议发展动态

2002 年，全球首家商业性 OA 出版机构生物医学中心（BioMed Central，BMC）开始收取 APCs，以弥补出版成本。[①] 该行为被视作对"大宗交易"这一商业模式的修正，"大宗交易"最早出现在 1996 年，指出版商以统一定价、一个通用资源包形式在线整合销售电子学术期刊，其原是为解决图书馆采购经费不足的问题，但在随后呈现出订购价格每年快速上涨，图书馆缺乏对拟订购期刊的选择权等缺点，这导致该模式很快成为新一轮期刊采购危机的推手。[②] 在学术界、图书馆界与出版商的博弈中，OA 成为破解这一危机的出路之一。但不同国家或不同机构就实现学术成果全面且即时 OA 的途径有着不同设想，包括建设开放出版平台、创立 OA 期刊、推进实现无时滞期的作者自存档、签订转换协议、发展转换期刊（Transformative Journal）等不同模式。

2018 年 9 月，11 个研究资助机构在欧盟委员会（European Commission）和欧洲研究理事会（European Research Council）的支持下宣布成立 S 联盟（cOAlition S），并提出 S 计划。受 S 计划实施的影响，国际 OA 运动从缓慢发展阶段进入快速发展阶段。而转换协议正是 S 计划所支持的实现 OA 的选择之一。转换协议也称变革性协议，是图书馆、国家和地区联盟等机构与出版商之间谈判达成的合同，旨在从付费获取模式（订阅模式）转变为向出版商提供的 OA

---

① BioMed Central. Open access charter［EB/OL］.［2024-03-06］. https://www.biomedcentral.com/about/policies/charter.

② 王春生. 大宗交易：学术期刊采购危机的"对策"与"推手"［J］. 国家图书馆学刊，2014，23(6)：47-52.

出版服务支付合理报酬的模式。① 2019—2023 年，TAs 的签署越来越广泛，它不再只是"欧洲现象"，北美洲、亚洲等地的图书馆联盟及研究机构等也开始与出版商进行 TAs 谈判与签订工作。截至 2023 年年底，全球通过 ESAC 倡议（ESAC Initiative）登记的转换协议数量已经突破 900 项，涉及 70 多个国家与 60 多家出版商，覆盖的文章数量超过 27 万篇。② 大部分 TAs 采用的转换模式为"阅读和出版"（Read and Publish，RAP）与"出版和阅读"（Publish and Read，PAR）。RAP 模式以期刊订阅量为计费基础，由机构或联盟一次性支付订阅费用，符合条件的用户可以免费访问订阅期刊，但发表 OA 文章仍需缴费。剑桥大学出版社和加利福尼亚大学 2019 年 4 月签订的 TAs 便属 RAP 模式。PAR 模式则着重"出版"，即出版商只收取出版费用，不额外收取订阅费用，而机构用户可以访问协议中的所有期刊并在其中免费发表 OA 文章。该模式由德国的 Projekt DEAL 项目组在 2019 年 1 月同 Wiley 达成的 TAs 中首次提出。③ 随着 TAs 的深入发展，出版商、图书馆、学会和科研资助机构围绕知识开放机制的变革也不断取得突破，可选的转换模式变得更加丰富。例如，年度评论出版社（Annual Reviews Press）2019 年提出并在 2020 年尝试了"面向开放的订阅"（Subscribe to Open，S2O）模式，其实现逻辑和"众筹"类似：如果订阅期刊的机构用户达到出版商设定的阈值，则这些订阅期刊将在次年以 OA 形式出版，且作者无需支付 APCs。S 联盟曾盛赞 S2O 提供了一条适用于所有学科和所有国家研究的快速 OA 路径。④

---

① cOAlition S. What is a transformative agreement？［EB/OL］.［2024-03-06］. https：//www.coalition-s.org/faq/what-is-a-transformative-agreement/.

② ESAC. ESAC transformative agreement registry［EB/OL］.［2024-03-06］. https：//esac-initiative.org/about/transformative-agreements/agreement-registry/.

③ 徐丽芳，冯凌，陈哲，等. 全球开放获取转换模式发展现状及趋势研究［J］. 出版参考，2022，（1）：20-28.

④ cOAlition S. cOAlition S endorses the Subscribe to Open（S2O）model of funding open access［EB/OL］.［2022-03-06］. https：//www.coalition-s.org/coalition-s-endorses-the-s2o-model-of-funding-oa/.

尽管过去 5 年内 TAs 是 OA 出版持续增长的主要推动力，但仍存在一些争议。首先，就 TAs 本身而言，目前其并没有为向 OA 的可持续转型提供保障，因为其不能保证支出控制和开放内容的可持续性，作为 TAs 内在要素的"有限期限"和"回到订阅模式的可逆性"也决定了 TAs 远不应该是 OA 的唯一途径和最后阶段。① 其次，低收入和中低收入国家由于巨额研究资金的不可得性，尽管有出版商给予一定的 APCs 豁免，仍可能被 TAs 排除在外。而且，TAs 将作者合规发表论文的场所限制在了协议框定的期刊中，一定程度上限制了研究人员的发表自由。这样"有限制"和"缺乏可持续性"的 OA，似乎并不是科学界最初的愿景。因此，TAs 仅仅是通向 OA 路途中避免学术体系陷入"大破大立"式动荡的过渡手段。为了避免这种过渡性安排成为永久性实践，S 联盟在 2023 年年初时重申将于 2024 年年底停止对 TAs、转换期刊等转换安排路径的资金支持;② 并于 2023 年 10 月基于欧盟开放研究出版平台（Open Research Europe）和 eLife 等现有实践，发布新提案《迈向负责任的出版》（*Towards Responsible Publishing*），以推动建立适应 21 世纪开放科学的、由学者主导的学术交流生态系统。③ 相比 S 计划主要通过商业模型推动 OA，新提案提出了一种颠覆性的交流体系，无疑是全面、立即开放获取思潮下的一剂猛药。

10.2.4　钻石 OA 及其他 OA 实践发展动态

近年来，科学交流系统对基于 APCs 的金色 OA 的反思越来越

---

① DUFOVR Q, PONTILLE D, TORNY D. Contracting in open access times. A systematic analysis of transforming agreements[R/OL]. [2024-03-06]. https://shs.hal.science/halshs-03203560/document.

② cOAlition S. cOAlition S confirms the end of its financial support for Open Access publishing under transformative arrangements after 2024[EB/OL]. [2024-03-06]. https://www.coalition-s.org/coalition-s-confirms-the-end-of-its-financial-support-for-open-access-publishing-under-transformative-arrangements-after-2024/.

③ cOAlition S. Towards responsible publishing[R/OL]. [2024-03-06]. https://www.coalition-s.org/wp-content/uploads/2023/10/Towards_Responsible_Publishing_web.pdf.

多，大家逐渐发现 APCs 在实现开放获取及推动开放科学发展的路途上是缺乏可持续性、公平性与可用性的。于是，不收取 APCs，由国家、大学、公共机构联合体或非营利组织承担出版费用、对作者和读者双向免费的钻石 OA 重新进入人们的视野。目前，钻石 OA 已经在拉丁美洲取得了巨大成功。S 联盟等对钻石 OA 的关注也在近年日益增多，并开展了一系列探索和扶持工作。2022 年 3 月，在系统分析各种钻石 OA 模式的成功要素之后，科学欧洲（Science Europe）、S 联盟、"欧洲社会科学与人文研究领域的开放学术交流"组织（Open Scholarly Communication in the European Research Area for Social Sciences and Humanities，OPERAS）和法国国家研究机构（Agence Nationale de la Recherche，ANR）联袂发起"钻石 OA 行动计划"（Action Plan for Diamond Open Access），获得 40 多个国际组织的声援。① 2022 年 9 月，欧盟史上最大的科研资助框架"欧洲地平线"（Horizon Europe）募资 300 万欧元启动"发展机构开放获取出版模式以推进学术交流"（Developing Institutional Open Access Publishing Models to Advance Scholarly Communication，DIAMS）项目。该项目汇集 23 个欧洲组织共同绘制欧洲研究领域的钻石 OA 出版图景，并为出版部门制定共同的标准、准则；项目合作伙伴还将为研究机构提供建议，以获得整个欧洲对钻石 OA 出版活动的持续支持。② 2023 年 10 月，S 联盟、欧洲科学协会（Science Europe）、OPERAS 等利益相关者在钻石 OA 全球峰会（The Global Summit on Diamond Open Access）上达成一致，承诺未来将培育钻石 OA 学术交流生态系统。

金色 OA 给掠夺性出版商留下了空间，绿色 OA 作为一种成本更低且更灵活的替代性解决方案，让众多学者和资助机构产生了强

---

① cOAlition S. Action plan for diamond open access[EB/OL].[2024-03-06]. https://www.coalition-s.org/action-plan-for-diamond-open-access/.

② LOUISE S. DOAJ joins DIAMAS to support diamond open access publishing[EB/OL].[2024-03-06]. https://blog.doaj.org/2022/09/20/doaj-joins-diamas-to-support-diamond-open-access-publishing/.

烈共鸣。① 然而一些学术出版商基于利润与市场份额等方面的考量，声称绿色OA引用次数与下载量不如金色OA，所存取版本并非研究人员所偏好的(但这些可能并非是真实情况，arXiv、Pubmed Central、Zenodo等仓储库以及许多机构库中的文章都被高度使用和高度引用②)，并不支持绿色OA，甚至认为它减缓了学术生态系统向OA的真正过渡。③ 但在研究机构越来越强烈的要求下，大多数出版商已经同意了绿色OA模式，④ 并在逐渐解除如禁止开放期、所存文章版本等方面的限制。美国目前已经以国家身份介入，推动绿色OA禁止开放期的解除进程。2022年8月，白宫科技政策办公室(Office of Science and Technology Policy，OSTP)正式发布新规，要求其资助的研究成果在发表后立刻上传到指定的OA仓储，不得延迟或禁运。⑤

迄今为止的金色OA、绿色OA乃至钻石OA主要围绕科技论文和科技期刊展开，而2022年6月八达通出版社区利益公司(Community Interest Company，CIC)与英国联合信息系统委员会

① SHEARER K. Transformative agreements are not the key to open access [EB/OL]．[2024-03-06]．https://www.timeshighereducation.com/blog/transformative-agreements-are-not-key-open-access.

② SHEARER K. Transformative agreements are not the key to open access [EB/OL]．[2024-03-06]．https://www.timeshighereducation.com/blog/transformative-agreements-are-not-key-open-access.

③ cOAlition S. Who's afraid of Green? Market forces and the rights retention strategy[EB/OL]．[2024-03-06]．https://www.coalition-s.org/blog/whos-afraid-of-green-market-forces-and-the-rights-retention-strategy/.INCHCOOMBE S. Transformative agreements are not holding up open access [EB/OL]．[2024-03-06]．https://www.timeshighereducation.com/cn/blog/transformative-agreements-are-not-holding-open-access.

④ BHOSALE U. What is green open access publishing? —An Overview on Its Pros and Cons! [EB/OL]．[2024-03-06]．https://www.enago.com/academy/green-open-access-publishing-pros-and-cons/.

⑤ HORDER J. New US government open access policy[J]．Nature Human Behaviour，2022，7(2)：168.

（Joint Information Systems Committee，JISC）合作推出的开放科学平台八达通（Octopus）旨在打破传统文章结构与期刊出版模式，它将科学研究拆解为问题、假设/理论依据、方法/方案、数据/结果、分析报告、解释、现实世界的应用、同行评审8种可能的出版物类型；允许研究人员即时地、单独地发表上述8个要素之一。①。八达通作为"一种激进的科学出版新方式"，被看作是对现存主流科研文化的颠覆性创新。

10.2.5 同行评议和期刊评价新进展

同行评议作为一种正式用于评估科学成果的质量控制机制，是学术出版活动中相当重要的一个环节。但目前并没有一个适合所有期刊的同行评议模式。根据学术领域、学科、研究团体倾向，或社会倾向和出版商偏好，现在和将来都会存在不同的评议模式。

（1）同行评议的创新

在开放科学的背景下，透明同行评议（Transparent Peer Review）越来越受到重视。这种模式旨在恢复对同行评议过程完整性和公平性的信任，规避评议过程中可能存在的偏见等问题。例如，2021年6月，Sage出版社宣布将通过WoS透明同行评议服务，公开旗下4种期刊的评审报告。报告内容包括文章的完整评审过程，即从最初启动评审程序到文章修订，再到最终的发表决定。再如，2021年11月，美国化学学会（American Chemical Society，ACS）宣布在2种期刊上试行透明同行评议程序：稿件评审过程仍然匿名进行，除非审稿人另有要求；如果作者选择参与评议，那么匿名评审意见和作者回应将连同文章一起正式发布，供读者参阅。

① Jisc. Octopus：creating a new primary research record for science［EB/OL］．［2024-03-06］. https://www.jisc.ac.uk/rd/projects/octopus-creating-a-new-primary-research-record-for-science. MANISTA F. Octopus, Jisc and UKRN：working together to create a new primary research record for science［EB/OL］．［2024-03-06］. https://research.jiscinvolve.org/wp/2022/03/08/octopus-jisc-and-ukrn-working-together-to-create-a-new-primary-research-record-for-science/.

透明同行评议仍然遵循传统工作流程，因此耗时太长是一个严峻问题。为缩短论文出版周期，一些出版商开始使用新的审稿人发现工具来提高审稿效率，如"Publons 同行评议专家精准发现服务"等。另有部分出版商开始探索新的同行评议模式来加快出版进程。如细胞出版社（Cell Press）2020 年宣布推出一项名为"集体审稿"（Community Review）的新计划，允许作者同时选择多本 Cell Press 旗下期刊提交稿件，以缩短从投稿到正式出版所需的时间；2023 年，该计划正式更名为"多刊审稿"（Multi-Journal Submission）。再如，*eLife* 自 2021 年 7 月起，将只对已经以预印本形式发表的稿件进行审议，即以"先发表，后评议"取代"先评议，后发表"模式；编辑流程重点从决定哪些论文应予以发表转移到审定预印本（Refereed Preprints）。如果编辑认为某篇论文不适合 *eLife*，将暂时允许作者将评论公开的时间点推迟到该论文在其他地方发表后，以免作者担心负面公开评论影响论文在其他期刊发表的可能性。①

（2）期刊评价的创新

将期刊作为评价学术成果的依据，基于"影响因子""引用分数"等期刊评价指标判断科研生产力和质量，是当前科研管理工作中的通用做法。然而，这种做法的科学性和价值长期以来一直受到质疑。以"影响因子"等为导向评价体系带来了研究结果可重复性差，数据、代码不共享、不透明等一系列问题，严重阻碍了科学进步和发展。因此，迫切需要新的指标和方法来建立更加科学、客观而又可行的评价体系。2020 年 2 月，以提高科学研究开放性、完整性和可重复性为使命的开放科学中心（Center for Open Science, COS）正式发布新一代的期刊评价指标——TOP Factor，它是基于"透明度和开放性促进指南"（Transparency and Openness Promotion

---

① Peer review: implementing a "publish, then review" model of publishing ［EB/OL］. ［2024-03-06］. https://elifesciences. org/articles/64910 #: ~: text = From% 20July% 202021% 20eLife% 20will, be% 20posted% 20alongside% 20the% 20preprints.

Guidelines），由 10 个标准组成的评价体系，具体包括数据引用（Data Citation）、数据透明度（Data Transparency）、分析代码透明度（Analysis Code Transparency）、材料透明度（Materials Transparency）、设计与分析报告准则（Design & Analysis Reporting Guidelines）、研究预注册（Study Preregistration）、分析计划预注册（Analysis Plan Preregistration）、可复制性（Replication）、注册报告和出版偏差（Registered Report & Publication Bias）和开放科学标记（Open Science Badges），主要用于评价期刊的透明开放程度。在 COS 和有意推进开放科学的其他利益相关者共同努力下，TOP Factor 将有望打破期刊影响因子（Journal Impact Factor，JIF）的垄断地位，成为评价期刊及科学研究质量的新一代评价体系。① 欧盟就此也做出了相应探索，2022 年 7 月，欧盟正式发布《研究评价改革协议》（*The Agreement on Reforming Research Assessment*），共有来自 40 多个国家和地区的 350 多个组织表示愿意参与协议签署，该协议强调要放弃在研究评价中不恰当地使用期刊和出版物的指标，尤其是 JIF 和 H-指数。② 可见，已经有越来越多的利益相关者认识到以往过度依赖"影响因子"等的评价体系存在漏洞，并致力于纠正这一趋势，共同推进建立更高质量、更高效率、更高影响力和更多包容性的期刊评价体系。

10.3 开放数据与数据出版发展动态

随着数据密集型研究范式的兴起，数据不再只是科学研究所需的事实材料或者产出的观察结果，它同时也成为科研工作不可或缺的实体工具和推动力量。③ 科学数据和科学文献已经成为两大支柱

---

① 郁林羲，姚思卉，康银花. 从科技期刊出版源头推进开放科学运动——TOP Factor 的产生及影响[J]. 中国科技期刊研究，2021，32（1）：3-13.

② CoARA. The commitments [EB/OL]. [2024-03-06]. https://coara.eu/agreement/the-commitments/.

③ 郭华东，陈和生，闫冬梅，等. 加强开放数据基础设施建设，推动开放科学发展[J]. 中国科学院院刊，2023，38（06）：806-817.

性科研产出。如何将科学数据纳入科技出版版图，是当前和未来相当长时期内科技出版企业面临的巨大挑战。

10.3.1　开放数据的兴起与发展

科学研究被认为已经进入第四范式发展阶段，即基于海量数据收集、处理、分析和显示的数据密集型研究范式阶段。而开放共享和可重用正是充分发挥数据价值的有效途径。在此背景下，开放数据逐渐成为世界的关注重点和努力方向之一。

近年来，欧美等西方国家和地区的政府发布、实施了一系列开放数据政策、倡议和战略。但欧洲开放数据的兴起与发展主要在开放科学框架下布局；美国则是在开放政府概念下，持续推动由政府资助的科研活动所产生数据的开放。① 其中，欧盟 2014—2020 年间实施的"地平线 2020"（Horizon 2020）设置了"开放研究数据试点"（Open Research Data Pilot），2017 年之前，试点范围仅局限于"地平线 2020"的某些主题领域，但自 2017 年起，"地平线 2020"的所有主题领域都将默认参与；该试点在"尽可能开放，必要时封闭"原则指导下进行，旨在最大限度推动"地平线 2020"资助产生的研究数据的开放和再利用。② 2019 年 7 月，欧盟开始实施新的《开放数据和公共部门信息再利用指令》（*Open Data and the Reuse of Public-Sector Information*），明确研究数据应遵循"默认开放"（Open by Default）原则和 FAIR 原则。③ 2020 年后，欧盟制定"地平线欧洲"（Horizon Europe）计划接替"地平线 2020"，在"地平线欧洲"实施的 2021—2027 年，将不再设置开放研究数据试点，而是要求所

①　阿儒涵，吴丛，李晓轩. 科研数据开放的国际实践及对我国的启示[J]. 中国科学院院刊，2020，35（1）：8.

②　European Commission. Open access & Data management[EB/OL].[2024-03-06]. https://ec. europa. eu/research/participants/docs/h2020-funding-guide/cross-cutting-issues/open-access-dissemination_en.htm.

③　EUR-Lex. Open data and the reuse of public-sector information[EB/OL].[2024-03-06]. https://eur-lex. europa. eu/EN/legal-content/summary/open-data-and-the-reuse-of-public-sector-information.html.

有由"地平线欧洲"资助产生的研究数据都必须开放共享。① 至于美国，其在 2022 年出台的研究数据开放政策的力度前所未见。2022 年 2 月 16 日，该国国立卫生研究院（National Institutes of Health，NIH）公布决定：自次年 1 月 25 日起，所支持的大多数研究人员和机构在申请资助时必须提交数据管理和共享计划，内容包括何时何地公布原始数据、潜在的数据共享限制等，并在研究完成后公开数据。② 美国开放科学中心主任 Brian Nosek 称这项新政策是美国开放科学运动成熟的重要里程碑。2022 年 8 月 26 日，OSTP 发布备忘录，要求所有联邦资助的研究所产生的数据最晚不迟于 2025 年年底实现开放获取。③ 在通过实施相关政策与战略等来推动开放数据格局的持续发展之外，一些国家和地区的政府机构还积极投身于开放数据基础设施建设、开放数据平台开发等工作中。如 2022 年 7 月，法国高等教育和研究部（Ministry of Higher Education and Research，MESR）正式推出国家级开放数据平台 Recherche Data Gouv，它将用于多学科研究数据的开放、存储、共享和传播，为那些被迫将数据存入出版商存储库的研究人员提供替代性解决方案。由欧盟资助，以构建欧洲"FAIR 数据和服务网络"（Web of FAIR Data and Services）为最终目标的欧洲开放科学云（European Open Science Cloud，EOSC）于 2022 年推出 FAIRCORE4EOSC 项目，该项目遵循 FAIR 原则，拟通过开发 9 个核心组件来支持研究数据，并在 2023 年 12 月发布 Beta 版。

除政府层面的行动，其他利益相关主体也纷纷启动和实施关于研究数据开放共享的诸多举措。近年来，越来越多的大学和研究机构开始采用数据存储库来实现数据的开放共享。英国利兹贝

---

① Open Science. eu. Where is open science in Horizon Europe？［EB/OL］.［2024-03-06］. https：//openscience.eu/Open-Science-in-Horizon-Europe.

② KOZLOV M. NIH issues a seismic mandate：share data publicly［EB/OL］.［2024-03-06］. https：//www.nature.com/articles/d41586-022-00402-1.

③ NELSON A. 08 2022 OSTP public access memo［EB/OL］.［2024-03-06］. https：//www.whitehouse.gov/wp-content/uploads/2022/08/08-2022-OSTP-Public-Access-Memo.pdf.

克特大学（Leeds Beckett University）、美国米德尔伯里学院（Middlebury College）、非洲图书馆协会（African Library and Information Associations and Institutions）与卡塔尔国家图书馆（Qatar National Library）2023年先后与Figshare合作建立论文和数据存储库；2023年9月，萨塞克斯大学（University of Sussex）成功地将Figshare与其自2020年以来一直使用的研究活动信息系统Symplectic Elements集成，并将集成结果作为机构知识库使用。另有部分大学和研究机构等则通过自建门户网站、自行开发API等方式实现数据共享。如由哈佛大学（Harvard University）和贝勒大学（Baylor University）研究人员与COS、盖洛普咨询公司（Gallup）合作开展的全球繁荣研究（Global Flourishing Study）作为同类研究中最大规模的研究项目，2023年8月宣布将通过COS门户网站公开发布项目样本数据集。又如荷兰研究理事会（NWO）2023年9月宣布公开提供其所资助研究项目的基本数据，包括项目标题、摘要、参与研究人员及隶属关系等，并借助其自行开发的NWOpen-API将这些信息传输、集成到外部各方系统中，如大学注册系统等，由此使项目的基本信息更易于获得和重复利用。

10.3.2 出版商的数据出版实践

以往很长一段时间，数据只是作为文献的辅助材料存在，而文献发表后部分数据甚至直接被废弃，[1] 数据蕴藏的巨大价值并未得到认可。但随着数据开始被看作科研和创新的基础驱动力，其已经取得几乎和文献同等重要的地位，冲击着传统科技期刊和图书作为最重要的正式科学交流渠道的地位，因此许多出版机构纷纷开始布局数据出版（Data Publishing）业务。

数据出版指通过一定"公共机制"发布数据，使公众可以根据

---

① 丁培. 科学文献与科学数据细粒度语义关联研究[J]. 图书馆论坛，2016，36(7)：24-33.

一定规则发现、获取、分析和重用这些数据。① 因此，数据开放共享与重用也是近年来出版机构的工作重点之一。现在，大多数主要科学期刊有某种形式的开放数据政策，而全球领先的出版机构则积极推动与第三方数据平台的合作。2021—2023 年，SNG、全球三大投审稿系统之一的 Editorial Manager、威科集团（Wolters Kluwer）等先后与 Figshare 存储库达成合作，将数据共享无缝整合到作者投稿流程中，使作者在投稿的同时可以选择通过 Figshare 参与数据共享。非营利性 OA 出版商 PLOS 与《科学》（Science）系列期刊则选择与数据存储库 Dryad 合作，从而使数据共享成为集成投稿流程的一部分。然而，数据开放共享远非终点，公开数据的发现和重用才是直接关系知识发现与创新的关键一步。2022 年 3 月，PLOS 在威康信托基金（Wellcome Trust）的资助下推出"可访问数据"（Accessible Data），该功能旨在通过一个突出的图标显示与 Dryad、Figshare、开放科学框架（Open Science Framework）这 3 个特定存储库链接，以期提高对 PLOS 文章所链接的研究数据的再使用率。2023 年 7 月，PLOS 将所链接的特定存储库从 3 个扩展为 9 个，这将使具有"可访问数据"的文章数量增加 3 倍，达到 15000 多篇。②

尽管开放共享仍是当前数据出版的主流模式，但也有一些出版机构开始推出付费获取的数据集（Datasets）。如集合美国医学会（American Medical Association）所出版的 12 种期刊的 JAMA Network（Journal of American Medical Association Network）于 2023 年 1 月 30 日宣布在数据许可联盟（Data Licensing Alliance）上添加 JAMA Network Open 和 JAMA Health Forum 数据集，它们为期 3 个月的许可售价截至 2024 年 2 月底均为 60 美元。这些数据集来源于 JAMA Network 的高影响力同行评审数据，能够用于训练 AI 和机器学习

---

① 孔丽华，习妍，张晓林. 数据出版的趋势、机制与挑战[J]. 中国科学基金，2019，33(3)：237-245.

涂志芳. 科学数据出版的基础问题综述与关键问题识别[J]. 图书馆，2018(6)：86-92，100.

② PLOS. Extending accessible data to more articles，repositories，and outputs[EB/OL]. [2024-03-06]. https://theplosblog.plos.org/2023/07/accessible-data/.

(Machine Learning, ML)算法。① 不同于 JAMA Network 借助第三方数据交易平台发布数据集的做法,Elsevier 选择自行销售数据集。2023 年 12 月,它宣布推出科学数据集,其中包括 1900 万篇同行评审期刊的全文文章、1700 万作者简介、18 亿篇被引参考文献、3.33 亿种化学物质和反应、8600 万条生物活动和生物医学记录以及 3500 万项化学专利。这些经过同行评审的数据能够为研究人员、数据科学家和实践领导者更快、更精确地针对生命科学、能源、技术、化工和材料等行业的研发问题提供洞见和预测。数据集可通过 API 或无格式文件(Flat Files)灵活交付。与大多数开放共享的数据集相比,此类付费数据集并非由投稿作者本人提供,而是出版商基于已有内容和资源,在投入一定人力、物力与财力后形成。

但是,数据出版领域目前仍面临数据出版基础设施不完善、质量控制机制不全面、大量研究数据分散于科研人员手中等一系列问题。为此,出版商不断探索推动数据出版纵深发展的路径,第一,充分重视数据的元数据建设。SNG 在《2022 年开放数据现状》中预测未来开放研究的优先事项应该是——更好的元数据、更多的元数据、符合 FAIR 原则的元数据。② 第二,提高数据质量和实现数据有效复用。如数据期刊继续沿用传统学术期刊的同行评议机制,在数据论文正式出版前,对数据论文及其对应数据集进行检查,确保所出版数据的科学性、独特性和可重用性等。当数据作为论文支撑材料出版,而非数据论文出版时,期刊大多会通过与大型数据存储库合作,由存储库管理人员对数据进行审查,审查内容通常包括数据本身和元数据,但却不会对数据质量进行严格要求。③ 第三,推

<hr>

① STM Publishing. JAMA Network partners with Data Licensing Alliance for AI/ML[EB/OL]. [2024-03-06]. https://www.stm-publishing.com/jama-network-partners-with-data-licensing-alliance-for-ai-ml/.

② Digital Science, GOODEY G, HAHNE L M, et al. The state of open data 2022[R]. Digital Science. 2022:7.

③ 中国科学技术协会. 中国科技期刊发展蓝皮书(2021)[M]. 北京:科学出版社,2021.

动更多研究人员共享数据。如部分期刊会强制要求作者在论文出版时公开提供数据和材料,所有数据、材料和代码要符合期刊的透明度和可重复性标准等。

10.3.3 数据关联新进展

加强研究数据与文献的关联,实现两者之间的深层次聚合和知识发现,对促进研究数据的共享与复用、提高科研效率等具有重要意义。[①] 而能够实现数据跟踪和定位的持久标识符(Persistent Identifier,PID)在数据与文献的关联中发挥着重要的基础性作用。科学界如今已经开发并推出了多种不同类型的 PID,[②] 如分配给期刊文章、图书章节、科学实验报告、数据集和软件等研究成果的数字对象标识符(Digital Object Identifier,DOI);面向研究人员的开放研究者和贡献者标识符(Open Researcher and Contributor IDentifier,ORCID ID);面向研究机构的研究机构注册标识符(Research Organization Registry,ROR);面向生物医学研究中所使用试剂、抗体、生物模型和软件工具的研究资源识别符(Research Resource Identifier,RRID)等。[③] 近年来,S 联盟、OSTP、英国研究与创新署(UK Research and Innovation,UKRI)等资助机构以及 Elsevier、Wiley 等学术出版商都开始倡导或强制要求使用 PID。2023 年 11 月,国际科技和医学出版商协会(The International Association of Scientific,Technical and Medical Publishers,STM)、DataCite 和 Crossref 发布《研究数据联合声明》(*Joint Statement on Research Data*),再次强调 PID 的使用:①研究人员发表成果时要将相关研究数据和成果存入可分配 PID(如 DOI)的可信数据存储

---

① 支凤稳,赵梦凡,彭兆祺. 开放科学环境下科学数据与科技文献关联模式研究[J]. 数字图书馆论坛,2023,19(10):52-61.

② ORCID. ORCID and Persistent identifiers[EB/OL]. [2024-03-06]. https://info.orcid.org/documentation/integration-guide/orcid-and-persistent-identifiers/.

③ KIM S Y. Introduction to PIDs:what they are and how to use them[EB/OL]. [2024-03-06]. https://becker. wustl. edu/news/introduction-to-pids-what-they-are-and-how-to-use-them/.

库，方便研究人员使用 PID 链接到研究数据。②研究人员使用他人创建的研究数据时，要在参考文献中使用 PID 注明数据集出处。③出版商要将数据引用和数据可用性声明中的数据链接以及 PID 纳入 Crossref 注册的文章元数据中。④存储库和出版商通过元数据和参考文献列表中的 PID 链接文章和数据集。① 这些规定不仅凸显了对确保数据永久可跟踪和可发现的重视，还表现出对促进期刊论文与数据双向发现、关联机制的关注。如若数据与文献使用的是不同体系的 PID，则可以借助研究数据联盟（Research Data Alliance，RDA）和世界数据系统（World Data System，WDS）提出的顶层互操作框架 SCHOLIX（Scholarly Link Exchange）实现互联互通。早在 2020 年，STM 便启动"2020 研究数据年"计划，提出可以通过使用 SCHOLIX 实现数据集和出版物之间的链接等举措。②

10.4 科技出版商新实践

技术进步为科技出版业带来新的发展潜力，科学交流环境的转变同时促使科技出版商开始探索新的商业模式。科技出版商选择从新技术、新工具、新服务入手，构建新的竞争优势与影响力。这些行动不仅体现了科技出版商的创新精神，也为科研和出版环境的发展开辟了新的可能性。

10.4.1 技术赋能科技出版

新技术的发展与新需求的涌现不断启发着新工具的研发，进而

---

① STM Association, DataCite, Crossref. Joint statement on research data [EB/OL]. [2024-03-06]. https://datacite.org/blog/joint-statement-on-research-data/.

② STM. Now available：SCHOLIX[EB/OL]. [2024-03-06]. https://www.stm-assoc.org/standards-technology/2020-stm-research-data-year/free-stm-webinars-learn-scholix/.

影响着科研及科研管理流程的各个方面。① 科技出版商积极开发这些新工具作为新的经济增长点，提升其原有内容资源的价值。

首先，通过将不同体系的身份验证及服务工具进行集成，赋予内容平台提供更广泛的无缝访问服务的能力，使用户能够轻松、便捷地访问内容。例如，英国物理学会出版社（Institute of Physics Publishing，IOPP）2021年9月将OpenAthens提供的Wayfinder组织发现服务与SeamlessAccess服务集成，通过简化在线认证流程带来了更多的资源访问量。② 其次，学术影响力可视化分析工具的出现，为丰富且直观地进行科研绩效评价提供有力支撑。科睿唯安（Clarivate）于2021年3月发布的"科学网作者影响力射束图"（WoS Author Impact Beamplots）就是一个明显的例子。影响力射束图可以揭示作者发表的论文在不同时期的数量和引用影响，③ 由此可以更加真实、全面地呈现科研人员的学术表现与影响。再次，移动出版与内容推广工具的运用，使科技出版商能够将其出版工作流程与社交媒体衔接起来。例如，学术出版服务提供商"查尔斯沃斯门户"（Charlesworth Gateway）2021年6月与学术内容和信息管理应用"研究者"（Researcher）合作，将出版工具整合到微信中，为中国用户提供定期推送服务。复次，随着TAs的持续推进，帮助协议谈判、签署与结算过程更加顺畅的TAs管理工具应运而生。如专门面向TAs的费用管理工具RightsLink科学交流（RightsLink for Scientific Communications）平台等。最后，大型出版商正在利用AI等高新技

① 徐丽芳，王钰. 科技内容产业的鼎新革故：2018海外科技期刊出版动态研究［J］. 科技与出版，2019（2）：10.

② STM Publishing News. IOP Publishing collaborates with OpenAthens and seamless access to improve user experience［EB/OL］. ［2024-03-06］. https://www. stm-publishing.com/iop-publishing-collaborates-with-openathens-and-seamlessaccess-to-improve-user-experience/.

③ SZOMSZOR M. The web of science author impact beamplots：a new tool for responsible research evaluation［EB/OL］. ［2024-03-06］. https://clarivate. com/blog/the-web-of-science-author-impact-beamplots-a-new-tool-for-responsible-research-evaluation/.

术，完善智能化服务生态体系，以进一步巩固其在未来科学交流体系中的地位。出版商在智能化方面的布局不仅体现在对内容写作、编辑、校对等出版环节的升级改造上，如美国期刊专家公司（American Journal Experts，AJE）2021年推出AI数字编辑服务，SNG 2023年10月推出AI驱动的科研写作助手Curie，免费帮助用户处理所上传手稿的语法错误、润色语言；还包括提升技术基础设施运行性能，使平台能更好地管理海量学术内容与数据资源，并更加及时地响应用户请求，如Wiley与Dynatrace平台于2021年9月正式达成合作，借助后者先进的智能IT运维（Artificial Intelligence for IT Operations，AIOPs）技术自动、持续调整数字平台的技术栈，增强数字平台技术部署的灵活性和用户响应性能等。总的来看，科技发展为科技出版带来了新机遇，使科研及科研管理流程更加高效、便捷，同时为科研人员提供了更优质的服务。

10.4.2 商业模式创新

开放科学生态渐趋形成，以订阅收入为主的传统商业模式显然难以为继；同时大数据等也为科技出版商拓宽了发展空间。在这样的背景下，科技出版商正在通过扩大OA出版规模、促进内容资源集成、充分利用数据等方式，创新商业模式，以适应科研和出版环境的变化。

面对全球持续发展的OA势头，科技出版巨头已从当初的抗拒改为有选择、有重点地介入、参与乃至主动求变。这种变化的体现之一在于对OA期刊的重视。近年来，出版商不断收购、创办OA期刊，或逐步将旗下部分期刊从以往的封闭获取（Closed Access，CA）转换或"翻转"为OA出版模式。此外，以往被出版商排除在OA范围外的高水平期刊也开启或加速了开放之路。分属SNG、Elsevier、美国科学促进会（American Association for the Advancement of Science，AAAS）的《自然》（Nature）系列期刊、Cell Press的期刊、《科学》系列期刊均在2021年提供OA出版选项。这些都是出版商试图适应开放科学生态的努力。

Sci-Hub、ResearchGate、各种共享及盗版网站、图书馆文献传递和馆际互借服务等替代性访问来源的发展，导致出版商网站使用量逐渐下降。面对日益严重的"泄露"问题，出版商们纷纷寻找"补漏"方法，但是仅凭单个出版商的努力很难改善或解决该问题，出版商们试图通过联合行动来构筑"护城河"。例如，ACS、Elsevier、SNG、T & F 和 Wiley 于 2019 年 12 月联合启动"获取全文研究"(Get Full Text Research，GetFTR)服务项目，用以改善文献发现和获取体验，以打击用户对非法替代性来源的访问，并与 ResearchGate 等开放资源平台竞争。① 再如，2022 年年初，Elsevier 与 ACS、英国皇家化学学会(Royal Society of Chemistry，RSC)、T & F、Wiley 达成合作，将这些出版商选定的共 35 种有机化学和运输类期刊文献联合至 ScienceDirect；② 2023 年 2 月，该试点计划取得初步成果，上述期刊的文献访问量(包括摘要访问和全文访问)显著提升，增幅为 4.1%~18.8%不等；美国微生物学会(American Society for Microbiology，ASM)和 Brill 也选择在 2023 年加入试点，将 36 种期刊内容联合至 ScienceDirect 平台；如果该计划能够持续顺利地推进，ScienceDirect 将打造出一个"内容超级大陆"(Content Supercontinent)，③ 慢慢朝着类 Google Scholar 和 Sci-Hub 等平台的角色定位前进，使用户通过一个平台的单一界面便能够实现对几乎所有学术文献的访问。以上举措似乎都代表着出版商阵营与 Sci-Hub、ResearchGate 等的对立，但另一项试点计划却表明竞争外还存在合作空间。2023 年，12 家出版商与 ResearchGate 达成合作，

---

① Publishers announce a major new service to plug leakage[EB/OL].[2024-03-06]. https://scholarlykitchen.sspnet.org/2019/12/03/publishers-announce-plug-leakage/.

② HINCHLIFFE L J. Elsevier's ScienceDirect as content supercontinent?[EB/OL].[2024-03-06]. https://scholarlykitchen.sspnet.org/2022/01/18/sciencedirect-as-content-supercontinent/.

③ HINCHLIFFE L J. Elsevier's ScienceDirect as content supercontinent?[EB/OL].[2024-03-06]. https://scholarlykitchen.sspnet.org/2022/01/18/sciencedirect-as-content-supercontinent/.

将旗下部分期刊集成到平台中，以便用户更轻松地查找和访问所需论文；① 值得注意的是，SNG、T & F、Wiley 和 Sage 均位列其中，Elsevier 却并未参与。

在内容资源不断被要求开放，以及科学交流系统利益相关者开始面临许多新任务和新挑战的情况下，学术出版产业价值链中各环节的价值正在发生变化。② 以价值增值为目标的出版商纷纷顺势而动，调整自身业务布局，向学术出版产业价值链的上下游扩展和延伸。例如，2020 年，Elsevier 收购语义分析解决方案服务商SciBite，它提供的解决方案可以从结构化和非结构化的文本内容中辨认语义，提取科学洞察，从而识别出关键概念，如药物、蛋白质、公司名称、目标、效果等，满足用户的数据分析需求等。2021年，Elsevier 推出能够直接从资助者网站收集资助数据并处理成标准格式，供研究人员寻找、发现和选择资助机构的产品 Funding Institutional。2022 年，Elsevier 又成功收购能够帮助学者寻找招聘等信息，帮助行政人员对教师进行审查、晋升与任期评估的Faculty Information System 平台，学术求职者用于管理和发送推荐信、简历与其他职业材料的 Dossier 平台，以及让全球资助者和研究机构能够跟踪、研究和交流他们研究总体影响的 Researchfish 平台。Elsevier 由此得以将自身业务逐步扩展至学术出版产业价值链上游的资助机构查找、数据收集、数据分析，以及下游的科研评估、学术社交、学术聘任等环节，加速 Elsevier 的定位由传统出版商向"为全球研究人员和医疗保健专业人员提供信息和分析的领导者"转变。

数据如今已经成为刺激经济增长和驱动创新的关键要素，③ 它不再只是文字、数字等一系列可鉴别符号的代名词，也代表着市场

① ResearchGate. Newsroom[EB/OL]. [2024-03-06]. https://www.researchgate.net/press-newsroom.

② 练小川. 爱思唯尔的价值链延伸[J]. 出版科学，2020，28（2）：22-28.

③ 张宝建，薄香芳，陈劲，李娜娜. 数字平台生态系统价值生成逻辑[J]. 科技进步与对策，2022，39（11）：1-9.

新需求与未来的经济增长点。因此，科技出版商也开始积极借助数据的驱动力量实现转型升级。首先，出版商通过收集、分析用户使用数据等改善服务。如随着开放内容平台的增加，用以提供在线资源使用情况的 COUNTER 报告，其中所统计的访问渠道已经无法囊括研究人员实践过程中的全部访问途径，评估用户全面、真实的使用情况日渐困难。于是，Elsevier、Digital Science、期刊出版技术提供商 Atypon 和 COUNTER 合作，为分布式使用登录（Distributed Usage Logging，DUL）制定新标准并联合提供来自 Elsevier 旗下的 Mendeley 和学术协作网络（Scholarly Collaboration Network），以及 Digital Science 旗下的 Dimensions、ReadCube 和 Papers 的使用数据。自 2019 年起，Atypon 旗下的出版平台 Literatum 将收到的来自 Mendeley 和 Digital Science 生成的文章及使用数据共享给 200 多家出版客户，而 Elsevier 也把 DUL 数据纳入 COUNTER 报告中并提供给用户。① 出版商由此得以充分洞察和评估内容使用情况，为期刊和产品组合开发等策略的改进提供参考信息，进而提高用户服务质量。其次，出版商通过对海量数据的挖掘和分析，升级产品，提供智能知识服务。如 2022 年，SNG 推出一项 AI 技术引导的新服务"自然科研智讯"（Nature Research Intelligence），帮助学界、政府和企业组织的科研决策者理解最新研究趋势，制定数据驱动的战略决策，从而优化科研投入的社会经济价值。最后，一些出版商开始着重提升自身的数据管理能力。如拥有 200 多年历史的德古意特出版社（De Gruyter）曾委托软件开发咨询公司 67 Bricks 对其进行了一场"数据优先"的根本性变革。后者通过测评出版商内容资产的数据成熟度，判断其处于仅拥有内容元数据的原始内容资产阶段，还是处于已拥有用户偏好等信息元数据的个性化阶段，进而规划其数据

---

① Atypon, Elsevier and Digital Science collaborate to provide article-level data from Mendeley, Dimensions, ReadCube, and Papers［EB/OL］.［2024-03-06］. https://www.infodocket.com/2018/10/09/atypon-elsevier-and-digital-science-collaborate-to-provide-article-level-data-from-mendeley-dimensions-readcube-and-papers/.

增强和模块化平台搭建等工作。① 经过改造，De Gruyter 管理、分析和使用数据的效率得到极大改善，用户访问平台的满意度大幅提升。

10.5　结　　语

几个世纪以来，全球科技出版与科学交流的目标、诉求和利益在很大程度上是一致的，但是发展至今，却被认为两者间出现了重大背离和分歧。无论是 OA 发展路径之争、预印本发表版本之争、期刊评价体系之争还是数据存储场所之争，都在不同维度和层面上反映了当前科学领域众多利益相关者的冲突和博弈。随着开放浪潮的持续推进，以及科技出版市场竞争环境的日益激烈，加剧了曾经由出版商为主导的科学交流系统的重组；S 联盟于 2023 年 10 月提出的颠覆性新提案倡导建立学者主导的知识共享系统，优先满足科学交流需要，这再次印证了利益相关方对当前科学交流体系的不满。未来，科技出版和科技出版商应重回辅助和支撑科学研究事业的位置，通过提供出色的科学传播与科学交流产品和服务，通过促进作者和思想者参考、借鉴和完善其前辈作品的持续的学术"大对话"过程，② 来重新成为科学交流系统中不可替代的有机组成部分，与其他利益相关方共同努力，建立起高效、高质量、公平、开放、透明、诚信的科学交流生态体系，使人类越来越接近将知识作为公共产品的理想，让知识能够造福整个社会。

（徐丽芳　田峥峥　罗曦阳）

---

① 陈铭，徐丽芳. 面向学术出版的数据增强解决方案——基于 67Bricks 的案例研究［J］. 出版参考，2021（11）：18-21.

② Scholarly communication and scholarly publishing［EB/OL］.［2024-03-06］. https://oaspa.org/guest-post-by-jean-claude-guedon-scholarly-communication-and-scholarly-publishing/.

参考文献

［1］MENTION A L，TORKKELI M. Open innovation：a multifaceted perspective［M］. World Scientific，2016.

［2］National Academies of Sciences，Engineering，and Medicine，et al. Open science by design：realizing a vision for 21st Century research［M］. National Academies Press，2018.

［3］徐丽芳. 数字科学信息交流研究［M］. 武汉：武汉大学出版社，2008.

［4］中国科协学会学术部. 信息环境下的学术交流［M］. 北京：中国科学技术出版社，2010.

［5］中国科学技术协会. 中国科技期刊发展蓝皮书（2021）［M］. 北京. 中国科学技术协会. 2021.

［6］联合国教科文组织. 开放科学建议书［R］. 巴黎：联合国教科文组织总部，2022.

［7］cOAlition S. Annual Review 2022［R/OL］.［2024-04-21］. https://www. coalition-s. org/wp-content/uploads/2023/03/Plan-S-Annual-Report-2022.pdf.

［8］cOAlition S. Towards Responsible Publishing［R/OL］.［2024-04-21］. https://www. coalition-s. org/wp-content/uploads/2023/10/Towards_Responsible_Publishing_web.pdf.

［9］International Science Council. Open Science for the 21st Century［R/OL］.［2024-04-21］. https://council. science/wp-content/uploads/2020/06/International-Science-Council_Open-Science-for-the-21st-Century_Working-Paper-2020_compressed.pdf.

［10］BECERRIL A，BJRNSHAUGE L，BOSMAN J，et al. The OA diamond journals study. part 2：recommendations［R/OL］.［2024-04-21］. https://www.semanticscholar.org/paper/The-OA-Diamond-Journals-Study.-Part-2%3A-Becerril-Bj%C3%B8rnshauge/5e7dca09bdc8179da88bae008e38f4e27949b0bf.

［11］CHIARELLI A，JOHNSON R，PINFIELD S，et al. Accelerating

scholarly communication：The transformative role of preprints［R/OL］.［2024-04-21］. https：//www. researchgate. net/publication/336007743_Accelerating_scholarly_communication_The_transformative_role_of_preprints.

［12］DUFOUR Q，PONTILLE D，TORNY D. Contracting in open access times：a systematic analysis of transforming agreements［R/OL］.［2024-04-21］. https：//shs.hal.science/halshs-03203560/document.

［13］HINCHLIFFE L J. Elsevier's science direct as content supercontinent?［EB/OL］.［2024-04-21］. https：//scholarlykitchen. sspnet. org/2022/01/18/sciencedirect-as-content-supercontinent/.

［14］JEROEN B，FRANTSVÅG J E，BIANCA K，et al. The OA diamond journals study. part 1：findings［R/OL］.［2024-04-21］. https：//www.semanticscholar.org/paper/The-OA-Diamond-Journals-Study.-Part-1%3A-Findings-Bosman-Frantsv%C3%A5g/1721b928 89d67d15b37a92db6283c0125b376332.

［15］SCHIMMER R，GESCHUHN K K，VOGLER A，et al. Disrupting the subscription journals' business model for the necessary large-scale transformation to open access［R/OL］.［2024-04-21］. https：//www.scienceopen.com/hosted-document? doi=10.14293/S2199-1006.1.SOR-EDU.AJRG23.v1.

［16］SCIENCE D，GOODEY G，HAHNEL M，et al. The State of Open Data 2022［R/OL］.［2024-04-21］. https：//digitalscience.figshare. com/articles/report/The_State_of_Open_Data_2022/21276984.

［17］SCIENCE D，HAHNEL M，SMITH G，et al. The State of Open Data 2023［R/OL］.［2024-04-21］. https：//digitalscience.figshare. com/articles/report/The_State_of_Open_Data_2023/24428194/1.

［18］BEALL J. Predatory publishing is just one of the consequences of gold open access［J］. Learned Publishing, 2013, 26(2)：79-84.

［19］BJÖRK B C. Gold，green and black open access［J］. Learned Publishing, 2017, 30(2)：173-175.

［20］BJÖRK B C. The hybrid model for open access publication of scholarly articles: A failed experiment? [J]. Journal of the American Society for Information Science and Technology, 2012, 63(8): 1496-1504.

[21]BORREGO Á, ANGLADA L, ABADAL E. Transformative agreements: Do they pave the way to open access? [J]. Learned Publishing, 2021, 34(2): 216-232.

[22]BURGELMAN J C, PASCU C, SZKUTA K, et al. Open science, open data, and open scholarship: European policies to make science fit for the twenty-first century[J]. Frontiers in Big Data, 2019, 2: 43.

[23]BUTLER L A, MATTHIAS L, SIMARD M A, et al. The oligopoly's shift to open access: How the big five academic publishers profit from article processing charges[J]. Quantitative Science Studies, 2023, 4(4):778-799.

[24]CRÜWELL S, DOORN J V, ETZ A, et al. Seven easy steps to open science: an annotated reading list [J]. Zeitschrift Für Psychologie, 2019, 227(4):237-248.

[25]FARLEYA, LANGHAM-PUTROW A, SHOOK E, et al. Transformative agreements: six myths, busted: lessons learned[J]. College and Research Libraries News, 2021, 82(7), 298-301.

[26]FRASER N, BRIERLEY L, DEY G, et al. The evolving role of preprints in the dissemination of COVID-19 research and their impact on the science communication landscape[J]. PLoS Biology, 2021, 19(4): e3000959.

[27]MONS B, NEYLON C, VELTEROP J, et al. Cloudy, increasingly FAIR; revisiting the FAIR Data guiding principles for the European Open Science Cloud[J]. Information Services & Use, 2017, 37(1): 49-56.

[28]MURRAY-RUST P. Open data in science[J]. Serials Review, 2008,34(1): 52-64.

[29]PINFIELD S, SALTER J, BATH P A. The "total cost of

publication" in a hybrid open-access environment: institutional approaches to funding journal article-processing charges in combination with subscriptions[J]. Journal of the Association for Information Science and Technology, 2016, 67(7): 1751-1766.

[30] RAMACHANDRAN R, BUGBEE K, MURPHY K. From open data to open science[J]. Earth and Space Science, 2021, 8(5): e2020EA001562.

[31] TENNANT J P, WALDNER F, JACQUES D C, et al. The academic, economic and societal impacts of Open Access: an evidence-based review[J]. F1000Research, 2016, 5:632.

[32] VICENTE-SAEZ R, MARTINEZ-FUENTES C. Open Science now: a systematic literature review for an integrated definition[J]. Journal of business research, 2018, 88: 428-436.

[33] WILKINSON M D, DUMONTIER M, AALBERSBERG I J, et al. The FAIR guiding principles for scientific data management and stewardship[J]. Scientific Data, 2016, 3(1): 1-9.

[34] WILLINSKY J. The unacknowledged convergence of open source, open access, and open science[J]. First Monday, 2005, 10(8): 1.

[35] ZHANG L, WEI Y, HUANG Y, et al. Should open access lead to closed research? The trends towards paying to perform research[J]. Scientometrics, 2022, 127(12):7653-7679.

[36] 阿儒涵, 吴丛, 李晓轩. 科研数据开放的国际实践及对我国的启示[J]. 中国科学院院刊, 2020, 35(1): 8.

[37] 曾建勋. 国家科研论文和科技信息高端交流平台构建研究[J]. 中国图书馆学报, 2024, 50(1): 66-78.

[38] 陈传夫. 开放科学的价值观与制度逻辑[J]. 武汉大学学报(哲学社会科学版), 2023, 76(6): 173-184.

[39] 丁培. 科学文献与科学数据细粒度语义关联研究[J]. 图书馆论坛, 2016, 36(7): 24-33.

[40] 顾立平. 全球开放科学发展的比较研究: 包容性与标准化的路

径[J]. 数字图书馆论坛，2021（3）：32-39.

[41]郭华东，陈和生，闫冬梅等. 加强开放数据基础设施建设，推动开放科学发展[J]. 中国科学院院刊，2023，38（6）：806-817.

[42]孔丽华，习妍，张晓林. 数据出版的趋势、机制与挑战[J]. 中国科学基金，2019，33（3）：237-245.

[43]练小川. 爱思唯尔的价值链延伸[J]. 出版科学，2020，28（2）：22-28.

[44]吕昕，董敏，张辉. 欧美国家开放科学发展模式研究及启示[J]. 中国科技资源导刊，2021，53（3）：11.

[45]任翔. 开放出版与知识公平：2021年国际开放获取图书发展综述[J]. 科技与出版，2022（3）：24-30.

[46]任翔. 开放生态改变出版规则：2019年欧美开放获取发展评述[J]. 科技与出版，2020（3）：28-34.

[47]田稷. 开放科学环境下科学数据混合出版新模式研究[J]. 出版科学，2022，30（5）：60-67.

[48]涂志芳. 科学数据出版的基础问题综述与关键问题识别[J]. 图书馆，2018（6）：86-92，100.

[49]王春生. 大宗交易：学术期刊采购危机的"对策"与"推手"[J]. 国家图书馆学刊，2014，23（6）：47-52.

[50]徐丽芳，陈铭，邹青，等. 开放·平衡·拓界：2021年海外科技期刊出版动态研究[J]. 科技与出版，2022（3）：31-42.

[51]徐丽芳，王钰. 科技内容产业的鼎新革故：2018海外科技期刊出版动态研究[J]. 科技与出版，2019（2）：10.

[52]徐丽芳，严玲艳，赵雨婷，等. 攻守之间的嬗变：2019海外科技期刊出版动态研究[J]. 科技与出版，2020（3）：35-46.

[53]徐丽芳，赵雨婷，陈铭，等. 战"疫"·开放·包容——2020海外科技期刊出版动态研究[J]. 科技与出版，2021（3）：13-23.

[54]徐丽芳，周伊，罗婷，等. 理念革新与技术驱动：2023年海外科技期刊出版的挑战与新思路[J]. 科技与出版，2024（3）：

33-45.

[55] 徐丽芳, 邹青, 周伊, 等. 在博弈中迈向开放科学: 2022 年海外科技期刊出版与数据出版盘点 [J]. 科技与出版, 2023 (3): 36-49.

[56] 薛菁华, 汪颖. 欧盟开放科学体系研究 [J]. 全球科技经济瞭望, 2023(9): 1-11, 18.

[57] 余文婷, 吴丹. 基于数据关联的开放科学数据长期保存利用研究 [J]. 信息资源管理学报, 2014, 4(2): 87-93.

[58] 郁林羲, 康银花, 姚思卉. "为开放而订阅" (S2O) 模型研究及分析 [J]. 中国科技期刊研究, 2024, 35(1): 9-16.

[59] 郁林羲. 全球开放获取运动中开放获取模型探析 [J]. 科技与出版, 2020, 308(8): 109-117.

[60] 支凤稳, 赵梦凡, 彭兆祺. 开放科学环境下科学数据与科技文献关联模式研究 [J]. 数字图书馆论坛, 2023, 19(10): 52-61.